故宫学研究丛书

名誉总主编 郑欣淼
总主编 高志忠

故宫文物南迁时代忆往

从《华严洞图卷》和《庄严日记》谈起

庄灵 编著

商务印书馆
The Commercial Press

本书系国家社科基金重大项目
"故宫文物南迁史料整理与史迹保护研究"(19ZDA219)阶段性成果

庄尚严（1899—1980），字庄严，号慕陵，图为初入故宫时所摄（庄灵提供）

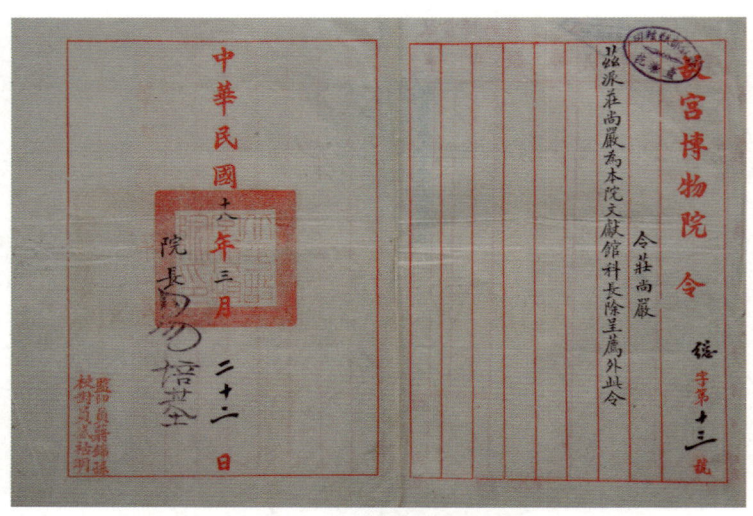
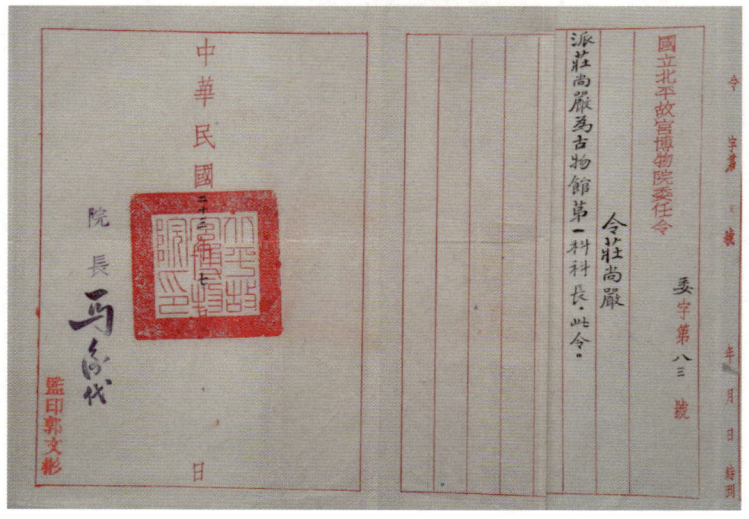

任命庄严为故宫文献馆科长及故宫古物馆第一科科长的派令
（庄灵提供）

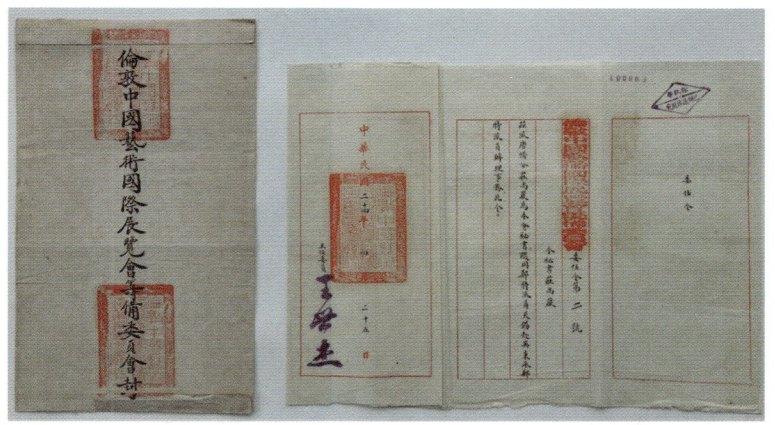

庄严1935年奉派护送故宫文物参加"伦敦艺展"的派令（庄灵提供）

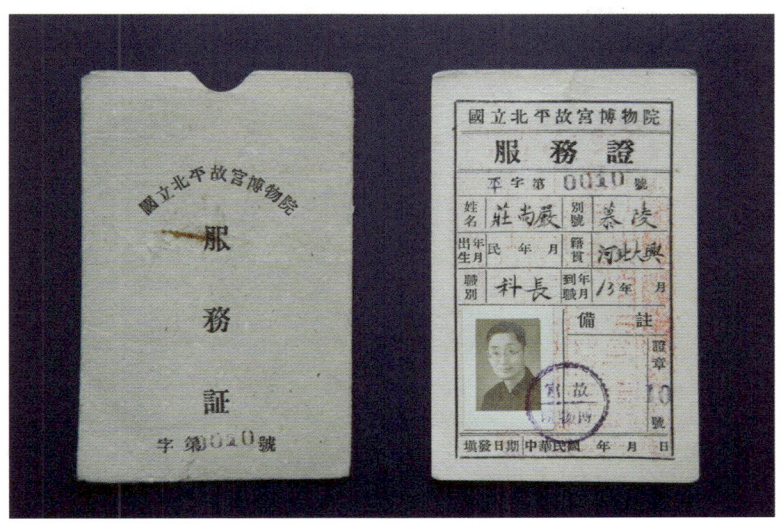

庄严最早在故宫服务期间的工作证，其"到职年月"栏标为民国十三年（1924），较故宫博物院成立尚早一年，可知庄严于"清室善后委员会"时期即已进入故宫工作（庄灵提供）

故宫文物南迁途中,庄严与家人于1939年在贵州留影,后排立者为庄严,其怀抱者为四子、本书作者庄灵,前排左起为长子庄申、三子庄喆、妻申若侠、次子庄因(庄灵提供)

庄严（右二）与安顺友人于1940年7月在华严洞旁"帅园"合影（庄灵提供）

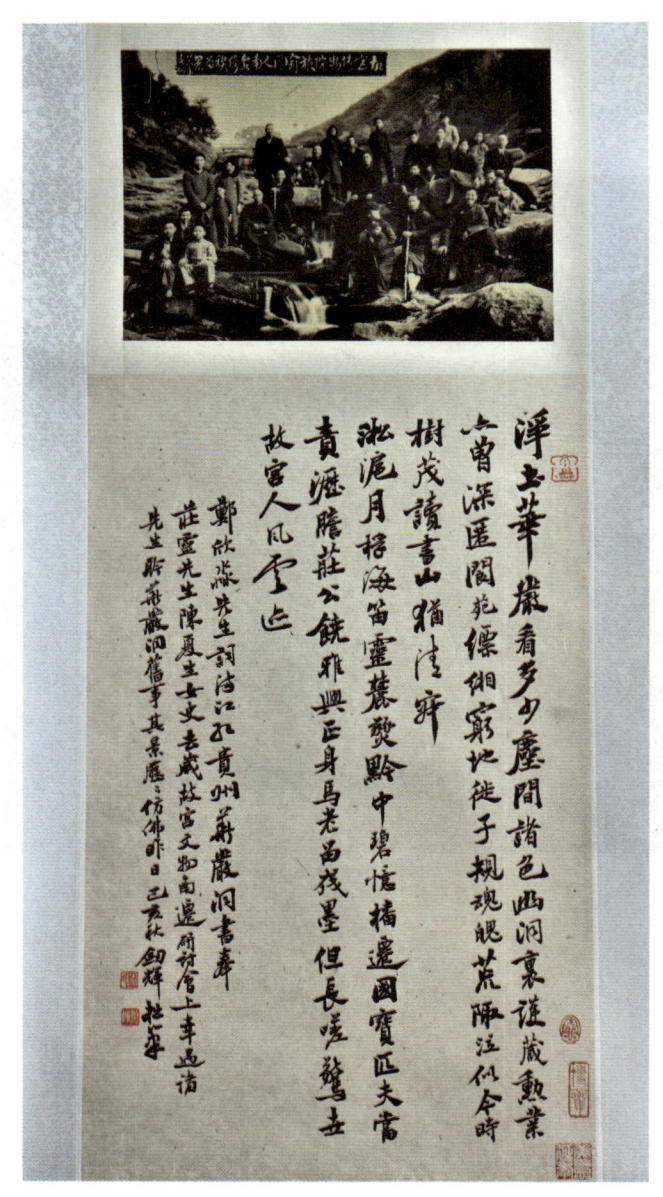

1947年初春，故宫旅渝同人于重庆南温泉野溪石上合影，其下为故宫博物院原院长郑欣淼先生题词（庄灵提供）

庄严于 1947 年任职故宫南京分院期间，奉派协助中央博物院筹备处审查原属古物陈列所之南迁文物，其间与其他审查委员留影，左起：谭旦冏、朱家济、沈棻梅、徐森玉、郑振铎、蒋毅孙、庄严、王天木（庄灵提供）

庄灵 2004 年探访华严洞壁上题字时留影（刘振祥摄）

2004 年拍摄的华严洞内壁题字（庄灵摄）

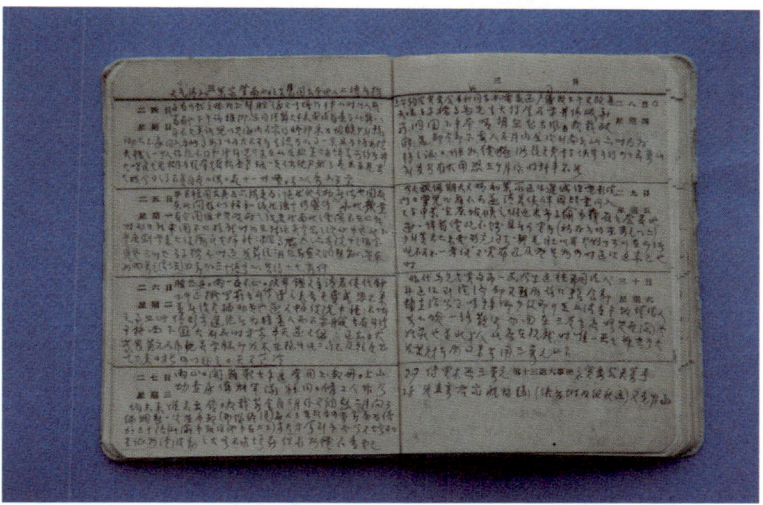

庄严民国三十五年（1946）使用的袖珍日记本（庄灵提供）

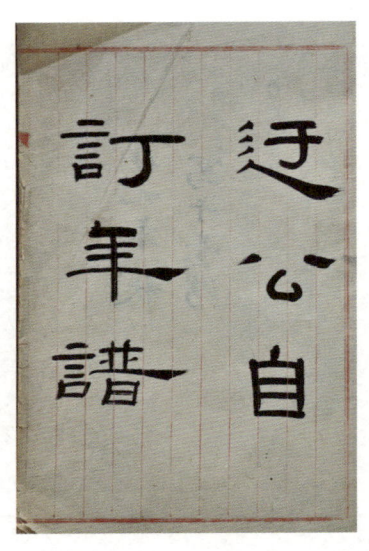

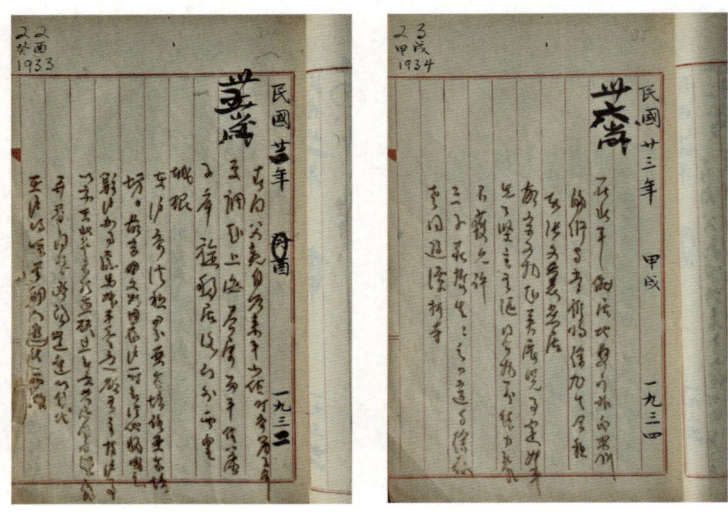

庄严自编《迁公自订年谱》（庄灵提供）

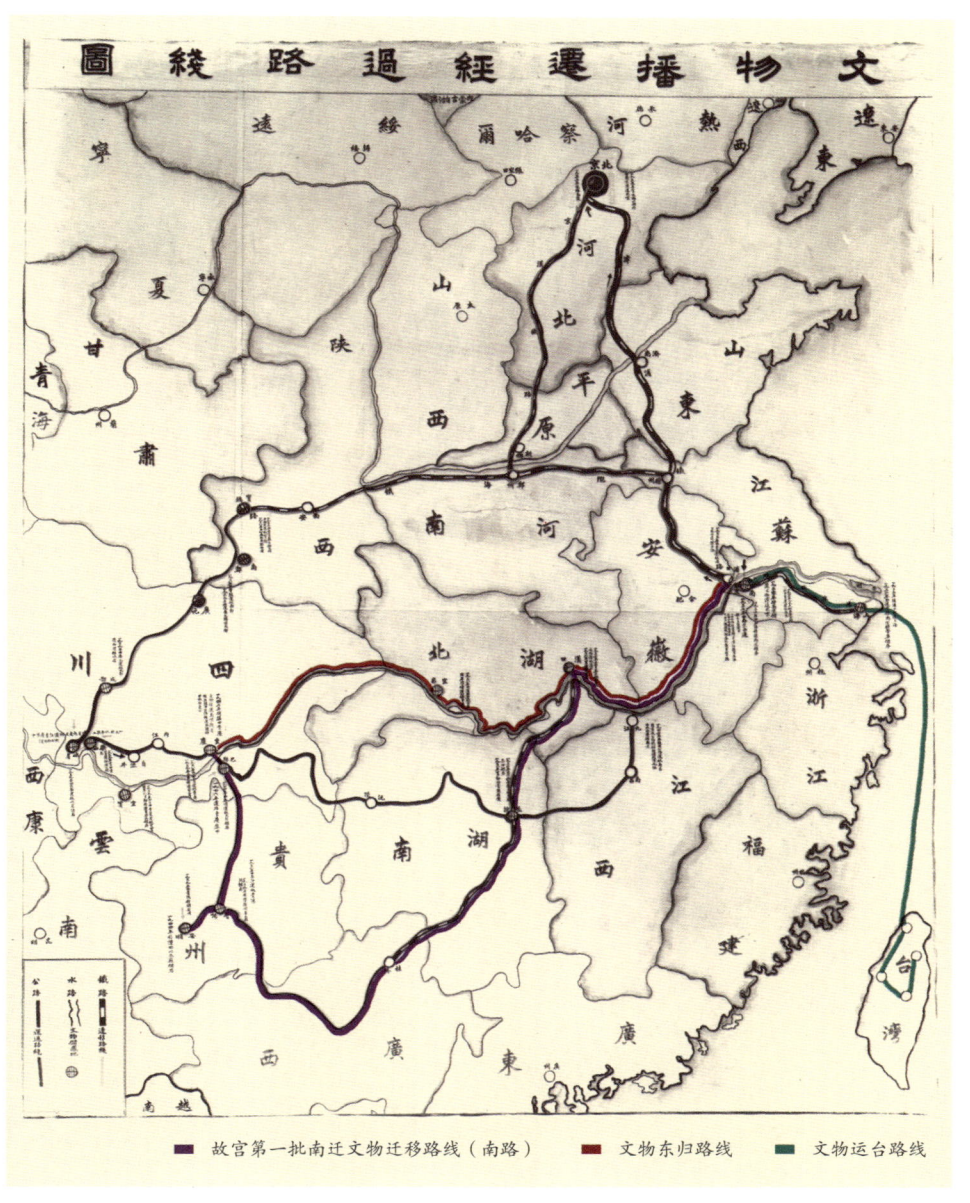

故宫文物播迁经过路线图
（引自1950年"还京文物特展"，故宫文物南迁研究所所长徐婉玲女士提供）

"故宫文物南迁史料整理与史迹保护研究"专题

编委会

主　　编：郑欣淼　田启波
执行主编：徐婉玲　高志忠
主　　任：张晓红　赵国英
编　　委：（以姓氏拼音为序）
　　　　　曹必宏　陈秋速　段　勇　高志忠　沈金浩
　　　　　田启波　徐婉玲　张晓红　赵国英　郑欣淼

学术委员会

主　　任：郑欣淼
委　　员：（以姓氏拼音为序）
　　　　　曹必宏　段　勇　刘忠福　王建朗　吴十洲
　　　　　幸　军　徐婉玲　赵国英　郑欣淼　庄　灵

总　序

"故宫学"这一学术概念，自2003年正式提出以来，引起学术界的持续关注，并得到多方人士的支持和参与。尤其是故宫博物院与高等院校的交流合作，已经形成了优势互补的发展态势，在学术研究、人才培养和项目合作等方面取得了颇具特色的重要成果。欣闻深圳大学故宫学研究院即将推出"故宫学研究丛书"，陆续出版故宫学理论研究的前沿论著和重大课题的阶段性成果，志忠院长邀我作序，我备感欣慰又深受鼓舞。

自20世纪20年代以来，故宫博物院的学术发展与高等院校一直保持密切联系。北京大学的沈兼士、清华大学的陈寅恪、辅仁大学的陈垣等都曾在博物院任职或受聘任故宫专门委员，支持、参与古物馆、图书馆和文献馆的业务工作与学术研究。最近十余年间，故宫学更是得到高等院校的大力支持，日渐成为一个新的学术增长点。

2010年10月，故宫博物院正式成立故宫学研究所，逐步推进与高等院校的交流与合作。自2012年起，故宫博物院于每年暑假期间开办"故宫学高校教师讲习班"，学员来自国内外知名高校相关专业领域的一线教师。截至2022年共举办10届，120所大学的240余名骨干教师积极参与其中。志忠是其中的第四届学员，他随后就在深圳大学开设了全校通识课程"故宫问学"，反响很好。据说，已有几名选过课的学生考取了故宫学方向的研究生。多年来，故宫博物院先后与中国社会科学院大学、浙江大学、南开大学开展合作，联合招收故宫学研究方向的硕、博士研究生。截至目前，中国社会科学院大学累计招收故宫学研究方向硕士生84人：毕业硕士生70人、在读硕士生14人。故宫学作为人才培养和学术研究方向被纳入本科生和研究生教育体系，意味着故宫博物院的发展有了坚强的学术后盾和强大的理论支持，高等院校也因此完善了自身的学科建设。

2013年10月，故宫研究院成立。研究院以"科研课题项目制"为基点，吸纳故宫博物院学术人才，汇集国内外知名专家学者，共同搭建开放式高端学术平台，努力发展成为国家级重大科研课题的学术基地和故宫学研究的中心。目前，多项课题获批为国家社科基金重大项目，包括"故宫博物院藏殷墟甲骨文整理与研究""故宫文物南迁史料整理与史迹保护研究"和"清代宫藏民族交往交流交融文物与史料整理研究"等。其中，由我担任首席专家的"故宫文物南迁史料整理与史迹保护研究"课题，在内容体系上特别注重史料整理、遗址保护和文献展览的整体性和互补性，并重视学术成果的转化与应用。2021年6月，重庆故宫文物南迁纪念馆在安达森洋行旧址正式开馆，档案文献再现故宫文物辗转迁徙的艰难过程，文物保存地成为唤醒城市记忆的独特场所。

2018年11月，深圳大学故宫学研究院成立，逐步架构起深圳与故宫的学术联系，也不断推进深圳与港澳地区的文化交流。2018年和2019年，故宫学研究院连续举办了两届故宫学国际学术研讨会，赢得学术界的良好反响。2020年，故宫学研究院获批广东省首批普通高校特色新型智库。同年，志忠院长担任首席专家的国家社科基金重大项目"清代宫廷戏剧史料汇编与文献文物研究"获得立项。该项目在团队架构上特别兼顾了专业性和国际化：故宫博物院藏清宫戏曲文献的整理与研究，由故宫博物院图书馆李士娟研究馆员担任子课题负责人，汇聚了众多故宫博物院的一线专家；海外藏清宫戏曲文献的搜集、整理与研究，则由香港中文大学华玮教授担任子课题负责人，集结了不少海外著名高校的优秀学者。故宫学所倡导的"故宫在中国，故宫学在全世界"的学术理想，在这个项目中体现得尤为显著。

短短的五年时间里，深圳大学故宫学研究院在故宫学的教学科研、智库建设和社会服务等方面已取得诸多可圈可点、可喜可贺的成绩，成为国内故宫学研究的重要基地。这些成绩的取得，得益于深圳大学提供的高端的科研平台、宽松的科研环境和充裕的经费支持。值此"故宫学研究丛书"付梓之际，我衷心祝贺深圳大学故宫学研究院所取得的突出成绩，也诚挚地感谢深圳大学对故宫学的大力支持。

是为序！

郑欣淼
2022年冬于故宫御史衙门旧址

"故宫文物南迁史料整理与史迹保护研究"专题序

  故宫文物南迁是故宫博物院的一段峥嵘岁月，也是中华民族的一段抗争历史，它的历史内涵、社会影响和现实意义都是独特而丰富的。2019年12月，由郑欣淼先生担任首席专家的"故宫文物南迁史料整理与史迹保护研究"课题获得国家社科基金重大项目立项。经过多年的努力，故宫文物南迁课题已经逐步形成具有全局性和纵深感的研究成果。听闻"故宫文物南迁史料整理与史迹保护研究"专题系列论著即将陆续出版，既感欣慰、鼓舞，亦觉责任在肩。

  要客观理性地研究阐释故宫文物南迁，其中一项重要任务，就是从历史、政治和文化诸命题中，深刻把握故宫文物南迁的史料整理研究在建构历史记忆和形塑文化认同方面所具备的突出作用。特别值得肯定的是，此项专题系列论著以大量珍贵档案、文献和影像为基础，全面而深刻地阐释故宫文物的迁徙保存与中华文脉的守护传承之间的密切联系和高度契合。其中，有的高度关注人物研究，兼顾人文叙事和社会观照，例如梳理阐述故宫博物院理事会重大决策的产生，客观考量中国抗日战争和世界反法西斯战争的内外局势；又如记叙评论马衡、庄尚严诸位先生，则全面观照人物的身家、师承、学养、交游和著述。有的重点聚焦历史事件，比如深入剖析伦敦艺展所涉及的政治考量和文化影响，系统解读上海预展、伦敦艺展和南京复展之间紧密联系又相互独立的叙事与话语。

　　科学合理地保护利用故宫文物南迁史迹遗址，既涉及国家记忆和地方历史的建构传承，也关系城市公共空间发展和民众精神文化需求。令人感到欣喜的是，故宫文物南迁的学术研究卓有成效地推进了史迹遗址的展示与活化。2021年6月，重庆故宫文物南迁纪念馆开馆，百年洋行重获新生，国宝庋藏地唤醒城市记忆。2021年10月，乐山故宫文物南迁历史研究院正式揭牌，故宫博物院与乐山再续深厚情缘，共同研究挖掘文物南迁史。2022年4月，乐山故宫文物南迁陈列馆获四川省文物局备案确认，宋祠文物库房原址重建，文物秘藏乐山历史再现。此项专题系列论著以扎实的遗址考古和史迹调研为基础，梳理分析故宫南迁文物迁移存藏的时空轨迹以及重要遗址的保存状况，总结提炼故宫文物南迁史迹保护活化的实践理念与路径选择。

　　整个抗日战争时期，中国文物损失惨重，唯故宫文物损失甚微。在近代中国艰苦卓绝的战争环境中，故宫文物南迁谱写了一曲文化抗战的壮歌。在世界反法西斯战争的国际背景下，故宫文物得以完整保存，创造了人类保护文化遗产的伟大奇迹。数代故宫人的典守精神，维护了故宫和故宫文物的完整性，展现了中华文化的时代价值和世界意义，应为史册铭记，当为世人传承！

王旭东
2023年秋于故宫博物院

今年（2023）适逢故宫文物南迁 90 周年，谨以此书献给父亲庄严先生，以及他与故宫同人护运南迁文物，并带领儿时的我们走过的那段烽火漫天、忧患艰难的动荡播迁岁月。

目　录

前　言 /1

序　章　《华严洞图卷》：创作与经历　/7

　　第一节　《华严洞图卷》的绘制　/7

　　第二节　《华严洞图卷》的题跋　/28

上　编

第一章　南渡西行——战时故宫文物迁移的重要活动　/49

　　第一节　初迁长沙　/49

　　第二节　再迁安顺　/53

　　第三节　转迁巴县　/62

第二章　山城聚首——南迁文物在重庆的集中　/77

　　第一节　存巴县文物运到重庆　/77

　　第二节　存峨眉、乐山文物向重庆集中　/95

　　第三节　故宫文物在蓉展览　/113

第三章　寓渝琐记　/125

第四章　徐徐东行——三路文物转运南京　/172

第一节　启程东行　/172

第二节　初迁南京　/195

第五章　驻宁纪闻——风雨飘摇中的人与物　/241

第一节　愈发艰难的生计　/241

第二节　赴台办展行及任教构想　/254

第三节　父亲与张柱中先生的交往　/263

第四节　故宫-中博筹备处联合文物展　/272

第五节　风雨飘摇中的故宫同人琐事　/284

第六章　渡海迁台——故宫文物向台湾的转移　/336

第一节　迁台准备　/336

第二节　故旧别离　/348

第三节　迁台经过　/354

第七章　故宫·马衡·庄严　/367

第一节　故宫与马衡　/367

第二节　故宫与庄严　/375

第三节　马衡与庄严　/392

下　编

第八章　华严洞题壁及其周边环境变迁　/415

第一节　华严洞洞壁题字　/415

第二节　近廿年来华严洞周边环境的变迁　/426

第九章　《华严洞图卷》题跋（上）：旅居重庆时期　/437

第一节　徐旭生跋文　/437

第二节　傅振伦跋文　/444

第三节　欧阳道达跋文　/455

第四节　励乃骥跋文　/468

第十章　《华严洞图卷》题跋（中）：东归南京时期　/477

第一节　朱家济跋文（兼忆台静农先生）　/477

第二节　邱倬跋文　/496

第三节　向达跋文　/499

第十一章　《华严洞图卷》题跋（下）：迁移台湾时期　/507

第一节　劳榦跋文　/507

第二节　董作宾跋文　/513

第三节　张敬跋文（兼忆黄异先生）　/527

第四节　罗家伦跋文（兼忆王雪艇先生）　/535

附录一　充满印记的历史照片

　　　——一张新出土的故宫文物南迁历史纪录　/555

附录二　历史不会忘记

　　　——故宫文物南迁历史在长沙　/561

后　记　/564

前　言

我的父亲庄尚严先生（1899—1980），字庄严，号慕陵；上个世纪对日抗战期间，任职于国立北平故宫博物院。根据派令，1929年为文献馆科长，1934年转任古物馆第一科科长。他在护运故宫南迁文物辗转贵州贵阳、安顺以及四川巴县期间，是国立北平故宫博物院"驻黔办事处""驻安顺办事处"和"驻巴县办事处"的主任。

父亲一生，几乎亲历自故宫博物院成立至文物迁台期间所有大事。他于1924年进入"清室善后委员会"，参加清点故宫文物；1925年，参与故宫博物院筹备及成立；1933年，为防避日本侵略战火，奉命押运文物自北平南迁到上海；1935年，以中文秘书身份亲随英国巡洋舰护运故宫参展文物远赴英伦，参加"伦敦中国艺术国际展览会"（简称"伦敦艺展"）。1937年抗战全面爆发后，父亲负责第一批精华文物从南京南迁①湖南长沙，后经贵州贵阳再迁安顺，最后迁到四川巴县。抗战胜利后，他继续护运首批南迁文物先到陪都重庆，然后会合第二、第三两批从乐山、峨眉运渝文物，再复员东归南京。之

---

① 此阶段又称"西迁"，以与此前的"南迁"（从北平到上海、南京）、此后的"东归"（存于四川各地的文物向重庆集中并运回南京）及1949年前后的"北返"与"迁台"区别，但考虑到这些过程在整体上构成了"大南迁"的概念，且本书的叙述涉及"西迁""东归"与"迁台"三个阶段，故下文如无必要，统一以"南迁"概括这段历史。

后，又因内战影响，父亲再度奉命护运第一批迁台故宫文物渡海到台湾，从基隆经杨梅到台中糖厂停留一年，最后运到雾峰北沟库房存放十五年。20世纪60年代，父亲参与迁台文物第一次赴美五大城巡回展览（1961—1962），以及全部迁台文物自雾峰北沟最后迁移到台北士林外双溪台北故宫新馆现址的所有历程。

我是庄严的四子，现以一个"命定的经历者"同时又是一个"关心的旁观者"的身份，来为读者简要记述从我1938年在贵阳出生后，跟随着故宫南迁文物、父亲母亲和三位兄长，不断辗转播迁的那段记忆深刻鲜明的童年成长岁月；还有父亲最珍视的《华严洞图卷》；以及当时父亲与故宫博物院师长、同事和挚友之间所经历的那些真实往事。

2009年10月，趁北京故宫博物院郑欣淼院长第二次访问台湾，到士林外双溪与台北故宫博物院周功鑫院长共同主持"雍正文物大展"之际，我有机会再度和郑院长会晤，并陪同他到台中探访北沟遗址、赴雾峰参访林家莱园。翌日，郑院长还抽暇过访舍下，再度谈到家藏《华严洞图卷》。由于它清楚记录了抗战时期故宫文物与故宫人的一段特殊因缘际遇，又因它饱含当时故宫同人与当代艺文人士的书、画与文学造诣，自然而然地成为故宫博物院发展史上一件以多种传统艺术形式纪录和见证历史的特殊作品。因此，郑院长希望我能把这个手卷的全部内容，还有战时及战后父亲和他的故宫博物院师长、同人以及好友间的文墨往还故事写成篇章，在《紫禁城》月刊上发表。由于此议极有意义，我当时不假思索地答应下来，以至于到后来为了践诺只好不揣浅陋，尝试依据个人记忆和手边现有资料，将它们陆续撰为文字，连同相关图片在《紫禁城》月刊上陆续刊发。

2019年9月，因有幸获得第19届"平遥国际摄影大展"颁赠的"终身成就奖"，我和内子陈夏生应邀去山西平遥。回程时特别取道北京，拜访了北京故宫博物院王旭东院长和郑欣淼原院长。当时，郑院长再度面示我，应将原先在《紫禁城》月刊连载的《故宫南迁时代忆往——安顺读书山华严洞图》系列文字和图片，重新整理并增加新的资料撰编成书。我非常感谢郑院长再一次提示这一极富意义的"任务"，否则读者也许今天还看不到这本书的出版。

回到台北后，我和内子陈夏生便讨论：这本以《华严洞图卷》为主轴来追忆故宫文物南迁时代人和事的纪实性著作，究竟该如何使内容更加充实、更贴近当时的实际生活？如何能让读者更清楚当年故宫博物院的日常工作状况以及同僚间的相处情形？还有当时父亲与艺文界知友间的交往情况和有趣轶事又是如何？这些都是我希望能提供给读者的内容。因此，我们又找出父亲遗下的多年日记逐本翻阅，发现里面有不少内容都是撰写此书不可或缺的第一手珍贵资料，于是便从中仔细摘选与故宫文物南迁密切相关的人与事，录入本书。此外，我们认为写出来的文字最重要的，就是必须以"真"和"实"为前提；事实上，谈到内容的"真"与"实"，读者只要从我们引用资料的出处去检视，应该就可以判知了。

父亲生于光绪二十五年（1899）农历六月初八日，到2019年刚好一百二十周年诞辰。为了纪念这个有意义的年份，我与台北"羲之堂"主人陈筱君女士，特别在台北中山纪念馆二楼的中山画廊，共同策办了一场以"父亲的书艺""父亲和他终身服务的故宫"以及"父亲与同辈艺文知友间的翰墨交往"为内容，定名为"一生翰墨故宫情"的大型展览会。同一时间，大哥庄申、二哥庄因、三哥庄喆和三嫂马浩以及我和内子陈夏生这庄家第二代兄弟妯娌六人，也各自进行艺术创作，提出作品包括中国美术史及艺术与文学论著、书法、现代绘画、陶艺、摄影和中国绳结艺术等近百件，在二楼中山画廊旁边的文华轩及东西两侧艺廊，举办了一场定名为"湛艺庄门"的联展，用以庆贺并衍续、扩增"一生翰墨故宫情"展览的效果和影响。展览时间从2019年3月31日起至5月26日止，其中文华轩的"湛艺庄门"家族联展只展至4月28日，东西两侧艺廊的联展作品则与中山画廊中的主展一同展至5月26日。

为了配合"一生翰墨故宫情"展览，还出版了三本专书：《故宫半世纪》《书道幽光》与《翰墨知交情》[①]。这两年来，内子陈夏生一直在研读父亲留下的多年日记。起先，夏生在摘录日记时的注意力集中在父亲一生书法艺术的演变过程，以及父亲在故宫博物院前后四十五年的重要工作历程。关于这部分的撰述文字，夏生用专篇的形式发表在上述三本书之一的《书道幽光》[②]中。而另外的两本书，《故宫半世纪》是谈父亲的终生志业的，从他1924年进入"清室善后委员会"工作，一直到1969年从台北故宫博物院副院长职位上退休，以及后来膺任故宫博物院顾问期间，涵括他与故宫博物院有关的工作、经历和生活逸趣。另外一本是我所撰写的《翰墨知交情》，则聚焦在父亲与多位艺术或学术领域的知友的交谊，包括张大千、台静农、董作宾、孔德成、黄君璧、罗家伦、胡适、叶公超和郎静山等人，以及他们彼此之间以翰墨相互赠答、来往的轶事和趣事。

由于上述的种种因缘，我们已经为今天的这本书事先做了下笔前的基础工作。目前我手上现有的资料，最重要的便是父亲留下的日记，这里面包括2018年底我们意外得到的一本父亲1921年的日记，当时的父亲还是北大哲学系一年级的学生；还有1936年他在"伦敦

---

① 三书皆由台北羲之堂于2019年出版发行。
② 《书道幽光》系由四位不同的作者共同执笔，从多种角度来讨论庄严的书法艺术和表现境界。

艺展"期间的部分旅欧日记;再就是他自1946年故宫南迁文物还在四川巴县时起,一直到1979年父亲在台北过世前一年的多本日记。除了日记之外,另有父亲自己的书作、文章、诗作《适斋诗草》、自编的《迁公自订年谱》,以及他个人自1924年起与故宫博物院有关的所有证件、派令、剪报册,还有一些朋友的书信,等等。除此之外,再加上北京故宫博物院收藏父亲的报告手迹和若干早期历史照片,台北故宫博物院编撰出版的《故宫七十星霜》(1997),北京故宫博物院编撰出版的《故宫博物院早期院史(1925—1949)》(2016)、《故宫国宝南迁纪事》(2016),马思猛先生整理的《马衡日记》(2018)、《马衡年谱长编》(2020),乐山刘忠福先生主编的《烽烟南迁》(2020),以及庄严先生口述、陈夏生笔录的《山堂清话》(1980)和之后由北京故宫博物院缩编出版的《前生造定故宫缘》(2006),还有那志良先生《典守故宫国宝七十年》(2004)、欧阳道达先生《故宫文物避寇记》(2010),母亲申若侠女士遗下的散篇回忆文字和二哥庄因所著《漂流的岁月》(2011),等等。这些都是我和夏生在撰写时的重要参考依据。

关于本书所谈内容及章节的编订次序,除了序章介绍《华严洞图卷》的来由、经过和图绘作者之外;从第一章至第七章为上编,主要是引用上述相关资料,介绍故宫文物南迁(西迁)和东归的大部分经过,以及迁台文物初到台湾期间所发生的重大事务,包括马衡院长与父亲的交往状况;接下来的下编中,第八章将华严洞及其周围环境改变单列一章介绍,从第九章开始则是梳理《华严洞图卷》中各位题跋者的生平事迹,以及他们与庄严先生的交往情形。也就是按当年发表在《紫禁城》月刊上的文字及编排次序,再增入个人记忆以及庄严先生的日记资料纪录的相关内容,予以补写修订而成。

本书力求忠实呈现那个时代，特别在20世纪40年代国内政局即将发生空前剧烈变化之际，故宫同人们的真实工作与生活状态、他们与父亲相处交往的实际情况，尤其父亲当时的生活状况、个人想法，以及在那样艰困环境和巨大身心压力之下，他始终坚持于对故宫所藏书画的学术研究，还有认为故宫文物应该对当时社会充分发挥教化功能的期许建言和实地执行的情况遭遇。这些都来自父亲1946年至1949年初的日记原文，再间歇辅以我个人的记忆和了解，以及参阅其他信实资料所作的补充。由于父亲的所有日记都侧重在日常工作与生活的简要记述，因此我和夏生在共同整理时，仍然会以父亲亲笔书写的文字为主体，哪怕对于某桩公事他只用几个字提到而已。我们之所以忠实选录父亲用他自己的生活方式、道德观念和行事观点所写的日记，是因为它们都是在非常坦诚、率真的本然心态下，所记写的那些在战乱时代他与师长、同僚、朋友之间的真实生活状态和交往情形。我们以为，父亲免不了常常会拿他自己的行为标准来看待周遭的"人"与"事"，甚至进而涉及对于他人的褒贬。其实在今天看来，他所记评的"是"与"非"，并不一定代表所有世人认定的"对"与"错"，或"好"与"坏"。作为他们后代的我们这一辈人，以及再年轻的下一辈人，甚至更年轻的再下一辈人，应该都能区分和明辨前辈人的想法和行为；那些都是他们在那个时代所受教育、社会风气与时空背景影响下所做的决定和结果，理当由他们自己负责和承担；跟现在的我们这辈人都已完全无涉才是。不过，我和夏生即便在探寻那个时代许多事情的真实情况而抄录父亲日记原文时，还是会在意和考虑到与它们相关人士后代的可能感受，因而对于日记中某些极少数批评他人的过激措辞和文句，还是会稍稍有所保留。此一心意和做法，相信应该能得到各位读者的谅解和认同才是。

序　章　《华严洞图卷》：创作与经历

第一节　《华严洞图卷》的绘制

一、画卷的绘制

《华严洞图卷》，全称《安顺读书山华严洞图卷》，原本是件尚未完全装裱竣事的手卷，它是1944年12月抗战后期，当第一批故宫文物从安顺迁移到四川巴县飞仙岩暂存期间，父亲为了怀念之前在安顺华严洞守护国宝那五年多的难忘岁月，特别委请深具国画天赋的同事刘峨士（奉璋）先生，根据他同在华严洞工作与生活的那段深刻记忆，精心绘制了一幅颇有宋代名家马（远）、夏（珪）画风的横幅"记忆写实"山水，并且简单装裱成一轴预先留下极大空白的长卷。然后，再由父亲亲自邀请与文物南迁到华严洞有关的多位故宫师长、同人，以及父亲当时（与后来）的多位艺文知友和名家，各自分别书写了十多段不同的题跋。手卷上的主题绘画长约240厘米，高约33厘米，全画都用水墨绘成，并未设色。由于整个图卷随着主人经过数十年的流徙播迁，纸质已旧，底色也已泛黄。2014年，手卷由我和兄长庄因、庄喆三人联名，捐赠给父亲服务了一辈子的台北故宫博物院永久典藏。如此，让20世纪30至60年代那段故宫前辈同人为了保护国家文物不致遭受战火波及和损害的艰辛南迁历程，以及前辈故宫人和当时艺术学者们的绘画、书法和文章，都能完整地永久留存下来。现在，手卷已由台北故宫博物院将它连同原先未及裱入的零笺散墨跋文，重新裱装成为一轴图文并茂的完整手卷。①

图 0-1　重新装裱后的《华严洞图卷》（庄灵摄于 2019 年台北中山纪念馆"一生翰墨故宫情"展览现场）

手卷由马衡院长篆题"安顺读书山华严洞图"引首开始，原本手卷紧接着就是刘峨士先生所绘的华严洞图。不过，在手卷捐赠给台北故宫博物院之后，院方在重新裱装时却将罗家伦先生后来在台湾所题写，原本位在多段跋文之后的行书"妙庄严境"四个大字及前后小字

---

① 关于《华严洞图卷》捐赠和重新装裱的详情，可参见由台北故宫博物院同人郭仓妙撰写的《安顺读书山华严洞图之重装后记》（台北故宫博物院《故宫文物月刊》第 392 期，2015 年 11 月）。

名款，特别移裱到手卷的前面来。①

图 0-2　马衡篆题"安顺读书山华严洞图"

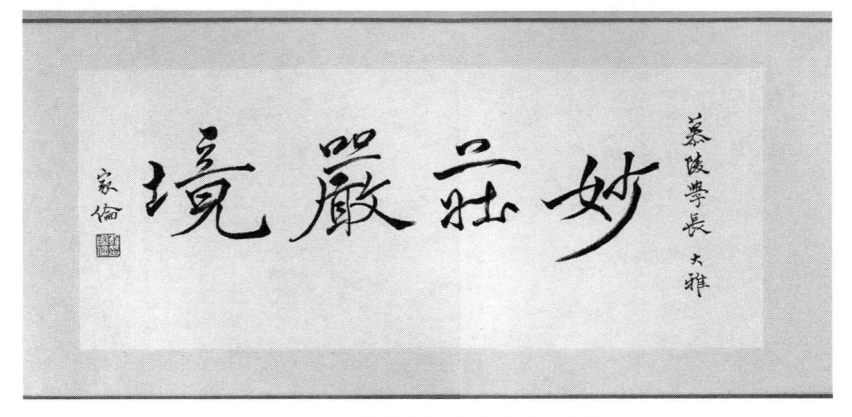

图 0-3　罗家伦行书"妙庄严境"

---

① 我以为，罗家伦题句的中间二字是"庄严"，两旁二字是"妙境"，确实别具意义，重裱时作如此的次序更动，应是不错的决定。关于罗家伦先生（1897—1969）及其与父亲的交谊，详见本书第十一章。

在罗先生题字之后，便进入图画的本身（见书前彩页）。其后是马衡的跋文，以及父亲和故宫诸位同人及艺文好友的跋文，按照题跋顺序加以连缀装裱。

贵州境内多山，华严洞所在地原是安顺城南郊外的山丛一隅。图绘即从远山近丘及田畴的边缘处开始落笔，逐渐向左方延伸。此时，画幅中央次第出现坡台上的中式房舍，以及后山高处的亭子。这些房舍、亭子皆背倚山崖，散现在疏落的林木之间。前方坡下的平地大多已辟为水田，其间可见骑在牛背上的牧童，也有与房舍相连的田间小径和行人。路端的空场上，还见有村民正乘坐在由两人肩扛的"滑竿"上，这些都是当时西南乡下的常见景象。在画面"滑竿"上方的

图0-4 《华严洞图卷》中的"会诗寮"（右上方坡台上的中式平房）及周边建筑（左前较大楼房为故宫驻安顺办事处所在）

天然坡台上，有一栋中式建筑，就是我记忆中曾经夜宿过的"会诗寮"。此屋至今依然安在，屋龄应已超过百年。在其左下前方，见有木造的两层阁楼，前后两栋，从前栋阁楼右侧的石阶步道上行，经过后方平台上的石坊状山门及后面的石阶，即可上到"会诗寮"。①

图绘中的联栋阁楼，应该就是我记忆中的"驻安顺办事处"所在地。在前面的楼上，还可以看到有两个人正坐在窗前轻松谈话。这栋阁楼在1999年我和家人重返儿时故地时，已经消失不见了。而阁楼正后面原有的陡立山壁，则为绘者所画的一片高大茂密树木所遮蔽，其实那里就是华严洞的洞口所在。而在后面山坡高处的平缓处，见有矮石方桌一张，旁有三人正围坐赏景，楼阁前方则是大片平坦田畴。在画面的最下方则见一长列杨柳树的上半部枝干，似乎正要抽芽发叶。而在楼阁群的左方楼宇墙外，则可见一片茅顶平屋依山坡而建。再往左行，则隔着数重山石树木与一片瓦顶村落相接连，似乎就是我们小时常去的苗寨，村左被一座迤逦至画面前方的山岭和散生的高大树木所阻隔。山左岩丛外面，是一块向后方凹入的迂回谷地，左侧山壁陡直峻峭，少有树木，只在近前耸立的石山下方有茅屋数间，以垂线视角坐落在山壁之下。这部分景致恰似贵州省喀斯特地形，一簇簇石灰岩独立山丘下方，经常散见许多民居的实景写照。再往左展卷，只见前方绝壁外另一谷口平野处，又漫出几重溪流岸滩，前有小木桥一座接连两岸，岸滩边际也有两排杨柳枝干，正待春来。后方则为另一绝巘石山拔地而起，山脚滩岸高处，还有民居三间安座在阶台上面。这座峭壁耸崖一直向后绵延至背后高远山岭，直达天际，全画就

---

① 山门上端应刻有"华严洞"三个大字；而"会诗寮"的基台前方岩壁，则刻有"飞岩"两个大字。

止于左侧溪原和后面远处的崔巍山岭。这时候，在以淡墨晕染成的远山轮廓上，是本图作者刘峨士先生的楷书小字落款"乙酉春三月为慕陵道兄写华严洞图峨士"，下钤作者印信"刘氏"（白方）及"峨士"（朱方）。

根据刘峨士先生的落款，《华严洞图卷》绘制的时间为"乙酉春三月"，即1945年春天，那时我们正蛰居在四川巴县的飞仙岩。当时离开安顺还不久，对于华严洞的记忆犹新。尤其飞仙岩地处川南深山，环境十分幽静，平日典守与维护古物的工作相当单纯，同人公余生活也极为简单。因此，父亲才会兴起请同事刘峨士先生提笔追绘华严洞图的雅事，而峨士先生也才有时间和兴致静静地构思和细致地落笔。今天重读此卷，发现全图虽无设色，但笔墨浓淡有致，线条流畅挺拔，造景布局皆富变化，岩壁山石及柳树干枝，无论造形和笔法，都极富南宋大画家马远和夏珪的笔意。难怪父亲后来一直都将此图卷留在身边，并且不断请同人、故旧和艺文大家为它作跋，延续到抵达台湾多年之后。

其实，刘峨士先生在为父亲画《华严洞图卷》之前，就曾于1944年的春天在安顺为父亲作过一幅写生画像《戴笠图》，当时父亲不仅自己题撰，也曾请多位亲朋好友在画外空白处赋诗题字。

刘峨士先生于画中题：

甲申之春三月，为慕陵道友画像。抑志楼主峨士写。［钤印："刘氏"（阴、白方）、"峨士"（阳、朱方）］[1]

---

[1] 本书引文中所加解释说明及增补文字，皆标为括注小字。

序　章　《华严洞图卷》：创作与经历　｜　13

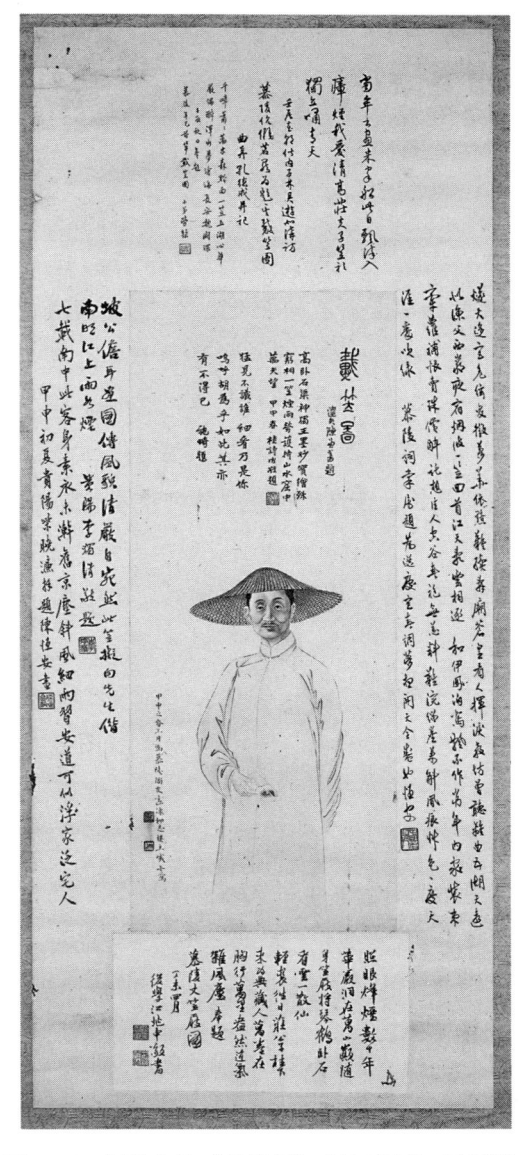

图 0-5　刘峨士绘《戴笠图》（125 厘米×55 厘米）

其他友人的题跋包括：

戴笠图

——达夫陈兼善①题

燧火移宫，危弦变征，梦华依黯难续。辞庙苍皇，看人挥泪，教坊曾听离曲。五沛天远，似渔父西岩夜宿。烟波一笠，回首江天，乱云相逐。和伊凤泊鸾飘，不作当年内家装束。牵萝补恨，卖珠偿醉，托想佳人空谷。春袍无恙，料难浣缁尘。万斛凤痕，草色色度，天涯一番吹绿。

慕陵词掌属题，为选庆宫春调梦想开天全盛也，恒安

——陈恒安②

坡公儋耳画图传，风貌清严自宛然。此笠拟向先生借，南明江上雨如烟。

贵阳李独清敬题

——李独清③

---

① 陈兼善（1898—1988），字达夫，浙江诸暨人。动物学家，尤专鱼类，著有《台湾脊椎动物志》《普通动物学》等书。陈先生1931—1934年留学法国，1934年在大英博物馆研究。曾任安顺黔江中学校长。赴台后任台湾博物馆馆长、台湾大学教授兼教务长及动物学系主任，1956年转任东海大学生物学系教授兼主任，1966年退休。1972年移民美国，1982年回到中国大陆，曾任第六届全国政协委员。陈夫人高凤年女士，抗战期间于1944年在安顺时，是我就读幼儿园的园长。

② 陈恒安（1909—1986），原名德谦，字恒安，斋号云崖室、云崖馆舍，贵州贵阳人。书法家，曾任贵州省文史研究馆副馆长、省立贵州艺术馆馆长、中国书法家协会理事。与柴晓濂、潘厉霖、李独清并称"黔中四杰"。

③ 李独清（1909—1985），贵州人，师从晚清进士杨谭生，"黔中四杰"之一。1937年入贵州文献征辑馆，后入贵州师范学院中文系。著有《贵州通志》之《金石志》与《艺文志》、《洁园剩稿选》及《李独清学术文选》。

七载南中此客身，素衣未浣旧京尘。斜风细雨习安道，可似浮家泛宅人。

甲申［1944］初夏，贵阳柴晓濂拜题，陈恒安书

——柴晓濂①题、陈恒安书

高卧石渠神独王，墨妙宝绘殊穷相。一笠烟雨劳护持，山水窟中万夫望。

甲申春，桂诗成敬题［钤印："百铸题记"（阳、朱方）］

——桂诗成②

猛见不识谁，细看乃是你。呜呼胡为乎，如此其亦有不得已。

施畸题

——施畸③

当年书画米家船，此日飘流入瘴烟。我爱清高庄夫子，笠衫独立啸青天。

壬辰［1952］花朝偕内子林君游北沟访慕陵伉俪，茗罢为题

---

① 柴晓濂，生平不详，仅知与陈恒安、潘厉霖、李独清并称"黔中四杰"。
② 桂诗成（1878—1968），字百铸，贵州贵阳人。光绪三十二年（1906）保送廷试，分任学部主事。民国后，任教育部教育司金事，与社会教育司科长周树人（鲁迅）交往甚厚。后回贵州，历任省长公署教育科科长、省议会选举筹备处处长、黔军总司令部秘书长、独山县县长等职。
③ 施畸，生卒年不详，字天侔，河北通县（今北京市通州区）人。1919年去北京声援五四运动。曾任教于中法大学服尔德学院国文系、国立武汉大学哲学系，并于山东大学中文系任系主任；其后抗战爆发，转任国立中山大学师范学院国文系主任；抗战胜利后，任国立兰州大学历史系主任。

其《戴笠图》，曲阜孔德成并记

——孔德成①

千嶂萧萧万木森，黔南一笠五湖心。华严偶醉浑如梦，沧海长安魏阙深。

壬辰秋日奉题慕陵年兄前辈《戴笠图》　小弟劳榦

——劳榦②

照眼烽烟数十年，华严洞在万山巅；随身笠屐将琴鹤，卧石看云一散仙。轻裘往日庄公子，柱下来为典藏人；万卷在胸行万里，盎然逍气杂风尘。

奉题慕陵丈《笠屐图》，丁未［1967］四月，后学江兆申敬书

[钤印："江兆申印"（阴、白方）、"菽原大利"（阳、朱方）]

——江兆申③

早悟文章贱，今知儒术陈；习安生面细，茅酒入杯醇。四海方兵火，故乡长棘蓁；南来时戴笠，无闷不忧贫。天地方闭晦，山川半雨烟；沉年枬室坐，跣足衣无船。陶白非吾事，匡时赖众

---

① 孔德成（1920—2008），字玉汝，号达生，山东曲阜人。孔先生为孔子七十七代嫡长孙。自幼勤习古代经典，学问以三礼、金文、商周青铜彝器研究见长，且浸淫书法艺术多年，终成著名大儒。曾任台湾大学中国文学及考古人类学系教授、台北故宫和"中央博物院"联合管理处主任委员等职；并曾受东亚学会委托，规划"仪礼复原实验小组"，指导研究生从事古礼书之专题研究，出版"仪礼复原丛刊"系列。当时孔先生曾委请我为台大中文系所"仪礼小组"摄制16厘米学术纪录片《士昏礼》一部。

② 关于父亲与劳榦先生（1907—2003）的交谊，详见本书第十一章。

③ 江兆申（1925—1996），字菽原，斋名灵沤馆，安徽歙县人。著名书画家与金石家，为中国书画研究专家；曾任台北故宫博物院书画处长、副院长。著有《关于唐寅的研究》《双溪读画随笔》《文徵明与苏州画坛》《灵沤类稿》等书。

贤；诗成浑漫兴，吟罢亦惘然。

庄严四十六岁初度有作，即题《戴笠图》后

——庄严自题

二、作者刘峨士

刘峨士（1914—1952），名奉璋，号峨士，河北饶阳人。记忆中，刘先生中等身材，一向穿着整齐，经常戴一副细框眼镜，说话时天津口音很重。听父亲说，他是北平艺专的高才生，抗战时流亡到贵州，在安顺的民众教育馆工作。1939年初，父亲带着第一批南迁文物从贵阳抵达安顺华严洞，并且奉派成立驻安顺办事处；不久，因有两位同事朱家济（豫卿）① 和傅振伦（维本）② 先后离职，无论文物的安全防护还是整理典藏都急需人手，于是父亲在征得马衡院长的同意后，便把在安顺当地结识并同在民众教育馆工作，而且都有相当艺术背景和才华的刘峨士与黄异（居祥）两位先生，一同延揽进入故宫驻安顺办事处。从此，他们二人便一直留在故宫服务，从安顺而巴县、而重庆、而南京，一直到台湾台中。可以说，他们两位先生从

图 0-6 刘峨士（1914—1952）

① 关于朱家济先生（1902—1969）及其与父亲的交谊，详见本书第十章。
② 关于傅振伦先生（1906—1999）及其与父亲的交谊，详见本书第九章。

小就看着我们兄弟长大，公余不但常为我们说故事，并且还指导我们四人画画，是我们兄弟最亲近和尊敬的两位画家长辈。刘先生的画挺拔娟秀，且能工能放，山水、人物、花鸟全都擅长。我的现代画家三哥庄喆，一向都视刘、黄两位先生为他后来绘画生涯的启蒙老师。只可惜，自认识以来就是单身的刘先生，以及妻小始终都留在山东家乡的黄先生，在1949年来到台中之后分别罹患重症，不幸都在20世纪50年代初就先后去世。否则，以刘先生的国画根柢、才具和用功程度，相信假以时日，必能成为大家。

从父亲历年书写的日记，可以看到当时他与刘峨士先生之间的互动，以及父亲对刘先生的期望和看法：

1946年2月2日① [农历新年初一]　去百子桥为马老夫子 [马衡院长] 拜年，一家及刘 [峨士]、黄 [居祥] 二人同去，稍坐即返；久雨路途泥泞，其滑如油。②

1947年3月11日　峨士写请客帖，将菲酌误作韭，真可笑。告之尚不改，此人性傲又不读书，是其一短。

4月26日　闻人云刘在库房乱打人之事，此君不只行为幼稚，且恐多少有些神经作用。

7月2日　在邦 [欧阳邦华]③ 家开临时会一次，我表示决月半后东下 [指复员东归南京]，决定随第二批古物出发，即将甲组主任交由邦负责（三组归一人），例行事由峨士办，此公有"大炮"

---

① 本书所引《庄严日记》的年月及日期皆经重新整理，以公元纪年及公历标注于每日事项开头。

② 此时我们一家和刘、黄两位先生，已经随抗战第一批南迁文物从四川巴县迁到了重庆南岸的海棠溪向家坡。

③ 关于欧阳邦华（道达）先生及其与父亲的交谊，详见本书第九章。

绰号。昨日之事，固大快人心，然南方小人向来暗算仇家，我在，刘诸事碍吾之面；后无悼忌，恐为人所利用。

11月17日① 峨士自重庆带来大条蜀柳两株，今早督工植之屋外。② 又橙园盆植茶花两株，见之不禁想念蜀中橙园景况，恐再难见矣！

此时，我们一家已随文物复员南京朝天宫旁的故宫南京分院，住在永久库房与冶山旁边的一栋平架在高脚木桩上号称"活动房子"的职员宿舍中；屋旁有块自垦的小花圃，依旧取名为橙园。

1948年8月17日 今天开一箱，全是王虚舟〔王澍，清代著名书法家〕临古帖墨迹六十余册，峨士大为唾骂，几欲火之；告以许多难见古碑帖均可由此中见之，亦有价值作学问；当蠲除成见，此人终不了解。吾恐其将来不免画匠之讥，虽欲指导入正轨，可惜成见太深也。

8月18日 昨晚见全院人三分之二手执扇上书画，几乎都由刘峨士包办；所有自取看之，当时认不好者，冷眼观之也还要得。年来书法不能说无进步，惟凭眼见，尚乏真功夫耳。③

8月21日 阴郁欲雨，不雨气压低，使人透不过气来。四时到刘峨士房坐看研制石绿；此人颇可造就，惟太骄傲是其短处。晚间振玉、峨士皆来谈天，尔所谈从始至终皆艺术知识，可谓难得。

---

① 这时集中在重庆的南迁文物，由父亲负责的部分已经回到了故宫南京分院。
② 关于蜀柳，见父亲同年3月12日日记："今天植树节，插柳树数十株；此柳川中特有，枝干屈曲若龙爪，或即曰蜀柳；拟出川时移种南京。"
③ 由于前一晚，是故宫同人黄坚（号振玉，江西清江人）先生的三小姐宛华结婚，故有喜宴聚会。

1950年2月15日 刘峨士交来仿夏珪长江万里图卷一,长数丈,据说费了数夜功夫在年前赶出,欲我为书巴川出峡诗于其后。

此时,父亲和多位故宫同人,已随迁台故宫文物从台中糖厂移居到雾峰乡北沟村外的新建库区;而刘、黄两位先生依然住在台中糖厂旁边振兴路"中央博物图书院馆联合管理处"的单身宿舍里。

1950年2月16日 壬午岁除,晚间我家照例请刘峨士、黄居祥共度岁除;此例自四川飞仙岩年年举行,今年仍照例举行。

2月18日 午时刘峨士忽咳血,谢医生一看说非常严重,非急送院不可,否则再咳将不能止。①

5月21日 刘峨士又开始作画,画一卷丽人行;他现在已知唐时美人尚肥,已知周昉诸人画胖丫头是仍有唐风;故此刻刘之画风已不是在安顺未入故宫前之徒以文[徵明]、仇[英]为师的作风,不能不谓进步。

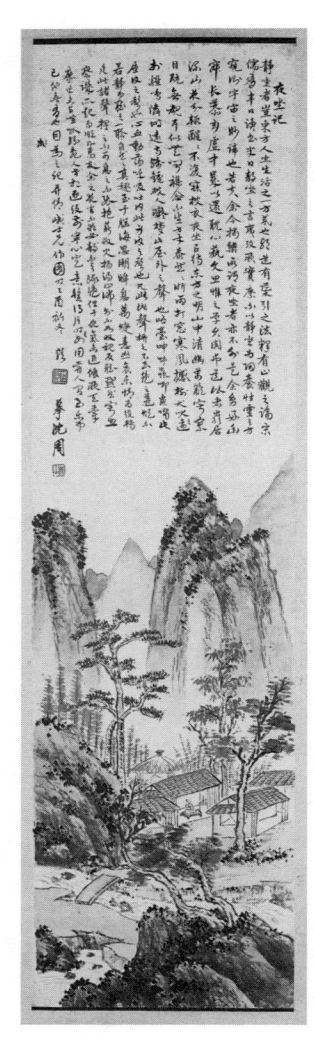

图0-7 刘峨士临沈周《夜坐图》(90厘米×24厘米,图画上方《夜坐记》为庄严所题)

---

① 读父亲1946年5月13日还在重庆时日记:"刘峨士因患胃病,退出伙食团。"知道刘先生早年就有胃肠的毛病。

5月24日 为刘峨士写寸楷丽人行,刘所作画;又为之隶书四大字曰"杜陵诗意",自己觉尚要得。

11月1日 刘君狂傲浮躁,不愿与人合作且不纳人言,吾只有每次召集全体讨论时再三声明:"清册制造,各人负责。"而刘君常且多心,奈之何哉!

看了父亲以上多段日记,我清楚记得当时刘先生还住在台中振兴路的单身宿舍时,外间是他的画室,在长形画案背后的墙上,醒目地挂着两幅他自作自书的五言对联:"一副穷脾气;两根傲骨头。"十个瘦硬的楷书大字令人印象非常深刻。其实这十个字,不但传神地调侃了自己的真性情,也率性地表现出他的几许自负!

1951年3月2日 今为峨士个展第一天,在会场上午遇谢振仁、邹湘乔诸人。觉刘画工拙是一;另一问题为刘自入故宫,一一依据古法不越雷池一步:不但目无清人,甚至明之四家皆作平视。而此刻在荒岛展出未免格调太高,如在台北或许有少数人能领略之;台中非文化区,也就无事。今件件细观,觉刘临摹本领实在高超,自家创作则稍差。彼年岁尚轻,或者三十年后始能成家;姑记之于此,不知我这本日记若三十年后尚不致被焚,则幸甚矣!

3月14日 刘峨士托谭[旦冏][①]为他摄照此次展览精品,昨

---

① 谭旦冏(1906—1996),原名义翰,江西九江人。国立北平大学法学院毕业;1930年赴法国,入国立帝雄艺术学院。回国后,曾任国立北平艺术专科学校、四川省立成都艺术专科学校教员。抗日战争期间曾在四川各地调查手工业,著有《中华民间工艺图说》。抗战胜利后就职于南京中央博物院筹备处,从事文物整理与研究。1949年押运文物至台湾,任"中博"组主任,1966年改任台北故宫博物院器物处处长,后升任副院长。退休后,曾任教于东吴大学、台湾大学及中国文化学院艺术研究所,著有《中华古瓷图录》等书。

天照完，将画收入寄存我家大木箱内；放台中怕轰炸、怕贼偷。①

3月27日 刘峨士屡邀若侠［我母亲申若侠］同去访安和女士，决今下午前往。所谓安和者，系刘展览时认识之人，据称与刘河北（女士）同拜溥心畲为师学画。

据我所知，刘先生一直对安和女士很有意思，然而限于种种现实的原因，这份心意始终没能成就姻缘；今天回想，此事或许对刘先生的病情，也造成不小影响。

1952年4月22日 刘峨士于今晨一时廿分去世。

5月5日 刘遗画近二百幅，大半皆入故宫后之临摹或创作；昔人云如入宝山必有所获，刘诚不空手入宝山者，可惜死得太早，尚未到成就境界，这也是我国艺术界一大损失，非过言也！

5月21日 刘峨士故后，我至今无文字表示，因所感多端，而交情又非泛泛，每一提笔不知从何写起之苦。他的追悼与展览势在必行，为期想亦不久，似也无法推辞。

刘先生于4月22日去世，父亲为他处理后事完毕之后，还决定在百日之内的7月22日，为他在台中图书馆举办遗作展览会；同时邀请各方好友为他撰文，刊登在《民声报》的纪念特刊上。

---

① 当时我们全家已经搬到雾峰北沟故宫库房旁边的一栋旧农舍——"洞天山堂"多时，而刘、黄两先生仍住在台中糖厂旁边的单身宿舍，每天通勤到北沟上班。

由于故宫文物来台，在1952年7月开始举办第一次点查（7月28日至9月25日）。为准备点查前的作业，父亲甚是忙碌。读父亲日记，自7月1日起即没有写，一直到18日仅写："代熊①作（纪念）文，自作之文想起一题《刘峨士与唐伯虎》，亦试写之。"7月19日又记："本组除作（纪念）文外，拟书四字；那、吴均不以为然，只得再拟挽联。又代理事长王云五先生拟褒扬峨士之辞世，亦由吾代题'忠贞式范'四字。"7月20日，父亲均在起草纪念文和代写各方挽联的事，以致"归来大休息"，甚至晚饭全无精力去食。

现从《民声报》纪念刘峨士先生特刊文章中，选录其中具代表性者如下：

> 钦惟刘君，博陆望族。幼好丹青，画惊耆宿。壮游黉舍，名师亲炙。遭逢国难，奔走边服。任职故宫，得偿愿宿。前贤巨迹，玩之掌握。如入宝山，兼收并蓄。摹拟仿古，琳琅满目。烟云供养，秋水缘督。可以永年，自求多福。胡竟溘逝，王楼西赴。览君遗作，不忍卒读。念兹六法，斯人可续。
>
> ——杭立武②《峨士先生千古》

---

① 指时任"中央博物图书院馆联合管理处"副主任委员熊国藻。
② 杭立武（1904—1991），安徽滁县人。1923年毕业于金陵大学，1929年获英国伦敦大学博士学位。归国后受聘为中央大学政治系教授兼系主任。1931年转任中英庚款董事会总干事达十数年，并创立中国政治学会。抗战期间任国民参政会参议员、美国联合援华会会长；抗战初期为在南京的故宫文物向后方迁移筹借经费、拨调车辆、向英商包租船只，都不遗余力。1944年起历任教育部常务次长、政务次长、部长，其间曾负责移运故宫文物迁台工作，抵台后并兼任"中央博物图书院馆联合管理处"主任委员，掌理台北故宫和"中博"等院馆文物和人员的安顿及经费的调度。

世人多谓是狂狷，此日狂狷本亦难；鹃血为谁啼不住，飘然化蝶竟无端。妙笔丹青惜画才，重君画自宋唐来；君死已无摹古手，烟云一日看几回。共处年来倍觉亲，妙窗一过一伤神；直言规我如君少，益友从今失画人。萧寺哭君归去迟，寒灰一掬可能知；敲残钟磬溪山晚，风雨满天泪尽时。

——孔德成《哭峨士》

　　他具有燕赵悲歌的性格，他的对人处事，诚恳、坦白而勇于负责；他也许有时有点固执，有时有点急躁；但因发于至诚，反觉得可爱。他的绘画造诣本来很高，到了故宫博物院任职以后，他对于故宫所藏的精品接触较多，因此不惟他的技巧大进，对于鉴别上也有了过人的见解。

——劳榦（贞一）

　　他自己刻的信笺有春、夏、秋、冬四时仕女图四幅，每段题着诗句；词章的清新，字体的秀丽，书法的高雅，雕刻的工细，真可以称为四绝。

——董作宾[①]《一个在人海中沉没了的画家》

[①] 关于董作宾先生（1895—1963）及其与父亲的交谊，详见本书第十一章。

图 0-8 刘峨士自刻仕女图版（左）及所印信笺样张（右）

君自幼颖慧，弄笔作花鸟鱼虫，莫不肖妙，及稍长遂以画名。年二十游学京师，为丰城王云所知，画传其艺；云与义宁陈衡恪友善，当时号称名辈……君不惟工于画，而雕塑人物均罕匹敌，又善琢琴制扇，罔弗精绝，洵异才也。

——书画家彭醇士先生

父亲当时则以"迂园"的笔名书了一篇《刘峨士与唐子畏》的文章，其中言："峨士呕血死后，今快一百天，我与他生前好友几人，都常觉得他音容笑貌常挂人心，历久未忘；有时大家谈起他的身世，颇想把他比拟一位古人——古代的艺术家，想来想去，以他的性格、才调、遭遇及作画风格各方看来，全都有些儿像明朝的'江南第一才子'唐子畏。"父亲还引用了祝枝山挽唐子畏的联句："天道难公也不私，茫茫聚散底须知；水衡于此都无准，月鉴由来最易亏。不泯人间聊墨草，化生何处产灵芝；知君含笑归兜率，只为斯文世事悲。"并且说："峨士学画于北平艺专，廿年前的北平艺专阵容相当可观，大师齐白石、汤定之、王梦白全都是他的先生；其间无论山水、人物、花鸟，全必由工笔临摹、实物写生入手；如同京戏的科班，必须样样都学，再求专精。抗战以后，他奔走西南万水千山兼师造化，又入故宫浸窥古人堂奥，所成就自然不凡了。"此后，父亲在其日记亦有多处回忆和记录：

1956 年 2 月 18 日 为刘峨士、黄居祥两公遗作，各捐一件与省美馆。①

1970 年 1 月 28 日 会同那［志良］② 君清理刘峨士和黄居祥遗物，在北沟时存在库房，来台北时存在山下物资局库房数载。目下已腾空作职员宿舍，刘、黄之物遂无存处。诸多衣物用具亦无保存必要，昨与那君提议，今二人开箱审查，凡有可保存价值者尽量共作一箱，仍暂存书画处库中。无关紧要如衣物钟表等，

---

① 据父亲日记，黄先生于 1953 年 4 月 6 日晨五时因肝癌去世。详见本书第十一章介绍黄先生文。
② 那志良（1908—1998），字心如，直隶宛平（今北京）人。祖上为满族正黄旗，后家道中落，自北平平民中学毕业，因成绩优异而获创校陈垣校长赏识器重，推荐入故宫博物院工作，从基层的"书记"做起。那先生既勤学工作能力又强，时逢日寇侵我中华，1933 年奉派参与押运文物南迁上海；1935 年参加故宫文物"伦敦艺展"，与同事共赴英国办理点收文物等工作。1937 年负责押运第三批南迁文物经陕西到四川峨眉。到台湾后致力于玉器之研究，曾任台北故宫博物院书画处和器物处处长。著有《玉器通释》《玉器辞典》《古玉图籍汇刊》等书。

分赠王、牛①，其他则焚化之。

图0-9 在北沟故宫库房工作的两位老技工王振楷（中）和牛仁堂（左上）

一直到今天为止，刘、黄两位先生的书画遗物，还保存在台北故宫博物院。2016年，黄异先生的后人（嫡孙黄煜），曾在台北故宫博物院周功鑫、冯明珠先后两位院长和我及多位故宫同人的协助之下，

---

① 王振楷和牛仁堂都是随故宫文物来台的老技工；王振楷先生曾经教内子陈夏生编绾两个中国古老的绳结，引起夏生的兴趣；而后夏生再钻研、发展成目前整套有系统的"中国结艺"。牛仁堂先生则曾为中外学者在北沟库房件研究书画及照相时，在一旁协助悬挂及收件过程中，发现了两件故宫宋代名画上有画家的名款：一为《清溪晚牧图》画上的朱义（根据《庄严日记》是1953年5月5日）；一为《溪山行旅图》画上的范宽（1957年8月间台北故宫与美国博物馆学者为该图拍照时发现的）。

亲来台北寻访祖父事迹并见到遗物，且也已经把祖父黄异先生的灵骨，从台中宝觉禅寺迎回山东老家安葬。至于刘峨士先生，则至今仍然无法联系上其任何一位亲友。刘、黄两位先生的灵骨，原先以父亲为代表人寄厝于台中宝觉寺；父亲过世多年后，我联系台北故宫博物院，请其出面接管；目前刘先生的灵骨仍然存放在宝觉禅寺中。

第二节　《华严洞图卷》的题跋

在图卷后丰富的文墨中，父亲的四段跋文，信息丰富，对于故宫文物庋藏华岩洞的细节、马衡院长的题壁以及临时库房的样式皆有重要记录，兹录于下：

读书山华严洞杂记

　　读书山三大字洪北江书，木刻髹漆，悬于庙内前厅，年久失修，余与森老曾解私囊为之重漆贴金，并纪年月于后。

　　居安顺时余好题名，每一登临必有爪痕，华严洞附近诸山尤多，独于是洞不着一字，人以"洞主"呼我，我亦暂以洞主自居，遂两忘也。今事过境迁，岂可再得，幸卅二年叔平师，因事至安小住月余，一日酒后忽发逸想，老头子竟攀梯登三丈许，亟崖大书百余字，可作纪念。

　　余在安时，颇思为山作志。盖山以存国宝而传，国宝以人维护而存，人以书而益彰；此志如成，名山名物名士永留于人口矣！惜有志未成，读此图者可代志观。以山中毫无文献可言，古物蒙尘来狩斯洞，诚山中一大事也。

古物在洞中建木屋以防潮润，其形式稍仿正仓院，闻余离后，为县政府拆除。余之事事仿古，已为好事，熟知竟有好事过于余者；然其贤不肖为何如耶？

墨林严

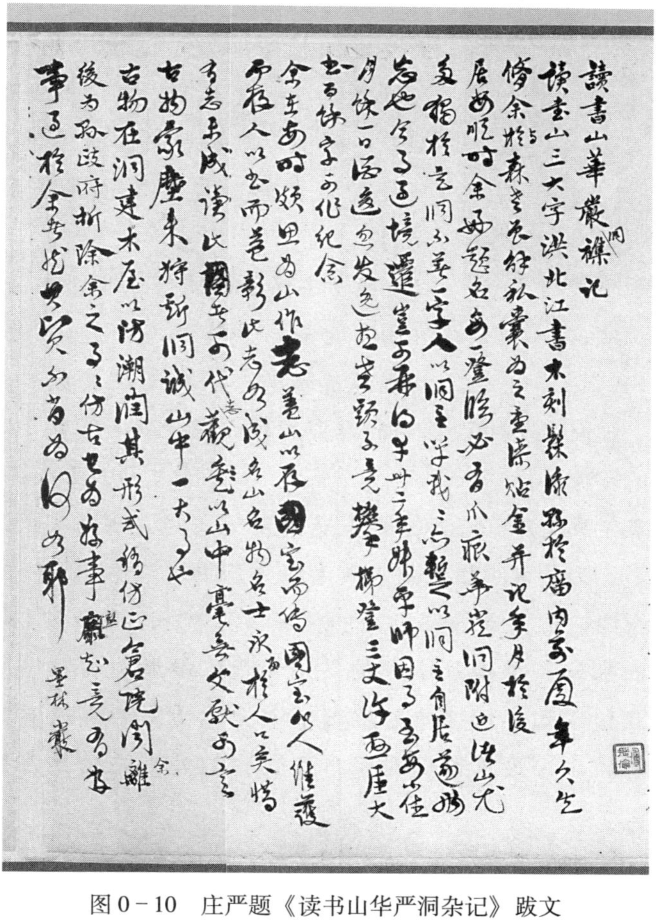

图 0－10　庄严题《读书山华严洞杂记》跋文

一、徐森玉在安顺

首段跋文中"森老",系徐森玉先生(1881—1971),时任故宫博物院古物馆馆长。他是父亲的直属师长,也是极要好的长辈朋友。记忆中的徐老伯,身材略胖,头发不多,白白宽宽的脸上架着一副细框眼镜,每次看见他都穿着一袭蓝布长衫,脸上永远带着和善的笑容。

我手中尚有几张父亲留下的1948年在南京时故宫博物院南京分院与中央博物院筹备处举办联合文物展览时的展场老照片,画面中左边徐森老的身姿容颜,完全就是记忆中我对于徐老伯的印象。

图0-11 徐森玉(1881—1971)

父亲在跋文开篇记述徐森玉老伯和父亲两人初到华严洞时曾慷慨解囊,为乾嘉时代贵州学政洪亮吉所书"读书山"三个大字的木刻髹漆匾额重新髹漆贴金的往事。处在1939—1944年间客居贵州时那样一个生计维艰的贫困年代,徐老伯和父亲居然能够自掏腰包凑钱,对这块盛载着地方文化历史的陈旧匾额重新加以修护整理,足见他们对于古迹文物的爱护之情,该有多深厚了!

图 0-12　1948 年故宫博物院南京分院与中央博物院筹备处联合文物展览会场
（左起：徐森玉馆长、庄严、谭旦冏）

1998 年，父亲的老同事傅振伦先生送给我一本《傅振伦文录类选》（学苑出版社，1994），其中《旅黔日记摘要》载有 1939 年 5 月 25 日的日记："与徐馆长、庄主任游安顺东南 25 里的粮藏洞。"由此可知，徐老伯 1939 年 5 月间曾在安顺考察。又读向达（觉明）先生[①]在《读书山华严洞图卷》跋文中也书："廿八年夏，余自湘至桂，复取道贵阳去昆明，时慕陵居安顺之华严洞，守护古物寂处深山。安顺为旅途之必经，遂驱车前访，并得见森玉前辈。"由此推断，森玉先生与父亲共同出资修护"读书山"三字匾额的时间，应该就在那个

---

① 关于向达先生（1900—1966）及其与父亲的交谊，详见本书第十章。

时候。2010年6月，我应邀参加由北京故宫博物院主办的"重走故宫文物南迁路考察团"，在抵达华严洞时，还曾特别向妙法禅寺的住持宏盛法师打听"读书山"匾额的事，可惜得到的回答竟然是"完全不知此事"。

今天，从父亲日记中又知道徐老伯与父亲间的一些往事。老伯虽然是故宫博物院古物馆馆长，但读父亲日记，感觉他为人谦虚和气，很少参与公务的决策。根据1948年7月6日父亲日记，父亲与马院长"又谈古物馆将来工作计划及照电影事，马谓此均馆长事。言外似不满徐之拿钱不做事者。然徐则谓，马事实上不欲之过问。此真各有是非，无法判定"。

徐老伯与父亲的关系，似乎完全是前辈长者对待后进知友的关怀，和马院长不太一样——虽然马院长对父亲也很亲切，但彼此相处多少还是有一些师长与部属之间的顾虑与隔膜。例如，1947年底，父亲一度曾想离开故宫博物院，转赴台湾大学教书，此事就只和森玉老伯商量：

1947年10月15日　森老之来，本想谈个人及院事；既去只得将个人犹豫不决之事，请其代策。

10月20日　得徐森老函，嘱前途之事慎重考虑；惟又云，已函台湾。不知与何人磋商。

1948年4月5日，父亲已知得台大聘书，但一直难以决定。于9月6日"又得（台）静农①函催赴台大教书，并云薪水发出，未敢代

---

① 关于台静农先生（1903—1990）及其与父亲的交谊，详见本书第十章。

领，这也是一件心事"。父亲经过再三考虑，最后终于在 9 月 13 日的日记中这样写道："今将不能去台大教书之事，痛快告知静农，使他死心，可是自家终觉怏怏不快。第一是自己食言有负朋友，尤其是死友乔大壮①先生。"

父亲与徐老伯交往，除了上述比较严肃的生涯考虑之外，从一些日常相处的小事里，更能体会出老伯对父亲及我们全家人的那份关怀，其实早已超越了同僚之间的关系：

1947 年 11 月 30 日 午刻，森老邀一家大小同出吃馆子，为诸子解馋，仍到碑亭巷之曲园，又吃了四十余万。

12 月 4 日 下午同森老冒雨去买咸水鸭，南京名产也；马定明日去沪，徐亦同往也。买了四只竟用四十余万，能不令人咋舌，又送诸儿半只，其意殷殷可感。

1948 年 6 月 6 日 今天星期，森老约定今早请吾一家在金钰星吃早点。

甚至于 1948 年 3 月间，因教育部借调父亲赴台湾协助鉴定民间文物之真伪，在上海等候轮船的前两天，徐老伯接连伴陪父亲游历上海。3 月 13 日父亲和向达、屈万里两位先生随同教育部人员自南京乘夜车赴沪，14 日清晨八时抵达上海北站，森老来接，并邀请父亲与向觉明"到上海著名的小吃店乔家栅吃早餐，又到

---

① 乔大壮先生 1948 年 3 月已是台湾大学中文系主任，并发聘书给父亲，但当年返回大陆后竟在苏州投梅村河自尽。

沪西愚园路郑西谛（振铎）①午饭；……又到北四川路访徐九鸣（曾在安顺相聚过）邀饮状元楼"；次日，又"同森老、王天木②逛北四川路地摊，原为日租界，此时显然以卖日货闻名"。师长对部属这般照顾，怎么不令人感念？父亲与徐森老的感情，还可从另外几件小事中看出：

1948年5月3日　徐先生来未带行李，借以结婚时父亲赐而未用之新被一床；十五年矣，光彩夺目。此合欢被两床，一宝藏，一已用破，去年由渝出川失之登陆艇中；新者向有移赐大庆〔我长兄庄申，又名申庆〕新婚之诺。

5月25日　森老自上海来……仍未带被来，由侠开箱取结婚时新被，即前两次所用者。

又读父亲1948年3月13日的日记，父亲因应邀去台湾协助民间私人收藏古物的鉴定而赴上海等船，才顺便将徐先生于1939年间在

---

①　郑振铎（1898—1958），别名西谛，斋名"玄览堂"，又有"幽芳阁主""纫秋馆主"之称，浙江永嘉人，原籍福建长乐，文学家和政治人物，中国民主促进会发起人之一。五四运动期间参加学生活动；1927年去英国留学；1929年归国后，曾在燕京和复旦大学任教职，曾主编《文学周刊》《世界文库》《文学季刊》和《小说月刊》，抗战胜利后创办《民主周刊》；中华人民共和国成立后曾任文化部文物局局长、文化部副部长、中国科学院文学研究所所长等职。父亲当日日记中述及"郑近来不买书而好土俑，满屋皆是，每一俑价以金条计"，可见他也是喜好古文物的收藏家。

②　王天木（1911—1992），又名振铎，河北保定人，中国博物馆学家、中国古代科技史学家。1936年秋任国立北平研究院史学研究会特邀编辑；1937年7月受中央博物院筹备处委托研制古代科技模型；1939年任专门设计委员。中华人民共和国成立后，先后任文化部文物博物馆处处长、文物博物馆研究所副所长、中国历史博物馆研究员，兼任国家文物局咨询委员，以及中国科学院自然科学史研究所学术委员和中国考古学会常务理事。先后当选为第三届全国人大代表和第五、六、七届全国政协委员。

安顺考察时，寄存在父亲处随身所穿的衣服一箱，带沪还之。由这些亲如家人的小事，读者不难体会两人之间的交情。1948年底，父亲押运文物来到台湾之后，一直到1949年中，两岸的故宫同人还是时有信件往还的。1949年3月14日，故宫南京分院总务处一科科长黄念劬函告父亲，"与徐森老同得分院通知，皆被疏散"。

关于徐老伯的馆长之职，根据《马衡日记》（马思猛整理，生活·读书·新知三联书店，2018）1949年9月19日所记："归寓后，森玉来，言顷与唐立庵、谢刚主在东安市场劝立庵脱离北大，就古物馆长。立庵已同意，彼不日仍返沪云云，使余无从置喙。"又在10月5日云："森玉来谈，仍欲赴沪，妇人之败事也。"10月18日："森玉非回上海不可，不便坚留，闻已定廿一日车矣。"10月21日："森玉赴沪，余晨九时诣其寓所，已整装待发，握手而别。"

徐老伯是在1933年7月，马衡先生接任故宫博物院代理院长之时，被请来担任秘书长，1934年7月被聘任为古物馆馆长。读父亲和马院长两人的日记，徐老伯离开古物馆馆长之职的时间似乎颇有出入。或者只能解释为黄念劬函告父亲说徐老伯在1949年3月间被疏散之事，只是被南京分院遣散而已。根据马院长的日记，徐老伯在1949年10月仍然是北京故宫博物院古物馆的馆长。但是徐老伯在9月间坚持要回上海而推荐唐立庵先生继任，显然那时他已无意留任古物馆馆长的职位了。今读马衡院长1951年10月19日日记："森玉自沪来，请王畅安迓之。四时半散会，访森玉于三时学会，未晤。"10月28日："森玉昨以《宝卣墨本》见示，谓上海市博物馆已以高价购得。晨起审视一过，决为周初之物，大约在武王、成王之际。"我估计，森玉老伯在1951年10月应该已任职上海市博物馆馆长之职了。

当时，为已流落在香港的"乾隆三希"之二的王献之《中秋帖》和王珣《伯远帖》的征集，森玉老伯也出力不少。此二帖于民国初年由大收藏家郭葆昌（世五）先生所有，根据父亲在《山堂清话》（台北故宫博物院印行，1980）所收《我与三希帖的一段缘》文中记载：

> 郭先生是袁世凯当势时跟前的亲信，官拜九江关税监督，是一个肥差事。当时除了总督北平全市税收的崇文门监督外，算以九江关关税收入最丰了。他本人对于中国历代文物颇为爱好，尤其对瓷器研究最有心得，并且在故宫博物院成立之后，曾被聘为故宫博物院专门委员会瓷器部门的委员。民国初年，袁世凯意图称帝；为庆贺登基而预烧的那一批落款"居仁堂"的洪宪瓷，就是由郭世五在江西景德镇筹划监制的。民国十三年［1924］宣统出宫，我便进入紫禁城故宫博物院工作。民国二十三年［1934］，阶升为古物馆科长；由于当时北方局势日渐吃紧，惟恐爆发战事，北平有遭受战祸甚至沦陷之虞，于是便将文物南迁。临行前，郭世五先生特别邀请马院长及古物馆馆长徐鸿宝（森玉）先生和我到他家吃晚饭（就是坐落在北平秦老胡同的"觯斋"）。那天吃的是一顿别致的火锅，锅子本身分许多格，各人在自己的格里涮着个人爱吃的东西。饭后并取出他所珍藏的翰墨珍玩，供大家欣赏，其中赫然有《中秋》《伯远》二帖。"三希"为人间至宝，人世间众生芸芸，几人能有机缘亲临目睹一面，而他个人居然独拥其二，实在值得自负。那时候郭先生曾当来客及公子郭昭俊的面说，在他百年之后，他将他拥有的此"二希"，无条件地归还故宫；让《快雪》《中秋》《伯远》"三希"再聚一堂，且戏称

要我届时前往觯斋接收。①

又读父亲1971年10月14日日记中记载（当时我们家已从台中北沟迁到台北外双溪多年）：

> 吃完午饭，正要休息少刻，有人在外按铃，真讨厌，又不能不下楼去看一看。原来在香港的徐伯郊[徐森玉子]来了，并且同一人来，望之并不认识。经介绍，原来是郭世五之公子郭昭俊，大出意外。忆在北平时，现在算起已经快四十年矣，常去郭府（彼时郭住在北城秦老胡同），与这位昭俊兄是否会面已记不清了，可是两人神识已多年了，今日一见，快何如之。想明天邀二人小吃。可惜，特来一晤，明天便回香港去了。谈到他家收藏，我记约1949或1950年此人曾携"二希"来台，那时[国民党]政府无力收买，中英庚款又被英人冻结，未能成交而去。当告之我今已将《觯斋书画录》复印，当赠他一本，并题字于上；二人遂去。

关于上面这段日记中的文字，我读来觉得有趣。那天，徐伯郊陪同郭昭俊到家来拜访父亲，刚见面时父亲几乎不认识郭。想来，已在香港住了多年的郭昭俊容貌必是改变了不少，否则1949或1950年来到台湾、

---

① 民国初年北平大收藏家郭葆昌，全面抗战前曾持有清乾隆皇帝"三希"中的"二希"——王献之《中秋帖》和王珣《伯远帖》；至于"三希"之首的王羲之《快雪时晴帖》，则始终都在故宫，并且于1948年底随第一批文物迁到了台湾。郭葆昌先生战前在北平时曾经承诺，逝后将"二希"无条件捐赠回故宫，并称希由父亲代表故宫去接收；1949年后，郭葆昌之子郭昭俊为实践其父生前诺言，曾携"二希"到台湾，希望有条件地捐赠在台湾的故宫，但因当时国民政府财政困窘，以致未克实现；郭昭俊回到香港后，便将"二希"抵押给香港的一家外商银行，最终由北京故宫博物院征集。关于此一详情，可参阅拙作《帖缘——父亲与三希帖的故事》（《紫禁城》2009年第2期）。

内心深处最期盼"三希"能够"聚首"的父亲，怎能忘了初到台湾不久就再次见到曾经特别带着"二希"从香港到台湾来找他，希望能协助世五先生"践诺还愿"的那个郭昭俊呢？另外，父亲在自己珍藏的《觯斋书画录》复印本中题写跋文，还特别提及郭氏的所藏"二希"：

> 世五先生鉴藏陶瓷雄冠一世，书画非所专擅，偶有收获则非凡响；其最煊赫之件有王大令《中秋帖》、王珣《伯远帖》、李白《上阳台卷》，当年御府"三希"，世老竟获其二，亦足以自豪矣。惟此目中未见记载，盖书印于前而卷收在后故也。目印于民国十五年［1926］的世老，正从事景印项子京瓷器图录；为此一事成立觯斋书社，督造纸张、训练工人，无不求其精美，今观此册瓷青洒金封面、朱阑版匡，种种款式无不精美，惜刊印无多；余樾园之《书画书录解题》号称渊博，竟未入录，故知其流传至鲜；丧乱以来，个人庋藏荡然无存，而此册独尚保存；今付之复印，漫志数言于册后。
>
> 　　　　　　　　　　辛亥［1971］三月　六一翁

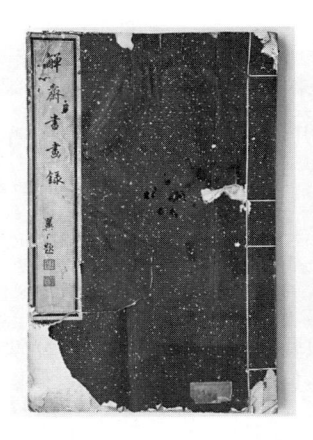

图 0-13　《觯斋书画录》复印本书影及庄严所题跋文

序　章　《华严洞图卷》：创作与经历 | 39

　　1973年8月13日，父亲还在日记中记录："收藏马叔平、徐森玉两老给我的信札一二百件，丧乱未失，两老均故世，极想整理贴册，俾不致散失，至今未果。最近看到，又想交徐伯郊也是上策，前曾觅出另存，备徐来交之。今晚徐请酒正可面付，不知乱那里了。"① 此外，家里还保存有森老赠送给父亲1944年由中华邮政发行的"西北科学考查团纪念邮票"，全套共四枚，原来包存邮票的一小块方形棉纸，中央是徐森玉老伯所书"西北科学考查团邮票　每份四枚"的微精楷墨迹。1958年春天，父亲在那张外包小纸的右、左两边，各以行书小字另书"纸端森老所书绝可爱"及"此徐森老所赠　余藏之念余载　患难未失　今与灵儿　当永保之　戊戌春"，下方的"花押"是父亲当时的签名式。

图0-14　"西北科学考查团纪念邮票"及徐、庄两人所题文字外包纸（庄灵摄）

---

① 两位先生的信函除了极少部分尚存，父亲所谓的上百件整批"另存"信札，我们从来都未见过。

伯郊先生是中华人民共和国成立之初，文化部为抢救散佚海外文物而成立的"香港秘密收购小组"负责人。他除了出马为此次收回"二希"尽心尽力之外，尚成功收回北宋董源《潇湘图》等重要书画。《马衡日记》1952年1月18日记载："徐伯郊送来南海潘氏捐献宝礼堂藏书中有《宝庆四明续志》，可与故宫所藏《四明志》合成全帙。"

征集"二希"的过程中，森玉老伯与他的公子徐伯郊均担任重要任务：先由徐老伯出面，与1948年曾一度担任上海市文物管理委员会委员的胡惠春先生电话联系，请其出面交涉。胡先生是银行家也是大收藏家，后来移居香港。1951年11月11日马衡院长亲自南下，15日抵达广州与森玉先生父子会聚后再赴澳门，由徐伯郊与香港胡惠春继续联系，20日得悉胡惠春已与郭昭俊妻晤谈，并已见押据副本，押款本息共为港币458376.62元。结果于11月22日，马院长与徐老伯本欲赴港不成而折返广州，由徐伯郊独自夜渡香港。23日徐伯郊电告已将押款本息并付郭家后人三万，共支港币488376.62元办妥。同时也知道周恩来总理为赎回"二希"，批准支付五十万元港币。《马衡日记》1951年11月26日记载："接伯郊电话，诸事办妥，'二希'已在中国银行库中。"此时马院长始车途辗转，于12月3日上午回到北京，1951年12月27日记载："冶秋送'二希'来。"

长居香港的徐伯郊先生后来一直都跟父亲保持联系，也多次到访台湾。根据1971年1月9日父亲日记记录："徐伯郊来访，告我许多可记之事。1. 森老尚健在，今年旧历七月二十三日度过九十大寿，本人尚在上海……通信时（指森玉老伯给住在香港的儿子写信），有时问及我的情况。2. 陈援庵①先生也健在，已过九十（似92），人在北平。"

二、为读书山作志

根据父亲在《华严洞图卷》第三段跋文，可知父亲欲为"读书山"作志。后来，父亲确实收集了一些有关以"读书"二字为名的资料，除"读书山"外，计有"读书崖""读书岩""读书台""读书处"和两则"读书堂"等。只因原先的《华严洞图卷》于裱褙时未及收入，而我与庄因、庄喆两位兄长已在2014年将图卷捐赠与台北故宫博物院。院方后来将该图卷重新装裱时，虽已将该项资料裱入图卷，但并未将其紧接在上述跋文之后，而是接裱在向达先生跋文与父亲补述向文的后边，并且又遗漏了一则再补裱于卷后。现将父亲收集来所有的资料，集中撰录于此。

余主读书山者六载，凡见古今地名或斋馆之以之二字为名者，即记录之。十余年得若干条，初欲实吾志书，今事过境迁，志亦不成。而此等残纸零叶时虞散失，遂重抄一过，备装《华严洞图》中，聊存一时心血耳。

三十六年 [1947] 冬记于南京朝天宫之冶城山房

读书山　金元好问《初挈家还读书山杂诗》：天门笔势到闾

---

① 陈垣（1880—1971），字援庵，广东新会人。早年就主张公布国家档案、史料，供学术界研究。他曾任国立北京大学和北平师范大学教授、辅仁大学教授和校长、京师图书馆馆长、故宫博物院理事兼图书馆馆长；1949年之后，曾任中国科学院历史研究所第二所所长，历任第一至第三届全国人大常委会委员。

间，相国文章玉笋篇，从此晋阳方志上，系舟山是读书山。自注系舟先大父读书之所，间间公改为元子读书山。

严按：间间，赵秉文也。

《文海披沙》笔记明谢在杭着"草异条"云，郑康成读书山下独生书带草。

读书崖 元赵世延《名胜志》有读书崖记略曰：合江之口有神臂山，呀然虚开，清窈悚深广袤，百十步飞泉帘垂，列巘屏矗，岚光林影，映带左右，与尘嚣迴隔；山之麓即先氏读书崖也（《四川金石志》引）。

读书岩 乡先辈杨伯飞粤西浔碑记云，读书岩在独秀峰下直立，郡治后为桂主山旁无坡阜突起千丈，峰距石屋有便房，石榻石牖，如环堵之室。刘宋颜延年守郡时，读书其中，赋诗云：未若独秀者，峨峨郭邑间；独秀之名肇此。

严按：独秀山，余于入黔之先曾往游焉，或亦来主此山之兆也。

读书台 在南京南门饮虹桥东，抵永定门接赤石矶。明太祖开拓城垣分其半于城外，此台传晋周处读书处。（南京文献）

滋惠堂帖，宋克跋赵子昂书署款称，宋克写于沈文举读书处。

吾宗伯俞先生庐山记，秀峰寺古名开先寺，在鹤鸣峰下，李中主景所建。黄庭坚记，寺屋无虑数百楹，穷极壮丽，后山半有读书台，或谓李中主建，或谓后主从父徙豫章，筑书堂于峰下，此其遗址；确否无事深求。至谓梁昭明太子读书处，似误矣。

读书处 宋朱熹正书，在福建长乐。（见《寰宇访碑录》卷九）

《四川金石志·长寿县古志》云，白虎山亦名凤山，在涪水西一里；山麓刻"读书处"三大字，傍识云端平二年鹤山赴召，过乐温为史子书，按眉人史大用读书于乐温白虎山，撰崇德庙碑本；《履园丛话·卷十八》，董江都读书处，在景州城西南广川镇；东坡读书处，在四川乐山乌尤寺。(见志书)

读书堂（一）　熙宁四年迁叟始家洛；六年，买田二十亩于尊贤坊北，辟为园；其中为堂，聚书五千卷，命之曰读书堂。(司马光《独乐园记》)又苏轼正书三大字，熙宁十年十二月，在山东历城。(见《寰宇访碑录》卷七)

严按：《山东古物调查表》一书，亦著录此三大字；惟不云东坡书。在济南王舍人村，又谓宋侍郎张揆堂名。

读书堂（二）[①]　以读书二字为名读书山外，余所知尚有读书堂，刻有《杜工部文集》二卷；此堂号为何人所有尚不知之，据版刻之时代性观察，大概在清乾嘉之际。姑记此，等他日能考出。

1974年岁暮　六一翁　书为余山堂所藏善本之一

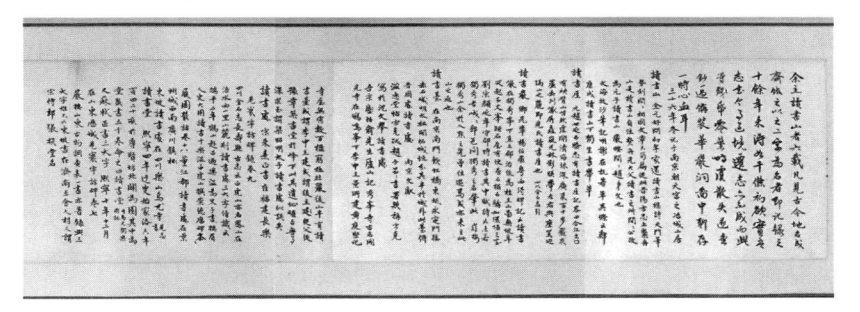

图0-15　庄严所集"读书"资料

---

① 上列之"读书堂（二）"一段，系父亲另以行草题写者，在图卷重裱时被排裱在父亲补抄孙垚姑女士"题《华严洞图》——寄谱桂花香"段后面。

三、华岩洞临时库房

根据父亲的第四段跋文，我们还了解到，华岩洞临时库房为两座木屋，"其形式稍仿正仓院"。这一记录非常有意义：父亲早年留学日本，曾到奈良正仓院参观唐代木构仓库建筑。而此段记述既是将早年参观所获心得善加利用后的纪念性简述；更是对故宫文物才迁离华严洞不久，洞中所建木构仓库就被县府拆除的不舍和感叹。

事实上，父亲在安顺华严洞用所谓"其形式稍仿正仓院"来保存故宫南迁精品文物，应该是与他曾于1929年赴日本东京帝大研习考古时，曾经接触奈良正仓院储藏皇家文物库房的建筑形式有关。也就是说，他把正仓院储放日本皇家文物库房完全仿效我国唐代用木材架空的构造方式，移用到湿气较重的贵州天然石灰岩洞穴华严洞内。在那里，用木材搭建起"架空的高脚库房"来存放珍贵的故宫文物，既可促进空气流通，又能隔绝地面水气。可惜，父亲当时没有照相机，否则我们今天就可以看到当年华严洞中非常适宜文物庋藏的"小型简单的唐代正仓院库房"了。

2019年，日本为庆祝德仁天皇登基并改年号为令和，曾举办一系列的文化活动。其中有一项盛举，便是将原来庋藏在奈良正仓院的大部分精华文物，移运到东京上野的国立博物馆展出。我由于上述这段跋文的原因，很早就想前往奈良正仓院一睹究竟，但碍于那里每年开放的时间不长（大约一个半月），以致前往的计划一延再延。

后来，恰逢台北故宫博物院前院长冯明珠女士要带领故宫退休同人好友，赴日参观一系列公私立博物馆文物，我便和同样自故宫退休的内子陈夏生一同随团前往。东京国立博物馆这次举办的御即位纪念特别展"正仓院的世界：皇室守护传承之美"，将正仓院和法隆寺献纳的宝物汇聚一堂，分前后两个档期（10月26日与11月14日）在东京博物馆展出，而奈良的国立博物馆也在同一时间举办"御即位纪念：第71回正仓院展"。观众除了可以观赏到我国唐代制造的螺钿紫檀五弦琵琶、螺钿紫檀阮咸、金银平纹琴等稀世珍宝之外，东京的国立博物馆还展出了还原8世纪中期所建正仓院库房的局部结构，并以大银幕放映正仓院库房内外建筑的记录影像。由于东京现场禁止摄影，我只能后来再到奈良当地，隔着至少五十米距离的围栏，拍摄建自8世纪（唐代）的正仓院黑色巨型原木库房全景。不过旅行回来之后，倒是从家里父亲遗下的零散资料中，找到一份父亲随访问团从日本带回的"绘叶书"（就是印有风景的明信片），里面就有几张印着当时正仓院库房全景的不同角度黑白影像，由此可见父亲多年来对于此事是如何重视了！

图0-16　日本奈良正仓院于8世纪时用漆黑巨型原木所建架空库房（2019年庄灵摄）

上　编

第一章　南渡西行
——战时故宫文物迁移的重要活动

1937年8月，就在日军于13日在上海起衅的第二天，父亲便再度奉命，护运刚从英国参加"伦敦艺展"归来不久的第一批八十大铁箱精华文物①，展开时间更长、任务更艰巨的迁徙之路。抗战全面爆发后，故宫文物继续向南、向西疏散，前后经历整整十年的辛苦旅程。

第一节　初迁长沙

读《迁公自订年谱》1937年记载：

> 春间，自平调赴南京故宫博物院南京分院；所藏书籍文玩家

---

① 第一批南迁（西迁）文物，系以参加"伦敦艺展"者为主，计有铜器、瓷器、书画、织绣、玉器、景泰蓝、剔红、折扇、家具、文具、杂件等各类文物共735件，分装八十大铁箱。而1948年底从南京启程迁台时，这批文物还包括1935年参加"伦敦艺展"初选和复选时，保留下来未赴英国展览的多件精品，像铜器散氏盘和王羲之《快雪时晴帖》等国宝均包括在内。

具，除小部分携往南方，余分存常维钧①、施天侔、胡子泉诸友家。抵京［南京］寓慧圆街慧圆里九号……七七事变起，古物自京作全部西移准备，心绪烦乱如麻。叔平先生意，押运参加英展精要文物八十箱首批离京，私人收藏无法携带，全部存南京办事处中。八月十四日与若侠及三子［当时我尚未出生］，同乘船离京，押运古物八十箱溯江而上，抵武汉转至长沙［由武昌换装粤汉铁路火车到湖南长沙］；一家人抵长沙岳麓山下湖南大学图书馆内。庄申始入湖大附小读书不及三月，即行离湘，冬间转桂林少住数日。

当时，古物在湖南大学图书馆底层暂时存放约四个多月。因战局吃紧，遂受命再向后方迁运。幸好在长沙被日机轰炸之前，暂存湖大的文物已经移运至贵州省会贵阳，否则这八十大箱南迁第一批最精华故宫国宝，可就与才建成不久的湖大图书馆，全部化为灰烬了！

图 1-1　湖南大学图书馆旧影（左，祝勇提供）及现存遗迹（右，2007 年庄灵摄）

---

① 常维钧（1894—1985），名常惠，字维钧，直隶宛平（今北京）人；著名民俗学家、歌谣学家。1920 年入北京大学法国文学系就读，1924 年留校任教；期间与鲁迅相识，并组织"歌谣研究会"；1927 年进入古物保管会及北平研究院工作。抗战时期加入故宫博物院驻乐山办事处，此后长期在故宫工作。中华人民共和国成立后参与了鲁迅博物馆的筹建工作，并担任文联民间文学研究会顾问。

《迁公自订年谱》1938年有载：

> 岁初转贵阳，古物暂存委员长行营，旋移存六广门内。眷属初住四海酒店，后住"提将湾"。岁暮秋冬之际，奉令勘察滇黔公路上各大站附近天然山洞，以便将古物存入。勘察结果以安顺南门外华严洞最宜存放古物，遂作迁移准备。庄灵生于提将湾。秋冬之际省垣时有警报，为公私照料方便，即移眷属至六广门内驻黔办事处。

《迁公自订年谱》1939年又载：

> 旧历正月，古物由贵阳移来安顺南门外华严洞；家人初来亦居华严洞附近，后来则移住安顺城内。

我综合相关资料得知，父亲押运的八十大箱故宫精华文物，是1938年初共分两批自长沙运往贵阳的。第一批三十六箱分装四部卡车，自1938年1月13日自长沙出发；为避免经过战时土匪出没较多的湘西地区，不得不绕道广西桂林，于1月31日才抵达贵阳。第二批四十四箱则分装六部卡车，1月24日自湖大起运；同样途经桂林，2月10日才到贵阳。根据父亲记忆，抵桂林曾经稍停数日，推想应是为了联络安排文物的后续接驳车辆及抵达贵阳后落脚何处等必须即刻解决之事务。①

---

① 从长沙经桂林到贵阳的陆路输运卡车，是由国民政府中央军委会和湖南、广西、贵州三省政府，依时间先后协助调遣安排的。

图1-2 当时第一批南迁文物运至桂黔两省交界的六寨,再由贵州公路局卡车接运,图为文物接驳装车情形,车厢上有"贵州公路局"字样(庄灵藏)

根据《迁公自订年谱》1938年记载:"岁初文物运抵贵阳后,暂存委员长(西南)行营,不久再将文物移至六广门内。"又根据1938年9月1日马衡院长致李济之先生信函,也称在贵阳六广门内的灵光路231号民宅,成立了"国立北平故宫博物院驻黔办事处"。

图1-3 "国立北平故宫博物院驻黔办事处"所用印章(3.2厘米×3.2厘米),右图边款为"民国廿八年于筑垣"

第二节 再迁安顺

读《迁公自订年谱》1939年记载："旧历正月，古物由贵阳移运安顺南门外华严洞，私人旋亦移往。"查《国立北平故宫博物院理事会第三届第二次常务理事会议记录》，古物从1月18日起运，至23日完全移运竣事，由驻安顺陆军第九十九师部队担任守卫。

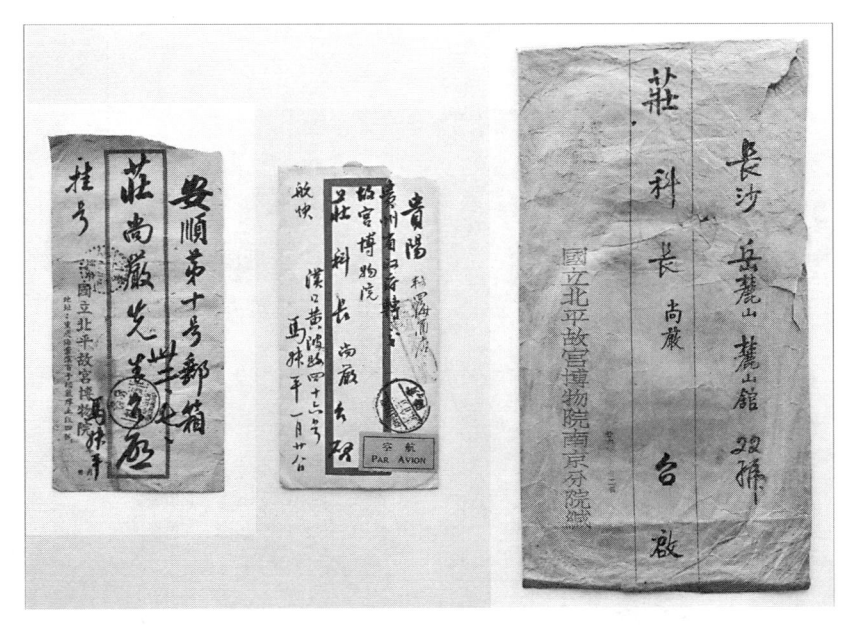

图1-4 信封地址清晰展现了庄严自长沙至贵阳再到安顺的辗转行程（庄灵藏）

又读母亲申若侠女士的回忆散文：

余之住所为洞外半山一小亭改修者，狭长而窄，形似船，故名"不系舟"……申、因、喆三儿均入黔江小学［黔江中学附属小学］读书。每晨天未亮即起床，照顾诸儿上学，华严洞距安顺城五里……下午放学，则派一工友持马灯往迎。有时天雨，诸儿则冒雨踏泥而归，当时狼狈情状，莫可形容。三子外，灵儿尚在怀抱……两年后，灵儿三岁，可入幼儿园，当同慕陵商议，余则搬入城中居住［为安顺城内东门坡石板街上一处木构小四合院，租用其中厢房两小间］，在城中定居后，诸儿得免往返之苦……每日饭后，必至幼儿园接灵儿归，直至灵儿幼儿园毕业，名列第一。待其入小学，与诸儿一起，即易照顾矣。

图1-5　1999年，庄家兄弟重返安顺时在旧居内院正门前留影
（左起：三哥庄喆、二哥庄因、作者庄灵）

从母亲文中可知,在安顺这段时间,是我此生有记忆的开始。

我记得自己幼年时候,每逢晴天假日,几乎都会跟着三位兄长,在父母亲的带领下,从安顺东门坡住处出南门,沿着一条田间的泥土大路,步行到华严洞去。通常,我们兄弟都是到华严洞后山附近的田边野地,去采摘酸中带点微甜的野生刺梨,或者到洞口前面的故宫驻安顺办事处,或者去会诗寮前方石阶下的草场,看父亲和同事们把平日收藏在山洞中用木材建成简易库房内铁箱里的善本图书和历代名画,如何小心翼翼地搬到洞外空场铺垫好的地面或者木架上摊挂晒晾。再不然,就会跑到草场的另一头,去看专为守卫文物安全而驻防

图 1-6 刘峨士绘《安顺南门》

在华严洞区的军事委员会特务连官兵,如何以长列的连纵队踏着整齐的步伐,一面高呼着口号,振声齐唱气势昂扬的《大刀进行曲》——"一——二——三——四——,大刀——向——鬼子们的头上砍——去!全国武装的弟——兄们!抗战的一天来——到——了——,抗战的一天来——到——了!"一面荷枪大步向前迈进。每逢特殊的日子,我们也会跟着大人们到附近的苗寨,去观看盛装的青苗或花苗族人,在长管芦笙的悠扬乐声中,男女青年围成好几重大圆圈,跳出热情奔放的舞姿……这些记忆中的景象,似乎一下子全都回映到眼前来了。

  在文物藏放于贵州省会贵阳六广门以及安顺华严洞两地总共将近七年的时间内(1938—1944),虽然父亲没有日记留下来,但是根据台北故宫博物院编《故宫七十星霜》(台北故宫博物院印行,1997)与北京故宫博物院编《故宫博物院早期院史(1925—1949)》(故宫出版社,2016)等资料记述,可以知道故宫曾经应苏联邀请,从存藏在安顺华严洞的精华文物中提选了一百件展品,参加1940年1月2日在莫斯科举办的"中国艺术展览会",继而于1941年3月至7月间又移到列宁格勒展出。因为时逢第二次世界大战希特勒挥军入侵苏联,展品遂在当地受困于战局,几乎不能回国。其间几经国民政府透过外交渠道交涉,直到1942年9月8日才辗转回到重庆。[①]

---

  ① 抗战期间,苏联政府为了促进其民众对中国文化及抗战民心士气之认识和了解,决定于莫斯科举行"中国艺术展览会"。展览由苏联国立东方文化博物馆(State Museum of Oriental Art)负责筹备,征得莫斯科国家历史博物馆(State Historical Museum)、列宁格勒国立艾尔米塔什博物馆(State Hermitage Museum)及十一个博物馆同意。展品除了由他们自己国内的博物馆提供一千五百余件外,又向我国征借古代文物、近代绘画、雕塑和民俗工艺品及抗战宣传文件照片等。从1939年开始征集,其中古代文物主要由故宫和中研院提供;故宫由安顺华严洞的故宫文物精品中提出历代绘画及缂丝50件、古玉40件、铜器10件,用1935年赴英伦参加国际艺展的两个髹漆大铁箱装运;并连同其他征集来的展品,由当时安顺的傅振伦科员和在重庆总办事处的(转下页)

第一章　南渡西行——战时故宫文物迁移的重要活动　｜　57

　　这批参加苏联"中国艺术展览会"的故宫文物，于 1942 年 12 月参加战时在陪都重庆举办的"第三届全国美展"。① 1943 年 12 月，庋藏在安顺华严洞的故宫文物，再一次提选书画于重庆两路口的中央图书馆重庆分馆举办"国立北平故宫博物院书画展览会"（简称为"渝展"）。

图 1-7　中央图书馆重庆分馆（罗斯福图书馆）原址（2010 年庄灵摄）

（接上页）励乃骥科长奉命护运；经由陆路到兰州，再由苏联派飞机转运，于 1939 年 9 月 24 日抵达莫斯科。1940 年 1 月 2 日开幕。傅、励二人于 2 月底奉行政院令先行回国，展品和相关事务则托交我驻苏联大使馆人员照料。1941 年 2 月间，我政府欲将文物下展启运回国，未料不能如愿；3 月 3 日行政院令准于列宁格勒展出至 7 月底。但于 1941 年 6 月 22 日晨，德国向苏联发动突击。7 月 3 日驻苏联邵力子大使向外交部回报，当时我国文物与苏联最珍贵文物一起保藏在一处秘密地点，运回之计非但困难而且危险。后来国民政府与苏联当局继续多次交涉归还展品均无结果，延至 1942 年 5 月初，苏方向邵大使表示展品可以归还了；但因机场积水无法立即空运，直到 6 月下旬才拨卡车装运展品至阿拉木图。7 月 18 日励德人科长由重庆启程先到迪化（今乌鲁木齐），7 月 30 日才飞到阿拉木图；约定 8 月 3 日在阿拉木图机场点验，至 12 日完成；之后又因箱件体积与飞机油料问题须先解决，前往接运的专机于 8 月 31 日始由迪化飞至阿拉木图；9 月 1 日展品才运抵迪化，一直到 9 月 8 日才终于回到重庆。关于本次展览及文物回归的具体情况，参阅宋兆霖：《路漫漫其修远兮——记抗战时期故宫参加之苏联"中国艺术展览会"及其文物归运》，《故宫文物月刊》2011 年第 8 期。

　　① 1937 年 3 月故宫南迁暂存上海的文物，曾经提选 396 件参加在南京举办的"第二届全国美展"。

此外，1944年4月，又从庋藏在华严洞的故宫精华文物中，提选192件历代书画名作，在贵阳的省立贵州艺术馆参与"国立北平故宫博物院在筑书画展览会"（简称"筑展"）展出。

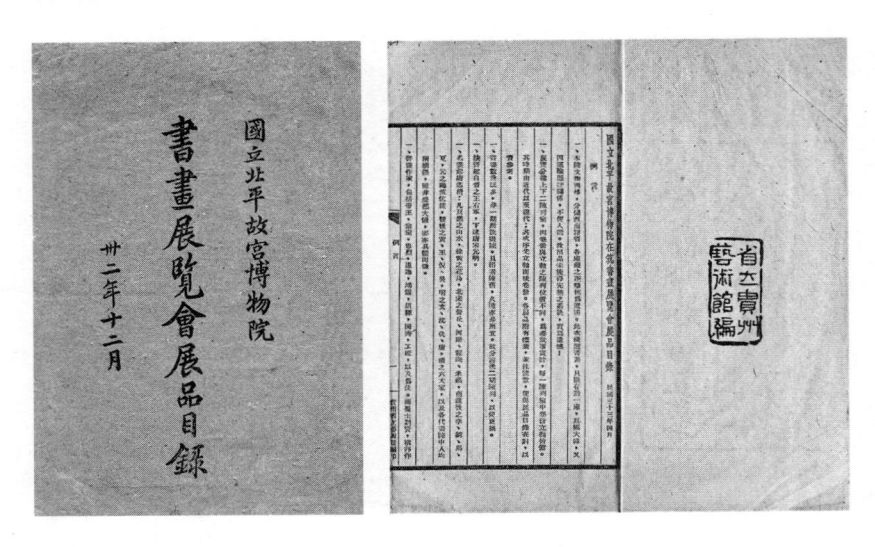

图1-8 《国立北平故宫博物院书画展览会展品目录》内容书影

父亲对于前述的三次展览，由于展件都选自由他押运的八十大箱故宫精华文物，因而必然得参与展览的一切准备工作。尤其渝、筑两次展览，均印有展览目录，这些工作均须他与驻安顺同人共同完成。除了苏联艺展是由当时故宫驻安顺办事处的同事傅振伦（维本）和驻重庆总办事处的总务科长励乃骥（德人）①，奉派押运到苏联之外，对于"渝展"和"筑展"，父亲都须全程参与，此从下列的记载可以证明。

一是朱家溍《故宫退食录》（紫禁城出版社，2009）所收《我怎

---

① 关于励乃骥先生（1897—1969）及其与父亲的交谊，详见本书第九章。

样干上文物工作的》一文记载：

> 1943年，趁着重庆冬季雾天，没有敌人飞机轰炸，故宫博物院决定在（重庆）市区两路口，当时的中央图书馆内举办一次短期展览……这批文物由古物馆的科长庄尚严先生，从贵州安顺远道押运来重庆南岸海棠溪向家坡故宫博物院院部。

二是父亲日记1947年11月7日记载：

> ［张］静吾自卅二年与其夫人同搭我运古物车自安顺到重庆后，旋就河南大学医学院院长。

尤其是"筑展"，父亲不仅负责策展选件、编写展览目录、监督展品运送，还须参与现场布展和开幕等事宜，且展出后仍然需要经常去贵阳照看。经过这样一个对贵州同胞实属罕见展览的合作举办，父亲与同是书法家的省立贵州艺术馆馆长陈恒安先生，还从此结为终身的翰墨之交。

我认为，世界上各种博物馆的工作，除了妥善保存各类文物外，最主要的工作就是举办展览，提供文物让广大民众观赏，实际上即充分发挥教育的功能。另外，提选文物接待专家学者作特别参观、供他们作学术研究，也是十分重要的工作。博物馆若不办展览，岂不成了只储放文物的仓库？事实上这些观念最早也全都来自父亲，在他后来的日记中就曾多次说道："展览和提供文物让学者观赏研究，是博物馆人的天职。"

由于没有父亲在贵阳和安顺的日记，今天参考母亲的回忆文字，以及我二哥庄因著作《漂流的岁月》（百花文艺出版社，2011）其中一篇"故宫国宝南迁与我的成长"，再加上我零星的记忆，便可大略知道当时民间的实际生活状况。

1939年初，当第一批文物从贵阳迁到安顺华严洞之后，母亲的散文里就有这样的记载：

> 那里有一连驻军保护，连长胡远帆，少年有为并重义气。彼时因抗战关系，处里经济困窘，余家经济常感不足；口粮是拿代金，而薪水只能维持十余日。胡君常馈食米，有时彼等在河中捕鱼，鲜美活鱼时有所赠。连上郭排长善烹调，时有表演，融融一堂共食，其乐无穷。安顺办事处除慕陵外，尚有办事员郑君世文；彼性情沉默寡言，有小技，善刻图章及刻竹，对烹调亦感兴趣；同连上郭君常同食，因文武能打成一片，故无论公私事情均能克服困难。

从母亲所述内容可知，当时的故宫驻安顺办事处正处于同人朱家济和傅振伦已经离职，而刘峨士和黄居祥又尚未到职的"人丁短缺"时期。

谈起安顺的黔江中学及附属小学，是因1941年当时的教育部长朱家骅先生（他也是"管理中英庚款董事会"的董事长①）鉴于要提高内地中小学的教育程度，遂拨用庚款在安顺东门外的金钟山麓设立

---

① 1900年（庚子年），义和团引致八国联军出兵中国，清廷战败后，于1901年（辛丑年）与11个国家签订了既割地又赔款、丧权辱国的《辛丑条约》。此笔庚子赔款简称"庚款"，是四亿五千万两白银的赔款，约定于39年内分期缴清；后来有部分国家例如英、美、德、俄等国退回或取消赔款。1931年4月国民政府为了管理英国退（转下页）

了黔江中学及附属小学。当时朱先生聘请留美的著名生物学家陈兼善（达夫）先生担任校长，并延揽多位名师执教或演讲。该校教学非常严格，然学风却相当自由。后来由于小学部教师缺乏，教务主任张先生曾数度来家邀请母亲前往任教。母亲的文中也曾记说：

> 慕陵以盛情难却即应之，于是余则开始为人师表矣。先在黔小教自然、历史和六年级国文，课均排在上午，下课后匆匆进城赶回家……晚饭后则改学生作业，同时监督诸儿自习，其余时间即补袜子或做鞋。生活虽如此忙碌，但每月经济则宽余多矣。

由于学生学业进步，师生相处融洽，教务处又改聘母亲为初中部文史教员。后来因我已经开始进幼儿园上学，母亲有较多空余时间，遂又兼任豫章中学历史老师：

（接上页）还的庚款，设立了中英庚款董事会，从而妥善应用赔款；当时朱家骅是董事长，杭立武为总干事。1937年七七事变爆发后，日军大举进犯。杭立武当时担任"管理中英庚款董事会"总干事，同时也是金陵大学董事长；他认为南京危在旦夕，为了保护无力逃出的百姓，运用自己的中外人脉，成立"南京安全区国际委员会"，划定了国际难民安全区。在一个只有3.86平方公里大小的范围里，最多一度挤进了25万人。当时的南京市长马超俊向杭立武提议，应该把存放故宫国宝的朝天宫（旧址为现在的南京市博物馆）也纳入安全区内，或者将国宝移入安全区内。但杭立武认为，一来安全区已划定，区域不便更改；二来如果国宝藏在安全区内，反而可能引来日军硬闯，造成更大伤害。因此杭先生建议，故宫文物不宜继续留在南京，应该运往西南大后方。杭立武的建议获得当时的行政院长、军事委员会委员长蒋介石认可，并任命杭立武负责国宝运送。杭立武当时向关务署英籍总税务司借了十万元应急；陆路方面由军方派车支持，但水路方面，除了由国轮运载外，还租用英商轮船。

豫章校外空地曾设茶园，坐于椅上，冲一杯茶悠哉游哉。星期日无事，常同慕陵携诸儿往焉。吾等品茶望山，儿辈则于草地上嬉戏为乐，至天晚始归。更有时背着小弟［我］带着菜回华严洞看看盘桓一日；如此往返华严洞、金钟山和东门坡，数载忙碌生活。

第三节　转迁巴县

1944年秋天，日寇攻势转猛，桂林与独山相继失守，贵阳告急。因顾虑文物的安全，存安顺文物准备紧急转迁四川。按母亲所记：

重庆院中拍来电报，令慕陵速去贵阳接洽车辆移运古物至四川。接电后慕陵适时动身去筑，十数天无信来，令人焦急万分，时黔中学生也惶惶不知所措。方翘首盼望，忽接慕陵由贵阳拍来电报，告车辆已接洽好，后日即开至。余得此紧急消息，当即往华严洞告知郑世文先生及驻军准备装车及启行事宜，复赶往金钟山与校方办理辞去任课事。然后折返东门坡家中摒挡一切，将家具和什物有的卖掉有的送人。余下的随身衣物和书籍用品，则由华严洞驻军帮忙搬往华严洞，所费时间仅仅一天。回华严洞又住两夜车辆始到，当即随古物装车启行。车数为十五辆，驻军分乘各车，以司保护责任。郑君世文未同行，同行者刘峨士及黄居祥，此外还有金钟山黔中校长陈达夫父子。

我当时虽然只有五岁，还记得很清楚：临走之前，母亲找我们兄弟打下手，就在安顺住家巷口的街边临时摆了一个地摊，把家里带不走的杂物以及打过补丁的旧衣裤，当街售卖。印象最深的是，就连我们平常穿破补过的袜子也有人要，而且没有多久便卖完了！今天回想，除了价钱便宜得不得了，最大的原因是抗战后期生活在贵州的人都穷。平日大众的穿着，几乎难见没有补丁的。既然人人都如此，大家也就生活得坦荡自然，一心为国抗战了！

二哥庄因在《漂流的岁月》中记述了 1944 年秋天贵阳城中的情况：

> 过境开往前线的部队，一批批来，一批批去，东门坡上两侧民宅的前廊下，躺满了横七竖八的羸弱伤兵，一晚上的呻吟声扰人睡不安稳。部队离去后，总不免留下几具死者。卫生队前来收尸后，则由陆军医院派专人遍撒石灰粉消毒……黔江中学附小也因最大一批部队过境占用了学校而停课。部队开拔的那一天，大雪纷飞，全校学生列队欢送；寒风吹乱了头发，但学生们则高唱《我们在炮火下长大》那首歌曲："年纪小，志气高。身体强，本领好。我们是在炮火下长大，我们要做民族小英雄。"老师在我们前面打着拍子，一曲唱完，又接唱《新中国的主人翁》："特咙咚，特咙咚，特咙咚；我们是勇敢的儿童，新中国的主人翁，新中国的小先锋。走呀！走呀！向前走！天真活泼的小朋友，握紧拳头、张开了口；赶走疯狂的日本狗！赶走疯狂的日本狗！中国才有翻身的时候！"……他们也唱《大刀向鬼子们的头上砍去》那条歌曲［著名的《大刀进行曲》］，一遍又一遍地唱。

图 1-9　作者于 2004 年重访安顺时,在东门坡当年旧居民宅内院侧门(即老家的进门口)留影,此宅于当年即因社区改建而遭拆除,今已不存

1944 年 12 月 5 日,皮藏在华严洞的古物离开的当天,天气异常寒冷。根据母亲的回忆文字:

> 当开车日,正雪花纷飞寒冷异常,手脚为之冻僵。……每日车行时,见大道上逃难者络绎不绝,有扶老者,有携幼者,有负担箩筐中坐着小孩者,均蹙眉低首而行。路上有高坡车力不足,则由驻军帮同推进才行。

第一章 南渡西行——战时故宫文物迁移的重要活动

又根据二哥庄因在《漂流的岁月》书中的描写：

> 车行至黔川交界处时，公路在峻岭中蜿蜒，忽左忽右，一边是万丈深渊，驾驶只要稍一不慎，车辆极可能因路滑连人带国宝同葬谷下；那里就是闻名的"七十二湾"[桐梓七十二湾；由贵州到四川，须翻越大娄山的其中一段]了。由于是上坡路段，汽车爬行十分吃力，一遇车轮打滑，不进反退。此时车上的副手便会立刻跳下车，手拿一支有把的三角木，垫在打滑的卡车后轮后面；汽车加油前进一尺，那块三角木便随之往前挪垫一次。老旧的汽车奋力爬行，仿佛一个呼吸困难的老弱病人，几度大口深呼吸后，终于平安行过陡坡，驶上平坦路面；而那驾驶副手则已是泥水汗水一脸一身了。

这一路，我还记得几件印象十分深刻的事：第一件是由于战时大后方油料短缺，一路上只见不少民用卡车和客车，都在驾驶舱的门外后侧蠹装着一具圆桶状的奇怪设备，一问才知是个烧木炭的直式锅炉，是用来帮助推动汽车的；可惜我至今都不清楚，它究竟是如何能推动车子往前走的。

第二件是我们乘坐的军用卡车是怎样驶过乌江的。乌江是从贵州流到四川长江的最大河川，水色青绿江面宽阔；我们的卡车先前是停在一块名叫乌江渡的桥头空地上，后面的车辆也陆续开到。大人全都下了车，好像在商议车辆该如何过桥的事；我因人小和母亲被特别留在驾驶台右边的位子上。一会车辆启动，在车外多人的协助和大声呼喝指挥下，车子非常谨慎地开上空地旁边一座用木杆搭建，两边完全没有栏杆的狭窄长桥；那时我紧张地坐在车门旁边，屏息盯视着车头前面用横向树干密排铺成的、比卡车宽没几尺的桥面上两列纵向平行厚木板，那是专门铺设给汽车的轮胎走的。我们的车子在桥上前进得非常缓慢，当时耳中除了听惯的汽车引擎声，还有桥身因受重压而发出的"吱吱嘎嘎"的慑人噪音！往外面看更恐怖，我们好像正悬浮在深黯的江水上空！这样不知过了多久，才终于驶过这座令人终生难忘的"乌江大桥"。事后才知，卡车是一辆一辆分别慢慢开过大桥的；而所有的搭乘者（除了司机），都是跟在车子后面，步行通过这座"乌江大桥"的；目的就是为了减轻载运文物卡车的重量。

第三件事印象更清晰，在文物车队在快到遵义的乡间公路上行驶时，忽然我们看见一架翅膀底下漆着两个圆圆大红太阳的日本飞机，就在离我们没多远的田野上方盘旋；当时路上的车辆全都停下不动！只见那架飞机在低空绕了一圈之后就飞走不见，从此没有再出现。可是这件突如其来的不寻常遭遇，却在我们心底留下一幅对日抗战后期在川黔公路上的永恒印记！

在母亲所书文字中还有这样的记述：

此次车辆为军方"辎汽一团独汽四营"的军车，余同小弟坐车牌号为"军24069"[我还记得后面那辆搭载二哥和三哥的军车车牌号码是"军24071"]；军车司机甚和蔼，一路上大家大吃橘子和广柑。

谈到广柑，实即柳橙；我记得这是进入四川地界以后最先遇到的难忘事。当时只觉道路两旁林木苍郁，不时可见有手提橙红色水果竹兜篮的小贩，站在路边对着过往车辆招手；不一会我们车队依序都停靠在路旁，只见父亲和同行的故宫同事每人手上提着好几篮装满橘子和广柑的竹篾兜，逐车向驾驶、助手和随车的武装兵士，分送又红又大的橘子和黄澄澄的广柑。当我第一次剥开一颗硕大红橘,将丰满橘瓣送进口中,才发现世上竟有这么好吃的水果,滋味至今难忘!

母亲的回忆文中还有记载:

> 一路所居旅栈,则有蓄牛者,有蓄猪者,窗外牛棚,室内猪圈,哼哼之声不绝于耳;呼吸则煤气冲天,睹物则一灯如豆;然能有容膝之地,已可称天堂。有时旅馆无隙地,只好蜷卧车中待旦。一路经花椒坪山岭,险峻矗立无垠,车行山谷,如堕深渊,一时向上爬行,则仰卧昂首而坐,心则忐忑不安。路中风景以綦江为最,水浅而碧,一清见底,环山皆翠色,江中有木排长桥;车则鱼贯而行,时而登山,时而涉水,迂回叠荡之情,耐人寻味,行将半月始平安抵达目的地。

当运送文物的车队于12月18日到达四川巴县时,母亲说:

> 当时院中同人来迎,有总务科长励德人、会计丁洁平及事务员王程等。存古物之所乃石油沟天然气处之故址,文物箱则存于贮油之仓库,职员及家眷则居于较远之房舍中;屋外有茂林修竹,澄澈清溪潺潺而流〔父亲后来把当时居所命名为"水竹居"〕,屋后则高山丛立,林木茂密。

那里是四川南部巴县深山里的中国最早开采石油和天然气的旧矿址——一品场石油沟。后来,父亲则称那里为一个听起来甚富诗意的名字——飞仙岩。当时以那儿原有的废置仓舍暂充文物库房,同时成立"国立北平故宫博物院驻巴县办事处",父亲仍旧任主任。人员除刘峨士、黄居祥两位及我们一家人外,和在华严洞时一样,仍有一连官兵驻守。文物在飞仙岩前后停留了一年多,直到抗战胜利后的第二年(1946)春天,才全部北迁到战时的陪都重庆。

图1-10 "国立北平故宫博物院驻巴县办事处"所用印章(3.2厘米×3.2厘米)

母亲忆文里对飞仙岩是这样描述的:

> 赶场均距飞仙岩十里、二十里不等;最近者为仁流,最远者为一品场,龙岗最适中,……诸儿理发必须去龙岗。最怪者理发铺中之扇子,是悬一横棍,下缀以白布数块,一人用手拉之招风。每次理完发及在饭馆中吃猫儿头[四川方言,系指在一碗米饭上面再叠扣一小碗米饭]、泡菜外,再来几种小菜,适口而果腹矣;往返即须整日。及移家至飞仙岩,经济只慕陵一份,除伙食而无余;后叔平院长知吾等甚苦,于是补余至故宫帮忙,月薪八十元,可作每月零用。那里工作除晒晾古物外,余则负责支配工友及办伙

食事情，并不费力。飞仙岩无学校，只一"冬烘先生"而已；农忙皆全日停课，农闲时即行课。儿辈无事，或则与刘［峨士］先生学画，并借重故宫书画之力不少①；申、因、喆等均可临摹山水矣。冬日雪后，慕陵常带诸儿踏雪，或有时至鱼拱滩，滩上石罅中有小鱼虾，彼等用手捧之嬉戏。对山尝有虎迹出现，有时夜间尝闻虎啸。飞仙岩住约一年即抗战胜利，于是飞仙岩所存古物便先运去重庆。

我对飞仙岩的记忆是，那里地处深山，除了油矿旧址留下的几间简单房舍，只有山谷中的一条溪流蜿蜒谷底。夹岸都是茂密的竹林，以及沿溪一条输运天然气的土石公路。附近几乎看不到人家，更没有学校，夜半偶而会听到慑人的虎啸声。我们兄弟在这里虽然无学可上，可是每天跟着母亲复习在安顺时的旧教科书，在屋旁辟地种菜、养鸡，到溪旁竹林去寻找野生的鸡枞菌，或者观看保护文物的特务连官兵在附近的空场上出操，日子似乎也过得相当充实快乐。每隔半个月，我们还会跟随挑着笋筐的工友和伙房师傅，走山路到邻近村镇龙岗或仁流的定期集市去买米、肉、油、盐和生活日用品。有一次假日，还跟着父亲一起去登山，看他在工友的协助下，如何手握沾满浓稠白色石灰液汁的斗笔爬上短梯，在黝黑的天然石壁上大力挥写下"卧牛石"三个大字，接着在后面用较小字体题写不久前才刚作好的《题飞仙岩卧牛石》诗句。那是一首咏写飞仙岩自然环境的七绝，内容我还记得很清楚："山中老石如牛卧，竹里人家似蚁封；最是虎溪桥下水，无言终古自鸣淙。"每当我在心里默诵父亲这首诗时，就

---

① 指每当晒晾书画时，父亲都要我们兄弟到场，听他对故宫同人和我们讲解那些历代名画及作者的特点和故事。

像自己又回到飞仙岩附近的山脊平缓处，那块远看像极了一头蜷卧着的黑色水牛巨石旁边一样。

故宫文物在飞仙岩一共藏放了十三个月。每逢天气晴和，父亲都会和在华严洞时一样，带领同事刘峨士、黄居祥和工友们，将怕潮的书和画，分批开箱取出晒晾。乘此机会，父亲也常会把我们兄弟召唤到现场，向我们讲解那些正在晒晾的故宫历代名画的朝代、作者、内容和特点；而且在晚上临睡前，还要用他发明的"名画接龙游戏"，来考检我们兄弟对白天看过那些名画的认识和记忆。尽管当时大家的物质生活都十分艰苦，但今天回想，却是我们兄弟从小便能有幸接受这样的艺术启蒙教育并影响一生的难得机遇和福气。

二哥庄因在他的《漂流的岁月》"故宫国宝南迁与我的成长"一篇中回忆说：

> 石油沟的确是世外桃源；茂林修竹之外，山上遍是梅花。初到的那年除夕，父亲带我们登山，采梅花回家。他还立时写了一副对联贴在门上："山中除夕无他事，插了梅花便过年。"那是父亲开始第一次写这副对联。

记得在我上小学时，父亲曾经找过一张画样要我照着画。画完以后不知过了多少年，他又在旁边加题上这两句诗，并且再把它给收藏起来。可我万万没想到，自己竟然在七十多年后的今天还能再见到这幅自己幼年时期的幼稚画作。还有父亲在临终之前不久亲笔写下"插了梅花便过年"的这一诗句。由此可见，父亲当年对于"插一枝梅花便能显示过年气氛"这样风雅的心意和做法，是多么在意和重视了！

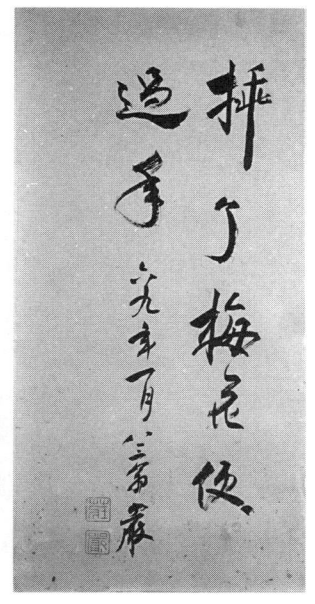

图 1–11　庄灵幼时所绘《插了梅花便过年》（左，45.5 厘米×28.5 厘米）及庄严 1980 年过世前的最后墨迹（右）

1999 年，在为了纪念父亲百岁诞辰而特别筹办的"重返历史现场——家族寻根之旅"活动中，当我们到达巴县时，因为事先已有大陆亲友协助联系，安排好了活动的路线及与当地的相关人士聚会。我们竟见到了 1944—1945 年间担任当地保长的李笃生先生，他说印象中的庄先生"总是笑眯眯地，不太讲话，没有架子"。在重庆国旅的事先安排下，当天由李先生在山上自家院子里代办了一顿既地道又丰盛的川味午餐招待我们一行人。三哥庄喆还当场挥毫为李笃生先生写生，二哥庄因随即执笔题文留赠李老："庄家老三庄喆为李老太爷造像，老太爷寿高七十又八，庄家老二庄因题数字以为万里归来之情志意。一九九九年九月十七日。"

图 1-12　庄家三兄弟与李笃生老先生（左三）（1999 年摄于飞仙岩老桥上）

图 1-13　二哥庄因（右）与三哥庄喆（中）为李笃生老先生（左）写生、题字（1999 年庄灵摄）

由于1945年没有父亲的日记可供参考，关于故宫的公务，除了知道遇到好天气时需要晒晾书画之外，似乎也有为个别的外地学者、专家开库提件，供他们特别参观的记录。读父亲日记1946年1月1日记载："昨王雪艇（世杰）① 来，临时将今日所用的肉全借去招待。"② 可以确知，雪艇先生会经常到故宫库房观赏研究书画文物。此外，还知道父亲于1945年曾经参与"大足石刻考查团"的活动。由于该考察团活动是让大足石窟因此名扬国内外最重要的一次学术考察活动，因此，我要在此特别加以介绍。

结合考察团成员顾颉刚先生所留日记（台湾联经出版公司，2007），1945年4月25—26日行程情况如下：

25日 在北温泉公园启程前往大足的"世界学院中国学典馆大足石刻考查团"正式成员有：杨家骆（团长）、故宫博物院院长马衡、立法委员何遂、成都齐鲁大学国学研究所所长顾颉刚、顾颉刚夫人张静秋、北碚复旦大学教授朱锦江、教育部中华教育电影制片厂摄影师冯四知、故宫博物院科长庄尚严、北碚修志委员会副主任傅振伦［傅振伦先生自苏联展回国后便辞去故宫职务］、画家梅健鹰、国民参政会副秘书长雷震、中国学典馆青年学者吴显齐，以及苏鸿恩［何遂的副官］、何康、程椿蔚，共15人。考察工作的具体分工：杨家骆、马衡、何遂负责石刻年代的鉴定；顾颉刚、庄严、朱锦江、雷震、梅健鹰绘制像饰；傅振伦捶拓摩崖文

---

① 关于王雪艇（世杰）先生（1891—1981）及其与父亲的交谊，详见本书第十一章。
② 当时南迁第一批文物还庋藏在巴县飞仙岩，尚未运往重庆，具体见本书第三章。

字；何康民、吴显齐编排窟号及量尺寸；张静秋任文书；吴显齐任编辑；程椿蔚为总干事。十五人中，最年长者是马衡，已六十五岁。陈习删［大足县议长］主持编撰《民国重修大足县志》。

图1-14 1945年4月"大足石刻考查团"参与者合影，前排右三执杖者为马衡院长，庄严位于前排左一（庄灵翻摄自《大足县志》第881页）

26日 七时，到旅行社，会合诸同人，坐滑竿出南门，渡涪江，由南津街行。九时半到张家乡，自此入铜梁境。十一时到二郎乡，入茶肆，吃饭。十二时一刻行，一时半到新兴乡，小憩；……三时半到铜梁城。今日计行七十里，入同光旅馆。……六时，到上海一品香吃饭。同行者：刘承汉（主）、杨家骆、马叔平、何叙父、予夫妇、朱锦江、梅健鹰、雷震、冯四知、傅维本、何叔魏、吴显齐、程椿蔚、苏鸿恩、庄尚严（以上"大足石刻考查团"团员）。铜梁城中多小河，树荫之中，浣女群集，大似苏杭。此间出纸，然皆小规模制造，运出亦不易，盖虑被拉作壮丁也。重庆感纸荒，而此间则滞销，货不畅其流，不胜浩叹。

其实，我于 1999 年"重返历史现场"的那次旅途中，在大足龙岗山北山石窟群的某一间壁前方壁额上，就发现了一块 1945 年由马衡院长所书刻的碑记。现将那块《大足石刻考查团题名碑记》的内文抄录如下：

中华民国卅有四年［1945］四月，江宁杨家骆应大足县郭县长鸿厚、县参议会陈议长习删之邀，组织"大足石刻考查团"，参观北山、宝顶山等处唐宋造像。参加者：鄞马衡、侯官何遂、吴顾颉刚、铜山张静秋、江宁朱锦江、庐江冯四知、北平庄尚严、新河傅振伦、台山梅健鹰、临川雷震、侯官何康民、权苏鸿恩、江津程椿蔚、潮安吴显齐。以是月二十七日至县，凡历七日遍游诸山，识韦刺史之勋猷，见赵本尊之坚毅；妙相庄严，人天具足，为之欢喜赞叹！爰于归日题名刻石，以志胜游。

图 1-15 马衡院长书刻的《大足石刻考查团题名碑记》（1999 年庄灵摄于大足北山）

又根据父亲《生平简记》记载：

民国三十四年 [1945] 应四川省大足县修志局之请，与马衡、顾颉刚、傅振伦、何遂、梅健鹰、杨家骆等人组"大足石刻考查团"，调查文献收入《大足县志·金石志》；余并撰有《三十四年五月大足县永昌寨怀古诗》，诗云："雉堞因山起，登临亦壮哉；鹃啼三月暮，虎贲万山雷。苔没前朝碣（胡密撰韦君靖碑已半残），云埋古将台；兴亡无限意，惆怅独徘徊。"大足永昌寨在县北郊龙冈山，唐景福年昌州刺史韦君靖建。据胡密碑云："连甍比屋，万户千门；飞泉迸出，绿沼旁流；峥嵘一十二峰，周围二十八里，城墙二千余间，敌楼一百余所。"当日雄壮想见一般。余以乙酉暮春，往游佛湾一带，惟见梵像庄严，古塔崔嵬；而韦君旧寨今已夷为田畴，昔日建筑一皆不见矣！

另见父亲1968年5月23日日记记载：

杨家骆先生来信云，将已自印两套巨著见赠；一为合川张森楷《史记新校注》全套及《大足唐宋石刻》全部新印本。盖卅四年杨在北碚曾组大足石刻考察团，吾随马叔平夫子前往参加，今廿余年，昔日同游之人今在台者只我一人也 [父亲漏计了杨家骆与雷震，两人那时也在台湾]；难得杨君居然未忘，且以这巨著相赠，可感也。

第二章　山城聚首
——南迁文物在重庆的集中

第一节　存巴县文物运到重庆

1945年8月，十四年艰苦抗战终于赢得最后胜利。马院长便积极筹划将战时分藏在四川巴县、乐山和峨眉三地的故宫文物，尽快集中到重庆，以便复员南京。

读这一时期马衡院长写赠父亲《欣闻日本投降》诗句墨宝：

千钧威力震扶桑，惊醒痴人梦一场。惩暴岂能存顾忌，乞降犹自逞顽强。

盱衡禹甸欣无恙，洗尽佳兵祓不祥。从此大同休戚共，八年苦战愿毋忘。

欣闻日本投降　卅四年八月廿四日

紧接着马衡院长又在其后跋文：

慕陵吾兄自水竹居来，相与抵掌谈复员事，因录近作索和。

署名并钤印"马衡"（朱文）。

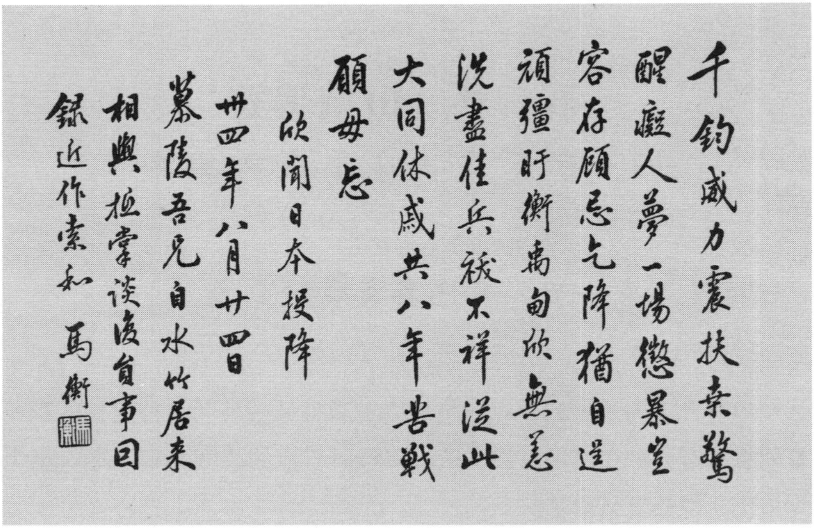

图 2-1　马衡手书赠给庄严的七言律诗《欣闻日本投降》

马院长之所以安排把存放在巴县飞仙岩的第一批文物最先迁运到重庆，据我推测，大概是因为由父亲负责的第一批文物之前庋藏在巴县飞仙岩，距离重庆最近，数量最少，却最精要，于是才被规划最先迁运重庆。同时，也是为了要父亲和巴县同事可以先到重庆来，协助重庆总办接收峨、乐两地即将运来的总共一万六千余箱西迁文物，以及安排这些文物妥适存放等问题。

其实，除了上述理由，可能还有另外一个原因，那便是马院长长居陪都期间，很希望庄严这个学生兼部属，在公务处理外的闲暇之时能多陪他谈谈书画、写写字或者作作诗，以增加师生间的文墨交谊机会。事实上，《华严洞图卷》中马衡院长的引首篆题以及行楷所作的长跋文，便是在那段时间里抽暇撰题完成的。马院长是著名的书法篆刻家、金石学家和考古学者，任教北京大学时是父亲的业师；1925年担任故宫古物馆副馆长后，更是父亲的直属长官。他的书法以大、小篆最为知名，今人所见大多是他的篆书对联，应与他精研且常书先秦石鼓文有很大关系。

抗战胜利，文物筹备东归，又将踏上新的旅程，父亲的离情别绪也变得更加浓烈。1946年元旦，父亲在日记中便有感而叹云：

> 余与妻若侠偕申、因、喆、灵四子，居四川巴县龙冈乡飞仙岩之水竹居，父一人在哈尔滨。终夜雨，听窗外卫兵谈话，似在舟感。唐诗"舟人夜雨觉潮生"之句，因起浮家泛宅之感。早起，为陈锡襄写小幅字。余书无足存，向不示人，以廿载同学友，去岁末晤于重庆，以是相索，遂忘其丑并书自作诗，意不在字与诗之优劣也。下午包水饺，侠仍大忙，并邀连部营长同尝，用答昨日邀饮之意。惟昨王雪艇来①，临时将今日所用的肉全借去招待，今早只得再跑出廿里到烟坡赶场市肉。饭后又邀诸人到墨庄["水竹居"，我家]吃茶、吃黄柑[广柑]，此川黔两省美味水果也。送连上士兵过年酒廿斤，用菜六千元，吾认其半。写航函寄北平常克明，问北平市房价如廉，拟借款廿万市住房一所。

此后，因筹备巴县文物集中重庆事宜，父亲时常会去重庆故宫总办事处开会。在父亲的日记中，几乎每天都有文字记录当天故宫的重要公事、同人间的交往，以及他自己的生活状况细节：

---

① 前已述及，读父亲日记可知王雪艇先生抗战在重庆时，会偶尔利用假日在马院长陪同下，专程驱车到巴县飞仙岩访视并研赏故宫书画。

1946年1月2日　雨夜夜坐，到晚方止。上月伙食账，吾存八千元，交万二千元凑成二万。① 连部请饮，各班班长轮流敬酒，结果大醉，合衣而眠，亦数年未有之事也。连部酒肴甚丰富，此一席至少需二万，昨吾请之只四千余，未免相形见绌。

1月4日　在德人房发现吾之书一册，不知何时飞到他处。询之，云上次同王雪艇到乡［指巴县飞仙岩］，私取来者。②

1月5日　马说，沈三先生［指沈兼士］在平接收敌产，有不清楚事，有人告到监察院。又云，四月在成都举行画展，私人书画亦可同时在另一地展览。③

1月6日　早同德人过江，大雾。到沈二先生［指沈尹默］④ 处；又访朱胖子［指朱家济］，不遇。

1月7日　再同德人过江访沈其道，同吃本地风味之毛肚，似北方之涮锅。赴粮食部访朱豫卿，闻明不能去日本之故，乃因遭麦克阿瑟所反对。晚吴荣光邀饮，德人在座，正酒酣，忽励太太来哭闹一阵，为之不欢而散，亦不知为何，不便询问。

---

① 读1946年2月12日父亲日记，知其欲将该款汇北平，请友人设法转汇至哈尔滨给祖父。

② 励德人时任故宫重庆分院的总务科长，也雅好收藏碑帖，当时住在重庆。当天，父亲应是因院长召集来到重庆谈巴县文物北移重庆事。

③ 画展即指"蓉展"，展品初定皆用在乐山文物，下文详述。

④ 沈尹默（1883—1971），原名君默，号秋明、君墨，别名匏瓜庵主人，浙江吴兴人，出生于陕西汉阴。他与历史、文学家的长兄沈士远，语言、文字和文献档案学家的弟弟沈兼士，合称为"北大三沈"。沈尹默留学日本，五四运动期间从事新文化运动；曾任河北教育厅厅长、国立北平大学校长、辅仁大学教授等职；1949年后历任中央文史馆副馆长，上海市人民委员会委员，第三届全国人大代表等职务。沈先生同时还是一位书法家，尤擅楷书、行书，著有《历代名家书法经验谈辑要释义》《二王书法管窥》等。读1947年4月26日父亲日记，知其因弹劾孔祥熙不成辞监察委员。又读1947年10月1日父亲日记："得豫卿电话，曰昨去沪返，此行应沈尹默字展之邀，展品二百余件，已售出过半，收入一万万三千余万。初闻之真觉惊骇，每件底价均卅万，最巨者三千万一堂。"

1月8日 早与德人、荣华到贸易委员会，今日该会将房移交经济部，我方再由经济部转借。惟尚有商标局等二机关亦来商借。《平复帖》复印件乃天倬［父亲好友施畸先生］去夏代向新藏者索得，今始回，侠带到，又为德人借去。

1月9日 在刘鸿逵私人房办上年考绩事，刘告以我不能得胜利勋章故，淡然视之。午时刘沽黄酒共饮，忽励太太携其女闯入，立不去如一乞妇，刘以牛肉一方与，以手抓去，其态可怜。下午在马处吃龙头鲓［海中小鱼］，八载以来第一次尝海鲜味也。

关于"抗日胜利勋章"，我从未听父亲提过，父亲过世多年后，始知当年故宫获颁此章者，为欧阳道达及那志良两位科长，亦即南迁第二、第三两批文物负责人。我虽然不知当年的人事室主任刘鸿逵先生告诉父亲的原因为何，父亲却能"淡然视之"，我们后人当然更是无可置喙。而今读了文物南迁和父母留下的日记等资料后，甚至认为马院长当时的处理相当合情合理。因为除了第二、第三两批文物的数量都很庞大之外，在押运文物的过程中，以那志良先生负责的第三批七千多箱文物，路途最为危急艰险——三百多辆卡车要在大雪天翻越被冰雪封盖的秦岭，居然都能平安无事；而欧阳先生押运的第二批九千多箱文物则是沿长江逆流而上，越走江水越浅，得根据水势状况才能抢滩过河，时间紧迫，输运难度较大，安全维护更是不易。而父亲负责护运的文物只有八十大箱，且它们都是南迁文物中的精品，全都放在当年运送赴英展览的坚固大铁箱里，抗战期间多次举办展览会的展品也大都出自这"八十大箱"，而让父亲有较多参与和表现的机会。此外，我认为马院长之所以没有报颁"抗日胜利勋章"给父亲的另一个原因，可能与他和父亲除了师长与僚属的关系外，私下更是亲密的亦师亦友关系有关。文物庋藏在四川巴县期间，地缘上接近马院长驻在的重庆总办事处，两人在公务上有较多会面的机会。此外，马院长为体念父亲一家生活非常清苦，还自动将母亲申若侠补了一个当时最基层公务员的"书记"职位，如此多少可以增加一点收入来贴补一家六口的生计。因此对于奖章这件事，我们深信这是马院长在于公于私之间所做的妥善合适处置。

1946年春，巴县文物转迁重庆事宜已初步筹备得当。1月21日至28日，父亲和故宫同人将藏放在巴县飞仙岩的八十大箱文物精华首先北移到陪都重庆南岸海棠溪向家坡的战时故宫重庆总办事处所辖库区。

图2-2 重庆向家坡仓库旧址（2010年庄灵摄）

1946年1月16日 王程自渝办事处来，德人函云，房已借成廿间，能迁移否？又请派兵去看守，已接收之房由连部派五人即往。下午，登飞仙岩看庙中腊梅。

第二章　山城聚首——南迁文物在重庆的集中

1月17日　侠领诸儿去龙冈场［龙岗乡的定期赶集处］理发；吾以将去，依恋乡间风土人情亦同往。在场遇李鸿及李挚垣，邀饮于场中酒馆。归途日在崦嵫、重山叠嶂，何处可比家乡？长留西南，思亲不见。酒后愁肠，黯然步行而返。

1月21日　自巴县飞仙岩开始移运巴县办事处之文物至向家坡新址（前贸易委员会旧址），所用汽车为四川油矿探勘处之天然气汽车。今日只开一车，自己与王程及驻军副连长王慎之押送。上午七时行，下午二时到，三时空车开回。文物在大礼堂中由丁洁平、张我良代收。

1月22日　油业局此次承运，允日派二辆每日运二次。昨只来一车，今真有二车到，由黄异、王程二君押运。

1月23日　今天，请李鸿叔侄吃北方饺子，原开始移运前所订，今工作忙无暇及此。今早幸无车开来，午刻黄异返，云两车一抛锚一返油业局加气，少刻即到。惟励太太听说我处吃饺子，不远百里抱孩子偕男女佣人阖第光临耳，然吾大窘。下午无车续到，连部每车必附木柴，王程云油业局方不允，副连长嘱其径向院长说明。

1月24日　冒雨同王慎之同押车去渝转向家坡。偷儿竟于今早三时许窃入库中，为卫兵所见捕之，可谓大胆。大礼堂本有电灯，为贸易委员会拆去，马嘱丁再要求接火［电］。王见马公大打官腔，不允其再运木柴，欲返乡竟无车到，宿向家坡一夜。晚，与丁、张共饮于罗家堎。

1月25日　早起，丁洁平、张我良来罗家堎接。十二时，有一车到，卸古物完搭之返乡，未数步抛锚不能行，乃冒雨步行到七公里，拟搭运汽车返。至四公里处，遇另一古物车来，搭之再回到向家坡。卸箱完返乡,至将昏黑。

1月28日 移运古物,今天最后一天,早雾特别之大。四时起,一丈之外不见灯光。油业局车开来亦晚,九时来一辆,装满,侠偕因、喆、灵先发,黄异同行。留申庆、峨士、黄慎之,最后一车同行。十时开,下午三时许到向家坡。巴县乡居一年生活,至此告一段落。新居一切茫然,所居为贸易委员会出口贸易处,勉强一榻而已。晚始共家人在山上一小店食面两碗,一夜听桥下水声。

存巴县文物迁到重庆以后,父亲与业师马院长的往来变得相当频繁。1946年2月2日为农历的大年初一,父亲带着家人和刘峨士、黄异两位同人,一起去百子桥向马院长拜年:

1946年1月29日 移运公私什物,马先生派丁洁平来向家坡代收。今早清点清楚,丁遂回院去。大礼堂成堆存古物箱之库房,公私尚杂乱无章;先将私人什物移出,又布置私人宿舍。庖厨无房无电,院中只代购烤火土盆二,用以煮饭,费事不少。

1月30日 排比库房箱件。此地房屋分散,向家坡一带山坡上下道路四通,机关数处,故环境和人事非常复杂。

1月31日 派工友三人,去百子桥挑代购木柴,去时说明要过秤,而院方庶务不允。所住外间室无一人,连日发现有人白天窥探,夜间犹有可疑之人。丁、唐诸人去重庆。偷儿相当之多,手腕不恶,虽有人住之室,也窃大箱而逃走,已颇有戒心。

2月1日 今日旧历除夕,新移居一切不方便,而且经济困难,白天只由伙食团买肉五斤,晚上大家齐下手包饺子。五时

第二章 山城聚首——南迁文物在重庆的集中

许,委员会派胡先生来移交房子,均在山上。遂与黄先生带工友登山封钉房屋,下山已万家灯火,远望渝市颇壮观,红烛之下举杯一饮,感慨万端。

2月2日 去百子桥为马老夫子拜年,一家及刘、黄二人同去,稍坐即返。久雨路途泥泞,其滑如油。

存巴县文物刚刚运到重庆的情形,在母亲的回忆文字中也有一些记述:

> 院中在向家坡已准备好贸易委员会的旧址给飞仙岩古物运来存放。向家坡彼时在接收该会房屋时,有些该会职员家属尚住在里面,等待有了办法再移去。该会房子甚多,一直由山下至山上,当时由刘、黄二君接收。彼等腾空一所即接受一所,人少而事复杂,故甚为忙乱,有时午夜尚在接收中。因峨眉同乐山两处之古物不久即将运来此处。

关于我们来到重庆后的求学情况,母亲的忆文中亦有详细确切的记载:

> 庄申读向家坡高处的公立南山中学,庄因则读南山深处的私立广益中学,广益是教会学校,英文好校风严。彼二人均住校,每周归家一次,如学校有事则不能按时归。学校伙食不佳,有时周末回家则给"打牙祭"。庄喆、庄灵二子则念山下的好职国民学校,校长桂松筠,能干又有爱心。灵儿成绩第一,一下念完便直升三上[我还记得初时对算术颇感吃力]。喆儿数学较差,故成绩列

四五名，但桂校长谓，喆好艺术，在上课时常常私下画先生像，神气毕肖，将来可向艺术路上走。

图2-3　庄因于1999年在母校广益中学留影（庄灵摄）

图2-4　庄灵和三哥庄喆于1946年就读的好职国民学校旧影（庄灵藏），1999年重访时已变为烧砖厂

第二章　山城聚首——南迁文物在重庆的集中

我三哥庄喆，后来果然成为著名现代画家。

就这样，我们在重庆南岸的向家坡安定下来，父亲也接到了祖父转来的家书，内心思念又欣喜。其间，父亲与同人好友之间的来往也更加频繁，公务、交游、家事交织其中，日记内容亦多有记载：

1946年2月11日　接张柱中①自平来函，并附老父自东北请其代转家书；半载盼望今始得到，古人所谓家书抵万金，今感觉实不虚也！然此书尚系去年八月间所寄，阅知父虽老尚无病，读函中许多话或泪落，既思之又非常欣喜。

2月12日　写家书分寄北平柱中、克明诸人，请速设法，将前汇之二万元汇哈尔滨［当时我祖父还在哈尔滨］。

2月17日　朱豫卿来访，相聚谈甚畅，留之午饭，以自制腊肉享之。朱以美国黄油见惠，知我嗜此物也。下午，大唱昆曲，并开箱看书画。郑世文、曾湛瑶偕刘承琮来访，与刘尚是初会。劝郑、曾复职②，少坐去。留胖子在此住宿，夜月色甚佳，宴寝。天晴，山茶盛开。

2月18日　豫卿过江返粮食部。与峨士到百子桥办事处，缴本年二月经常开支账，及由飞仙岩移运报销，又领得复委费中巴县办事处开办费七万元。下午，黄先生过江去买电灯泡。

2月19日　敷设电灯线。催驻军占用小学校地移徙。又查贸委会转移两电表附带用户（多为贸委会职员，闻亦有少许老百

---

①　故宫总务处处长，号庭济，是父亲北大学长，能书善画。抗战期间始终驻守于敌后北平故宫，两人的交谊见下文详述。
②　郑世文、曾湛瑶皆父亲在安顺时同事，文物迁离安顺前已离职；华严洞洞壁上的题字，里面便提到郑世文。

姓）。东北情形又恶转，行政人员迄未能接收，因之影响经济。第一金价上涨（每两又过十五万），因之物价亦受波动。

2月20日 为电表押金保证金事，赴百子桥接洽，马、励两先生主暂不过户（过户两笔费需三十二万）。又向丁手借本月薪水五万元，备诸子缴学费。硬被峨士拉过江，彼买各旅行物，吾无所购亦用六千。物价比上次同侠进城时涨十之二三。

2月23日 昨夜南岸停电，各处黯然无光。十时许，全家为枪声震醒，听四处啪啪之声，颇似新年炮竹。起初听声并不远，驻军已四出戒备，约半小时始息。在华严洞时，若此情景时时有之。入川在水竹居，异常安谧，夜不闭户而眠，无土匪无小偷。今移来陪都，反不若乡间之安，几乎每夜必有枪声，偷儿已光顾数次，幸未入室。上周，南山绅梁被劫三十万，真咄咄怪事。……家中开始移迁山下小学校附近，大忙一天〔因刘、黄去协助另外一组办南迁文物接收事未归，无人帮忙〕。

2月24日 住屋电灯装好，夜间大放光明，诸儿大喜，八时不睡。

2月25日 诸儿去东方中学及好职小学。① 坐宽舒清整家中，心中畅然，八载所未得者。下午领本月薪俸，扣下借款二人仅约六万元，只是吃饭，一切须买物恐无力也。

2月26日 诸儿灯下课余尚作画，八时眠，早起仍六时许。

2月27日 夜一时醒不复眠，闻有小雨声。晓报花开，餐后赴李子林观李花，满山满谷若雪缤纷，因起故乡雪后之感；又登至梅岭下而返。下午仍为电灯房舍事不得暇晷，使人头痛。

---

① 二哥庄因在重庆时初入东方中学，后考进广益中学，三哥和我则就读好职国小。

2月28日　天未亮醒，盘算办事处诸事，不能眠，熬至六时诸儿齐起，天气甚冷，忙一上午。饭后忽晴转暖，抽小暇导诸儿去李子林看花。此种优美爱好，应自小养成之。赴百子桥拟与马先生谈话，不在家。晤德人诸君，相与谈移运各事困难问题正多。彼处［指总务处］今夏可能空运去南京；其他各处恐船运，今年不克成行。

我清楚记得，当时全家住在山坡上的宿舍，紧贴着房子下方便是一片李子林。每年春天花开时雪白一片，夏天更结满绿色的小粒李子，不但味道甜而不酸，而且果肉和果核还是分开的。

1946年3月1日　下午赴百子桥与马叔平先生商事，仍不得见；励德人与马家二少奶奶［指马彦祥前妻林斐宇］、唐小澜、张我良［张柱中子，时在院中工作］正打麻将（马先生过江，处中必有牌局）。

3月2日　再去百子桥访马先生，将向家坡一带住户所用贸委会电事商定，仍照贸会办法收费，惟会较减低……又为傅维本家眷请搭运古物轮同出川事，彼似艰难未能说定。碧桃盛开。

3月3日　今为星期天，不晴不雨正好出游，诸儿要求过江，如去至少耗四五千，未允之。脱衣，全家共同拖洗住房地板作消遣，亦运动。碧桃盛开，因干涉别人不准折花，虽欲折一枝供案头，亦无法动手。

3月6日　维本昨自北碚来宿百子桥，今早遇我谈前教部已定派之赴平工作，近又变卦，又令其往转沪或东北，又不发复员补助费，又去后眷属无法出川，相当狼狈亦实情也；欲搭院轮东下,又拟返院借职,马似均不甚赞成。留傅在此午饭,并邀德人来陪。下午励去,同登山一游;又留在此借宿,夜观诸儿所作画,各索取一幅。

3月7日 早餐后同维本到百子桥,惟少坐返北碚去。与马商移运诸事:1. 拆各处地板,由丁推包工人。2. 箱件不记号不分轻重。又关于人员调整,推荐之吴夔、蔡济苍诸人可邀发表;又程君无相当名义,暂缓。

在乐山、峨眉文物集中重庆之前,父亲喜与师长、同僚、好友交游唱和、鉴赏古物的雅好日渐恢复。如1946年3月22日,父亲去百子桥与马院长商谈公事,并请马院长为他所收藏由刘峨士在巴县时追绘当年故宫文物庋藏在安顺华严洞时情景的《华严洞图卷》,题写"安顺读书山华严洞图"这九个篆字引首。同时,马院长也为父亲收藏的沈尹默先生诗稿手卷,篆题《秋明词稿》引首。

图 2-5 马衡院长手书"秋明词稿"

1946年3月22日当天的日记是这样写的:

下午,德人来共看修理工程,又到四、五、六、七宿舍查看,遂同去百子桥。马为题华严洞图及沈[尹默]书秋明词稿。

第二章 山城聚首——南迁文物在重庆的集中

谈押运事,谓将来刘、黄必出马,而调丁[洁平]来协助。此中大有意味,五时返。

3月24日,父亲多年未见的好友谢稚柳和张大千忽然来访,要求看画。朱老伯亦来同观,并留朱老伯题跋《秋明词稿》。当天日记记载如下:

天气晴和,挈家登南山,程[曼叔]、黄[异]、刘[峨士]同去,本地人上坟者极多。有川戏立听,始知"帮腔"之义,又鸣爆竹可半小时,川人真富有也。下午,谢稚柳忽同张髯大千来要求看画,与此髯八年不见矣。诸儿以其海内名家,得瞻神采为快。候少刻豫卿亦至,遂同入库。此事马公以为大不可者,吾认为小事一宗,且为博物院天职之一①,个人作风不同也。张、谢先行,朱在此吃韭菜馅饼,前所约者,并大唱昆曲看拓片。为程夺去旧拓孟孝琚碑一页。又出沈尹默之卷,朱在卷末大跋,今日之事不啻自画口供。夜十一时睡,客二人[朱、程]寓办公室。

3月28日,父亲又到百子桥,与马院长畅聊金石学,并请其跋《华岩洞图卷》,亦聊起文物东归南京事:

去百子桥与马先生大谈金石学,并请跋《安顺读书山华严洞图》。报载政府还都令即下,要人(员)五月内全须到南京,此亦时局好转之证。惟物价猛涨,复员费吾与侠共可得四十五万,此刻发尚有大用,恐三个月后将折半不如。

---

① 如前所述,父亲还认为,"展览"将收藏的文物供广大民众观赏原系博物院之天职。

回望这段平和而忙碌的时光，父亲的日记为我们提供了诸多的历史细节：

1946年4月6日 下午开箱理书［指开自己私人之箱］，检出一部书备出卖，此大煞风景事，然亦无办法。但所留者比在南京所失者，此次所剔除者更无论矣，如此着想方见心平气和。黄去院中借钱，归云，下周内或可启运。自豫卿处，取来谢稚柳赠吾画一幅，此人作品每幅均可售五六万。吾认为诸儿若努力为之，不出十年必过其上，然外围学识与修养恐非十年所能办。

4月8日 叔师［马衡院长］邀谈，据云移运汽车合同明日签字，本月内即可开始。在听泉山馆午餐后，看此老写字，适桌上有斯文赫定在居延海所得木简照片，中一简有北平庄字，即请其为临一小条。

4月9日 到两路口，访朱胖子，同吃饺子，一公务员夫妇改行所开者。朱谓，本月廿五前，即飞南京，不复返。饭后，同往沈尹默处，不遇。游钵水斋，遇马四先生。①

4月12日 去百子桥，途中闻杜鹃。向家坡贸易委员会花木繁多，自来后看花至今未断，玫瑰、月季正开，最近兵士和院中同人采剪，凋零不堪。谈搬箱人，马主向工会索人，完全怕负责任，做官秘诀也。

4月14日 吴俊告贸委会被裁机关，每人分得各种费用至七十余万，反比未裁者好。国家政治混乱如此。

---

① "鄞县五马"，又称"北大五马"，即马裕藻、马衡、马鉴、马准、马廉，都是北京大学中文系教授，以研究中国文化闻名。马四即马准，但在1937年5月17日日记中的"马四"，是指马衡院长，此处不知是否仍指马院长。

4月15日 马先生来处,云本星期五王雪艇、张岳军[张群]诸人来看画。得豫卿寄来诗一首,读之,不知昨日何时来访不遇,大约吾去吴家饮酒之时。也拟和一首,头脑昏昏竟不能成。新派职员杨仲英来,四十许孀居,老太婆与马三代世交,马嘱照应一切。

文物庋藏向家坡的期间,时有政府各界要员来观书画,父亲日记的记录颇为细致。4月19日,父亲日记特别记写令其惊奇之事:

今请蒋公左右党棍陈某来看画,马老夫子向来不应酬这些人,不知何以今也如此。尹默先生同来,又有汪某及胖太太夫妇二人。陈据说能画竹,然于竹并无所知,嗤之以鼻,不屑理之。汪神气寒酸,倚老卖老尤讨厌……中又急为王雪艇提物,更乱不可言,至下午六时才看完,共提百余件,又部分归箱。惟来者有张葱玉①,由沪到,告《重江叠嶂》失物事,糟不可言。此事吾亦有责,自请处分可也。

此事缘由经过,父亲在1947年10月20日的日记中亦有记录:

马交来赵松雪[赵孟頫]《重江叠嶂卷》后的元人柳贯等题跋一段,当即与邦华会同存入原卷中。此事说来话长,民国廿四年[1935]赴英展览前,在沪曾付装池人重整,为裱工刘某窃割一部分,始终无人发觉,而张葱玉知之。

---

① 张葱玉(1915—1963),单名珩,浙江吴兴人。年轻时即以鉴定书画闻名;1934、1946年两度被聘为故宫鉴定委员;1950年被聘为上海文物保管委员会顾问,同年调文化部文物局工作,任文物局文物处副处长兼文物出版社副总编辑。

4月21日，马衡院长招待故宫博物院理事会理事王雪艇和罗家伦（志希）来向家坡观画：

>王雪艇、罗志希来处看画①，八时来至午去。马本备菜亦未食，因赴蒋［蒋介石委员长］与马歇尔［美国退役将领，奉杜鲁门总统之命来华调解国共军事冲突］之宴，惟送法国老葡萄酒一瓶，马遂打开以享，而宴王之菜，则享原巴县处同人与我一家。此酒一瓶，据马估价至少在十万元以上，一杯即值数千元，听之咋舌……四维［罗家伦］相当客气，知何以得雅名；王则学者风度，吾不以要人轻视之。

战争虽已停歇，然时局仍不平静，人民生活亦有困顿之处，文物庋藏向家坡时，时有盗匪惦记，伺机而动，父亲负典守之责，不敢大意，日记中亦有多处记载：

>**1946年5月9日**　近日向家坡又闹小偷，数家被窃损失很大，驻军少，不负责，吾一家又距中心地远，夜颇有戒心，天热不敢开窗，月色好不敢赏。
>
>**5月11日**　山上盗风甚炽，驻军人少，且改编散漫，毫不负责。不但为私人惧，且恐对库房亦放任也。
>
>**5月12日**　一夜未合眼，此种失眠亦少有。盖因：1. 盗风炽，为公私恐惧。2. 昨夜在钱君处饮绿茶及吸烟过多，听杜鹃彻夜悲鸣。下午，军队捉得一偷儿，由白日行窃，窃及军人，可见

---

① 当时王先生是外交部部长，罗先生是联合国教科文组织筹备会议代表；从父亲后期日记中得知，二人都酷爱传统书画并富收藏，详见本书第十一章。

偷儿胆之大矣。

5月16日 近日，盗风亦盛，新来之陆军军友总队乍到，亦被窃皮箱一口，失者大哭。张力行持大斧一柄卧守，贼不敢近，张亦不敢出，闻今夜借王慎之手枪以备之。

第二节 存峨眉、乐山文物向重庆集中

安顿好八十大箱文物，父亲当即协同励乃骥，筹备乐山文物集中重庆事宜。1946年3月27日父亲日记记载："上山勘查房舍，备军队驻用。"除了筹备乐山文物集中重庆事宜，父亲还配合填写战时损失调查表，如日记4月5日记载：

> 赶早到库房开箱，纪录预备赴蓉展品尺寸共十件；午刻完工，天已大热。灯下填抗战个人损失调查表，只能就记忆之重要衣服书籍，以代价估偿，即须数千万元；以西装一身足值廿万，书一部亦值十万，均未抄写。头昏改读杜甫文，大唱"诸公衮衮登台省"句，不禁感慨系之。

我猜，大概是父亲对填写战时损失调查表有点不耐，故吟唱我平时常听他唱的杜甫《醉时歌》自我排遣。

三处文物集中重庆向家坡后，战时散居各处的同僚及其眷属，难得的共居一处，无论是工作还是生活，皆比以往更为热闹。对此，母亲的回忆文中，亦有多处记录：

起运时，系在年底［依习惯系指农历］，而吾等则办理两处［指峨眉、乐山两处］接收同接待事宜。余管伙食及招呼接收箱子，接收系用竹签核对箱数，然后再指挥工人抬入库中。而每批押运员到后，在招待所休息数日，住在招待所，吃在伙食团，甚为方便。峨、乐两处箱件逐批运来，足有万余箱，分贮各库。

存巴县、乐山、峨眉三处文物陆续集中重庆后，分为甲、乙、丙三组进行管理。当时，对于各组住屋分配情况和环境，母亲也有描述：

慕陵同余，住甲组办事处，是在山麓。乙组办事处是在半山，为欧阳科长居处。再高处为丙组办事处，是那志良科长所住房子。建筑均甚讲究，尤其是大礼堂前后均种植花木，紫色玫瑰浓郁芬芳扑鼻。余曾采玫瑰泡茶饮之，香甜适口。其余为红梅、素梅，亦自斗艳。刘君峨士曾采一老梅枝作手杖，上雕龙头颇为美观。还有天竹，栽于瓶中，雅而不俗。甲组办事处外有木笔树，花开时沁人心脾，还有富贵牡丹与茶花。屋后更有一片李子树林，盛开时几成一片云海，洵大观也。

至于文物保管事宜，母亲亦有说明：

每月各组轮流开会，轮在某组，则由该组预备餐事。每日开库检查箱件，看有无虫蛀等情形；有时风雨，则开库时遮以厚油布；风雨住时，再找瓦工修理各库。检查各库一周，来回约二三里路。

第二章　山城聚首——南迁文物在重庆的集中

存巴县文物集中重庆后，马院长于 1946 年 6 月 11 日飞离重庆，先后赴南京、北平处理公务，这段时间，文物在重庆的集中和管理由最早将文物自四川巴县移运至重庆的父亲与总务处的励乃骥（德人），以及后来相继将文物自峨眉移运到重庆的那志良（心如）与由乐山押运文物来重庆的欧阳道达（邦华）四位科长共同负责。

1946 年 6 月 11 日　马院长今自渝飞京。八时许丁洁平，张我良自院调来此，帮同接收古物者。看招待室、向我索要桌椅床等忙一上午。军友总队一副官又与峨士冲突，经吾劝，大骂而去。下午，忽涌到廿余人，持木械涌入办事处，搜查欲捉打张我良。询知，张骂其师管区酒气浊浊，意在寻衅，善言劝之。而驻军闻之，又欲殴之……晚，张力行来函调停，两次联系置之不理。马先生今日自渝飞京。

6 月 12 日　早上，调人张力行邀军官队十七中队队附孙景岚来，吾抱定不怕事亦不惹事态度，不亢不卑与之雄辩一小时。去后，张独返，谓孙之意仍欲通过一小段路，又同往，连部长官态度甚强。归后，（第四队）大队长来，又谈半小时，提议不走上山路，但山下路由院代修，允之，嘱孙再来商具体办法。两方强硬，非破裂不可。故宫为文物计，居中调之，非屈服也。晚，嘱刘、丁二人与之商。不意，孙去云又变卦。孙不服从自师长，其部下亦不服之。军纪如此，可慨也！

6 月 13 日　修路，昨孙虽主不必（我意为之修路免登山），可证事之不了然，决不顾一切当机立断，仍派人往修。磋商数次，终于孙能指示工人如何修道。惟又别要求另修一路，估非三百工，款非六十万不可。只好虚与委蛇，函邀德人来谈，滑头不到。虽代拟电报稿，报告院长，空话多自加入，请在京速进行，使该队速移走为是。一天心情十分紧张，军人亦荷枪实弹如临大事。惟外表均十分镇静，吾在此主持一切，更需如此。下午又得报云，该队已邀别队人参加，聚众六百余人，且有武器，又上山与胡［故宫警卫连胡剑飞连长］等谈商，惟盼文物早运来。傍晚，忽王碧书一家与徐旭生［炳昶］先生①及其女公子二人同来访，大小七客光临，室中一时大热闹。留诸人住宿，申庆等四子退出住地板，让徐、魏两家。

6月14日 夜雨晓晴，旭生食后，邀同登南山，吾何尝不思一涤俗怀，事羁身不敢离，使若侠（若侠为其女弟子也）陪往。午返宴之，酒后为题跋华严洞图。送之至山下歧路口，辞别过江去。徐亲家在此候轮赴沪转台，一月未能行，吃饭一项用了二十万，又拟改与徐同搭机去平。三日来，公私两忙，心情紧张，看今晚情势，或不致发生大事故，便得暇一饮，畅适甚矣。梁任公谓天下最痛苦事，为职责在身也。

6月15日 半夜枪炮之声大作，恐变起非常，全体起床，军人亦特别武备出现。星河在天，黑暗无光，忽悟今夜正是月半，岂月蚀耶？问之工友，果然本地风俗，日月蚀可以鸣枪。遂又去睡，竟致不寐，天已微明，未得交睫。多日来，心情紧张，今天大事休息。惟张我良又不告进城去，且声称夜不返回，此人真不可救药。为军友队所修路成，古人谓修桥铺路为功德事，今故宫在此二者均做到矣。

6月16日 虽星期天，不雨亦无事，仍不敢外出。携诸儿登

---

① 关于徐旭生先生（1888—1976）及其与父亲的交谊，详见本书第九章。

山采灵芝,侠则入市买菜,午刻小饮。沈其道来,亦数月不见。自城居以来,常有良友来访。近日,公私交迫,门庭若市,吾见一种人说一种话,全不由衷,应付对方,苦不堪言。今得小憩,心中畅然,晚院中纳凉。张我良自昨天下午私自外出,至今晚未归。

6月17日 寄院长函,详报此次军官第五队事。王慎之今天在城内天主堂结婚,在向家坡借小学宴客,借复兴公司房作洞房。从早起借家具,搬来搬去不胜麻烦……寒热不时感受,咳嗽不止。

6月18日 德人送函来,云新绥车14日自成都开,15[日]到峨,16[日]装车,17[日]开,预计明天可到,共40辆,每批5辆。今天又雨,所有工作,仍督工人抬石块抬木架。早访胡,告以津贴数字,并到各库一看。

6月19日 德人来云:1. 马先生廿左右有赴平可能。2. 张群自蓉来电,催在蓉展览日期,商讨回电办法事。3. 昨为军官队事留德人访朱绍良,因未就任拒不见客。留德午饭,饭后同去看汽车间工程估价,计算今天应有古物车到①,下午恭候至六时,渺然。饭后,忽思下山散步,偕老妻与稚子。杨先生忽自动加入,拒之不便,同行旁人见之更有嫌疑,大为不好。小弟屡云头昏身倦,令之息又不可。胡连长来谈津贴事,认为士兵少。

6月20日 昨夜沉睡。德人云,张柱中前寄来刊物七种,昨寄到,今派人往取,此事乃七八个月前之事矣。又借八万元,计我二人薪已借光,只好由侠出名借其复员补助费。久不动笔,今

---

① 抗战中后期存放于四川乐山、峨眉之故宫文物,胜利后奉命向重庆集中;首批存峨眉文物实际上6月19日才发出。

为人书小幅，生疏难堪甚矣，吾之荒废也，以后得闲仍应稍事文墨。终日候车不来，心甚不安。晚得励谓，得吴玉璋电，心如押车五辆，19日自峨出发，并云续开无车，请速催新绥云云，预计明日或有到可能，亦只五车。

1946年6月，峨眉文物转迁重庆期间，沿途运输车辆发生不幸事故，负责押运的驻峨眉办事处警卫连长郭植楠经抢救无效身亡。父亲日记对此亦有多次记载，颇多怜悯与感慨：

1946年6月22日 下午古物车到，望眼欲穿，真不易也。由那心如与冯昌运押运，但只四辆，另有一辆抛锚在荣县。所不幸者郭连长因换车为另一军车压伤，即送城内医院，唯不知伤势如何。连夜运箱入库至一时方完。

6月23日 早间，忽闻有女人在招待室大哭（刘、黄、丁住处，那、冯来亦住此），乃郭连长太太。又发现，昨天（行李）箱子遗失一只。德人与荣华来，今午朱连请那、冯并巴处同人午饭，因代邀励、吴同往。今日更热，饭时人人挥汗如雨，真大苦事。郭连长可谓因公受伤，不但本院无人同情之，冯亦不关心，国人血冷，吾大不以为然，力倡明天到医院慰问之。

6月24日 八时，同那到百子桥，约德人同过江，先到新绥公司与朱炳南久谈移运诸事，并候冯连长同去医院，盖冯早起即过江先去，不意十一时不见来。励酒后嗓哑不愿去，四时返。少刻冯归，云郭已于今午因伤死去，见小孩亦患严重肠炎，惨极……晚，故宫全体宴胡、冯二连官长，两大桌二十余人。

第二章　山城聚首——南迁文物在重庆的集中

与此同时，文物集中重庆运输继续进行。文物车辆在路上运输时有抛锚、翻车等事故发生：6月，吴凤培押运的峨眉文物车辆在荣县抛锚；7月，文物车辆翻入稻田，幸无人员受伤，唯《四库荟要》一箱书籍受水严重。此外，向家坡一带治安亦有问题，附近李子林还发生过命案，文物存放此间库房，难免遭窃贼惦记。所幸，各办事处同人及守护官兵较为警觉，未酿成文物失窃事故。

1946年6月25日　晚，德人来函云，百子桥有形迹可疑人，勾留一天不去，恐歹徒，要求连部派兵。登山交涉，轮派三人驻守。

6月26日　上午，古物车又到一辆，即与心如同开出中途抛锚在荣县者，押运员为吴凤培，移运入库。

6月27日　接吴爽秋电，廿五日开出十二车，一百九十八箱，计明日可到。那等明天自城内出发返峨眉，今夜移宿百子桥。闻励太太亦将随车往游峨眉，并携幼子，而肚内尚有七个月未生者，又带一女妇同往。

6月28日　上山巡查库房，那等改明晨行，候古物车一天，不见到来。朱预清［家济］之弟［应为朱家濂］及其侄来午饭，饭后不去。朱等叔侄二人宿山中张我良房，盖张与朱均所谓故宫四公子之一也。

6月29日　候车终日渺然，怪哉。那心如下午自城内返，大睡，云在城内打牌通宵。晚，励又呼其去百子桥晚饭，吴凤培亦去。

6月30日　今早居然到了一车，即廿五日由峨出发十二部之一，无押运职员。（欧阳南华押七部，梁伯华押五部，均尚未到。）据云沿途抛锚、过河困难。那心如之回峨，预定今天上午走，下午也走不成，又改在明天。吴凤培在此患病。

7月1日 午饭时到一车，[欧阳]南华来。午后陆续到，至下午六时，十一车全到齐，加昨到一车共十二车。

7月3日 昨夜大闹小偷，有七八人之多，可谓匪矣。因前夜捕获一人，故来报复耶？又闻那心如自璧山返，云吴凤培竟被司机殴打，冯连长不过问，去警察局报告，反被扣押送法院，故返渝交办之。

7月4日 早起，将前那心如于五月十九日运来之古物十六箱，因与最近运来性质相同，由大礼堂移存第六库。

7月5日 半夜大雨，到晓不停，屋宇皆漏。昨与德人约，今早去百子桥并午饭，因雨不止谢之，竟派滑竿来迓，情不可却，冒雨往小楼，二人对酌。饭后，苦留写字并晚饭。伊太太去峨眉，吴氏夫妇亦去，全办事处只励、龚二人，非常寂寞。

7月6日 李子林今天又发生奸杀案。此一带与半山有茶社处，乃全山最复杂地方，几次劫案亦在此发生。午饭后，呼来张我良，大教导之。来此月余，放浪日甚，近来终夜不返，或半夜返。今呼来问之，竟承认在茶社聚赌，赢得二万（一夜），允以后夜间不赌，白天不可免，并谓院长亦无法干涉。

7月16日 刘达之自荣昌来电谓，41404车在245公里处翻入稻田，人箱各无恙云云。想今天应到，候之终日不见。覆柱中函，劝其对其儿子[指张我良]用钱加以节制，彼刻月入可十四万元，一人在此，在我家共伙月不过二万，余款无所用，不赌而何，其父何不为子谋耶？又德人今天来，亦正言厉色申劝之，彼不但不示服从，励规定其不能不告吾而外出，竟马上过江去，至晚方归，吾将奈何哉？

7月17日 早间正与马院长写函，窦科长来，胡俊诸人邀之在胡家午餐，吾作陪。窦之来，系代表商标局新旧任监交，一幕官场剧也。正晚饭，古物车到五辆，系刘鸿达、黄异押来，翻于隆昌附近田内一车亦开来，即卸箱入库（均六库），唯将翻车应检视之箱剔出，存大礼堂备查。余一半未抬入，天雨止，时已夜十时矣。得马函，去蓉展览事人员又变化……下午，函那心如，有子亦拟先来入学，拟与邦华子同样办理处之。

7月18日 绝早起，传众人起［当地日出后甚热，无法做吃力的工作］，七时许开始续抬昨未完之箱入库。应检视落水者入一库，余入二库。下午如期举行，德人及刘鸿达均来，在大礼堂举行同开箱，有瓷玉器、雕漆，书籍为《四库荟要》一箱受水最甚，至晚六时开迄。惟书未干暂归临时箱，明日再开。德人又介绍川湘公路局与新绥订合同，自廿一起每日放峨十车，至廿五止共五十车。

7月19日 近日大热，绝早起催早吃饭，入库开箱，先将书籍受水者提出晒晾，其余瓷玉等归一临时箱，以便将原箱晒晾。又到六库开二箱，箱内碰坏者11件均玉器。工作一上午，箱内事完，而箱不干仍不能正式装箱。

7月20日 今早，仍到大礼堂一库，将落水箱中所装书籍提出至办公室阴干，惟至晚未全干，暂送库中。近日，天气特别之热，终日昏昏。名所居处小园曰橙园，庄子所谓不材木也。按橙即榕，今谓之黄葛［黄葛树又称大叶榕；但榕非橙］。黄异赠我峨眉红豆木杖，蜀其本名为酸枣杖。

7月21日 近日，天气之热，真令人可怕，从早到晚无凉爽之时，下午夕热，人如在蒸笼中。白日，黑虫啮人；夜晚，蚊虫鸣声如雷,触面不去,使人无地可以安身[我犹记得,那时和哥哥们每晚就寝前必须先把圆顶蚊帐挂好,否则难以入睡]。落水箱《四库荟要》一部仍未干,余物尚有漆浸水亦未干,挥汗写致马先生函,大略报告此事。

7月29日 ……古物车到晚不到,以为明日可到,不意晚十时竟来到一辆,卸车后未入库。(昨得电报云廿七装车七辆)

7月30日 七时开始将昨到一车移入二库,文物车亦有续到者,请刘、丁代收……询车共到六辆,惟蔡济苍所押一车又抛锚在永昌,急通知德人请往川湘路局询之,以承运车为该局所派者。

7月31日 上午,开昨所到车中浸雨水之箱,开四箱,均选书籍先开。有一箱存《四库荟要》,书一本一本皆成饼状,甚于上次翻车落水者,看情形恐十几天内不能干爽。下午四时许车到,以为蔡抛锚车来,结果是另一批谈[崑]所押来,亦七辆,廿八开出,共到三辆,卸后即移入二库。晚候车至十时,不到始眠。

8月1日 午,徐旭生过江来访,留宿山中。绝早起,晒箱。八时许有车到,一天连续不断,至晚八时共到十八车。第五批,蔡济苍一车到齐,蔡亦来。六批谈车到齐,七批王程,八批冯汝霖均有车到。谈本人昨天已到,王、冯二人今天亦到。九批亦有车到,虽不知何人押,从早大忙至夜十时。夜十时,又同徐先生谈话至十一时,与眷属住招待室。

8月2日 早,继续抬箱入库。至十时,工人因天热停止。百子桥来人云,德人妻今早生一子。旭生先生于晚饭后过江去,若侠偕诸儿送之山下。下午,继续抬箱,至夜十一时,仍未抬

第二章　山城聚首——南迁文物在重庆的集中　|　105

完,停止。均九库物,在最高处。张我良终日以赌为命,吾不知如何对之是好。

8月4日　德人拟请搬运院中文物之商车公司经理,遂不往。而德人再来电要我代请,不便故示清高,只得冒暑先到百子桥,再到大三元,尚有新绥公司之人,只是默默饮酒,其他不过问。返到办事处,诸人正在卸车,至六时共到十四车。晚,再抬箱入库至十一时。

8月5日　晒晾之物,不能大批举办,巴处人手只吾与若侠可参加,避嫌不便,请吴荣华又不来,使人气急,亦懒于写书报告马先生。

8月7日　上午,去百子桥与德人拍电与马公,因文物移运箱子途中淋雨之百余箱,至今不能晒晾。丁 [洁平]、刘 [峨士] 事实上无暇及此,吴 [荣华] 又不来。马向来好打官腔,不得不先声明。下午到一车,邦华来到百子桥,所来车被阻,请胡连长派兵照料,心如闻亦欲来,但未到。卸车入库至九时。

8月8日　上午,邦华、德人来。与邦八年不见,风度依然。据邦云,我因牙齿脱落显老,如补起即好。少刻,心如亦来,昨小抛锚,故今天赶来。最后押运人励芝先亦来,德人堂弟也。……下午,四人 [庄、欧阳、那、励] 大讨论院务,至六时诸人始去。而又到抬箱入库时刻,吾不及等候先眠。天奇热,屋中如蒸笼,畏窃又不能不闭户。

8月9日　早,邦华再来讨论堆箱事,彼主改分行列,可以检查白蚁。

8月11日　连日饮宴,肠胃发炎。上午无车到,下午果有车来押之共七辆,到了六辆,一辆抛锚于四公里处;下卸两车,天忽大雨,巨雷隆隆、电光闪闪,不能工作。

8月14日 精神仍不振,与若侠核对文物车数、箱数、库数表,今天仍不见车来。邀孙家铎来,向其索要房子。看由马先生处斋中借来之美术丛书。连日盛传有规模之暴动,城内军警日夜警戒,山中胡连亦特别戒严,以应付非常事件。

8月15日 今天仍无车到。但知十一日黄押来十车外,尚有十三日一天十八车,如一起涌到,则不得了。

8月16日 候车,终日不见到来,此次为黄居祥所押十部,今已六天,疑中途又发生事故。

8月17日 餐后,登山巡视一周……德人来谈,川湘路局与新绥均应承运文物还都:新绥由渝船运至南京,川湘由渝车运至常德,由洞庭湖至汉转船最好……下午,到文物一车,尚有廿余车,亦到罗须沟渡船……晚,交涉成来车五辆,卸车入库,至十二时半始迄事。

8月18日 八时到车,黄居祥来。从上午卸车,随到随卸,共来十五车,卸402箱。夜七时,又开始抬箱入库,仍至十二时未抬完者,只得暂存棚中。目下,箱架大感缺乏,新做者至今未送来,连催德人。与胡连长商请其连部让出占用既定之峨办事处也。

8月19日 七时,继续抬箱入库,至十时已炎热,工人停工。还有三车,须夜间始能入库。因库在高山,运古物车有廿余辆停储奇门,交涉妥每天渡十车,昨已施行今又停,盖渡归西南公路局、车为川湘公路局者,西南向川湘亦索小费也。下午,遂又无事,可休息。惟吾仍不能休息,与胡(连长)商连部移让及派人帮押运等事。

8月20日　……汽车因每车轮渡索五加仑油（二万元），昨停渡。今交涉好，遂得渡六车。

8月21日　……收箱，今到九车，收完天已黑；抬箱至12时。

8月22日　今本有八车应渡江，实只有五车，余三车大约又因运费未缴足之故。天久不雨，饮水缺乏，物品干燥。下午，城内大火，隔岸观之，使人心悸。时局沉闷许久，近日各地两方均做军事行动，全面内战终恐不免。

8月23日　今日，只到三车即冯汝霖，然未来齐者，尚有许礼儒车八辆应到，许不在，故未能渡江。下午三时收车，晚六时抬箱入库，八时许即完。登山巡查各库房，并偕诸儿观重庆夜景。①

8月25日　今天到十三车，大忙一天至晚，精神不能支持，十时先归眠。

8月26日　早抬箱至十时，接着古物车到，卸车六辆，恰十二时，吴玉璋眷属来，为之搬家具、找房子非常忙乱。四时又下两辆文物车，晚抬上架至十时。

8月27日　上午十时许演习消防，并试验灭火等救火器。……下午卸古物车，晚抬箱至九时。

8月28日　八时后开箱晒晾，与励钧先［亦为励乃骥堂弟］二人入库工作，丁、刘二人监视工人抬箱入库。十时后天雨，车涌到，又停抬箱、停晒晾。卸文物车至十二时。下午雨益大，车亦到，至夜共到十八车；雨落不止，不能入库。

---

① 我尚依稀记得，当时和三位兄长随同父亲上到向家坡后山高处，远眺位在长江与嘉陵江合流处灯火辉煌的重庆市区夜景情形。

8月29日 阴天，秋意颇浓，读报视北平秋色颇有故园之思，烽火遍地，不知何日得熄。八时雨止，抬箱入库。下午，续抬箱至夜八时。今日无车到，堆存席棚之箱亦未抬完。

8月30日 上下午忙乱，夜工作至十时。

8月31日 丁昨夜去百子桥做主人。刘在山上十三库收箱，忽云少一箱，其实是他计错。

9月1日 早黄异车开到。

9月5日 入组，晒晾雨淋物品，至十一时半，午饭后小憩。二时，再入组，至五时退。下午，又将拟带蓉展览用箱提出。

9月6日 下午到五车，均美新式车，运输力极强，内有石鼓六，此吾昔年运装出北平者，今又见之。卸时费力，至夜十一时终完。

1933年故宫文物从紫禁城开始分五批南迁，当时父亲正奉命准备第二批箱件，忽接马院长密令，要他去安定门内国子监，将两庑石鼓装箱，以便随第三批文物一同南下；于是父亲急请好友、大收藏家霍保禄先生协助指导石鼓的特殊缜密包装之后，才圆满达成任务——石鼓经长途南迁，直到战后回归北京，都始终丝毫无损。①

9月7日 抬箱工作，无晒晾。吴凤培车下午陆续到齐。晚饭后卸车，至十时完毕，未能入库。

9月8日 德人来，适连部自山上移下山来（在山上原占峨眉办事处房），又军官总队走，有复兴公司应交院之房，邀德人

---

① 关于石鼓运输的经过事迹，详见庄严：《再谈我与石鼓》，《前生造定故宫缘》，紫禁城出版社2006年版，第191—195页。

同去查看，归来午饭。饭后，验视蓉展书画应修装者。下午，抬箱子至七时完毕。

9月9日 古物到五车。

9月10日 今天丙戌中秋，力运队要求休息一天，虽到十余车，暂停未卸车。

9月14日 早间拟抬箱，天雨而止。忽觉肚腹胀满非常痛苦，遂卧榻上偃息终日。下午有车到，夜间抬箱均未参加。

9月15日 下午卸古物车，并抬入库至十时。

9月17日 候常老［指由马院长指定共同主持蓉展的常维钧］不来，候峨眉最后一批古物车来，车不到，但一天忙乱也不暇。上午，为友写屏联数幅，下午约心如访胡连长。

9月18日 续力运队合同，需王肃华来商。因约德人、心如共议，续订四个月，每箱增为五百元。下午落雨，晚到一车，乐山十五日开出第一批，今已到一辆。梁匡忠［梁廷炜长子，在故宫工作］来，维钧未到，此老真慢使人着急。

9月19日 先卸昨所到车，卸完又同洁平、峨士诸人到一库，提续选赴蓉展览书画，……卸续来车，拍电致维钧。傍晚将峨处车全收齐，计峨处7286箱，共享存库房十二所，惟因雨未能入库耳。

是年暑假来临，父亲于等待文物到来期间偶有闲暇，除日常交际外，亦不敢疏于对我们的管教，每日督导功课。期间，傅振伦先生来渝小住，父亲乘机请其为《华岩洞图卷》跋写长文。

1946年7月9日 一天无所事事，拟从明日起开箱晒晾字画，以最近十余天内或无古物车可到也。马先生已到北平，因此去一航快函，将此间事大略告知。孙家铎为电灯事，再来久谈，不但无聊，且妨我早眠，甚厌之亦无法。孙去，又不能眠，坐院中纳凉，忽觉头眩胸呕，四肢无力，急归寝，侠谓是发痧。

7月10日 终日，仍觉四肢无力。今日，开箱晾书画，临时又止，天气不佳也。张我良幼失家教，品行不好，人虽聪明，恐甚堕落。近日，每夜必赌，曾劝告不听，在此亦害群之马。古物不到，任事不作，青年人好动，自然趋此。今又闻杜鹃声，花已稀矣，不知明岁尚能闻之否？

7月11日 德人一早即抱幼女来，纵谈一切。胡俊、张力行二人亦来，为移交电线事，彼等在此薪水按南京标准，可多十余万。午饭，励在此饮酒，近来每饮必黄酒，与白酒大相径庭，只此一样，吾每月所费近万元，此亦进城以来之浪费也。

7月12日 暑假已到，每日督诸儿上午温习功课，作暑假作业，或作画看小说，唯不敢使张我良近我家儿。儿无其聪明，恐只能学其劣点，则无法救药矣！维本下午自北碚来，云不日拟搭中央银行往陕运钞票车去宝鸡，转山西至北平；然两三月后，仍返渝，为北碚志印刷事，或出川到沪。眷属暂住北碚，彼时再一同出川。维下榻此间，灯下乞其跋华严洞图为长文，数百言写成已十时，蚊鸣如雷不顾也。

7月13日 晓起，维本过江，与之同行，为答访徐旭生，此老曾不远来此，吾尚未回礼，盖性懒畏热怕远行。赠维本义为作长文题华严洞图；古人倩友为文倒有润笔，因此以峨眉名产绿茶雪芋并向家坡山中灵芝一株为润。所住山产灵芝极丰，欲名此山为灵山。

7月16日 覆柱中函，劝其对其儿子用钱加以节制，彼刻月入可十四万元，一人在此，在我家共伙月不过二万，余款无所用，不赌而何，其父何不为子谋耶？又德人今天来，亦正言厉色申劝之，彼不但不示服从，励规定其不能不告吾而外出，竟马上过江去，至晚方归，吾将奈何哉？

7月17日　……下午，函那心如，有子亦拟先来入学，拟与邦华子同样办理处之。

7月22日　早食后，去百子桥借薪五万元，同德人过江，先在一茶社参加一商车公司与新绥商承运本院文物事，大约是德人介绍者。十二时，请德人在一西菜馆午饭，二人共享八千元。邀观各大商店，美货甚多。

7月24日　上午看画，下午休息。傍晚，马文聪［马衡院长四子］夫妇与德人来，本邀其晚餐者，只一鸡一红炖肉耳，感太少，临时只得添鸡蛋等。

7月30日　七时开始将昨到一车移入二库，文物车亦有续到者，请刘、丁代收。携申、因、灵儿与若侠翻山访问广益学校，老三［庄喆］咳半月余不愈，不便使往。晓起，空气清新，登山见澄江如练，心胸一展。至凉庄，松林久坐，下山先到广益教会所，尚未招考，又到南山中学即报名，又为邦华、心如两家世兄代报。十二时，赶回午饭。

8月3日　旭生先生连日在此纵谈甚畅，彼行时劝告诸儿天才可造，惟身体太弱，非大时代人物，主多运动。侠数与之谈哲学文学，此老均有其独到见解。惟此日吾工作正忙，无暇多领教耳。张我良我不怪之，盖由此可知其家庭教育，并由张更知道家教重于学校。愚夫妇自生子以来，以全副精神注意之。

8月8日　上午，邦华、德人来。与邦八年不见，风度依然。

据邦云，我因牙齿脱落显老，如补起即好。少刻，心如亦来，昨小抛锚，故今天赶来。最后押运人励芝先亦来，德人堂弟也。留诸人在此午饭，分两桌食之。邦之儿子洪武亦来。①

8月10日 今午，邀邦来向家坡便饭，亦不能避免应酬。厨不能治菜，且天热，匆匆与侠商，只得包饺子，由早起即开始。十二时，邦、心二主客到，励、吴氏夫妇能否到，听之。

8月11日 连日饮宴，肠胃发炎。

8月18日 昨夜一时后，始入睡。早五时起，申儿去考西南中学。时局不靖，绝早走甚不放心（西南校址距向家坡十余华里）。

8月27日 ……年间请吴[玉璋]一家子吃饺子并邀励均先、胡剑飞诸人，此种应酬每月至少在二万元以上。

9月12日 静农下午来，云候船无期，飞机有期可不用分文，如船行须买票，必要时则借款。又抱来自存茅台一瓶见饷，惜近日病酒，又是名醅，未致多饮。入夜，益热至九十三度，纳凉院中至十一时。静农来山信宿，合拍电维钧速来，并以所收汉砖拓片寄存。

9月13日 静农在此，沽黄酒少饮，下午过江去。那心如一家来，又是一阵大乱。晚餐不能不举杯表示欢迎，时不思饮也。车已卸，拟饭后抬入库，忽大雷雨。

9月16日 心如一女一子，今去东方[中学]，均高中一年，吾劝改好校而非主东方不可，由侠带之同往。据侠返云，认上下山奔驰是大苦事，[洪武]似毫无吃苦之感。由峨来之人无论大

---

① 1946年7月17日日记载"下午函那心如有子亦拟先来入学，拟与邦华子同样办理"，可知欧阳洪武随父亲先来重庆，是为配合学校开学之故。

小，无不以爬山为苦，如此看来欧阳洪武比之高矣。德人来谈蓉展事，丁决定不去，好在吾此行完全被动，一切听之。

另外，根据父亲日记，抗战储放在峨眉的故宫文物，自1946年5月19日由那志良押运的第一批16箱到向家坡，之后继续运送至9月19日始告完毕。8月间，父亲之前已奉示处理蓉展之事务，故后续接收乐山运渝文物，便改由峨眉办事处主任那志良接手。因此在父亲日记中已甚少出现接收乐山来车的记载，仅下列数则：

1946年10月3日 那陪吴家母女进城看病去，接收古物车事吾代之；上下午一天共到十六车。

10月7日 下午帮卸车。

10月14日 乐山有车来。

10月20日 午饭后，到古物车三车，代那接收。

10月24日 邀那心如、尹子文来，饭后到一车，诸人去收古物。

12月13日 黄所押车到齐。

第三节　故宫文物在蓉展览

父亲在重庆时，除了奉命协助点收战时存放在峨眉和乐山的文物全部集中存放到重庆的临时库房之外，并奉派参与1946年11月在蓉（成都）文物展览的书画选件、编目和展出时工作。

1946年9月20日 下午，刘［峨士］君将赴蓉展品不能悬挂者修理之。

9月22日 写致马先生函，报告接收峨眉办事处箱件及蓉展展品等事……展览事，蓉方无人来，维钧又不到。

9月23日 成都展事，蓉有电来，云廿七日派教厅科长邹光启飞渝面洽。与那心如办交代：1. 古物箱及存库所。2. 各库馆地。3. 其他家具量。4. 人事。

9月27日 蓉方为展览事，今日派教厅科长邹光启飞渝来面洽。自早候之，终日不见到来，殊以为奇。

9月28日 候蓉方人来消息，仍不见。

9月29日 蓉教育厅第四科科长邹光启来，邀之进城午饭并谈话，维钧、德人、心如同往，宴于永年春。所谈：1. 蓉展期原定双十节，再展至11月1日。2. 前半月吾先飞蓉。3. 要求不挂展先托卷之［于］墙的郎世宁《八骏图》。

10月1日 与维钧整理蓉展目录。

10月2日 早间入库开展品箱，查目录至十二时。下午，邹光启先生来，云得刘厅长明扬来电话，仍要求展览品为百五十件。

10月5日 编［蓉展］书画目。下午，申儿由学校返，与之及灵儿邀维钧到江边吃毛肚火锅，维钧不能吃辣，又改吃饺子。步行而归，维大感登山痛苦。此公长吾两岁，老态毕露，二人相较，吾不见老矣。

10月7日 得马先生电，蓉展仍不允蓉方各项要求。太不顺舆情，将来难有好果。德人来，同商三办事处同人住房及家具事。下午，帮卸车。

第二章　山城聚首——南迁文物在重庆的集中

10月8日　上午，同维钧、峨士三人在库房修理画轴。

10月9日　蓉展目录使侠［家母申若侠］抄成，交德人转马，双十节后在南京开理事会用。

10月14日　终日编展览目，此次展品十余次更易，所编目录亦数次更稿，近与维钧合作可望成功。

10月15日　峨士出《故宫周刊》，印唐六如［唐寅］《采莲图》，附文三桥［文徵明长子文彭］书《采莲曲》摹怀素狂草，极难识，与维钧三人辨认一上午，未能全辨也。下午，提《清明上河图》一，查作者人名，备马允展览用。蓉展目录完全编成。

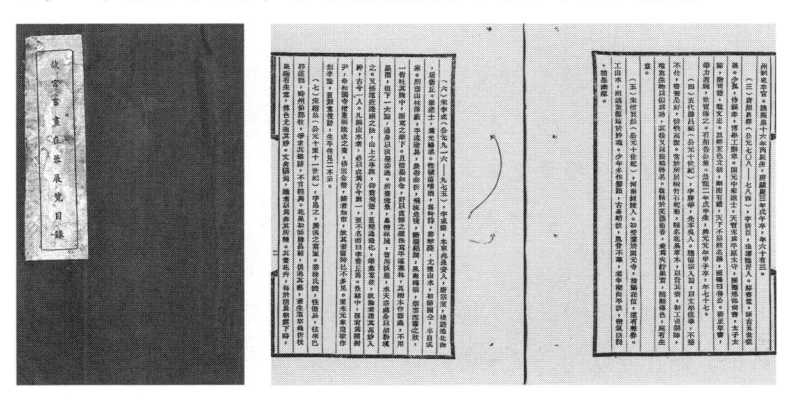

图2-6　《故宫书画在蓉展览目录》书影

10月16日　得邹光启函：1. 展期要求改十二月一至廿。2. 展品增五十件。3. 径函叔平先生请求。

10月19日　得德人送来赵席慈寄马先生自平覆川省电共三项：1. 石鼓不运展。2. 展品仍不作增加。3. 望如期在下月内开会。德人又拟一电稿致川教厅。

10月29日　蓉方展览至今无消息，甚以为怪。

10月30日 德人来出邹光启函，云廿八飞机票已令其弟立光代购，但并未送来，且此函亦廿九到，可证其无诚意，完全鬼话。文物车四川公路局三日来接，或四日可行。又仍要求将百骏图加入，此事亦无希望，且马现在无从询问。

11月1日 刘告川公路局派人来洽车，由德人接洽。得常［维钧］太太函，云廿万已由刘达之交到，存放生息，此平生第一次。①

11月2日 整理行装，晚，德人来，云赴蓉明日可定，示马先生函，有待展完，八十箱由吾押运出川之议。

11月3日 邀德人、王程夫妇、王肃华、胡俊诸人午餐，不胜应酬，只能吃饺子而已，然有新奇酒，诸人所未闻未见。下午，赴蓉展文物车来，即先装箱入库，忙碌一下午。六时，又赴本山地主向恒章兄弟之邀，二人代表诸向承购复兴公司一部分房产也。归已七时，又与德人久谈。去后，理物至十二时。

11月4日至12月9日，也即父亲去成都主持展览期间没有书写日记。但在此期间，父亲曾向马院长汇报工作进展，故宫书画在蓉展览细节由此可见一斑：

（11月19日）院长钧鉴：此次职与常维钧、刘峨士二君奉派来蓉办理展览事宜，于月之四日自渝出发，同来卫护古物者有驻向家坡重兵器一连长、士兵共七人。车到沱江渡口，停车机闸忽然损坏，人、物几乎复入江中。六日下午抵蓉，径驶少城公园民

---

① 父亲雅好收购古籍拓片等文物，寅吃卯粮，从来没有储蓄的观念，今常太太代为"存放生息"，故云"此平生第一次"。

教馆内；筹备数日，于十一日举行预展，招待各界首长及新闻界，十二日正式售票。兹将各事分条略陈如下：

（一）展会由教厅、省参议会、美术协会共同组织，名曰"故宫博物院在蓉书画展览委员会"，会址在少城公园内民教馆。主委为刘厅长明扬。展会下设总务、设计、陈列、秩序四股，又另有所谓编辑委员会者，专负编辑专刊之责，罗文谟任主委，拟对此次展品逐件加以品评。此项专刊目下尚未出版。每日在此主持事务者，总务股长邹光启，教厅第四科科长也。

（二）文物百件到后，未再要求增加；对于展品批评，或将来由专刊中见。职等在此甚少与外界人士接触，川省人士对吾等亦甚冷淡，更无盏酌之事。

（三）展室设于民教馆内平列之两狭长房屋（背临水池），室外临时栅以木栏，以便警戒。物品分两次陈列，每次五十件。

（四）每早九时售票，室内外有会中派请之招待员与宪警共同负责看护。职等亦轮流巡视。四时停票，游人退后由会点交我方守卫。每室一人彻夜不睡（轮流换替）。每室有电灯一盏，夜间室外有保警巡察。在木栅外有机器消防车一架，队员十人常川驻会，并曾演习一次。职等三人住另一室，与陈列室相距二百步之遥。展室内画外木栏、册页上玻璃均照渝展办理。惟造不坚，主办者遇事敷衍，每日观众去后必自行检查一次。附售目录，中装，每册六百元，内容大致照我方原稿，中有会方擅改易处，职等来后纸版已成，改正不及矣。

（五）票价普通者四百元；学生团体票一百元；别有所谓研究票只限每次换画之前一日，价千元，为限制人数以便专家从容玩赏。自开幕以来，除阴雨外，每日均在三千人以上。惟展室设备欠佳，天气自在多雨之时，久愁壁上与画本身颇不相宜。

（六）劫留古物之议，刘厅长居然见话报端，悚使人讶异，已将原报寄渝，请转南京面呈钧阅。惟职等与之见面，对□闻发表此言故亦装作不知，惟处处小心，事事留意耳。

（七）连日观众拥挤，须会方要求延长两日闭幕，已电京请示。前在渝时奉谕有令，职于本年内押回院字号八十箱先行还都之议，故拟展览完闭即行返渝，以便预备出川。此次来蓉觉主办人乏识意且低能，事事存用心计，处处小心翼翼以对付之，心身感觉吃力，偷闲详陈，伏祈鉴察。谨请钧安

　　　　　　　　　　　　谨呈　卅五，十一，十九

（12月16日）院长钧鉴：在蓉展览，七日下午闭幕，晚即将展品收入箱中，并会同维钧、峨士两兄逐件点查，无误。八日休息一天，九日晨自蓉动身返渝。是夜宿于内江，适逢本院乐渝文物移运，大批在此，速停致置一处，以便守护，十日起行，即日下午即抵达向家坡，文物铁箱即行入库。在蓉行前曾请教厅代拍一电，抵渝后由德人拍呈一电报告行止，谅均蒙鉴及。此次蓉展前后经过月余，谨将经过详情分条陈报如下：

（一）此次展览蓉人士或主扣留展品，或暂一时留备临摹，危机四伏，均于我方不利，加以主办人员狡猾低能兼而有之，是以职等日夜悬心，与在筑展览情况大异，今幸完璧归来，文物无恙，差堪告慰！

（二）展览期中，《大公报》记者数来要求拍照，婉言拒绝后不见谅，当函请德人由院正式谢绝，方始无言。又在闭幕前展览

会委员会中亦有多人要求拍照刊登专刊，并由会速函钧座请求。职等动身之前，已将原函径寄北平。

（三）该会收入共二千余万，支出一千余万，盈余百余万。兹将报纸所载消息附呈查阅（先生亦将此剪报入档）。

（四）职等自渝动身之日起至返渝之日止，均按中央规定出差费数字由该会支领，所有院中移运参加补助费不复支取，守护军队初由国防部警卫团担任，中途院中守护勤务改由宪兵担任，在蓉展览守护勤务亦由渝宪兵团派兵前往接替，费用均由会中支付。

（五）归来书画归箱等复原工作待明日会同心如、德人办理，假如阴潮时改期。

前闻有令，院字号八十箱年前出川之议，归来三次询之，德人均无确实答复，只云江水枯前如行，非在宜昌换船不可。又云南京库房年前颇有问题，究竟为何？当请示下，以便决定一切。专此，肃请钧安

职严谨上　卅五，十二，十六

根据上述父亲致马院长信函，可知此次故宫文物在成都（蓉）展出的过程大致如下：

11月4日，故宫文物由刘峨士、常维钧和庄严三人自重庆押运出发。6日下午，抵达成都市的少城公园民教馆。11日，举办预展，招待各界首长及新闻界。12日，正式售票展出。票价普通者400元，学生团体票每人100元，另有所谓研究票只限每次换画之前一日，为限制人数以便专家观赏，票价1000元。附售目录，每册600元，内容大致照故宫原稿，中有会方擅自于印刷时改易，故宫方面不及更正。自

开幕以来，除阴雨外，每日参观者人数均在三千人以上；但展室设备不佳，阴雨天气墙壁易潮，于书画颇不相宜。12月7日，展览闭幕。9日晨，文物自蓉动身返渝，是夜宿于内江。10日继续起行，当日下午抵达重庆向家坡。

有关上述的展览，事先于人事的安排和展品的择选其经过如下列日记。

（一）人事的安排

1946年7月27日　得叔平先生函，主成都展览事，请那心如去，有事务重于学术云云，一何可笑。此老作风如此尚何言哉。

7月29日　德人来向家坡，高谈院事；出示马函，赴蓉事，函中又提峨士去，究不知此老何意？

8月20日　昨叔平先生自平来函，关于展览事，拟与德人商议。

8月21日　赴百子桥与德人商诸事：1. 赴蓉事。2. 古物移运事。蓉展本定吾与丁，后又改那及刘，昨得马函，又改庄［尚严］、常［维钧］、丁［洁平］、刘［峨士］四人；丁对展览收箱均有经验，吾与那均拱之。

9月13日　院中正式赴蓉展览人为庄、常、丁、刘。

9月15日　德人云，马有函来反对丁参加蓉展；增加蓉展展品不提只字，院印将送北平。

9月16日　德人来谈蓉展事，丁决定不去；好在吾此行完全被动，一切听之。

（二）展品的择选

1946 年 7 月 23 日　早餐后开乐山运来书画一箱，盖成都展以乐山物为主，限百件；马选百零四件，又在巴处选十件，乐物须剔除十四件也；上午共看廿四件。

7 月 25 日　入库看画，乐运来一百又四件共一箱，今日全看完；不但全无精品，且多赝品，均叔平先生在乐山自选。何以如此之糟耶？以此作为赴成都展品，恐不符蓉市人民之所期待。

7 月 26 日　仍入库房将蓉展选出者、剔除者分箱。

9 月 19 日　又同峨士、洁平诸人到一库开箱提件，续选赴蓉展书画，将马所选者剔出 14 件，易以此间精品，此展会或差可观，午时完毕。

蓉展结束后，父亲返渝日记中亦有多处谈及展览事：

1946 年 12 月 10 日　昨夜狂欢［因系 12 月 11 日补写前一天的日记］……伙食团同人公宴。

12 月 11 日　晓起，分送携来成都土产，分赠各处同人。

12 月 12 日　德人来，谈月余两地各事。晚上德人请客，为吾与维钧接风。

12 月 13 日　德人过江，为维钧购飞机票去。黄所押车到齐。

12 月 14 日　维钧购飞机票去归，云下月方能有票。为蓉友人写字，笔力不佳，欲写函札亦不成。

12 月 15 日　整理自蓉带来拓片［指自己在成都所购拓片］。玩弄此物，在院中吾始作俑者，然亦社会风气。

图 2-7　马衡院长赠庄严歌诀拓片（册装）及其跋文，内有"余游汉中购得一本以贻慕陵兄，所谓宝剑赠烈士也"一句（庄灵藏）

12月16日　开第一次院务谈话会于德人处，出席者德人、维钧、心如及吾；参加者洁平。关于院务者：1. 接收房产家具交总务处。2. 从下年起各办事处不支办公费。关于库务者：1. 吾专主晒晾，心如主收文物。2. 库房管理事：吾主下段，心如主上段；每库再分人任专责。

12月17日　发马院长航快函至平，报告蓉展经过及文物运回各情形。

12月21日　蓉展书画：1. 晒晾 2. 归箱。甲归乐山原装之箱，乙归院字箱，展品共百余件点清。乐山运来者与未展者，共104件，全点清。

从以上的记载可知，马院长对父亲处理故宫文物于"学术"方面是信任和肯定的，因此于1948年由中央博物院筹备处和故宫博物院在南京的联展中，故宫方面书画展品自选件、编目及布置，马先生也都委由父亲一人负责处理。

此外，父亲在12月15日的日记中称："整理自蓉带来拓片，玩弄此物，在院中吾始作俑者，然亦社会风气。"而今他自己在蓉展期间所购的拓片，当1948年底押运文物到台湾时，读日记知有六箱托存友人郦衡叔家而尽失南京，所幸带来当时劝刘峨士收购的唐代大书家李邕（思训、北海）神道碑（云麾碑）拓片册本，并在1947年2月14日的日记中记载："为峨士跋前彼在蓉以万元所购李北海云麾碑。"此册法帖父亲过世后，因久压书箧之中未曾翻动，几近霉蛀殆尽，幸后得专家抢救，今成为蓉展期间唯一留下的纪念物。

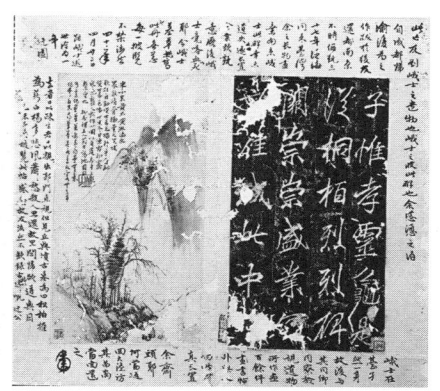

图2-8 《云麾将军神道碑帖》及庄严跋文（庄灵藏）

《云麾将军神道碑帖》上有父亲在不同时间写的跋文多则，其中落"丁亥春 严"款者系最早于1947年2月14日的日记中所称者，已残缺不堪抄录，今仅择抄其中记述此册幸存至今的完整两则跋文于下：

（1. 右上缘）此亡友刘峨士之遗物也，峨士之收此碑，也余怂恿之……自成都归渝后，为之作跋于后，及还都南京不时把玩。三十七年泛海同来台湾，吾之长物尽弃南京，峨士此碑幸未遗失，此册遂长置余案头，孰意厥后峨士咯血已死耶！今峨士墓草拱槁而此册无恙，每一披览，不禁泫然。

　　　　　　　　1953年4月22日　距峨士逝世洽为一年　迂园

　　（2. 下缘）峨士在台孑然一身，故后与其同乡同僚捡视遗物，所作画百余件，书帖外无长物。此帖则长置余斋头，何当返回大陆访其苗裔，当面还之。①

---

① 下署父亲花押记号，此花押一直沿用至20世纪50年代初。

第三章　寓渝琐记

读父亲日记，从1946年6月22日收到由那心如押运来自峨眉的第一批文物起，直至9月19日，由峨眉运到重庆的文物才全部收齐。接着则是乐山的文物继续向重庆的向家坡库房集中：第一批于9月15开出，18日到一辆；直至1947年3月10日最后一批8车到达重庆，次日完全入库。故宫南迁的三批文物从这天起终于全部集中在重庆。

1946年2月25日，父亲曾在日记里这样记写："坐宽舒清整家中，心中畅然，八载所未得者。"后来，因为该屋在5月4日突然倾塌，不得不再迁居一次。5月7日的日记是这样记录的："移居贸委会主任委员住宅，此为第三次迁移矣。同时，将巴县办事处亦移此。"如此，居家的空间便更为宽敞了。事实上，在我的记忆中，也只对我们在向家坡第三次才搬定的"家"，印象较为清晰。

在重庆那段时期，可以说是文物因抗战南迁以来，大家心理上最感安全、稳定的一段日子。1947年元旦，父亲日记有载：

室中清静，独坐书斋窗下，磨墨试笔临赵［孟頫］书《胆巴碑》。昨由爽秋［吴玉璋］处借来叶臧原迹复印件，堪称赵书绝品。

时窗外小园中，腊梅正开，月月红亦适放花，红黄相映照眼怡神，而桌上水仙吐香，室无点尘，清香之趣为多年所无……去岁此刻，正将别四川巴县飞仙岩水竹居，作诗题壁有"挈家今又去，明岁去渝州"之句。

父亲临别巴县飞仙岩时，在旧居壁上所题诗句，《适斋诗草》记有全文：

不作逃亡想，真成浪荡游。五年夜郎客，一枕巴山秋。
林壑供闲养，诗书若侣俦。挈家今又去，明岁去渝州。

这是父亲在抗战胜利后即将到重庆去时的心境和感怀。不过看他当时所用的日记本，还是一本只有13.3厘米×9厘米，不及一个巴掌大，厚仅0.8厘米，打开来每页还分成四个小横格，即每一页都要记写四天日记的超迷你"日记本"（见书前彩图），推想应是在巴县飞仙岩赶场时买的。而到了重庆以后于1947年间所用的"国民日记"，虽是18.3厘米×12.5厘米，厚有3厘米，可以用毛笔循印好的棕黄色直格来书写细楷的市售正规日记本，但还是过期（1941年）的便宜货，因为父亲发现它上面印好的月日所当的星期数，竟与1947年的完全一样。

读这一时期父亲的日记，相较之前，除日常工作之外更多了些闲暇与日常琐记；然而同时受抗战胜利后国内时势不稳之影响，亦不免频频论及政治及经济情况。兹予以选录呈现：

1947年1月2日 八时许松林散步，见励德人、心如、洁平

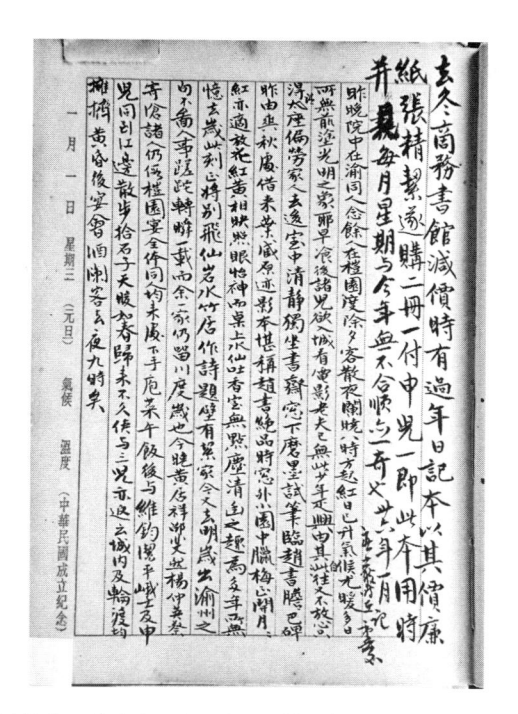

图 3-1　记载此一逸事的日记页面，其右侧大字云："去冬商务（印）书馆减价时有过年日记本，以其价廉、纸张精洁，遂购二册，一付申儿，一即此本。用时并见每月、星期与今年无不合顺，亦一奇也。"

诸人均下山去，励太太也颤颤危危的走了，盖新绥与远通两家承运本院文物公司，今天又请客。吾之职务与运输公司无干，故不被邀，固所愿也。临字八叶。下山到广场一看卸箱情形，乃昨下午所运到者。此事按新商洽之职务表，亦与吾无干，因心如过江，姑代视查。午后与若侠、维钧及孩子五人［包括欧阳洪武在内］到海棠溪，侠带孩子去理发（共享六千，每人千二），吾与维钧寻卖书人，又买得老《东方杂志》等十五本。顷刻之间用几近万元，等于廿六年前一元耳。

1月3日 临《胆巴碑》八页，将出吾在安顺所得一本勘比，吾本虽精终疑是木刻，然今始知亦已难得者，买时固不知也。

1月4日 天朗日煦，欲登山苦无时间。德人又过江去，维钧去海棠溪吃馆子，心如率子爬南山，余人打麻将者数场，亦各有其乐。晒晾收摊后，归家翻书拟为德人跋《三公山碑》，未成。德人于饭后来，与维钧三人正拟再作《霍扬碑》释文，电灯忽熄，怅怅各去。

1月5日 昨夜熄灯，推出窗前月光；照影横斜，清幽似水。晓起用维钧之洮石砚写间距三条。好职小学今开恳亲会，并为卒业班举行典礼；若侠以家长身份率诸儿前往，过午乃还，云因儿为大会主席并代表学生答词；灵儿代表本班演讲比赛；三儿图画美术为全校冠早在意中；一般成绩以老四最优。下午维钧、德人来读碑。近日全国各校为北平雪夜美军强奸某校女生事［即沈崇事件］，大为愤慨，纷纷作示威游行……于是风起云涌有罢课之事。

1月6日 《胆巴碑》第一通，临写一过。

1月7日 登山见四山云雾弥漫，各库指定地点应有卫兵，数处竟不见，下来告德人［总务科长］转告邱排长。申儿自学校寄函云：南山［中学］已响应罢课［为北平美军强奸某校女生事］，刘［峨士］称昨在城中见大队游行示威之人，军警荷枪随之，名曰保护实监视，此事恐其尖锐化，则问题更复杂。

1月8日 天晴，将大礼堂应晒晾文物抬出院中晒晾。

1月9日 昨夜落雨，半夜卫兵鸣枪，闻之心中反泰然，因吾不能自去查岗之有无，轰然一声，知尚有人守戍。

1月11日 在三友书店竟见《日知录》（世界书局本），以万元购之，此今日进城目的之一。又见赵书《孙公道行帖》，去年春即见之，秋间再见之，定价迭高均不能得。初只三千元，今已作万八千元矣！然拓本甚旧，爱不忍释。主人亦北方人且亦庄姓，允特减作万四千，吾腰中亦有十万元，终未敢问津也。又到米亭子欲买前见整幅旧拓《石门颂》《史晨》二碑，主人未在不果。又在中华见石印拓本，原四五角一本者，今均作四五千，然可见旧拓本不贵矣。

1月12日 星期不办公，本可治私人事。欠字债，吴、那等四幅，又允为德人作《三公山碑跋》，《霍扬碑》释文均至今未写。维钧来聊天，冬日负暄，居川一乐。诸人均在院中，亦不便独特，然因此大好上午空过矣。午间王肃华在其家请食年酒，酒后诸人到吾家饮咖啡。客一批一批来的不断，盖德人搬到山上来，乐山人到者亦多，山中情形日渐复杂纷乱矣，游谈终日毫无正事可言。

1月13日 前见赵书价高未买，心终念之。昔曾专收道君瘦金书［宋徽宗信奉道教，自称"教主道君皇帝"］，廿六年［1937］尽失陷南京，近年喜吴兴书［赵孟𫖯书体］，亦想见之即收，此碑今若不买，将来必悔。今早又借二万，毅然交刘［峨士］万四千元请其代购，居然将到，喜可知之也。

1月14日 为峨士跋彼在蓉以万元所购《李北海云麾碑》。

1月15日 到米亭子贾姓碑店，以三万元购得前见之《石门颂》《乙瑛》《孔宙》三碑整裱本。未买心念之，买后又悔惜，苦乐相寻心中矛盾。

1月16日 早餐后查库，爽秋、心如来，留之共饮。吃寄沧蔡先生自乐山带来之江咸鱼，德人亦来。悬昨所得三汉碑于齐物论斋［父亲住处斋名］大厅，与诸友共上下讨论之，亦一乐也……正高兴，忽仲华来云，峨士收昨由乐山运到之箱入五库，发现沪字箱有破瓷声，要求开箱启视，遂又出组（此非晒晾组事，权作一次），见内瓷瓶三已破其二，碎片大小不计其数，已无法修整矣。

1月17日 七时起大雾，十时后晴，出组晒晾。留励仲华在家午饭。警卫团曹连自乐山交出勤务回渝，住山下八号，今日全开走。归与维钧算成都用款，计负百万之甫。小学今日行散学礼，报告成绩老三亦得第一名，下学期免学费；老四第五，彼由一年级提升者［跳读三年级］，故名次稍后。写成都舒雨如函，购蜀石经等拓片。代德人在蓉买蜀锦衣服、银器算清，书、碑价已记不清楚，均作赠送。

1月18日 昨夜在吾斋开院务谈话会一次，为力运队王肃华续订合同，及前日所见乐山到箱碎瓷器如何处置，由仓库二主任会报院长，及年关提前发薪诸事。院长指名一切院务均由会议行之，换言之代行院长之职权。然励、丁从不报告财政，换言之不许外人过问，吾亦乐得如此，从不问之，以免代人受过，未吃羊肉沾染膻气。

1月19日 写《霍扬碑》释文，维钧行将北去，亦欠彼书债之一也。老二去东方中学看榜，居然新生又考中第一名，此校恐是全市办理成绩劣败学校之一。洪武一班只十人，全校高初中只百余人耳。

1月20日 马路上人山人海，几乎人手一枝梅花，自家亦购数枝。经三友，又将前览赵书另一碑《御服》亦购得……此碑不精且终或翻刻，以专收赵书始为之。

1月21日 今为旧历丙戌除夕，早餐后常维钧下山过江。好友相别，一时送行者十余人，同住向家坡，彼真向家矣，然吾北方已无家又何向耶？一叹。今晚餐，侠定要北方办法食水饺，遂邀伙食团诸人包制。然只此一物及天气微寒外，无其他表示年意者。坎坷半生，除回忆从先外，于当现无可留恋。灵儿天天问几时过年，与吾幼年所享优美生活不能相比。大人虽无此雅兴，彼等不得不自乐其乐。念丧乱无已时，或者一家人生活将来尚不能如目下亦极可言，思之慨然。

1月22日 今天为旧历丁亥岁元旦，全家黎明即起。八时院中各办事处同人子弟渐集来，甲组九时开始抽彩。每儿各得一大包，稚幼无法抱拥，蹒跚而去，亦一奇景。此议提倡者为常公，惜其北去不及见之。午后小王［肃华］归来，云常公今仍未行，因平、汉两地气候均恶劣，明日或许能飞。因持常函往商德人，并看其在城内所买拓片，有临潼唐碑一，如新见碑即收吾无此力，似亦无此必要。回来与诸儿玩掷状元筹游戏至夜。黄居祥等三人押车一批今早到，就原车停放未卸。黄云有一车翻，幸未受水，恐有震损。

1月23日 除夕元旦匆匆过了，如此新年平平无聊，昔在水竹居山家生活，插了梅花便无余事，心中泰然。最可忆念为安顺之时，生活固穷精神甚快。今日比先优裕，诸儿之衣已无破绽，糖果每儿可以足吃，吾反觉心中有一种说不出之痛苦与烦闷，盖人事复杂，互用心机，乃吾所最痛恨。我对人虽无此心，人对我亦无觉，但见人与人间如此，已觉生活之无聊。平时尚不觉得，时逢节令，有触即发。

1月24日 新年索然过去，但诸儿终天嬉戏如野马一般，不读书亦不作画。干涉之，即欲入城看电影，不允，遂做诗谜。宪兵全连移来。十一时在丙组开会,德[人]正式宣布冯汝霖、邵斐然、杨仲英、励芝先、李怀瑶五人为书记,在驻渝办事处。人事室分此地为驻渝及甲、乙、丙三仓库办事处。邵经管库由蔡寄沧接替,吴玉璋加入黄居祥管之十三、十四[库],让出晒晾分两组:刘奉璋调管晒晾,与申若侠、黄居祥为一组;励钧先与那宗训[那心如长子]、吴凤培、梁匡启[梁廷炜次子]为一组。德人又出示新绥某人函,送励、那、庄三人年礼函,是每人一大绸衣料,我极力主璧回。

1月25日 餐后邀全处同人到所管各库开库查看,半途德人邀往谈,一人遂又到总务处[北平来文名之曰"驻渝办事处"]。心如亦在,原来仍为处理新绥所赠三件衣料事,二人观望似以吾之马首是瞻;吾仍主退回,德人怅怅心如怏怏;吾知此举又错,良觉歉歉,三人默然无言,少坐各回家。心中大有所感,颇不为快,既而又觉泰然。午后到励仲华处商讨晒晾出组各事,决下星期一分两组进行。心中郁悒,晚间独饮,酒入口也无味,围炉与家人茶话也觉烦闷;盖有感人生贪、痴二字最难解脱也,心中不快,恐遇事寻衅,家人七时许早睡。

1月26日 今日星期天,天气晴朗,诸儿要求进城看电影;不忍过拂其意,遂与侠偕四人和黄先生同往。先在校场口看马戏,之后在米亭子本地小馆午饭,竟用去万余元;饮食价比去年贵出倍许。……诸儿催到国泰电影院,距开演尚需两小时,……只得请其母带诸儿看,独自过江返家。

1月27日 到廿八库开安徽寄存之寿州出土铜器箱……闻此箱在乐山均置于露天,雨水渗入,所塞稻草腐败已失弹性,故邦华来函嘱开箱代塞此批铜器,吾因此得以一一浏览,亦乐为之。

1月28日 昨下午乐山运到一批文物车，谈兆麟押来，今始开始入库。德人谓春到白蚁肆虐，此吾等一极严重烦难之事，故主应早日出川，并水陆两路运输并进。不意下山吾即见正在堆箱之四库箱架脚即未涂桐油，询之章状麒，云总务处令且久矣，未涂不只此一库也。

1月29日 九时许闻轰然枪声，自宪兵来后骄傲嚣张，甚于任何军队。宪兵乃军队警察，己身如此腐败，焉能干管他人？战后中华无一不暴露不可救药之劣败，此九牛一毛耳。宪兵白昼可以任意枪杀村狗与鸟，闻之已惯，未之惊异。

1月30日 午后与心如、德人去江干到川湘路局接洽下月一号请派卡车一辆送本院同人去南温泉游览。此是两月前即有人发起，彼时运输正忙，无暇及此。惟路局曾允派车无代价往返，吾虽不主私人受礼，却主"团体揩油"。晚间参加之人来恺园〔父亲住处〕开会，计德人一家、丁洁平、杨密司〔大家对同人杨女士的谑称〕、梁匡忠一家；励芝仙一家不参加，请彼等守老营外，余均参加。计有眷属庄、那、吴、蔡、王，单身者刘、冯、曾、吴、励等，大小男女共三十余人；十五岁以下儿童作半口计，每口缴餐费五千元，吾家做五口计。

1月31日 留心如、爽秋小饮，酒后有兴见畲雪曼寄来瘦金书字，吾亦作瘦金书为心如写条幅，年前债也。未完又同诸人到海棠溪告路局车子事，彼亦允明晨派一客车来。得维钧航函云，上月廿三飞经汉口少停，当天下午到平，马翌日即派之代理总务第四科科长。

2月1日 今日本院同人及眷属大小28人去南温泉游览；八时半出发，半小时到。分两组，一各处游览，一去沐浴。浴罢已十二时,同进山到虎啸亭中野餐(此处山上是孔祥熙住房,好大一片,今人去楼空)。一路风景幽美,惜天不雨,山水枯竭,不然更佳。饭后诸人提议拍照纪念,又到市内呼照相人来,照毕随到相馆观看佳否,缴钱加印。① 四时全体乘两大船到堤岸,吾补游仙女洞,两岸风景不恶,若花开或雨后当更佳。五时乘原车返。

2月2日 德人一家亦去南温泉,彼不知由何方借得吉普车匆匆径去,此或对我们卡车往返者示傲。郑君世文〔安顺时故宫同

图3-2 1947年初春,故宫旅渝同人于重庆南温泉野溪石上合影(前排中右依次是庄严及四子庄灵、庄夫人申若侠、黄异;黄后为那志良及幼子宗琦;右后一为刘峨士;前排左一为庄严长子庄申,左二为欧阳洪武;二人后为吴玉璋长子振坤;庄夫人后为次子庄因;最后排中立少年为三子庄喆,左三坐者为吴玉璋,右五坐者为吴风培),照片上方题签为庄严手迹(庄灵藏)

---

① 此次重庆故宫同人出游所拍合照,即为今天大家对抗战故宫文物南迁时代最常见到,也是用得最多的一张照片。

事］与刘君承琮忽来，稀友也。盖自春间彼结婚后半年余同在重庆竟未见面，一江之依依带水不便如此。问其太太为何不同来，答谓大腹鼓鼓已将临盆，恍然益觉光阴之快，遂留之共饮。

2月3日　上午写各处简札，发了五封航空信用千余元。心如、爽秋、寄沧诸人先后来。督老三作画，他今年甚少作画，虽有天才恐不敌环境之熏染。院中梅花已过，茶花正开，昨岁所未见者。巨额关金发行，物价上涨，已是通货膨胀。国共谈判不成，苏北大战正烈，美自马歇尔返国已不再来调停；三月间三强外长会议恐将谈及中国问题，瞻念前途永无宁日，忧心如捣，悒悒不欢，每夜又患失眠。为灵儿想得一号，曰稚犀，早间床上思得者。①

2月4日　检查晒晾，两组进行，由吾一人做监视，等于监而不视。天晴，川湘路局代表翁君志明驾小车来访励云，立春难得天晴，邀再游南温泉，寻那已过江去；遂与丁四人往，驻处宪兵三人非攀援车外不可，其师长干涉之亦不听，到南温泉又洗了一次温浴。翁与励谈拟再承运文物一部分经川湘至南京事；此事前该局运存乐［山］文物时励即提议，马不赞成作罢，今旧事重提也。晚间月色极佳，徘徊室外，空山独赏，望山巅松林，心境两皆寂寥，知不久将离渝出川，不胜依恋；然逃亡所经岳麓山、华严洞、飞仙岩常在脑中未忘也。

2月5日　今天为旧历上元节。下午一家出游，据德人云罗家坝百子桥有一汉墓，彼曾拾得汉砖一方，上有文字，吾确见之；率诸儿遍山觅之不见，然一路摭得荠菜不少。归见峨士正自

---

① 此号从未听父亲谈过，全家人均不知。

印信纸,板像自刻,因亦附印百余页。

2月6日 近日常失眠,且心中时觉忐忑不安,亦不知有何事,岂有大祸之预兆耶?抑行将离川一念之动,身未走而心先行耶?近来每午晚必饮,即所谓上瘾矣,须戒之。

2月7日 开古物陈列所因移运受潮箱,发现该所所藏狩猎壶已破毁,碎片不计其数;据云此亦宝蕴楼藏器精品之一,似应具文呈报为是。因该所行政院去冬明令并入本院,目下虽尚未接收,将来必有清查之一日,今既发现破坏,其责应仍由所方负之(负责装箱人傅以文已死)。

2月8日 吴爽秋开始检查字画箱,由廿二库始,因往参观。见有宋元画,命工友呼诸儿,凡曾参加英伦展之画,诸儿皆能呼出品名及作者;爽秋大以为奇。适郭河阳《山庄高逸》开卷①,申、因、喆同时叫出不说,而此箱向存乐山,此画诸儿并未读过,只不过根据铜板印画而已,其印象之深由此可见,而故宫名迹如数家珍矣。

2月9日 传拓国差䤭(其形如今之坛,是"坛"应作"䤭"),纸墨等工具由吾供应,心如出名,邀小郑来毡打;一天共拓八张。此人在平院学艺十余龄耳,由南京来西南,见在院无发展,卅四年辞职;自家造就人才而不能用,惜哉!又䤭上铭作于丁亥,今年适亦丁亥,不知后若干甲子,亦因无书无从考订。

2月10日 昨有人告在海棠溪见广益[中学]新生发榜,庄因录取四十名(共取百名)。早餐后与若侠步上南山,过文峰塔下到学校询问一切(老二因病在家休养)。南山向家坡一面平平

---

① 此画的右下角有"河阳郭熙写"的签款,因此早期均被误认为北宋郭熙的画作。后经研究发现此签款系伪造,实系明初宫廷画家李在的真迹。

无奇，上至梅岭松林参差渐入佳境，然不见一株梅花；又山峰下有洋房一座两株红梅正开，繁枝万蕊，惜无人欣赏，此楼闻系某外领事别墅。由此一路万松小径，寂无一人，幽邃如深山大泽，仰不见日，惟闻［松］涛声，清幽心怡。到广益晤该校韩某久谈，云明日尚须来校复试。

2月11日 因儿又爬南山去广益中学复试，当即录取；目下惟缴款问题，廿四万。前拟贷借不成功，又不便再向丁洁平直接开口，不得已只得请德人从中说项。借来德人所购巴县志，匆匆翻阅十余本，不免喜之，惜无钱收置之也。下午黄［异］入城，亦用万一千元购得一部，羡之不已。从今午起每午饭戒饮酒，晚饭尚不能戒，一年来几乎每天两次饮也。

2月12日 又由会计丁先生手中借到廿五万。庄因交学费计二十四万。闻好职桂校长告云，老三上课不喜先生讲书，一人低头在作画，所作画不是画先生讲书状，便是画同学之怪样形态，俨然甚有神气。

2月13日 物价近日狂涨，一天一价差，万元大票发行，黄金美钞上涨，闻又是下野巨老从中操纵，遂已不可收拾。黄金本五十余万一两者，最近骤涨至九十二万；美金五千元一元骤涨万四千元一元。国家至此地步，丧心病狂者尚不悔过，彼等均国民党之巨头，国民党焉能不倒。

2月14日 又为峨士跋前彼在蓉以万元所购《李北海云麾碑》。

2月15日 德人晚又示以白天新得拓本一抱，并赠我梦瑛书说文部首拓片一页。申儿下午由学校转来，云南山伙食更不如上学期，蔬菜只足佐下饭一碗之用，且根本无肉；送菜去有时本人未见即为同学抢光。

2月16日　上午申、因二人提前午餐,因移行李去广益,申亦返南山。

2月17日　今好职小学也上课,喆六上,灵三上。① 今天所看字画有赵书;开箱后在库外以藤床为籍架,即在此上看画,人与画均惨矣,故吾不主张详看;又字画人人所爱,则围挤人满亦应干涉。

2月18日　隆冬库房开箱,手脚僵硬。下午在吾斋开三人(励、那、庄)谈话会,力运队因物价飞涨要求加钱,励已允之,等于追认。又去夏最初堆置各库,皆未留行路,无法开箱查看白蚂蚁,非抽出一部分箱子不可;抽出之箱堆存何地耶?与励、那二人山上、下寻视,决用山下十一号作廿八库。乐山古物傍晚运到五车,许礼儒押,那云明晨卸。

2月19日　收马四先生［马衡院长］函,谈风月外无他事。下午于写字之外又开始抄书,数月来终日悠悠,光阴虚掷,今欲作些许学问工作,又要写字又要看书又要抄书,不知从何下手为是。出川否至今不定,心中常觉忐忑不安。晚励邀到他家尝邦华带来西康腊鸭,尚有其他肉肴甚丰,鸭甚肥与故乡填鸭差不多;邦也送我一只,尚留待星期六诸儿归时同享,可怜彼等天天素食也。

2月20日　下午与心如谈心,在路中遇川湘路局人,云励已写函通知该局,马公不赞成由川湘路局运古物,如此大事竟不见告,消息反由外边得来;陆运不成吾所愿也,水运非端午节后不

---

① 其时三哥庄喆应为六下,我则应为三下,想是父亲记错了。

能开始，在此尚有四五个月；彼时诸儿或可举行学期考试，不致半途而辍亦极相宜。临礼器［碑］五张、抄书一张。

2月21日 那与大吴［玉璋］长子振坤自移运古物以来均当临时押运员，按月支薪；移运将完，院长命自下月解雇。傍晚有一飞机在向家坡上空甚低徘徊，突然巨响浓烟四散，一翼折断落于库房附近，机亦跌入罗家坝山中，多人目睹，吾库危险异常；少刻铝作碎片与万元钞票烧毁片如蝴蝶下降……死者廿余人。

此一特殊事件，我也曾在好职小学目睹：记得当时是大晴天，下课时间，自己和同学们正在学校操场上活动；头顶上平常听惯的航机声突然间喑静无声，大家登时停下抬头上望，只见蓝色晴空里一架飞得不算太高的亮亮民航机，一只翅膀突然折断，许多碎片同时向四方崩散；眼看着那架只剩半边翅膀的飞机，便开始打着旋儿往前方坠落，转瞬间就掉到附近山区消失不见！这时大家全都瞪着眼睛张着大嘴愣在那里；不一会就从飞机坠落处冒出一股浓烟，并且很快地向上方腾散开来；这时候耳际才轰然响起大家的尖叫和高亢议论声……那天发生的惊悚一幕，直到今天我还记得很清楚。

1947年2月22日 爽秋所开字画箱中，有王维手卷，当然假，但题跋所用藏经纸印记，甚少见之。又到刘峨士组巡视，上午遂很快过去，真欲做事，处处感觉时间不足，嬉戏中不觉也。下午赴烟雨堡（此名颇雅）山中看昨出事飞机，残架断尸，至为凄惨，正为死者包装入殓，全机廿三人只有十三人形体稍能辨别……近两月来航空数次出事，此次在第五六次，情况最惨……各处来者途为之塞。吾疑此次失事仍与携带私货有关。

2月23日　申、因、喆、灵四子以个人所储入城看电影去，并公请其母同往。一人在家临礼器碑三纸，又临《沈君阙》。励请唐君光晋［世隆］①来比勘《大爨碑》，此碑徐森玉在昆［明］得一，无阮跋，旧拓本视为至宝，去后由吾代保存。前借与德人一观，德云唐亦有旧本，不知孰优。唐在此地行营为少将组长，司复员运输工作，喜收藏，马四先生甚赏识。之前励在米亭子遇之，知彼亦有《爨碑》，适四先生亦来函嘱与之周旋，因邀今午小饮勘碑（院中有一笔特记款为数若干，大约只马、励、丁、吴四五人知之，凡不报销之款均由此项支付，故励请客可由公款支付）。唐的太太与小儿全来，并悉其太太与王世襄②同族。至《爨碑》两本或同时所拓，据唐云极难得，足值五十万。

---

①　唐世隆（1901—1968），原名煜隆，号光晋，四川威远人。早岁从戎，20世纪30年代执教于国民革命军军事政治学校；1934年任成都卫戍司令部少将参谋长，抗战期间任川军少将参谋长；胜利后任复员委员会军事组中将副组长，负责国民党在川军事机关归返南京事宜，并先后任重庆绥靖公署军事组中将组长及国防部组长。其性格孤傲，酷爱书画、金石、印章及碑帖，民国时期以收藏古碑帖著名。

②　王世襄（1914—2009），字畅安，北京人，祖籍福建福州。出生自官宦世家，中小学均在北京美国学校读书，燕京大学文学学士、硕士。抗战期间曾在故宫博物院工作，1943—1945年间任中国营造学社助理研究员；战后参加清理战时文物损失委员会，任平津区助理代表，追回抗战期间被劫夺之文物两千余件。1947年3月任北平故宫博物院古物馆编纂科科长，1948年获美国洛克菲勒基金奖金，赴美、加考察博物馆一年。1949年8月归国后任故宫博物院陈列部主任；1980年任国家文物局中国文物研究所研究员，1983—1992年任第六、第七届全国政协委员。2003年荣获荷兰克劳斯亲王基金最高荣誉奖，2005年获中国工艺美术学会终身成就奖。王世襄兴趣广泛，喜爱古诗词，曾从事绘画、收集并研究明式家具，并从事漆器、竹刻等传统工艺的研究，且均有论述。1989年中秋节前，作者到北京时曾专程赴芳草地拜访王世襄老伯夫妇，并为二老在家中拍摄合照，当时光景犹历历在目。

图 3-3　王世襄夫妇（1989 年庄灵摄）

2 月 24 日　阴连日，峨士所开文献馆箱发现蠹鱼，又是一严重问题。八时邀德人同到丙组办事处会商，按理应放樟脑丸，此物价昂，寓字数千箱恐须数百万元方足分配。在那处，忽然眼镜折毁，近视失镜等于瞎子，痛苦之至。临汉碑。吾于书道幼习东坡，入北大始知汉魏碑，喜之后改褚，由河南［褚遂良］转道君［宋徽宗］；四十后习章草，同时喜松雪［赵孟頫］，由之探讨帖学，一反向之所好。吾性冷澹，字亦从之好瘦劲一派，于汉碑独喜《礼器》，向尝见疑古老人［钱玄同］以汉隶笔法杂以唐经生体作书，深得古雅之美；因性格无朴厚之力，学之未能，近又厌赵之纤巧，又复彷徨歧路不知所去。镜边派人入城配得，价万六千元（等战前五元），愈穷愈破财，此所谓穷命。

2 月 25 日　今日工人全为总务调用，甲、丙两组工作均停。发薪计扣去：（一）缴学费所借廿五万。（二）驻黔、巴两办事处时公款应补缴（被剔除及其他）五万□千余元（此事悬未解决者数月，最初云九万余元，上月吴荣华来函又云十三万余元，未免欺人太甚，向老丁大放闲话，请其转告，于是一变五万余元）。（三）昨临时借购镜边费。二人实得共十九万三千余元。下午遂同若侠过江买应用物品，记取修理表一件（万六千）、点心等（一万）、牛乳粉（万四千）、孩子们服用维他命丸百粒（二万）、过江轮渡、黄柑等（一万），行走路上口渴腹饥，街头立食担担面四碗亦用千元（此重庆最廉点心也，担而流动，故云）。回来滑竿也不敢乘，天暖爬坡吃力，气喘如牛。

2月26日 乐山开出十五辆车今到，邦华一家全来。两夫妇孩子六人（四男二女，洪武最大，均现在太太胡淑华所生），前妻尚有二子在外。下午爽秋原定在丙组宴谢生儿送礼之客，临时又邀请邦华一家及张德恒夫妇，也是今天由乐山来的。若侠伤风咳嗽，吾与灵儿同床，握其柔细之手父子均觉怡然。吾自幼北堂弃养，每尝与父同卧夜间，每握父之手即觉安慰，此情宛然尚在。今灵儿每喜握余手，岂不同耶？然彼有父，而余父何在耶？每于此时心中不禁悲泫。搅搅终日，未能读书，亦未写字。

2月27日 抬箱入库（廿六库），前往照料。张氏夫妇与邦华一家先后来，所谓到门礼也。诸武［指欧阳先生诸子，因姓名最后皆为"武"字］光临屋中，大乱一个上午。晚间德人在总务处为邦接风，并全体同人及眷属皆请到，黑鸦鸦一屋子，五十人上下，好不阔气。席散，那、吴、刘来谈，大发牢骚，然吾做持平之论，本院或尚可称一清洁机关，以无论如何，古物尚无恙也。

2月28日 侠去好职小学，介绍邦华男女公子四人入学。天气晴朗，各库巡视一周，便到邦华家小坐，见箱子不少，东西满地。庄因自广益来函云，学校规定接连两周请假归家者，罚停假一月（换言之，只得两星期返家一次）……云见同学吃糖甚馋，写得很幽默。好职学校招请家长会议，云卅五年下学期寒假作业优胜勤学奖金共三人分三班无等第，灵儿为其中之一，计奖金七千八百元，即所交学费也（寒假所宣布此办法）。桂校长名松筠，再三赞美灵儿堪为模范，又谓喆儿作业日记、大小字等均佳，惟数学练习太差至落选；又喆之级任先生云此子艺术性格与天才今已十分显著，不但能作大学程度之国画，上课随时能给先生、同学画小人，观其日记称将开学前云"又将如小鸟之囚入笼中"，其自由性格由此可见。

3月1日 灵儿所得奖金固属光荣，更不必辞，为念生活艰难，好职学生今年多人因此停学，遂与侠商定领下之后再捐赠学校，贴补其他贫寒学生。征询得奖人，灵儿亦极明白，遂决行之，心中益觉畅然。此项奖金三名，系桂校长（松筠女士）私人捐俸所出，并非公款。国共大决裂，东北大战开始，济南告急。渝、南京、上海大捕共党。

3月2日 临《沈君神道阙》数通，又将《韩敕碑》[礼器碑]写完；此碑五六年所临不下廿次，仍不能似也。

3月3日 明日开始吾亦可开箱抄书，继前在飞仙岩未竟之工作。

3月4日 爽秋廿四库开箱工作今日移在一库，同时吾亦望该库抄书。《经鉏堂杂志》一书八卷，前已抄完四卷；自卅五年[1946]移居向家坡，兹事久废，今续为之；人事无定，不知能完成否。①箱中可看之字画甚多，结果书只抄出一叶。中午吃炸酱

---

① 见父亲4月9日日记："夜抄书三页，《经鉏堂杂志》卷五今日抄完。《经鉏堂》共八卷，卅三年（1944）冬在巴县飞仙岩水竹居抄之未完而移渝，只得四卷。人事荏苒，年余能续写，上月继行开始，今又得两卷，预计能出川前完成，亦客蜀三载，濒行前一纪念品也。"

面，特邀德人共赏。向家坡有李子林在住房之外山坡坳处，植李树百余株，去年开时已称奇；今日特暖，一夜春风万蕊齐放，屋中望之窗外一白如雪，此景真难得。

3月5日 九时在励德人处开会，出席者那、励、欧阳、庄四人，列席者丁；此之复员委员会，院长指定，邦华来后即成立者。讨论要事：（一）本会条例。（二）甲乙丙三仓库、办事处仓库、职员、工友之正式分配（吾为甲组，计管1、2、22、23、24、26、27、28八库，职员刘、黄、申、梁匡忠；蔡济苍遭邦华反对，调总务处）。（三）28库地点偏远，设法迁移。（四）因易案①遭法院查封之书画箱暂不开，俟法院有人到场再开。（五）乐山人员须参加调派费用办法（人之只爱财而不要脸如此）。（六）总队长及代总队长支钱办法（此亦自立办法，强迫众人代负责）。会后为蔡事，由心如代说，不成作罢。

3月6日 同爽秋、峨士诸人到一库，吴爽秋将经手开视之一箱书画点交归刘峨士；继续借此机缘遂得再将赵子昂章草写《急就章》细审阅之，后有小楷诗半开，句法仿急就文字，无款，笔法颇似俞紫芝［元明之际书法家俞和，紫芝为其号］。

3月7日 落雨，想开箱也不能，同本组同人刘峨士、黄居祥、梁匡忠（本在乐山办事处，伯华长子，新调来者）、申若侠开库检视白蚁，果在二库发现有土痕，即注以浓石碳酸液（究竟能防白蚁否?），又在三库亦发现；此两处乃平旧坟再建屋，故最多也。

---

① 指故宫博物院首任院长易培基先生于1933年卷入的文物盗窃案件。由于案件牵涉甚广、案情扑朔迷离，导致相关调查和审判工作迁延日久，最终于1948年1月以涉案人员免予起诉的形式不了了之，易培基亦因该案辞去故宫博物院院长职务，并于1937年9月含恨去世。

3月8日　两儿今应返家，侠特为备牛肉韭菜馅饼以享之，并邀前伙食团丁［洁平］、邵［斐然］回娘家一同大嚼。

3月9日　侠于早餐后，携诸儿去看《圣城记》，抗战爱国国产电影片也；此亦正当娱乐之一，以非吾所好，故多由侠引往（任其去则不放心）。今此之片，闻以北平作景，亦思在银幕上一见故乡风光。已与德人约定同访唐光晋，午在其家午饭；所见碑刻不及详记，唯有一专拓本，隶、草书《急就章》初数句，颇惊；吾匆匆又无从辨真伪，归来尚念念不已……老励经三友书店、米亭子又大买，顷刻用去十万；吾囊中无此十万，立志不买；然胡乱用去万元，不过为儿辈买糖果、画书二册耳。

3月10日　昨晚饭后不久，靠近商标局一带枪声大作，似双方激战，以为或有大批土匪或暴动；老三、老四已卧，呼之起；室内息灯寂坐，枪声止。闻邱大喊，乃出；云十八库发现窃贼，守兵放枪，不知何人反应七八枪（手枪），已捉到偷儿二人。众人遂趋至十八库，见窗已破坏，由乙组即刻修理之。与刘、黄、申出组，吾开始摹写赵书《急就章》，确定其为俞紫芝［俞和］书，另有跋记之；上午共摹八开，手已酸楚，乐山车到乃止。此乐山最后一批车，亦此次移运最末一次共八辆。马初始时云五十天可完，今足用九个月，奇哉。一车在永川与一商车互碰，伤二箱，闻有瓷器破碎。一下午客来不断；与心如决定甲丙两组八人合请客一次，虽然非乐为不得不为。请两组全体及总务处共四桌，每桌作四万元计，每一主人出二万，吾独与侠作两主人，侠云请客完，家中用款不到万元，惨矣！

3月11日　大早侠带甲、丙组工友三人担筐进城去买明日合请客菜食，下午满载而归；一口袋钞票也顷刻即尽，即开始调煮。此次之宴，主人虽八，主持一切归侠一人。天晴大热。那假一库检视昨撞车之箱，瓷器有伤者。黄等收箱，全组人无不有工作。箱下午完全入库，移运事完全告成。峨士写请客帖，将菲酌误作韮，真可笑；告之尚不改，此人性傲又不读书，是其一短。

3月12日 今天植树节，插柳树数十本；此柳川中特有，枝干均屈曲如龙爪，或即名蜀柳；拟出川时移种南京。九时欧、励、那来甲组开第二次复员会。以前恐箱多库少无屋可容，各库堆积满坑满谷；今此发现白蚁关系太大，纷纷要求拆除行路以便检查；决将大礼堂工作室四间改堆箱件，讲台亦拆除；吾虽不以为然，难违众议。下午为请客各处去借杯盘桌椅，侠则长在厨房；五时客到，四处全体四十余人，酒后居祥诸人大醉。

3月13日 ［这天根据故宫档案，有父亲致院长函可为参照］ 开始搬移一库之箱，同时拆除演讲台及库外四间之精小办公室。此库原为贸委会之大礼堂，又可演剧；四办公室原为正、副委员长办公及其客厅，甚精。吾院改作存古物舍房，不但毫无建设，而专事破坏，今又破坏及此，良可惜也。花事阑珊，然日来事务纷杂，亦无雅兴。晚灯下抚写赵章草书《急就章》，灯光太明，只写四页，眼已花散。

3月14日 五时起抚《急就章》一页，学生起乃止。八时到库房查白蚁，在二库仍见土垄，蚁即在内；由总务处领取石碳酸注射。完竣后欲到一库开箱，阴雨殊不相宜，且工人乱杂更不宜。无事可事只得回家抄书。写致马先生函，拟就目下开箱之便，纪录书画内容，备本年双十节参加全国美展出品之用。又写施天侔、戴荔生、齐士铉诸人函。下午影抚吴照刊本急就一页，晚灯下又抚赵书者三页。盖天气不冷不热，蚊蝇未生，再运未开始，正好工作，不能不抓住机会。任他们去互斗心思，我无此心肠，一切听之。

3月15日 一夜落雨，去各库检漏，幸尚好；大礼堂仍在休工，雨天亦不能开箱，遂无公事可事，归室抄书。吾作字甚迟，又不能多，多则手酸了笔乱，故每日抄写所得并不多也。平生喜雨，雨天坐清窗下，听之赏之，亦人生一乐，不免又思把杯；嗜好欲戒之难如此。灯下抚章草《急就章》三叶，九时寝。

3月16日 驻处宪兵今日换防，新来者为三营七连，与换走者同属一团；固然厌憎旧去者，对新来者亦无许多希望，天下乌鸦一般黑也。下午到梁伯华、吴爽秋两家闲坐，谈出在平买书办法来。当维钧去时，在平诸事奉托其代办，彼一口承允；孰知一去数月，音书渺然；此人甚懒，无法可施，今拟转托吴廉夫代办矣。五时同到总务处，赴"八大山人"之宴［指总务处八主人请甲、乙、丙三组及眷属、儿童］。菜肴自然比我们考究，酒又用黄绍，闻每桌须五万以上，筵罢即返；有些人别有竹城小组，留坐两不便也。

3月17日 雨过天晴，花事虽完，四山皆绿宜人心目（闻北平尚落雪；将来如能回平，北方生活或觉不便）。今日将丙组库中拥挤、拨划归甲组之箱，开始由山上抬下入一库；两组工人全体参加，致不能开箱检查，空负好天气也。……有云八九年吾人在院所作者何，战时尚有情可原，胜利一载坐食，而学术、官僚两不及格；年耗国家巨币，徒养一群看守之人而已。居长者怕负责任，不引导同人走上学术之路，结果必至于此；吾言沉痛，乃实情也。日间抄书三叶，夜间有客来未能抄写。丁、邵、冯及欧阳南华四人，明日移住总务处招待室。

3月18日 到各库查白蚁。丁洁平、邵斐然、冯汝霖、欧阳南华等四人今日移住总务处招待室；不但可清净，且省许多是非。原不便下逐客令，今方以类聚，各行各是矣。下午在总处与新来宪兵官长（全体）茶会，同时院四处全体亦参加；连长魏需冉及励、欧均有演讲。浮浅观察，似此一连，风纪、责任心等均比去者为优。晚梁伯华［延炜］请我一家及刘、黄到他家吃炸酱面；今夕纯北方口味，主人大劝酒，致又陶然而归。一天未抄写书册。

3月19日 德人报告，去民生公司接头古物水运船位等事，拟云五月可以开始，八月可迄事；每次只能运三四百吨，不过千余箱。为南京、重庆都在进行，究应何处主办，院长亦无明白表示。

3月20日 八时后，梁匡忠往一库收箱，自家与申、黄、刘往各库查白蚁；十一时抬箱事，因雨大路滑而停；竟日无他事。日间尚无电，将借［魏］建功之书抄完；雨窗读《流沙坠简》，此亦建兄之书。吾所有者法文原本失之南京，抗战后又得有正书局张□本不清晰，且缺考证，今亦已难得；若罗氏本［罗振玉和王国

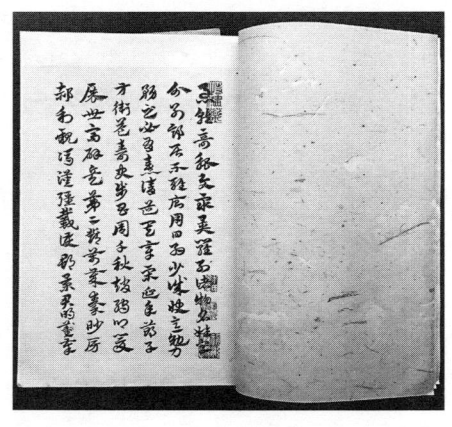

图3-4 庄严所书章草赵子昂《急就章》（22.3厘米×30.5厘米）

维合撰本］恐须四五十万也。晚间有电，努力将赵子昂章草《急就章》写出，此册决其为俞和书，拟作跋以申吾说。又鼓余勇开始续影写《经鉏堂笔记》两页半，预计此书非月余不能完工。夜间抄书时窗外淅沥，清淙可听。今日所抄书：《说文字原考略》附刻《急就章》及洪适《急就章》抄完、赵子昂《急就章》抄完、《经鉏堂杂志》四卷开始再抄。国民党军攻下延安。

3月21日 落雨不止，冒雨查屋漏；一、二、廿七库均漏，不严重，各在箱上盖以油布。归处抄工作报告；刘、黄、梁皆不擅小楷，只得令若侠抄。下午雨止，一库又开始收拾来之箱。写《经鉏堂杂志》四页，抄书多日自觉小楷稍微进步；无他，多写则手圆熟而已。借王基残碑甚喜之，近拟弃赵改师汉晋，然学之已久弃舍不易，写来写去仍不脱赵之范围。灯下作书始觉眼花。读《流沙坠简》。

3月22日 六时起床，一库仍收箱并开箱。归家正临王基碑，老励来告唐光晋夫妇来，即去会客；侠正出组，励亦呼之来，盖彼之太太不能陪唐太太也。在励府共客午餐，又同到齐物论斋。于是唐［太太］与申在屋中谈北平；唐、励、庄一组在外校《石门颂》；唐有此碑，号称毕秋帆洗碑前旧拓。上次见之，今再勘校；吾之新拓，故不足道，彼之旧拓吾亦不十分欣赏①。……借阅彼（唐光晋）特为吾携来之《急就章》专［砖］拓本一幅，并将散盘拓本当面交之，系马先生允赠彼者。唐又携来马先生托带赠吾等八人之印刷品一包。八人系欧、庄、励、

---

① 根据父亲1921年日记，当时他还是北大一年级下学期的学生，就开始临写《石门颂》碑；现在家中尚宝有该碑旧拓册，几经潮蛀已颇残旧，不知是否即他当日所临的拓片册？

图 3-5　庄严旧藏《石门颂》碑拓册（34 厘米×22 厘米）

那、丁、刘、吴、梁；吾所得为日人藏传贺知章《孝经似学书谱》，吾所不喜。喜欧之赵《兰亭十三跋》墨迹及梁之北魏人大字《书法华经》墨迹。唐去，接连复委会四人宴宪兵官长，励初称病不饮，待吾等酒已八分，生力军忽出马；此乃彼之惯技，酒德太差，人心太薄，吾不上当；况又系主人之一，不能内哄一拼，只得逃席避之。应酬一天极觉疲劳，酒后又未能抄写。今为始临《王基碑》。

3 月 23 日　一人在家，写《王基碑》一上午。十载以来醉心赵字，盖以其姿态灵动、风度秀丽，笔端变化登峰造极，然不善学者失之纤巧柔媚，骨气毫无；穷则变，欲反师魏晋人之古拙纯朴，由是上溯汉人分章遗法；但结习已深，一时未能蠲除也。用玻璃纸双描唐藏《急就章》砖文拓片。

3月24日 甲组自己正式抬箱（由廿四库移至一库）；前丙组移箱甲组小工全体派往参加，约定甲组抬箱丙组亦来参加；所谓合作，今竟爽约不践。峨士大愤，骂那为现代化人，其实他尚不配，完全表现北平人之小气耳；一笑置之，不足责之。酒后亦不能即眠，而头脑昏昏，又不能抄书，大好时间任其虚掷，良可惜也。

3月25日 三时醒六时起放灯抄书一页。日出屋中明亮，用玻璃纸影抚唐光晋先生所藏《急就章》砖文；此砖字体似芒洛出土墓砖，余甚疑之。傍午唐先生遣信来送于髯公［于右任］所藏汉石经《易经》残石二纸，无奈只得将昔在英伦手拓之拉菲尔所藏天保三年白玉佛造像记拓本报之；唐前见欲得，因只有此本而未与。午邦华家送渍大头菜一盘，清爽可口；正思饮，独坐小院花下，畅适三杯，此吾之清福亦清贫之一因。发薪，扣借二人只得十六万许。下午睡醒到库中巡视一周，天气闷热；书斋抚赵书《胆巴碑》四纸，临《王基碑》四纸；夜灯下影写《经鉏堂杂志》。

3月26日 廿四库仍抬箱至一库。九时到丙组开复员会，每周之例会也，无何重案；惟江水渐大，水运出川，不久可以开始。重庆、南京、北平究由何方主办，院长至今未定。箱件在此，按理应由渝方订定为是；兹事体大而烦，计策周细方无偾事。因是五人交换意见，撮要记录，由丁、欧总汇，用备将来参考。会后那备午饭，酒友相遇不免把杯，以致下午头脑昏昏，身体倦懒，写字均无精采；长此以往将成为酒徒，非痛下决心不可。近拟弃作赵体，写来写去仍是赵体；今又以玻璃纸大抚《胆巴碑》，晚抄书只一页，《王基碑》临讫一遍，乃发觉此碑当不可师学，学则必中其臃肿肥肆、狂态如村俗之病，决停止。

3月27日 查库，重新堆排廿四库之箱；此事堆工张有贵与工人任之，梁匡忠在旁指挥，一天尚未竣工。上午影写《胆巴碑》四页，留梁匡忠在寓吃饭。下午心如与新绥公司之王碧澄来座谈多时，同到德人处；宪兵告有贵阳新来某部新兵数百人，欲占住山下宿舍之房，宪兵只能劝阻之，不能武力禁止；遂同德人到黄葛桠附近介绍其空屋一座，万一非住不可时，请其住此。又为德人临《急就章》专〔砖〕文二幅。一天虽不见治作何事，到晚疲乏不堪；灯下抄书影写本费目力，头脑昏昏，精神不足，写不三行，倦而停笔。盖天长日暖，加以酒欲贪肆，遂致如此。峨士从早衣冠楚楚，请假过江去一天未返。

3月28日 早起精神甚爽，补足昨天欠写之书。处中工作仍为整理廿四库，预计今天可完成。影抚《胆巴碑》，今日全写出；原本虽喜之，终非己物，置余案数月今归还爽秋。各校通知明日放假，总处通知明亦放假〔3月29日为纪念国民革命黄花岗七十二烈士之青年节〕；午后见天气甚好，邀侠去南山接〔申、因〕两儿回家并到黄葛桠买鸡蛋。

3月29日 天气煦和，侠特制牛肉馅饼为诸儿打牙祭；吾认为今后青年非有健全身体不可，身体强非营养不可，为诸儿饮食在所不惜。一人坐竹荫下移交椅读报，心中怡然；乃拉申来陪吾小饮，虽无菜肴，心中慰快可称神仙；小饮后入室临讫《胆巴碑》，始午饭。

3月30日 五时一家全起,自修者、浣衣者、抄书者,至八时天已大热,若侠偕诸子进城看电影去。十时严君公权驾 Jeep 来迓,乃随励、那、欧、孙家耕四人一起进城。严君者,上次乐山最后一批车,路中为一商车所撞(古物瓷器有损失,那有报告),司机带渝交保留传之保人是也;古物固有损失,商车亦撞损不能再行,是非亦无从判断。此事已请示院长,大约将来不了了之。

3月31日 五时起床,灯下抄书一页;八时到各库找白蚁,无所见。查讫到一库开箱,继续检视半月前未看完之扇面。下午再出组至一库检视钟表一箱(已破损)。又到廿四库检视修补一破箱内锡供器、酒壶等百余;此所谓文献耶,见者无不嗤之。原定本日下午四时迁移廿八库之箱,因风雨凄凄不便,工作临时又停。返家影抚《校官碑》释文六页,至顺年单禧书,因系吴兴一体,故抚存之(原拓德人者)。诸家派工友去与学生送鞋伞,吾独不以为然;自幼应训练青年吃苦耐劳。灯下抄书二页,须两小时。

4月1日 绝早起抄书一页,早餐后抚《校官碑》释文二页。去德人处候开会,会与连部联席,每月一次,乃宪兵方面要求者;我方科长四人,宪方班长以上均出席,所讨论者警卫消防等事,此队兵比前之邱连相差天渊,因感到军队中连长一官最关重要。下午四时开始搬移廿八库石鼓,甲、乙、丙三组之力运队皆来参加。捆束停当,十六人上肩喊声叫起,豁然一响盆粗大木主干忽然折断,鼓则稳坐地上动也未动;众人相顾失色,在旁监视的励大科长扭身便走,于是大众不欢而散。① 灯下写书,目昏不

---

① 之后情形日记上未有记载,想必公家对该石鼓当有妥当之处理。

清，勉强写出半页，八时即卧。托人在中华书局买得赵小楷书《莲华经珂护本》，易火烧残者，价万五千余。刘等三人，终日在一库开箱。

4月2日 五时起抄书二页，灯下纸厚煞费眼力，每小时不过一页而已。九时在励处开复员委员会，会后德人留午饭且为西式，可谓花样翻新。看抬石鼓，四时至五时半，只抬了一件。

4月3日 库房中开箱检视字画亦未参加，在家闷坐又觉无聊出外散步。曾几何时花事已过，遍山绿叶成荫，景物自不同；怅触兴怀感慨多端，徘徊沉吟欲吟俚句，一时不成；盖所感者多非短句所能写出。人生无常而天地不灭，花谢花开人则老矣；住此一年备享清福，今将去矣，亦不能无所感触也。抬石鼓一至五时半。

4月4日 民生公司派人来看古物箱件情形，装运古物以登陆艇改造之船最相宜；因（一）普通客船不能专用，此可包装。（二）普通船各码头必停泊，此可不停。又云每一艇可运千余箱，三个月可全部运完。下午励、欧、那、丁均来我斋，交换关于此事各项意见。

诸人去后励独留，劝我应稍积储，备到南京之用。公开说移运以来，凡经手巨款者，均可盈余千万以上，此一出自衷心之谈也。

到一库看字画，有郭天锡《雪竹卷》、赵书《兰亭考》（早年书颇可研究）等均沪六八二号箱之物；沪字六八二箱内册页历代名绘原注十开，实乃九页；出组后至邦华处查上海点查清册，注明内一开留平照相未南迁；此一开岂韩晃《文苑图》耶？当日实记在陈列室中，何所谓照相耶？吾尚能记忆。四时后抬石鼓一箱。今天儿童节，好职去年在本校分糖果，今年到马家甸南平场中心校表演并在彼午饭，费每人五百。

4月5日 阴，六时尚需明灯治事，抄书二页。七时后到各库查蚁垤；下午乙丙组均停工作，盖乐山来人；今晚假总务处宴全体同人，也以此为名可以休息半日；吾组遂利用他人工人，全体来提早抬石鼓。第二次时，木杠险又折断，翁庆林膝部撞伤，露出白骨。前三天每日一次一鼓，今预定三次三鼓；适逢特重之五鼓，结果仍两鼓耳。昔廿三年吾在平国子监包扎之，今又搬移之，可谓因缘。

4月6日 春老矣，人亦老矣，布谷声中闻之慨然。昨夕若侠与德人赌酒，本为无聊之事，结果自家大醉，何苦？晚饭后匆匆写两页书，至少日行之事也。……拟临字、写函均未能办。

4月7日 七时许查库完，到一库开画箱；有赵书数册不精，沈周写生册一极精，堪与八十箱中之一册相比。出组后到丁处借薪度日（借薪十五万，还昨临时借六万）。下午写书函三通，抬石鼓一，安字箱四。风起天又凉。小学今仍放假，督老三作画，老大将来之研文学或不敢定，老三之攻艺可无问题；今市上无名人之画展，其所作或不如老三。有两儿能承吾志，吾心甚慰，惟老二、四尚不能决，亦似嫌过早。

4月8日 八时至一库开书画箱。下午刘、黄诸人开上［字］、寓［字］箱放樟脑丸；吾开特二箱内照相之书，有《玉海》一部。四时抬石鼓，至五时半共抬鼓一，安字箱四。夜抄书二页，终日忽雨忽止，寒暖不定。

4月9日 发马先生函。今日应在甲组开复员会之日，因邦华病乍起怕风，临时改在乙组举行。讨论之事仍为与民生公司定水运合同种种问题，就民生方所拟者逐条修正之；励邀那明日再进城与商方磋商之。又前吾手接借经济部之家具均已移交德人，德人今硬要我在册上签署，盖照册点收已有缺少，此责要吾负也。二时到二十四库出组，看书、画两箱，归来参加移石鼓工作。早起抄书一页、夜抄书三页；《经鉏堂杂志》卷五今日抄完。《经鉏堂》八卷，卅三年［1944］冬在飞仙岩水竹居抄之未完，而移渝只得四卷；人事荏苒年余，上月继行开始，今又得两卷，预计出川前能完成。亦客蜀三载，濒行前一纪念品也。

4月10日 励、那二人冒雨进城去，对此事颇有感想；表面上看来可为勤于公事，实则此中大有好处。人不邀我，我亦不参加；此我之清福，亦贫困之因也。查漏。一库开箱一箱，有赵书《赤壁赋》，甚好；又一箱全是册页，只墨拓即有五六十册，一时如入宝山，匆匆浏览已到午时。邀匡忠在寓午饭。下午雨大，本定今日全下午抬石鼓，皆不能举行。在家抄书，早、昼、夜三次共抄成七页。

4月11日 刘、黄到廿二库捡档案箱，因气候潮润，不宜开书画箱，惟期望看前天之一箱宝物，亦不可能也。与德人、王程查对家具，仍缺少多件，无可奈何，只怨自己无事务才；而与我共事之刘、黄亦无此能力耳。下午抬石鼓，抬二鼓，预计明天可全部讫事。

4月12日 为宪兵全连官兵演讲《我们对古物应有的认识》。年来马齿日长，学识自觉稍有进步，虽陈义不高，确心得之言；自认为此等问题，院中同人亦应了然，然能知能答者恐无几人。下午抬石鼓，将廿八库各箱全部抬完。

4月14日 到一库再开沪字六八六箱，内书画与墨拓；今日只能注意墨拓，有绛帖、晋唐小楷，一一细阅。又《长者帖》，高江村已云罕见；《武冈帖》，董香光云是淳化冢嫡；又有《多宝塔》，虽旧翻，系吾家澹庵先生原藏，盖印数方，得见先德亦称幸事。下午则开上、寓字箱，不便一天研赏；本院作风以事务为第一谛，研究学问反居次要也。

4月15日 在一库续看昨未看完之书画及法帖，有《临江帖覆淳化》之一种，《澄清堂帖》二册四卷，惟似不甚旧。画均册页，精者少；惟宋□集绘册页总名中有《曹栋亭跋》一则，颇少见。各册中画幅对题均藏经纸，纸上印记多《金粟笺说》所未载者；三四年来注意此事，见必记之，所收奇异之印已七八种，今又有增益。下午再到一库，则开上字特二箱书籍，再看《事林广记》中之《草诀歌》，并邀德人来同观。

4月16日 查屋漏。九时开复员会，会讫请与会者午膳，侠炙牛肉馅饼，刘、黄也是照例白吃。将吃完学生才回。校长桂松筠与童子军教员谢君也来。仓卒又以享客，客亦大吃，殊出意外。桂在此久谈，彼创办好职小学种种困难及将来计划。

4月17日 上午在一库记录金素山经纸印记，及曹栋亭题松雪画兰诗，此老似于鉴赏不甚高明（姑妄言之），因松雪之画明明是伪品，跋中大为称许，然此跋研究红学者必认为重要，他日或为短文介绍于世人。下午开了几箱大字画，大的在屋内和院中均无法看，寻得停车平坝方能展开；均清代帝后之像，轴头可以作笔筒。轴轴取出皆似栋梁之材，扛在肩上好似孙猴的金箍棒一般。又有明人王世昌（嘉靖时人）所作大幅山水二幅，高八尺宽乃丈二，笔力不弱，惟布局气势均差，足见大幅之难讨好。收箱已近七时，真所谓欲罢不能也。

4月18日　白雾漫山，杜鹃悲啼不止；往年吾闻此声，毫无凄泣之感，今则不同。天明破晓闻之黯然，生一种难以形容之悲感；何耶，或者亦知行将出川，留此袅袅余音而作终身之回忆耶？覆马老夫子函，盖月余之先，函请允许于检视沪字书画箱，稍记物品内容，不敢说是学问工作，备到南京临时陈列之瞎抓，彼已覆札认可，忽又有第二函，取消前议，仍不外现在只求物品不蛀不潮，余非所计一套老话；见此函唯有慨叹，然不能不申辩之。下午检文献馆之长字画箱，仍清代帝后像，潮霉外且有损伤，查封条三十年［1941］后未再开过，因邀德人来作证。又以手拓海外金石四种换励之汉画砖拓本。送还前借唐光晋之《急就》砖拓片，并附赠自家在英手拓造像二纸。

4月19日　马公来函：（一）同人签请照支移运加［班］费，不以为然。但古物起运或合同订定，可领南京待遇薪水数字66。（二）石鼓用汽车直运京，不以为然；以为水运危险性暂，陆运危险性大。① （三）此事渝、京两处究归何处签订合同始终不表，而认为分头进行有利。四人［德人、邦华、心如和庄严四位科长］遂即开临时会议：（一）希望下月起支南京薪数。（二）再详陈水、陆两路之利害。（三）将与民生接洽，所拟草合同寄平核定。……

4月20日　早起励邀同乘汽车进城，辞之；仍将每晨必作之事办完（抄书、洗衣、整理屋），老二又由学校传染四川人人皆有之干疮，即疥疮，实使人头痛；老大在乡间崇德学校染回传之一家，费九牛二虎之力治绝，再三叮嘱四个孩子些话始进城。

4月21　早膳后下到总务处，工友正在发火，先生当然未

---

① 关于石鼓运还南京方案，最后仍定陆运，然而实际行程只到江西九江，便因公路阻断而临时改由水运，最终方才抵达南京。

起。然总务处自百子桥移来，事事学吾，如不许折花、每晨至院之类；惟起早与办公处院中晒私人衣服、与禁赌何不学耶？清理所收碑拓亦如艺风堂法，积四五种为一布包，亦有四五包矣。见前年去大足手拓之物依然堆置，彼时杜鹃正啼，今又其时，人生一世必有些未了之事，谁能当天事当天了，我真佩服。傍晚听住宅区一带雀战声大作，闷闷下到德人处，彼亦正在竹城中不得出；以大足重出手拓本持赠德人。

4月22日 下午雨大停组。牛守愚来，彼连日均住在那家，谈去年出川时为朱胖子自渝带方竹竿至平一段趣事，又谈上海、南京两地生活及物价；据云无论中外货均比渝贵一或二倍，打破我们下江洋货贱的错感。又云上海洋场索居无聊，返渝尤其是南岸清幽，非沪可比。至牛此来名义是出差公干，实为其师长运私人灵柩；所谓公干大半均如此也。晚欲抄书，电光如香火，只得早寝。

4月23日 九时去丙组办事处开会，无要事。会讫，那心如备饭，小雨蒙蒙正宜饮酒，遂又半醉而归，到家大睡。近来进行五大交换：（一）德人所购之汉砖拓片图像部十二张。（二）申儿同学某藏四川出土（合川）汉画砖。（三）北魏人写经印本（马赠梁者）。（四）赵书《十三跋》墨迹印本（马赠欧阳者）。（五）赵书《胆巴碑》墨迹印本。其中伯华者已与吾之故官出版王宠临帖互换成功矣。

4月24日 牛守愚在此各家请遍了，惟我尚未请，因上山与之约定明午在家小聚，并且特邀那、吴作陪。归来拟向丁借薪，见他正指挥工友钉窗，乃知昨夜十二时有小偷光顾。自觉明天即发薪，显得太急慌难堪，遂未启齿。又到德人屋坐谈，邦华亦在，谈次他的院赠散盘拓本也遗失，允将在安顺所拓者赠之一份。侠说家中分文不具，无法预备请客，临时由峨士手借二万。赠邦散盘拓本一。

4月25日 因洁平屋昨夜有窃贼，夜眠不敢沉睡。半夜醒来又无表，卧以待旦。天亮前又睡去，醒已七时。请牛守愚吃水饺，原以不超二万为限，结果用了二万又五。老励进城，托其代修表，归告竟须六万。又云万元大钞票再度发行，物价又已上涨，公务员生活又将调整，这成一套之三部曲矣。发薪两人只得廿万，惨哉。灯下补抄早间未写之书。喆、灵均作画。

4月26日 闻人云刘［峨士］在库房有乱打人之事；此君不只行为幼稚，且恐多少有些神经作用。近来每早晚我必抄书，老三必作画，几成每日例事。闻牛［守愚］云沈二先生今已辞官不做监察委员（因弹劾孔祥熙不成），作上海寓公（又与黑摩登同居），卖字为生好不高尚，好不自由。我几时能亦挂冠耶，无一技之长，无分文积蓄，冠非不易挂，挂后何以维生耶？德人今又由城内将来大批拓片，云十万元，全是石鱼，七十余种。

4月27日 早起后去德人处，观涪陵石鱼题名拓片七十余幅，由北宋迄康熙（石鱼题名起自唐，拓片今不见或已不存在），字体有篆隶楷行，可谓洋洋大观。邦华太太亦来，盖误以得石首鱼也。① 今日进城人多，山中至为清静。回家申儿正在作演讲稿，校庆时彼作学生代表，视其稿尚简洁。彼在安顺时即优为之此道，亦时代所趋，强于乃父。午饭后申将返校，遂偕若侠及两子登南山送之，借以消遣。不但一家欣然，两犬一黄一白亦随之

---

① 父亲在到南京的日记中一再赞欧阳夫人的厨艺不凡，是同事夫人中的佼佼者。

上。上至凉庄，松已成林，是山之脊有担担在此卖茶卖面，遂沽茗坐憩，见长江一风帆上下，使人悠然意远。听子规之声，又使人黯然。心中有感，惜乎慨之。

1998年，我曾与两岸摄影好友赴渝，用影像记录长江三峡大坝建成前，未来三峡淹没区的自然景观、历史人文、文化古迹、产业与人民生活的现况；当时还特别登上位于涪陵长江江心的天然石滩白鹤梁——我国历朝文人利用长江枯水季、石滩短暂露出江面的有限时间中，抢在滩石上以文字、诗赋或绘画记写当时景况，并且镌刻在石块表面。久而久之，白鹤梁已经成为我国自唐代以来最负盛名的长江历史水文文化资料宝库。当时，我曾专程探访白鹤梁并拍摄历代题刻及石鱼，想必也是父亲日记中所提到的"涪陵石鱼"众多题名拓片之原本。

图3-6　作者于1998年三峡大坝建成前在白鹤梁拍摄历代所刻石鱼（左上）及黄庭坚等名家书绘之碑刻（右上），白鹤梁现已建为知名的长江水下博物馆

1947年4月28日 若侠早膳后进城,买家庭日用必需品……侠冒热而返,云一切物又大涨,前两周三千一尺卡机布,今已售五千。未买何物,不知不觉用去九万,午饭亦不敢在城内食……汇成都戴荔生万六千。

4月29日 励请看昨所买拓片,有《明太祖皇陵碑》,一前见之,曾劝德人收之,以自家无此购买力也。因明碑拓本向少,可遇而不可求。碑文太祖自制,极见其真诚,中有"见舅如见娘"云云,颇有风趣,字亦不俗。

4月30日 九时到总务处开复员会,无要事,所谈仍不外下南京诸事。会后照例所在地主人备饭,饭后鸟兽散。早勉强抄书半叶。小弟今由学校买来《武训画传》。

5月1日 心中无聊,欲上山去移杜鹃花,邀若侠同往,彼欣然携筇,益觉有趣,遂使大汉陈少芸〔厨师〕负锄荷篓随行。山势空旷精神怡然,二人倦则倚石而坐,或谈天或望远景,或吸淡巴菰①,自谓不啻神仙中人。此花黔川均谓之艳山红。一片乌云过顶,雨随之落,树下避之,好一幅林峦烟雨图也。吾赋性散疏,日日公务劳形,心若枯木。与宵旰公事之人,性大不同,与处心积虑如何发财揽权者更不合,所谓天生之清淡命,亦穷劳之命也。下山大汉负花,山妻策杖,堪以入画。昔在贵阳曾见苗女负此花入市求售,意境如诗,盖足拟之。归来雨止,已到食时,饭后又落雨,正好栽花入盆,备带之出川,余栽之院中。

5月2日 因儿又来函索牙刷、牙粉、手巾等等,遂于餐后

---

① 英文 tobacco 之旧时中译,父亲常用此译名,觉得别有风味。

同若侠进城。江水渐涨，南岸轮渡不能靠岸，须过两次徒步江中鹅卵石上半里登木船，急流中撑行甚险，闻年年有翻船没顶者……近午二人不敢入正式饭馆，只在一包子铺吃包子，二盘面一碗用二千元。又买零星用品用六万元，凡物皆大涨……归途在米亭子得赵书《泾县尹承务苏公政绩碑》拓本一，已裱虫蛀甚，又得项怀述隶法篆册，只三、四、五三卷残本，千五百元。此书建功箱中有之旧刻，此乃巴县所刻卷。

5月3日 早膳后至库房查蚁检漏完了，开箱检视工作，均文献馆之寓字档案箱，无在场必要；惟昨开寓字□箱内系喀尔女士为慈禧所绘的油画像，像外木框玻璃已破成无数小块，画亦霉残，幸而今此开视，因碎玻璃有伤画，今日先提出另装之。得柱中自平寄来赵书《急就章》，即吾考俞和写者，惟无信札。

5月4日 全家登南山，居祥亦同往，并使陈少芸负锄相随，再挖艳山红［杜鹃］花，上到凉庄稍坐并饮茶。到南山中学，明日是该校成立九周年纪念日……三、四儿月考成绩均佳。在山上见江流确如巴字，但须与嘉陵江流合观。

5月5日 早起抄书半页。侠去邦华家看胡淑华［邦华太太］之病，丹毒。

5月6日 《经钼堂杂志》一书八卷今日抄讫，全书完工。今日立夏，南方风俗是一小节。德留诸人午饭，归时借彼李北海《叶有道碑》印本，此碑俗名《定风碑》，又名《摄魂碑》，今始知之。归家侠告钱又没了，甚至明日无法招待开会饭食，真使人气短。侠又发穷牢骚，以为战时吃苦受罪，寄望于战后，今日不但依然而内乱无期，物价日涨，儿童渐大，人已向老，手无半文储蓄，将来如何是好；闻之自愧自艾无能不善贪污，只得借薪度日。抚赵书《阡表》，此物不但字疑伪，文亦伪，吾保管文物中有《松雪斋集》，竟不能自由翻阅，憾事也。

5月7日 今早又轮到甲组开复员会，讨论与力运队所订契约草案，仍王肃华承包，且恐事前已有接头，提出会议形式而已。德出马公复电，惟与民生合同已批回，可照所批在渝签订。始欧、励二人曾去电催，吾与那二人不知也。遂讨论各项事务人员分配问题，第一为谁去南京接收，励、欧之不能已成定案；欧主那去，我先往"搭桥"，免与黄念劬冲突；吾已允之，励又反对，谓四人去二，此间复员会将不成会。遂决那一人先去，爽秋与张德恒押石鼓由陆路往［后来那并未先去南京，转而负责押运石鼓］，至十二时未讨论完，在我家吃饭，饭后再讨论至三时。

5月8日 离渝在即，个人计议最好在八月初旬动身，以便到南京稍安顿，九月间孩子再投考学校。与侠计算行前各事，此地凡物皆廉，应尽量购带。孩子们衣只一身，鞋亦只一双，被单被里已破，只此数项非百万不可，所缺者孔［方］兄而已。第二件事，为理物装箱，该弃者弃之。到二库出组，心如路过随之同到丙组，请吴凤培代为装订手抄书册。心如留饮，谈与吴、梁诸家排解小儿意见等事。二时到总务处注霍乱预防针。成都寄来四川汉砖拓片，又有德人所购石刻多种。见德人正与邦华、洁平密谈，吾突入两窨。彼出示马公来函又条子一纸，告示本月起照支南京待遇，不给详看，丁即匆匆袖走。返家发现所抄书尚欠四页，针口已痛，灯下勉强抄一页。电光不明，泪落如雨下，以后岂不能作小字耶？惨矣！

5月9日 今始作库房堆箱方位表。邦约那、励、丁与吾下午到乙组开临时会议，公开示众昨所收到马公之函（名义上是致我等四人者），惟所谓南京待遇之条则并不见。大讨论如何携带公私家具事。励、欧互荐明到民生公司去，有愿跑腿者何乐不为，然事实上亦非赞同不可，心中痛苦不必说矣。归家见三儿正在画沙恭达罗小立幅，仿绘印度画也，甚好。照南京待遇，吾二人本月可得九十余万，故晚间再向丁洁平借款十五万，明日进城去购物，并参加川湘公路翁立明［承运石鼓至南京及渝京两地装运的汽车同业机关代表］之邀宴。

5月10日 九时与那、励、欧、丁四人同过江，丁君在此无论公私事场场不落人之后，人人侧目，能行厚黑之道无所谓也。渡江时转船，先乘木船甚麻烦，翁君在储奇门坐车等候，邦、励、丁登车先驰，吾与心如安步当车，沿路买物。

5月11日 大雾，诸儿入松林寻灵芝，每人均有所获，自己负手窗间观之；择二株赠吴凤培，彼为吾装钉书以此报之。得马先生自平来函。

5月12日 中华影印之赵书《阡表》，文既不佳字亦嫩弱，颇疑其为双伪；知吾所管之院字八十箱有花溪沈氏所刻《松雪斋集》，数日来即想提出一阅。

5月13日 《经鉏堂》抄完，每晨起无课定之事，茫茫然光阴虚度可惜。编自藏《鸥波法书目》［鸥波为赵孟頫之别号］，以印本为多，拓本只五种耳，可疑者均不列，共得十五种。因膳厅甚大，以办公桌并为长条桌陈之桌上，拓片整幅者悬之墙上，邀德人来共赏，彼已上麻将桌无暇及此，故谢而不来。此外同人无可邀者（欧如刀笔老吏，与此道索然；那不脱书记作风，虽是科长，在故宫十五年，于此道茫然；德人人虽俗，然颇慕风雅，又勤学多才），只得拉老妻共赏。

读父亲日记可知，战时散置巴县、乐山、峨眉三地之文物向重庆集中后，便已开始进行复员南京的搬运交涉事务。父亲自知无庶务之才，总务处不邀约，他即不参与相关交涉，反是致信马院长，拟乘开箱晾晒书画文物之便，研记书画内容，以备当年"双十节"参加全国美展时选件之用。对此，马院长起初同意，但随后又取消前议；加之当时故宫人事复杂、互用心机，父亲遂于寓渝期间但凡公务之余，致力勤练书法，并且颇有成效。

5月14日　各报载公务员薪新调整已发表，北平、天津、南京、上海为一区，基本数三十四万，加倍数一千八百倍；重庆属四区，基本数廿万，加倍数一千倍；最低者为贵州为五区；均自五月份起施行。惟自本月起同人在渝亦按南京待遇支领（因即复员）。计算二人月入可百六十万之甫，不无大补；不但负债可清，且可稍稍添补衣物，并储存一二百万，备作一家去南京之开办费及学费。天无绝人之路，因信然。同人闻之，无不欢欣。明日进城看登陆艇。又借十万；丁告现钞奇缺，本月已借六十五万。

5月15日　买小照相机一架，价三万，因其贱而买之，胶卷每卷万五千元。

5月16日　午间试新照相机。吾以前之莱卡（Leica）若存之至今，足值二百万元，此念之不忘之事也。售时亦值五六千元，时孙洵侯要，我窘迫以八百元售之，然吾亦易得其家藏端砚一方。马先生来函，对齐士铉搭船事已同意，励转告再转告齐。

图 3-7 庄严本人战前亦酷爱摄影,上图为其所拍紫禁城存放《四库全书》之文渊阁内景照片(疑即使用徕卡相机所摄);下图为庄严与郎静山合影,由作者摄于 1950 年代雾峰北沟,当时作者尚为初中生,刚学会摄影

5月17日 午刻邀孙家耕夫妇、魏连长、欧阳南华来家小聚，出所存哑酒享客，诸人不但尝所未尝，且知所不知。此酒传自西康异族，疑乐山定有之。唐光晋派人送来成都夏竺生先生所赠双流出土《杜□墓志》精拓，书法绝似大小爨。夏双流人，去秋在蓉所识友也。闻南京分院所建美国木屋，有"冬寒夏热"之妙，共四所，每所两家，拟住八家，如何分配至今未定。晚饭后纳凉院中，若侠吹笛三弄，两儿高歌一曲，老子坐胡床、燃淡巴菰听之，自以为神仙中人。

5月18日 早起到励处，见正扎捆拓片数十大包，亦有何用。彼见之即买，以多为胜，吾不以为然。四子之小学，申卒业安顺，因在重庆，喆必在南京，希望灵能在北平。

5月19日 久候德人同到库房看《松雪斋集》，而彼连日进城，今日适一库有别项工作，遂得详观。此乃花溪沈伯玉所刊，赵仲雍所订，字亦作赵体，实可爱；内容不多，大可移抄，昔有抄写之时竟不抄，今想抄已不可，天下事往往如此，将来到南京有机会再抄。得柱中函，称虽病愈然只能半天工作，几成废人。北平生活极高，闻月需二百七十余万，月入不过百万。

5月20日 同德人到一库看《松雪斋集》，集中有中华书局印本手写《阡表》，取吾影钞本与之校勘，吾写本甚精。今又朱校，德人颇有欲得之意，吾谓邦华之《十三跋》吾亦欲得之，尚未启齿，君若能为我谋，愿以手抄《阡表》相赠。德人闻之，欣然径往邦华处说项，顷刻成功。《阡表》遂归德人，幸系手抄尚可再抄。昔汲古［斋］"毛钞"传为书林善本，将来或亦有人称"庄钞"日也。至与邦所交换者，自藏散盘拓片一（十万）、《山谷诗集》一（五万）、诗婢家狼毫屏笔一（二万），足值十五万；

而《十三跋》马氏在平购价万元耳。民生公司送来合同,四人签印定局,然款尚未到。

5月21日 到丙组开会,邦讨论箱运京如何堆存,闻原有之四库有不能用者,情形如何此间无人明了,况院长既在京,诸事由那直接请示办理,何必越俎代庖,此公真好管事,然讨论半天不得要领。励则注意空文物箱如何分配,一权一利可称针对。影写赵书千阡,履行诺言赠之德人,又将在蓉所购诗婢家狼毫屏笔赠邦华。

5月23日 同诸人去库看漏;廿二、廿三均漏,廿三库且水渗进箱内,箱内戏衣及垫子;外面水不止,只得在库内阴干。那、丁下午进城至中央银行国库,支陆运一路人等旅费及准备金,共二千万。驻库审计人员竟云手续不完备拒不签,适川湘翁志明往取昨得院车［运费］二亿元亦不付,盖故意刁难。又问之民生公司十一亿是否亦如此,则已领去,此中缘故可以想见。晚间甲乙组及总处全体宴送心如、爽秋、德恒三人［开始押运石鼓赴南京］,并请丙处不去者作陪。德人所发起又是三桌,侠与众人又大豁拳,结果大醉而归。家中只喆、灵二人,尚正在晚餐也。

5月24日 雨止日出,八时廿四库抬石鼓至席篷备装车。由廿八库抬来不过月余,今又抬出,抬来抬去抬坏而已。此即中国之保存古物,此即本院之唯一事务。石鼓及安徽图书馆所存寿州出土铜器等箱共45箱,全抬到停车场前席篷下,上覆油布竹席,下午全抬清。黄、刘二人查蚁并晒晾廿三库之湿件。开始抄赵《集贤集》,先抄目录。

5月25日 本日发薪,照南京旧标准,我应得六十七万三千余,侠应得廿五万八千余,然扣去预领支七十五万,实领不过十五万，交大申补缴膳费，还欠零星款。又派人过江买胶片一及点心十五万，顷刻只余三万。那、吴之行不得不请，钱一次又去二万，明天必完全馨尽。抄赵集目录十页。

5月26日 晓起，朝霞甚美，德人云马先生来函，要他带渝酒一坛下去（川人仿制之绍兴酒，色香味均佳，店名允丰正），励因之也带要两坛下去。为师长者自处不可不慎，于此可见。终日抄书，颇感兴趣。雨天，同人南人多打牌，北人多痴睡，于此亦见南北人性格，言不及义与无所用心，诚的论也。吾今年每晨五或六时起，奔忙一天虽觉疲劳，终不昼寝，自觉体力尚健，惟天一入暝，即昏昏思睡，亦太不合世俗。本月，照南京待遇，工友工资均在十万之甫，而小学师员只不过九万，最为不平之事。晚邀心如、爽秋、伯华、洁平雨窗饮竿儿酒，吴等旅川九载，尚系初尝。昨发之钱十五万，已余无几，大约明天又须借款。

5月27日 晓起抄书时，听百鸟鸣声怡神悦耳，日出人起则少矣，此乐高卧者不知也。静心抄书，一天将《松雪斋集》目录抄完，尚有外集一册亦有目录在别本。据《书林清话》云尚有附录，我今所据抄无之。据序云此集系仲穆所编，不知所录何以如此之少，佚诗佚文定多，拟随见录存之。吾欲编[赵孟頫]年谱，一见存书画目录，一又散见元明人笔记中记载公之佚事，亦可编成一书，全功完成非一时之所能也。我抄书、侠写工作报告，对案无言，室静如谷，此境离向家坡难再得矣！登山到心如家，为之照房子及全家人小照，心如所请也。心如言押车宪兵每日索费二万元，云押运钞票如此待遇。丁等闻之，云比特任官尚高，我以为此数当然办不到。晚灯光又不明，与家人灯下看照相片，亦一乐也。惟恨前数年所居之地均无照，至今徒劳梦想。

5月28日 早起欲查库出组,而工人全为德人调派为邦华抬私人箱去,未免太难。吾组中有炮手,其人到总务处大闹,又都索回。近日全国学潮涌起,教部措置无方,朱家骅竟不引咎辞职;无非均用厚黑之道,上上下下一致无耻,国胡不亡世胡不乱!今又开每周例行会,德人报告昨天行辕开船泊吨位调配会,萧毅肃主席规行下月轮船吨位,竟不将本院文物列入;换言之,虽与民生定约,如该会不列入,亦不得转运。然则与民生所定约,如付款廿天后不派船有罚惩又何如?又云该会虽未列入乃官样文章,私人疏通可行,然则有此一会又何用?闻励、欧已用二人名义电马公矣。下午励又乘翁[志明]车匆匆径去,好不忙哉。吾乃摊书濡墨大抄吾书。因下午车到,乃停组恭候,除此无他事也,谁知候之至六时仍渺然。

第四章　徐徐东行
——三路文物转运南京

第一节　启程东行

自从1937年8月14日起，父亲奉命负责护运故宫第一批精华文物，为躲避日寇侵略战火，从南京向内地西迁开始，经过整整八年的艰苦抗战岁月，从湖南长沙历经贵州贵阳、安顺华严洞，最后到达四川巴县的飞仙岩，一直到抗战胜利。之后父亲为了奉命先到重庆以协助总办事处同人接收战时存放在乐山和峨眉的第二、第三两批南迁文物，于是率先把第一批文物迁运到了重庆。根据父亲日记，自1946年1月21日开始将当时存藏在巴县飞仙岩的故宫第一批文物迁往重庆，最终于1947年3月11日方才将全部三批南迁文物运抵渝库[①]——当初马院长预估将三地的文物向重庆集中，只需50个工作日，结果实际上费时达9个月。这一情况在前面两章中已予以详细展现。

当三批故宫南迁文物全部都集中到陪都重庆之后，接着便开始由四位科长——一科庄严、二科那志良（心如）、三科欧阳道达（邦华）

[①]　至于储藏在乐山安谷由欧阳道达科长负责的第二批南迁文物向重庆集中的过程，由于当时父亲要开始筹备在蓉（成都）展览的事，于是在重庆接收的工作，便由那志良先生接手。

第四章　徐徐东行——三路文物转运南京

和四科励乃骥（德人）及丁洁平诸位先生开始商议筹划，再请示人已在北平的马衡院长核准，然后便开始东归复员南京。

1947年5月29日　今早因候装车而停止检视，但车又不来。一人在家翻看借来的钱梅溪［钱冰］缩临唐碑，以考究金石目标观之毫无价值。以书法论之，小楷精绝确可钦佩，虽非均摹原碑，精力已自可观；虽不脱馆阁体，但功力之深使人兴叹。吾眼高而手低，小有天才毫无功夫，不敢厚非古人也。下午车到三辆，遂开始装石鼓，复员算正式开始［计划由海棠溪输运石鼓到南京共需卡车十辆，预定月底启程］。惟翁［志明，民生公司负责人］又来云，忽得工程局电，长沙至南昌段修路不能行车，须绕衡阳、吉安，迂程三百余里，十车油费需增二千余万。励邀那、欧、吾会谈，与翁大谈不外算数字金钱，人人可算，惟我嘿……翁去吾亦归，卧北窗下读借来书悠哉。而德人又邀商事至灯后方归。写书一页。得荔生函，书已付邮，拟托翁代带作罢，多耗七千邮资。得守愚函告登陆艇情形。得宋阶平函，知马公已到南京，依然事事毫无计划，被人强占房子不能收回，遑论其他。

5月30日　约定与邦、德二人同过江，邦今又发热未去，遂与德人冒雨而往彼岸，翁志明已派车等候。先到翁处将合同修订之条文拟妥，三人同到审计部驻渝审计处征询彼之意见，并请盖印等事至十二时半始完。翁邀在冠生园便饭后分手。与德人先到中华书局，彼又买了十万之珂罗版印本；又冒雨到米亭子，他又买了一部宋版之《中兴颂》……汽车七部全到齐，全装讫，共六十二箱［5月29日已到三部，共十辆；除运石鼓外尚有安徽寿州铜器］。傍晚励、邦以二人名义又拍马公电，吾不具名更好。心［那］、爽

[吴]、张[德恒]三人来辞行。

5月31日 大雨,终夜不止。直通南京运石鼓汽车十辆,定今晨自向家坡出发,而雨到晓不止;六时许送行人撑伞到停车处,而司机、押运兵、押运职员不见一人;派人催询,八时始姗姗下山,车至十时始开出。常谓国人无组织力,凡十人以上之事定不能顺利进行,必有周折,于此益见此理不谬。本院自去年即准备复员,今年努力进行,至今总算开始。在渝小住二年生活将上轨道,流浪生活又将开始。又感想邦华昨又发烧,今早询之其小儿又病,其一家人不少,而病不离身……。车开后,上午无事,总处之人则打牌,我处之人则病睡。下午与邦华会于德人房谈公事讫,看其所得宋版之《中兴颂》……。一时出组检视上字箱,清库房屋漏。

6月1日 申儿原说本周不返,十时许偕一同学径来,云近日伙食太坏(物价上涨),日食青菜不见油肉,今日拟打牙祭,十余人囊中均无钱,只有仰屋兴叹;距家最近者为申,遂请返家取款取菜。若侠欲留之午饭,因多人在校候之,不可;遂付万元又为之炒一斤猪肉,乃与同学持菜径去,此事可叹也可悲,故记之。因感近日哄动全国之饥饿学潮,而政府一味压制,口口声声谓共党鼓动,十足表现政府之昏愦无能。下午得心如自綦江来电,称车一在距綦六十华里处倾覆,人物无恙,已由南川派车往救,又二车抛锚;将一出发如此不顺,遥遥数千里将奈何哉。①

6月2日 闻许君处有德人友数人,因戒严不能通行,赌博一夜。此次渝市之突然戒严,真荒唐之极;所谓天下本无事,庸

---

① 根据父亲1946年9月6日的日记,当时由峨眉装运石鼓到重庆的车辆,均系"美新式车,运输力极强",此次不知采用何种车辆。

人自搅耳。得心如电云倾车已救济。民生公司113登陆艇到渝，定明日往看。上星期六南岸各小学劳作美术比赛，喆得第一。得齐四树平①函，盛赞我为福人，意谓重庆物价为全国最高时吾不在渝，今渝为全国最享受之地而吾适在，不胜羡慕。自思我固看此福分，亦因万事随缘，不强不执，无欲无求。

6月3日 昨夜又落倾盆大雨。今日看登陆艇，原意早起进城顺便私人买些什物，因雨而懒于行；然德人与邦华均先去，乃大抄书两叶。午饭后急入城，与邦华遇于渡轮，始知其上午亦因雨在家，遂同行。到朝天门乘汽艇下水四五里，到登陆艇停泊处仓库上下详看，颇有去英前登Suffolk军舰感想［1935年岁末，父亲自上海押运故宫文物赴伦敦展览时所乘英巡洋舰］；当乘流而下，江风习习好不快哉。又到朝天门外，始见重庆形势，上岸后仍沿陕西街步行归。每入城办公事可领出差费八千元，然今天吾所领尚不足用也。

6月4日 九时在吾家开复员会。心如已去，只邦华、德人二人，会后照例备饭。所议不外与各方订合同，打算盘；丁是管会计者，开口闭口不离数字，难怪邦、德二人也一肚皮算术，不

---

① 齐树平（1897—?），名念衡，字树平，北京人。1925年马衡任故宫古物馆副馆长时，他当时为研究科科长。曾任河北大学、北平女子文理学院、齐鲁大学等校教授。著有《散盘集释考》《中国美术史》《中国古器物学》等书，收集彝器拓本两千余种。《马衡日记》1951年9月2日记载："齐树平来谈，留午饭，去后正思午睡，而王振洲来；二人均服务于农业部，交代问题清楚，树平尤引以自豪。"又于1954年6月27日记载："齐树平偕庄学本来，谈讲授照相事，拟以六或八小时讲授。"齐先生应是多才多艺、喜好金石和古器物、颇获马院长欣赏的人。其实读马衡1949—1955年日记，经常有"树平来谈，留午（或晚）饭……"这类文字，感觉上二人私交甚笃，除了均好收集金石、彝器拓片之外，性喜对酌，似应亦是原因之一。齐先生个性豪爽，读父亲日记，知其与父亲嗜好也颇相同。1947年冬故宫文物复员南京后直至1948年底期间，他经常来庄家聊天饮酒，并与父亲同逛书店收藏书籍；母亲则称赞他"有智谋、健谈"。

但脑子里是,且形之言谈举动,以斯为能为本领,我只得甘拜下风。大约德人家本是以洋行买办起家,且宁波以经商著名,其老兄吉人至今尚在沪为洋商经理;德之商贾气重,吾不怪之,且此习气虽重,自知其可鄙,故买碑帖、讲版本尽力洗刷。而邦华是读书之家,大约深以读书穷酸为耻为恨,故事事求其商业化经济化,唯恐其化之不深,是以书卷文墨弃之高阁。数月来与二人相处觉此观察,或不大讹误。

6月5日 早起抄书一页,每晨抄书已成定课,惟仍不能多,更不能快,每次至多写三四百字,手腕发酸矣;需时一小时许,笔笔精楷,每日不过三四次,计之不过千余字耳,未免太少。九点与连部开联席月会,邦华久之方至,云其家一小儿又患肺炎,已去医院诊视;重庆气候变化无常,体弱儿童最不相宜。吾于渝市无所厌憎,所不喜者天气耳。与驳船人会谈合同,从三时谈到七时,真有舌敝唇焦之感,吾发言最少,不长此道也。

6月6日 早间与邦华、伯华两块及驳船公会两块(人可论块,此乐山方言也)同到江边查看木船。同去者宋某,大概是一个"舵把子"(此亦乐山方言,由行舟而起,今引为帮会中"大哥"之代称,吾今看船而引用之最洽),在江边茶社吃茶时,见了不少"船伙儿",大约言谈动态均(浪里白条)张顺之流也。归途,邦理发,因与伯华坐"烟雨堡"茶社候之(好一个富诗情画意之地名)。伯华谓,吾今年气色强于去岁,容貌上可年轻三年,想心境与营养大有关系。一时到家,烈日正炎。入浴后,独进午餐,思小睡,苦不寐,起来抄书,心境静极。四时,驳运人再来商定合同,坐静观,今之办公费时三小时,不出两:一为计算心、笔、珠(指三种算法),三四一十二,或七七四十九;大

第四章 徐徐东行——三路文物转运南京 | 177

算特算，无一不算，无人不算。凡能算快而精者，谓之干才；换言之，最好把人变成一架活动计算器，你算我也算，大家自认合算之后，事可定局。则开始盖印，公印、私印，明日再去盖铺保印、社会局印，最后再盖审计部印。

6月7日 得宋偕平函，告院长分配南京住宅办法，（一）新建之美国活动木房四所，每所大小共四间，每所住两家，限科员以上人口众多之家，计吾与德人合一所。心如和爽秋。

6月8日 今天大可抄书，恨又停电。影写古本，非在高度电光下不可，有时纸太厚或不清时尚觉吃力落泪。励君近亦买得《胆巴碑》，系江西印本。最初我偶买碑帖，彼乃大买；后我专买隶，彼亦买隶；近来我专收赵字，彼亦如此。何也？彼之财力雄厚过我数倍，又天天进城，半年来耗资已过百万，所得为之不少矣，然终以其太滥。得心如自湘省龙潭来电云，文物车在酉阳又倾覆一辆，彼正往查，未出川省已两次肇事，何不利耶！

6月9日 与德人约好同进城，路中谈吃午饭的地方，彼谓"老兄怎么知道我赢钱耶？"可谓不打自招，自己承认昨天因雨早自九时上场打到半夜，赢了十万余元，于是决定请我吃西餐。饭后，先到临江门宪兵廿四团部与何团长交涉押运水运事。公事办完，再回到米亭子，彼乃大买碑帖黑老虎，今天竟得《韦君靖碑》，吾在大足求之不得，蓉、渝两地求之亦不见，今始发现。自顾无此财力，特介绍于励。彼又在一大滥包中索得姚觐元在渝摹刻宋本石鼓旧拓殊本一。

6月10日 昨以二万余元买了一厚册伦敦出版儿童读物，为读其画有优美彩色插图，读其文可以灌输一些西洋知识。平生最鄙固执与寡陋，一知半解自以为是，吾家儿童决不使之如此。但归来自家先一翻阅，已不能了然，英文全忘尽了，真觉可悲。访德人看其昨天所得碑刻，《韦君靖碑》甚旧，至少光绪年拓。此碑拓本极少，新拓绝无，去冬在蓉访之不可得，可怜吾到大足摹挈碑下竟无拓本。又孔宙碑阴，亦难得之物（碑阳易得，阴难求）。文物车在酉阳倾覆，那来电称跌下山崖，石鼓箱破，安徽寿州铜器毁二件，人伤二，石鼓奇重，何以再拖上车耳？

6月11日　早间抄书时，雨仍不停，近来虽努力欲在古物起运前再抄完一本，但字写得太慢又不够多，每天只有天未明及天入冥两时间能安心静气，而晚间又往往电光不明，故全书卅余页，至今所抄仍不过十余页耳。

6月12日　前见之《星凤楼帖》索价奇昂而并不好，劝励勿买，而励大有欲得之势，彼何来此多金耶？今彼又进城，为之设计暂付款押取来家中仔细研究之。晚邀往观（以五十万元押得一本），详审或系翻刻，惟彼是否以我言为然耶？亦不再问。将赵《集外集》一册努力抄完，尚有行状等恐不及全抄出矣。……而国府近来内忧外患齐至，近两月来抢米、罢课应付均不高明，处处显露当局之昏庸无能，大有倒台之势。吾对时事向不感兴趣，日记中少有记载，今有见严重，盼吾言之不中也。

6月13日　十一时，再到总处与宪兵营长，二、七、八三连连长共商移运时向家坡、海棠溪、朝天门各项警戒事宜。会后，由院中备酒饭。饭后客去，再与邦、德开临时复员会。

6月14日　邦、德均过江去。雨天，在此将徐［森玉］先生存书全装入一库之空文物箱中。此等箱内之文物，均在南京时已提存八十院字箱，南京抢运时又将此空箱运来西南，移运力夫均以为怪，复委会决将院长、徐馆长及同人之书装入。借薪四十万，是廿万一纸本票，无法零用。派人到米亭子钱摊，贴水二千兑成散票。

6月15日 乙组职员王志彬，闻在戏场为警备司令部便衣特务捕去，邦华闻之大慌，恐其有思想行为左倾之事，渝市戒严尚未解除，更难处置。吾谓在剧场被捕，或不致如此。邦华为本票事，与洁平、德人大吵一阵，今又发生此事，可称多事。

6月16日 今天开始移运古物，轮艇虽尚无到渝消息，然为预囤存一部分箱运至朝天门民生公司囤船中，备必要时可由此囤船径运至登陆艇中。十一时许，闻运出一汽车倾翻，在向家坡到罗家坝一坡翻深四丈许，车粉碎，箱外表却无伤，司机逃走，将箱运回待查。

6月17日 今早仍装车运海棠［溪］下驳船，同时海棠溪方面并用小汽船拖木驳船至朝天门民生公司囤船。此等繁琐手续若在国外均无，我国今日尚不能也。七时许，即同德人往江边，拟乘汽船随古物至朝天门沿途查看，在江边久候汽轮至九时行。昨夜有雨，幸不大，古物箱上覆以油布，可无恙。今雨止有微阳，天又转热，遂即开始将古物箱下入囤船仓库，有欧阳南华在彼接收。拟交款十万元与民生公司吴先生请转戴荔生（有励介绍函，吴亦北大同学。七万应还荔生代付书款者，余存荔生处），惟吾是廿万本票一张，必先兑换不可；商之德人，彼示我百万现钞（到底管总务有此方便），惟以请吃西菜为条件，当然照办。用其定菜一汤一菜一吐司为四千元一份，外加冰淇淋二千五一份及加小费，二人共一万九千元，饭后分手。

6月18日 早开库查白蚁。得心如电，云车已到长沙，无事。昨地摊上所得《滇初近志》，此吾幼年最喜阅之小说式图文读物也，原本惜失之南京，不意今又得之，将以示吾诸儿，吾国文稍有根柢与此书有关也。下午，开三人谈话会，德人主张提前发薪，经济权在其手中，况又关大家快事，我又何必反对。所谓会议者不过形式，其实早决定，我岂不知？装聋卖傻而已。又告，特别办公费五月起增为九万一月。会后留饭，今日主要为请马临，临者院长侄儿也，我认为无聊无聊。

6月19日　查16日倾翻一车文物，瓷器有损坏者，幸非上品，且件数不多，看马先生将来如何办吧。风雨竟日凄凄惨惨，时局不靖……国府应付无方，大有垮台之势。心中有一种感触，一似暴风雨之又将降临。此烦忧非因何事，完全直觉。抗战初始，吾在南京即有此感觉，今又似之，心中益闷，只得以酒消忧。

6月20日　民生来消息，廿三有114号登陆艇到。明日发薪，拟入城大买应用物。丁今入城也大买近百万物品。

6月21日　本定今日与侠进城，大雨到晓不止，我已无勇气。侠毅然欲往，我不示弱遂冒雨行，怀携百万，平生最阔气之一天也……此一天一切在内，共用去八十余万，平生第一次也。

6月22日　五时起，呼刘、黄二君起，六时搬箱。侠携因、喆、灵过江去，下午归，为我带来太真［杨贵妃］所食之荔枝，惜我非嗜者。午间照例吃担担面，云卡通电影甚好，电影中闻得贝多芬之交响曲。① 山上下奔走一天，入晚甚倦。蔡寄沧来，彼此次押运船去南京，谈对此间规定旅费数甚不满，前政府新规定日三万余元，渝方只发万元也。

---

①　如今回忆，此卡通片名为《幻想曲》（Fantasia），于1940年由迪士尼公司发行上映。

第四章　徐徐东行——三路文物转运南京

6月23日　今日民生公司114登陆艇抵渝装载故宫古物，明日开行赴南京。晨大雾弥漫，丈外不见人。早仍自库房搬箱，汽车运至海棠溪，再由汽船拖木船运至朝天门，再装至登陆艇。因大雾汽车慢，又因［端］午节，向家坡、海棠溪两处工人动作慢，致每次所装去的箱数少。下午受午节影响，实未运出只箱。偕携诸儿去江边看龙舟去。近日东北、华北战况均不佳，有放弃东北之说，恐华北亦难保，抗战不能返故乡无怨，胜利竟不能返，恐此生做周公瑾第二耶？

6月24日　开库检查白蚁，并将一及廿四库箱重新堆置。德人抱病，邦华过江，日间苦热遂无所事。晚邦来同到总处会谈：1. 昨开之艇公司装载桐油。2. 本院每次保留之五人舱位（一职员、一工友、三宪兵），此次均无；艇中公司方虽不售票，而艇上有自售票（所谓黄鱼）。保留之五位所以无有者，逼行者别纳费（事实上蔡寄沧诸人均睡地铺，宪兵三人本可大闹，因别有团部参谋长等十人均不纳费者，亦无从闹起），决由德人明往据合同交涉了。

6月25日　邦华昨告市内物价自［端午］节后大涨。昨又得牛守愚函，请代购作蚊帐夏布六匹。今早天气阴凉，恐物价再涨，遂由洁平处支款百万，将办事处事处理完后，与刘峨士同过江去买；吕宋烟七天前价七千元者，今为一万；分文不少，真吓死人。照相胶片每卷二万者不买，今以二万五买之。夏布每匹六万五，六匹卅九万；无比较，不知涨的程度。……齐君士铉来，晚留宿［据5月16日记载：马先生来函对齐士铉搭船事已同意，励转告，再转告齐］。

6月26日　今日移箱，即将山上库中之箱移到山下库中，以便装车迅速。小雨蒙蒙,今年雨量特多,然北方正相反。与侠到那心如家闲坐。梁［廷炜］、吴［爽秋］、那［心如］三人在二十年前初入故宫,均作书记;时均未婚,即已结为所谓"金兰之好"。三家太太今乃水火之不相投,吾早知之;今日不但莫听那太太照例之文章,又加入孙家甽太太也詈骂在内,愚夫妇听来真不入耳,只得稍坐告辞。

6月28日 大雾,侠仍进城买锅碗等物去,过午方回。灵儿先返,云在城内因奇贵,每人食一烧饼充饥,诸儿均知家中艰难无怨言。读《建文年谱》,此乃昨在城内一地摊上无意中以二千元廉价所得之佳书也。书为东莱赵氏楹书丛刊之单行本,廿三年赵琪排印,即年谱作者士喆先生之后也;将去重庆,自忖已无购买书本之机运,而竟得之,心中甚喜。

6月29日 昨今两天均装车运海棠溪,转驳朝天门民生囤船;吾已病两天未出屋参加工作,心中歉然。已昏睡一天,天又暴热,汗出如雨。孩子们全放暑假,吾向禁止我家孩子到别人家去,但不便禁止别人孩子之来访,我家又有大球［篮球及篮架］,更能吸引人。一天来者不断,大玩特玩,心荒了,此其一(决不作画矣,大热天初放假亦不便逼之);乱吵一天,此其二;尚是小问题。怕由孩子生出别的是非,学得别的恶习惯;然来日方长,来日更难,此当不是道也。昏睡醒,则读《建文年谱》,已详读了三遍,读了又读,长我学识不少。

6月30日 病仍未复原,德人来算是探病,于是大摆龙门。和平无望,……如此情况,故官文物本不应运京,然马公焉敢有此主张?来日大难只好听天由命。德谈得高兴,要告我他总处一件丑事:许礼儒结婚时,由家汇来五十万,不知被何人私领,至今不能查清,不了了之;问收件章归何人保管,则小王等工友也!如此工人尚不严办,将来必闯大祸;以励之精明岂不知之,而竟不办,必有私病在彼手中。所谓无欲则刚,否则为彼爪牙,互得移运之利,等于心腹不能解办,工者必居其一矣。戴荔生为我寄所购书已月余尚不见到,或亦走私耶?盖此等物工友虽不要,而有人喜之也。今天邦华仍去搬山上之箱至山下,搬了一天,不到一百箱;前一天移四百箱,尚云少,今竟默不一言,亦一怪事。晚邦亦来看病,云明仍搬箱。拟将甲组事交代之。

7月1日 连日大热,十时已觉不堪,下午更甚,坐卧不适,饮食难下,终日狂饮冷水;然吾屋外尚有一株大黄葛,荫覆全屋,墙外尚有爬墙虎绿满纱窗,到南京皆无之。薄板木房徒有其表(据云外观甚美),冬凉夏暖,当念向家坡不只城市山林环境之幽美也。夜十时后已卧,侠又拉起,有追凉必要(追凉或宋时蜀方言,大足宋人题名多此语);见小院月光皎洁(五月十四)、树影参差,……时近午夜,景清幽远,望重庆万灯灿照;念此情此景人生难再,流连久之始归室入睡。

7月2日 在邦家开临时会一次,我表示决月半后东下,决定二批古物出发,即将甲组主任交由邦华代[三组归一人。另乙组那志良因运石鼓,也已将业务交与邦华],例行事由峨士办。此公有大炮绰号,然南方小人向来暗算仇家,我在刘诸事碍吾之面,去后无惮忌恐为人所利用。正开议中马公函到,对川湘种种大不满,似有刮胡子之表示。复员参加费前言每人每天五千元,至今不发且不允借;我提议非发不可,决每人可暂借。下午坡下总务处一阵大闹,探马报云,王程妻因王打牌而夫妻吵嘴斗殴,许礼儒往劝结果许反被抓破打伤。王固好打,而励拉打不可,所以得宠,即为打牌送铜；王有苦衷焉能不打。

7月3日［农历五月十五］　今日重庆风俗称之大端阳，江上依然有龙舟竞赛之事，情况隆重过于端午，外县有数十百里来观者。邦、德两家全体从早均进城去，盖占据民生囤船，既可休息又不炙晒，观舟胜地也。诸儿亦欲去，因天气太热进城是一件苦事，且不欲趋人后尘；只于下午四时全家到海棠溪，选一临江茶馆坐看（赛舟者在临江、朝天、储奇门三聚点举行）。舟分重庆各门，以颜色区分；见有红、黄、青、白、黑等六龙，以千厮门之黄龙最快。两岸观者江边以至山上，不下数万，亦洋洋大观也。

在江边观看那一次的龙舟大赛，我印象还很鲜明。记忆中，参加竞赛的龙船都被雕造成向前飞游的龙形，并且各被漆成或红或蓝或黑等不同的颜色；舟上的赛手也都穿着同色服装（好像头上还扎着同色的头巾）；每艘船上都有一名鼓手站立船上。当比赛号音响起，只见颜色各异的几条龙舟，就在有节奏的咚咚震耳鼓声与整齐的协力划桨动作中，在宽阔有波的江面上各自奋力逆水向前竞逐挺进；这时耳边从距离我们最近的一艘黑色龙船上不断传来"嘿——嘿，乌牙儿！嘿——嘿，乌老龙！"配合鼓声节奏的反复合唱歌声，直到它从右方横过眼前和其他赛船一起朝长江上游越划越远。

1947年7月4日　全家本想看川剧吃大鱼，去渝之前痛快玩一天或再拍一张全家福照片。诸儿对川剧不感兴趣，临时改看电影；遂与若侠坐茶馆等候。晚间开西瓜全家吃之，大痛快。

我还记得那天戏院里黑压压的都是人，我和哥哥们挤站在人群后

第四章　徐徐东行——三路文物转运南京　｜　185

面连戏台都看不全，演员也看不清楚。当时台上唱的什么戏根本不知道，至于唱词则一句也听不懂；我只记得常常在台上演员唱到某一句时，台下满场观众便会及时齐声回应，跟我自小听过多场的平剧（京剧）很不一样。出来后讲给父亲听，他说那就叫"帮腔"。

1947年7月5日　总务处之人购买力之强真使人惊讶，昨俄亲见王程押一工友运大批火腿上山；今天峨士查库（雨天工作），见宾学奎抬五箱肥皂，询之何人所购，宾云院长的。然我到丁处听他们谈云，厂中不知我们要这许多箱，一时尚无货交云云；我明白矣，是私带货均寄在院长名下以作掩护耳。许事至今依然无下文[指6月30日许礼儒失汇款事]，我所担心戴荔生代我买之《通俗编植物名实图考》[见6月17日将款交戴荔生七万代付书款者，余存荔生处]，云书寄出已一月又半，至今未到，疑或亦走私矣。许事其家中汇来五十万，不知为何人代领去，多人疑程志高；程，励科长跑上房的也。吾以为疑程亦颇可能，忆老常[维钧]走时领旅费五十万交亦王[程]、程[志高]二人送之过江，款亦交之，待常点收时竟少二万。

7月6日　下午在我斋开复员会，主要事为搬箱之力运队、驳船等纷纷要求加价（邮政最近加价，平信原为百六者，今加为五百，一般航快信需二千元之甫。公路昨骤加，民生公司亦已加）；盖米肉陡涨，势非加不可。得蔡寄沧函，云在南京晤朱胖子，有马院长出介绍函与马参事巽伯，马允设法（在经济委员会设法）。马巽伯者，幼渔先生长子，少年得意，抗战初为交通部司长参事，彼香港乃有倚友机缘，大做生意、玩女人，声名狼藉；黑了若干年，今不知如何钻营，又到行政院经发会仍做他的参事。俄廿六年（1937）自南京出时所服之衣尚在，今将归矣；

特使之仍穿此衣在院拍一照，以示还都之意。

7月7日　112艇明日可以"吉渝"（民生—现代大公司与院函均云吉渝，初不明，后知船上讳"到"字，"吉渝"就是"到渝"）。今上午六时起开始装车，八时许王肃华来告，今早江水骤涨七八丈，木船无法靠岸，古物无法上船，意欲停运一天。渝每年有洪水期，江上多危险，多在六七月间。遂与邦、德三人疾往视察，果见长江滚滚，平时由马路至水涯有七八丈石阶，今只有丈许。……商看多时，见一港口可以停靠，方始下车。德进城去，邦亦返；不意此港乃汽车轮渡所用，势非移让不可。此外只有商借所谓委员长御用之轮渡口；……蒋今去已一年，此港仍保留封锁。往商之，见四人正打麻将，视我等如犬彘，昂然上坐，动也不动，既无理由，毫无磋商余地；态度之傲，令人冒火，恨不能上去每人打两耳光，教训此等狗仗人势之辈；但再三抑制，愤愤而返。

7月8日　齐士铉今早去朝天门候艇。若侠携申儿去那家看那宗训咯血疾（从昨大口吐）。与三儿在家，命老三为我画像；窗外杜鹃悲啼不已，今年此鸟鸣声特长，为吾送行耶。德人送来马先生命代购之本地吕宋［烟］十盒，是三五牌，比三八尤贵，十盒至少需廿万；求唐光晋带、蔡寄沧带，以后每批必分带。从今日起，吾已不过问处中事务。下午正拟偕侠过江去看登陆艇，并为宋阶平嘱带购白木耳、被面等；而邦来告，112艇今日又不能到渝，遂临时不去。侠改整理行装，吾亦上山看小那［指那心如长子那宗训］之病，……大概是TB［指肺结核］无疑；见其面无人色，非不能言，然已不吐；力劝其营养第一、静卧第一、乐观第一。

7月9日　登陆艇昨天说今天到，今天又说明天到。原因据说江水太大。我只知道江水落时大船无法来渝，谁知大了也不行；中国事事靠天，事事困难。本想见艇之便，与侠顺途买物，今不及候之，下午遂往；先到民生路宝康药房买晕船药，侠所备者。

7月10日　阴，好机会不可错过，登南山赴广益为庄因申请转学手续；幸遇校中办事人，云彼之学籍正呈市教育局办理中，在未核准前不能发正式转学证书，且大考有英文40分、算术23分不及格，尚须补考，看来此子到南京恐仍需入初一上也。112艇上午已到，下午再偕侠往看。据欧阳南华告，舱中房位每铺十五万，我一家则需九十万如何了得，只有船后一露天舱地甚大，惟恐落雨。

7月11日　落雨。捆箱子捆家具，屋中凌乱不堪。十一时黄居祥由朝天门奔回，云112登陆艇昨夜装箱至今晨一时完。晨拟开行前，黄鱼七八十人涌上，军、警、宪联合上船检查；一部分是持本院介绍信，有四十余占大多数，一部分船上私售黄鱼票廿余，一部分为其他军事方面介绍函者（以上据押运员励芝仙所告），各方大哗；认为故宫海发船票，甚至有私收费用嫌疑，问之励芝先，究发出若干耳，励不知，问其能否负责，答以不能；又问之所谓朝天门办事处，主任欧阳南华亦不知其数，且避不出面（胆小），固使黄归问究竟人数。此事之发生，为应付宪兵方面，拟搭船者由励一人主之，无第二人知之。午后丁洁平亦由朝天门归，报告比较稍有头绪，观察事之起因，或由民生方面主使，最后各方认为登陆艇根本不能公开售票，搭船黄鱼更属违法，除所定押运8人外。

7月13日　上午在总务驳船承包商讨论加价事，月余来，即不论物价波动之大，官方所营公共事业已先加价之倡导，最显著者如邮电、汽车；难怪商人之百物增高，故加价已无问题。如平信百元今增至五百元为百分之四百倍，船方要求作125%计；说之至再，自本月份起增作80%，老实说来商人到底老实。好职小学今日发成绩报告单，喆儿全班第一名、全校第二名，下年如续读可免收学费；灵儿全班第二名，二人亦各得奖品皮球、书籍等。庄氏兄弟在此小学锋头出尽，盼将来勿如老二之一入中学便落伍也。

7月15日　那太太来云宗训已去医院诊视，恐是肺病，嘱至少静卧三个月；再照X光，自患病以来用去数十万矣。欧家父子肺病，励钧先也曾大咳血，日与肺病大王相近，真危险。院中有平日谈话必骂四川人者，今天却大买川货，甚至四川盐巴全要带几十斤走：云做泡菜非用川之井盐不可，以海盐泡之菜有苦味。

7月16日　前力运队抬箱时，摔伤一箱为刘峨士发觉；出组检视，内康熙年制铜钟四口，两口已有震璺，刘据实报到委员会，委员会有签呈院长完全备案；口气对责任问题一字不提。好一篇轻描淡写文章，将来只看院长如何批矣。

7月17日　疾行到家，见邦华正与侠立话，云顷南华自城内返，云114（登陆）艇已到①：原定先开宜昌短途一次，今不去宜昌，明日即须装运古物上船，19日早开行。……吾决定押运这趟文物，全家亦随114艇东下，由于七月没有另一趟，将错过南京中学入学考试。只有一夜收拾行李时间：一、将私人箱子，包

---

①　即实际装运东归古物之船，之前日记所载112艇，似为另艘同型舰艇。

括友人委托代运者在内,计维钧、维本、静农、森玉、树平、建功等对象交总务处编号,以便同文物入舱;二、点交甲组具领之家具与总务处;三、将私人家具交总务处编俱字号运(系部分);四、将余下私人家具交刘代管。五、将友人委托书箱交峨士。又到丁处领旅费(扣去途中伙食费交民生),一家领五十万,又领五十万公款备路中特别用。客来不断,至十时方得晚饭,诸儿多日等候,一旦确定高兴不睡。又邦华来说定,洪武决同行。十二时客渐去后,始得与峨士、居祥话前后诸事。一时后诸人入睡,才将未装私物胡乱塞入各箱中。

图 4-1　庄灵少时所绘《登陆艇下渝州》

7 月 18 日　瞠目终宵闻鸡而起,天尚未明,先捆行李候院中人起,申儿昨在山下采得之白莲花二支陈之桌上者,连瓶分赠德人、洁平二人；吾有用意，不知受者能领悟否？到各家辞别，……对南山默立片刻，遂与全家及洪武步行下山；邦、德诸人送之库棚之下，再在海棠溪等候汽划拖船；至二时到朝天门即登艇，到预定船尾一处，见居祥、匡忠已将行军床张开作为占据，表示不准他人侵入。押运宪兵四人由班长王宗烈率领，亦已来到上层甲板上，吾一家在下层凹处为可避风，此处尚有帆布天棚同可避日光，惟不能避雨；唯一希望在此数日内如不落雨则吾幸矣。本拟作黄鱼托民生向船员高价买舱铺，吴谓吾一行人太多所费不赀，亦劝不必冒险，到船上一看遂决省此数十万元。南华、居祥、匡忠、治彬四人合请一家在状元楼午饭；四时再上岸到大街吃沙锅鱼头等下江菜，小弟吃得高兴口说享受（此子颇为掉书袋，用之皆恰）；八时归船；居渝一载向未作渝市夜游，不意行前竟得一游。到船已开始装舱，系面粉等物。九时合衣而卧。十时又起见正将要装文物，工人将箱乱塞乱抛，大声疾呼无人听从，各处觅得南华干涉之亦无效，幸渐来小箱整齐一律，秩序始渐佳，乃归舱卧；如此时卧时起，一夜仍不得安眠。

7月19日 114号登陆艇彻夜上货，人声杂乱，心又念文物，终夜不能安睡，默念平生与军舰可称有缘，去英时乘英巡洋舰HMS Suffolk，今古物出川亦是借美军用登陆之新式军舰船，见船头左部甲板上凹进一部分，分明为一种创痕，或作战之遗迹也。早八时文物装满，共计一千八百三十一箱；前两批每批均在二千箱以上，此次大箱居多，故箱数反少。八十箱精品亦完全装入，此八十箱文物，吾与同出国、同回国，抗战初起负责护运出京，而湘、而黔、而川，今又护运返京，十余载来可谓相依为命矣！装箱既完，各舱门一一加以封锁，只候开行。不意管理员王某竟说,此船今不开行,因左翼打水机已坏,须待用"民铎"号轮拖行,问"民铎"则云由宜昌上驶,尚未来到。

7月20日 天下事怕甚么有甚么,在艇上宿于露天舱位,所怕者雨,昨夜竟尔落雨,只有一处可以躲避,又安能容如许人,大为狼狈。侠所占铺位,黄先生认为最隐蔽之处,谁知甲板上水全由其头上下注流入江中,如水帘洞一般;幸不久雨止,乃得各归原位,然被褥数床已淋湿矣。在船上感想昔乘英军舰,上船第一感受为严肃与洁净,今登此114艇,恰与之相反,为散乱与污秽,莫轻视此小节,亦强弱之本也。申庆购得《世界日报》居然有他所为短文一篇,难怪其注意买报,此其平生文字登载〔报〕端之第一次也,题为"记载南山中学"。早雨近十时许又落,梁伯华来时正在无聊,拉之同饮以花生豆下酒,刘峨士亦来,欲邀上岸午饭时,畏走此软木跳板,看诸人走上走下毫不介意,我则无此勇气,辞焉。白天落雨当有办法,夜间落雨窘极。洗衣人一老头子告可径访水手头夏某,在水手房中可得铺位;数次访之不得见也,不知是否故意避不见面,真觉窘极。傍晚全船人皆在甲板上谈笑风生,我独彷徨无措。"民铎"开到,然拖行有无危险耶?据船上人云绝无危险,因本艇非不能行,恐三峡中急湾多、转折不灵,到宜昌之后水大江平,可以自行直航南京;闻之心稍安。晚船上王管理员云,本艇定明早开行。

7月21日 清晨,"民铎"果来拖114艇。左部机件不灵,以为必在左部拖之,而"民铎"反靠114之右,大感不解;结果已拖成者,又解缆再开走,又开回左部拖之;自六时拖起,至八时始成。此小事可记之,以见国人事事之无准备,做事先之无计划。然诸儿则大感兴趣,鹄立甲板左顾右盼,好不快哉。八时许日出天晴,长笛一声鸣矣。重庆,浪花滚滚,南岸诸峰再不复见;复员、复员,真复员耶?恍如梦中。船之行前,有军、警、宪等合组之纠察团来船检查;十余人一众,无处不到,查了又查,像煞有介事,但开行之后,我发现船上仍有黄鱼。此船非本院所包,我也不能干涉;不但此也,我奉公之押运员也竟无舱位,昨天且为雨淋(前两次押运之蔡、励也何尝不如此?);不但不能与船员比,且不能与水手比,相形未免见绌。自己尚可厚颜忍耐,因公务员之穷世人共知,所谓科长在彼等目中,也恐水手之不如;惟小孩们实受不了,万一白天日炙夜间雨淋因而致病,小则父母着急,大则伤财伤生,未免不值;所以无法可想,我不但不能干涉黄鱼,我本身且拟降作黄鱼。寻找水手头夏某避不出见,此路已绝;厨房茶房王某人甚好,遂与之商,果介绍在厨工房中移让四张吊铺(此一间方广不过六尺,上下三层共有十铺,狭小拥挤可想见),初索百万,说之至再,以五十万交易成功。下午托船之钢绳折断,两船几乎脱离,幸发现尚早,未致出险。诸儿苦立露天之甲板上,于行船一切大感兴趣,驱之不返回舱。一时过涪陵,目下水位正大,江中石鱼[白鹤梁之石刻]竟不得见,船亦不停靠;枯立船头,怀想涪翁不觉神驰。① 转瞬之间城已不见。下午八时许到万县,天已入暝;船立江中不靠岸,远望山城,灯火上下颇似香港。有小船划近大船,售卖食物;小船低大船高,以长竹竿一端置篮,食物阗放篮中,扬入大船,视之卤鸭肝、皮蛋等,又有大曲酒,一时酒兴大发,买了一些;口多菜少,亦用万余元。所住厨仓中,不但奇热,而且十人一屋,全是

---

① 白鹤梁最著名的石刻除石鱼外,名句"元符庚辰涪翁来"即传为黄庭坚所书;黄庭坚被贬涪州时曾自号涪翁。

粗野大汉，侠一女人自多不便。且一口靠近冷藏室，生冷肉鱼之味奇臭，屋中又特污龊；一种豆虫满船满桌乱爬，卧在铺上气闷不出，船终夜不行。

7月22日 天未明，114艇自万县启行，走出很远，发现押运宪兵少了一人（早膳时）。询之王班长，云上岸买米去未还，而船已行（此间米必贱，船上买了数十袋，各隙地堆积皆米袋也），大为惋惜，然亦无法。又在厨仓中实是气闷，又同屋人赤身露体，翘然能见其势亦实不雅。油虫到处奔驰，菜味触鼻欲呕。昨夜入睡之后，辗转不寐，恨极。默想，倘如夜间不落雨，此数十万不为妄用？天未明，一家人即起，昨夜果然大雨倾盆，心中稍为松快。十时许，过奉节，由此入峡，惜无人指示名胜，凭一纸地图作向导。一家人渴望已久，均立甲板上左右顾盼。登陆艇甲板上，四无障碍，最宜看风景。天又晴朗万里无云，白帝城因山作雉颇雄壮，但荒凉似无人居住。滟滪堆、八阵图，一水手云即在城下江中，亦因水大不得见。夔门两山夹峙，壁立千呎[英尺]，气象雄伟壮丽。人在船头，仿佛己身正随江流直入天堑。

入峡后，山形骤变，江狭水急，两岸山高，益觉杜诗"巫山巫峡气萧森"形容之恰。① 由此一路到荆宜，杜诗题咏甚多，逐首诵读为诸儿讲解，船上人以我为书呆子也。地图上所示巫山十二峰处，千峰峙立，所谓北岸六峰，南岸三峰者，不能明指。赤日中悬，不见片云，亦与相传巫山诗意不合。离巫山峡后，山势稍微平缓，一家人鹄立甲板已数小时，午饭饮水休憩，不觉睡去

---

① 诗圣杜甫《秋兴》八首之一："玉露凋伤枫树林，巫山巫峡气萧森；江间波浪兼天涌，塞上风云接地阴。丛菊两开他日泪，孤舟一系故园心；寒衣处处催刀尺，白帝城高急暮砧。"

图4-2 长江三峡上端瞿塘峡入口夔门,此时三峡大坝尚未建成,两旁峭壁直耸天际,江中轮船竟似一叶扁舟(1997年庄灵摄)

(晒得发昏)。醒来秭归县已过,宋玉、昭君故里,不得一见,大恨。乃不敢离开,如此又数小时,傍晚时到宜昌。所谓三游洞,友人告在船上可见,亦不能见之。宜昌平平,毫无景致,船仍停江心,云换领江人即行,而久候仍不行,忽由小船送上一大批男男女女十人,箱子行李数十件,王班长趋与之招呼,耳语多时,拉一人来见,乃上次112艇被驱逐下船之军人也(宪兵团部有关系者,故王招呼之,似早已知之)。上次欲白乘船而被驱逐,不知为何来宜。此次已购票,故船上不干涉之,吾亦不能固执。惟见此一般人不似上流人,遂与之约互不侵犯之条件。九时许启碇行,锚竟不上,用机器即转之,竟带上一条大锁链来,不知何年何船之所沉者。船人大喜,云足值数十万,同人可以分肥。

王浚楼船下益州，吴人铁锁横江定此耶，惜非其地也。临去睡，再三嘱王振楷［故宫技工］小心，以顷上一般人，贼头贼脑极不端正。

7月23日 早八时许，过沙市，江水平平，两岸平畴一望无际，无复景物可言。傍晚落霞甚美观，夜航不久又停。全家无不以入睡为苦。

7月24日 六时许，过岳阳，岳州、洞庭形势不能见，惟见一塔耳。十时，过小姑山。廿六年［1937］逃亡时，一家人［当时我尚未出生］护运今之八十箱文物，系乘招商局之建国轮。

第二节　初迁南京

父亲日记中7月25、26日两天空白，在此期间，我们一行人已下船到南京，入住朝天宫故宫南京分院活动房屋。初到南京之时，生活较为困难，如父亲日记中所记：

1947年7月27日 一家人睡在活动屋地板上，无帐无蚊烟香，晓起人人全身奇痒。去下关，十时许石鼓运完，开始运吾114艇装载文物。下关由吴荣华、蒋克谦接收，装汽车运至朝天宫入库，由宋阶平、蒋祖寿接收，均放二楼。汽车只有五辆，往返运一天只入库八百余箱；船舱库门仍封锁之，交宪兵驻守。一家仍在地板上卧。在宋府打搅饭食一天，终非长久之计，决自明天起全体加入龚、蒋等单身之伙食团。活动房奇热。

母亲的记忆文亦可印证：

……人则给预备铁皮活动房子，屋呈半圆形［该屋实如一块平放在多个水泥高墩上的半圆柱体，一屋分隔成两家；仅两头有门］。每家仅两间，一大一小；共有四栋（公厕仅一栋，离住屋颇远）。遍地蔓草并无厨房，无法烧饭，当与院中同人搭伙食，一方面找工人锄草，一方面交涉给盖厨房，食住问题才得告一段落。最幸福者是后到者，什么困难问题都给解决了……

父亲初到南京，便在十分困难的境况中投身于南迁文物的接收和整理工作，并兼及与战时故友再续离情；唯与院中同人相处时，则因想法做法不同而时感不快。

1947 年 7 月 31 日　渝处来电称民生公司因运费增加，院方尚未付款（因请求追加政院尚未核准），有停止运输之议；请念劬在此就近与民生总经理卢作孚交涉。念劬又告，故宫易案有再起诉之事。按易案之荒唐，稍明故宫情形者皆知，虽滑天下之大稽，亦早已成定案；易本人且已下世，何至又兴波澜耶？

8 月 1 日　早餐后与蒋念椿、张德恒再到二楼库中清查古物箱数，确定总数为 6004 箱；按重庆数为 6003 箱，大约我所押一批文物多发一箱之故，即退出写信询问邦华，并请渝方亦同时清查。建厨房，干城［念劬］告决明日动工。院中人口复杂，彼私人对象数件已不翼而飞。上午若侠携庄因和欧阳洪武二人往市立一中报考，考期明日举行；申庆因不招插班生，仍无法报考。欲提取私人箱件，因无工人抬搬无法而止，惟许多家用亦均不能取出。仍无桌凳，下午纳凉一家铺油布坐于地上。

8月2日 将私人书物箱十四件领出，平日书物恨少，移家离乱则厌其多。今此所分小屋两间，安床设椅已觉室无隙地，此十四箱安有存放之处？暂时寄放在梁伯华室。拟稍事检选，凡必不可少者取出；书则限设两小架，一架自用、一架与学生，其余只得装箱另想办法。得齐树平自沪来函，云即飞平，在友人处见明版《庄子》一部，上有北平庄氏藏书印，必吾廿六年［1937］陷南京之物也，闻之不胜悲愤。

8月3日 下午一时尚不午饭，腹中雷鸣，一到饭桌又不思入口。天气奇热，下午三时许最高温98华氏度。屋小张起蚊帐便有"天网地罗"之势。阅晚报，沈兼士昨晚宴杭立武、马叔平尚谈笑风生，十时许竟中风顷刻故去；与宴之客临时组织治丧委员会，闻之不胜悲感，老辈又弱一人。吾十三年［1924］自北大毕业，即入北大研究所国学门为助教时，沈先生为主任；平时无一面缘，因［顾］颉刚之介颇有知遇之感。此后廿年来在研究所、故官工作均受先生之领导；虽非师生，所惠不啻严师。先生性急直，与吾之性格尤相近，而视见远大，今日中央研究院国学部分之工作，廿年前沈先生已早见到、已早工作，惟时局不安人事辗转，故未能行耳。自来渝后卅四年［1945］曾一度咯血，即因血压高血管破裂之故；亲友已诚告有中风可能，先生亦自知之。今果不幸竟因此病而不治，非猝然不起；离此烦恼污秽之世，安知非乐耶？

8月4日 晨醒仰屋默思竟得挽沈三先生联，下联曰："但开风气不为师"，惜无上句可集，又出之吾口气似太大，但自谓极允恰；倘知其自主持北大研究所以来半生事业，当不河汉斯言。

小屋两间放什物外，已感人满之患；将来吾之书册如何插列，大是问题。不想吃晚饭，买大饼一斤、南京著名之咸水鸭五千元（半斤之半），然粥少僧多，五个孩子［笔者四兄弟，再加欧阳洪武］每人只尝一脔，已分去十之七八矣。

8月5日 与若侠访曹淑逸；曹民国廿七年［1938］在安顺筹设黔江师范后为校长，彼时中英庚款会所创办者。不久曹去江津办大学先修班，黔江校长由其外甥张通谟继之；不久张亦去，始由陈达夫继之。侠于张任校长时为中学教员，至离安顺。

8月6日 向家坡之老友张力行来访，告知南京住屋不易；吾现住之房，蒋任官所分配之屋并不优于此。租屋至少三十万，得先付半年，闻之稍自安慰。又云美人魏德迈曾来此向蒋公提三条件：第一，贪污官吏必须离职，人名由彼提出并附贪赃证据。第二，文武公教人员薪资必须提高至能养家养廉之程度。第三，军队绝对不许有空额，各军中由美人派员检视。若能允许则借款不成问题，否则借款徒饱中人，于国于民何益何补？此三事似有失体面，何况中国人又是最爱面子之人（然亦简要切中中国之病），料此议应难获允。

8月7日 去教育部访曹司长，为诸儿事；私校念不起。得邦华函，云三批之一八三二箱内，恐有木座一箱，此箱乃文物附件，原不列在文物箱内也；因此与心如、爽秋、若侠午饭后入库查之，查得木座一箱，确有之，但非木座而是文物；盖运出时，又把文物箱误作木座，可谓错中错；此情形请心如与邦华去函讨论之。朱豫卿来，别将一载，彼见面大声疾呼南京生活之不易，谁不知之？似亦不必如此疾呼，吾则抱既来之则安之态度。谈到孩子求学问题，彼云非托人不可，不然天大本领也不能录取；彼为其子读书之事，亦费尽九牛二虎之力，人情也托得不轻。心如出示德人来函云，拟自出资在公家为其所建厨房旁独建一下房备住雇工，邦华亦如此，此房一间平均五百余万，励岂不知，好大口气。腹中不饱不饥，清淡无味，晚饭不下，以酒代饭；如此久之，不胃病也要患病。

8月9日　黄干城［念劬］昨告，雷震（浑蛋党棍，因拉国民党外人员之因缘，竟得列名国府委员；所谓天下无人，竖子成名。忆廿四年［1945］，彼不过王雪艇手下总务司长，云在沪办去英展览总务事宜，被郭世五［葆昌］当面指骂如教训儿子、孙子一般，竟不敢动怒，其人之无耻厚颜可知）在国府议席上竟主张本院文物停运暂不出川，不知是何用意。黄今往访之，以吾在沪曾与之共事，拉同往，谢辞之。盖我今日仍如郭之当面骂他，他一定不受，要我恭维他，我不能，何况我也主张文物暂缓出川者，惟视所持理由为何耳。

8月12日　昨天热的真是老虎，院中有风稍凉；然有一家人男女大小赤膊露体（形同难民）羞与同坐，宁愿一人在屋蒸包子式半卧胡床，读《书舶庸谈》。下午用冷水洗浴（洗澡是一大问题，每晚六时始有热水，鱼贯等候费时，盆又不洁，已多日不敢光临；昨下午身上发臭味，因在己家拭澡，水少不快不净，宁愿冷浴）。总［务］方告云，民生消息113艇昨日自渝开出，15日可到南京。先与心如共同定库房堆箱，自四批起分沪、上、寓、公等字分堆，将来易于检查；又同去访干城请雇临时小工搬箱。八家厨房建成，我本分得七号，德人八号，今德人自建单独者，吾可分得八号，因在边际比中央各家为清静。

8月13日　数日以来天气炎热，早至夜无片刻之凉，每天均百［华氏］度左右。吾谓之"炊人太甚",欺人之太甚也。吴爽秋则谓"逼上梁山",他们一家全登山纳凉。在我屋窗外有一土坡,坡上稍有树木可有树荫。今由干城处借来本院各种书画刊物102本,《故宫书画集》与《故宫月刊》,诸儿见所未见,视之大喜;古人云贫儿暴富,此之谓也。

图4-3 南京分院旁冶山一景,抗战胜利后故宫新盖职员馆舍(活动房屋),建在图中冶山另一侧山坡下,彼处便有许多树木(本图系庄严所留老明信片,庄灵藏)

8月14日 来此尚未一游太平路花牌楼,昔日最繁华之地;遂沿中山路大行官而往,见繁华远不如从前。两人正在开明书店附近徘徊观看,有人呼喊,视之乃陈达夫,出乎意外,大喜过望。彼意欲到开明,遂同入,见彼取款五百万,臃肿一大袋。邀之小饮,开明介绍附近杨公井有王人和著名酒店,仿佛记得十五年前曾与徐诗心一同往饮。吾二人乃安顺酒友，安顺一别今已将四载，刻在台湾大学兼台湾博物馆馆长；询知魏建功虽尚在台湾，然不久仍回北大教书，静农则仍在台大。二人饮了三斤酒，吃一些海味，本拟作东道者，到此地步，默计非十五万以上不可。而陈又电邀到其寓所，拜访之朋友来，一为沈其达，乃沈其道之兄；吾与沈其道北大同学，亦安顺之友；五人再饮。结束均有酒意，各自分手；主人由陈作了，用三十余万。归家得马先生函。

8月15日 得德人函云与邦华决自己出资加建二人下房一间。因儿与洪武往考市立四中，申儿到市立五中报名插班生；领二人生活及教育补助费等共七十四万元。民生公司电告113艇明早决可到下关。晚又得德人电，云工人下房决不建，如此一事函电交驰不下七八次。

8月16日 113艇又改明日始到。得朱胖电话邀同访郦衡叔①，盖此人神交三四年矣；卅三年［1944］故宫在筑展览时，郦在浙大任教（时在遵义），组有萍舸画社，曾经运画到筑展览；见社中皎者为郦与魏西云耳，惜无由见面。在渝时知郦与静农亦甚熟谙，吾曾与之通书，今还都始得识荆。郦年虽不大，然已有长须飘然，装作老气。至傍晚辞出，朱邀到他家；据朱云这一带所谓

———————
① 郦衡叔（1904—1967），名承铨，多以号行世，南京人。先生虽未曾受过学校教育，但受业于王伯沆先生门下，对于小学、史学、诗文等奠下深厚基础；又得柳翼谋、吴瞿安两位大师教导，声誉日起。1932—1934年执教于上海暨南大学中文系，著有《说文解字叙讲疏》一册；1935—1937年任教厦门大学，与台静农有深厚友谊，1948年秋曾应时为台湾大学中文系主任台静农之邀赴台讲学。先生任教浙江大学十年，凡关经学、小学、诗文、史学、金石、书画以及释氏内典等均为传授类项。1949年后曾任上海文史馆副馆长，1951年起担任浙江省文物管理委员会副主席，1956年为浙江省博物馆购进由吴湖帆收藏之黄公望《富春山居图》之手卷残部《剩山图》。

"门西"（中华门—聚宝门之西），一切尚存留洪杨（太平天国）之旧，换言之欲观南京之本来面目，舍此莫由。又所谓新桥者，自六朝时已兴起，大约全国各大城市历史之古，恐莫若金陵。

8月17日 113舰到，早七时去下关，灵儿同去，随与第一批车同返。派定接收箱件各人工作，终日在库收箱；奔走一、二、三各库，既疲且热。老三居然能大热天伏桌作画，亦因除此外，人各有事，无以消遣也。

8月18日 仍继续收下关运来第四批文物箱入库。

8月19日 持在向家坡采的灵芝四枚赴郦衡叔之约，朱胖子先在；以此分赠，二人大喜过望。纵谈南京大中小学求学情形、国家之事，至今无一不变态失常，而人心亦复转变……晚饭时，郦出茅台，彼来自遵义，自有此酒，天太热饮之不下。十时返，大街小巷男男女女大大小小皆赤身露体之人也。侠告知今天温度百零六［华氏］度。

8月20日 夜晚不能早睡，屋如蒸笼床如火坑；而早间非早起不可，七时后已满屋阳光，秋虎不知何时才去。去中央商场取洗印路中所拍照片，因照相机不佳，摄出影像不清晰且有漏光之处。买DTT一瓶，因房内不但蚊多蜈蚣多，时常发现甚畏之。见一军用毛毯，质不甚佳又不甚大，索廿六万元，以廿四万交易成功，因囊中无此多款，付定洋而返。新街口一带地摊，售美国货无物不备，几成美货世界，其中尤以食物为大宗；此毯即在是处所购。知黄居祥说峨士在渝有女友，二人双宿双飞，在向家坡已无隐讳，不知将来如何了之。

8月24日 李世平今午请吃午饭，李吉林人，侠之女同学也，今已出阁作母，应称曰赵太太也。……九时许与侠携小弟同

第四章 徐徐东行——三路文物转运南京

往，先到中央商场，请小弟吃一碗酪，他并不喜欢，生长西南不惯北味故也。……到其家，李氏夫妇外出未返，坐其客厅候之，有沙发有地毯，小弟又以为奇。少刻主人归，余客亦先后到，全是吉林省女中同学，全是东北人，仿佛开同乡会也。赵君江苏人，吃洋水之清华学生，今为中农银行协理，银行待遇本高，又为高级职员，收入想必优裕。今天本说吃便饭，结果是外叫一桌酒席，恐至少需三四十万。……至三时辞行，赵君玉以汽车送归，坚辞，仍坐三轮车。

8月25日 开库整理文物箱，工人六名为总务处调去打扫洁平住屋，二人工作益缓。与心如、爽秋闲谈，见干城呈覆院长签呈，始知院中规定职员每人领柴或炭三百斤，有眷属者别加一百斤；而吾等在渝实领均一百五十斤（眷属者别有一百斤），扣每人百五十斤。岁月集聚此款已不少矣（待实发时尚不足斤），无事不贪污。

8月26日 上下午入库，工友二人为总务调用，故工作甚慢。得邦华函，称110艇廿五或可航行；彼一家与励家、那家、梁家和蔡家眷属二十九乘"民本"轮东下。

8月28日 上下午仍在库房整理二库之箱，民生公司告，110舰明早可到下关；所愁者必有应进二库之箱，然二库至今仍无多隙地，与心如言决暂存一库。工作不见效果者，工人原说十二名，黄干城面允，而雇来时实为十人，第二天龚便减为八人，又说有二人不好，再减为六人，但总务处又时常调用，近三四天以来实在工作只四人耳。

8月29日 今天第五批文物由梁匡忠押运，乘110舰到南京下关；接收人为那［志良］、吴爽秋、吴荣华、庄克谦、萧义贤等五人。念劬来告云，最近国务会议议决，将本院南运文物全部拍卖，北平方面缩小范围，消息奇突不亚于上次；此公说话喜扩大其辞，上次之事可以为证。今此云云，我鉴于上次将信将疑也。①

8月30日　今天仍继续自下关运送第五批文物到朝天宫，……均照昨天规定。此次千八［百］箱，昨已运完千一百箱，尚余七百多箱；本上午早该讫事，但种种原因，仍到下午六时始完工。

8月31日　潘薪初为易案事访念劬询问究竟，云念劬不在家，来此候之，言时以手作烟管式，云也作"正在这个"，相视一叹。由三时候至四时，念始来，相邀到马先生客厅，三人又纵谈古今。

9月1日　丁洁平夫妇不能不稍事应酬，今天用七万余元，可称鸡鸭鱼肉全有；自家开火庖煮以来，每天菜钱限一万三千元；并邀吴爽秋、那心如、黄居祥三人共饮。

9月2日　老马［马廷云—马厨子］抱马思猛［马院长次子马彦祥之子］来，云林斐宇［马彦祥前妻，马思猛之母］自北平飞来，此真飞将军从天而降，岂时局果不和暖耶？遣侠往询之，方知因有便宜飞机票（自平到此，票价应二百八十万，此来只付八十万，大约一黄鱼办法，因系军机），临时动议飞来，以便转暹罗归宁（林乃华侨，家在曼谷）；闻后心始安。

9月3日　自昨日起，库房工作吾与心如逐日轮流，今日为心如值日，归家有暇整理新翻出之书；目下最恨者无一书房，甚至无一书架。两张书桌一家六口，非加一客用不可；常感觉无桌

---

① 父亲此一评价亦可得旁人佐证，如《马衡日记》1954年9月23日载："下午黄念劬忽来谒，言到京已半月，问其向在何处，则云数年来皆在上海以借贷为生，此人所言未可信也。"

可以伏案，此真最大痛苦也。晚饭后，宋子敬、余深山二人忽来访，宋、余者在安顺、飞仙岩很长时间保护我之羽林军，虽是老粗但纯厚直朴对我甚敬，闻我来特来访，其意可感；在渝别时云"南京见"，今果南京见，大家甚为高兴；谈至晚十时方去。

9月4日　为蔡济苍眷属到暂住房舍事，今早再与念劬交涉，仍不获允许，此君心肠可谓硬。盖今日世界非如此不可，若我者时代过去人也。心如一早即去下关，少刻即返，云"民本"轮须晚间始到。下午那又去下关。洁平来辞行，云明晨飞渝，当天可到。……诸人均候邦华，一大批人来，吾亦候之。惟昨夜睡太迟，精神不充足，到十时已不支；然睡不安，闻远处人声响，知必大批人到，出视果然。又去各屋周旋，至一时许，方再入睡。

9月5日　今早起已与往日不同，人来人往络绎不断，此呼彼应喧闹非常，天下从此大闹矣。与我合一栋房为励乃骥，他曾坚嘱吴、唐代他管理住房，一向下钥锁门窗不开；今天也有人移入，为其堂弟励芝先眷属。芝先由临时雇员改为书记，原未分配得住房也。至今此四栋房八家已有七家移来，庄、励、那、吴、梁、蒋、欧，只吴荣华一家尚空闲耳。下午男女赤膊者露坐半院，大小算来男女四十人以上。物价又涨，与来时相比较，时间不过月余，所涨已快到一倍。

9月6日　请邦华一家晚饭，厨中之事由侠与王振楷任之。吴爽秋孩子读书虽不见长，然可任家事；我家儿童只会坐食，对家中洒扫，不吩咐不动手，对于厨事只知说不好食，袖手不管，大爷当惯，今非其时。……邦华一家大小八口满满一桌，菜以鸡肉为主，样式少量多。

9月7日　午饭时不免小饮，饮罢昏然入睡。忽有人来喊，视之老朱［豫卿］已进屋，此间同人吴、那、欧、蔡均其熟人。他不免到各家去坐坐，吾也跟之各家行走，仿佛新春拜年形式。留之晚饭，俠以自做腊肉享客，并留邦华与蔡祖寿同饮。

9月8日 小学——南京市第五区朝天宫小学，今天开学，只本院同人不下廿人，少刻又陆续都回来；有的一班无教员，有的无桌椅，有的无本册，惟高年级维持至午。问之庄喆，云同班亦卅余人，苦一：老师讲话全听不懂。苦二：教室与教室隔以薄板，隔壁讲话全听得到。如此看来在此学校难以望好，一切全靠自己和家庭。[①]……夜晚大为凉爽，向之卧必席，今须被矣。八家之中有两家是肺病 TB，大家儿童日夜厮闹互往接近，一大危险。

9月9日 廿六年［1937］抗战即起，吾第一批押护文物精品八十箱赴长沙。抵湘之后，时局益危，多人苦劝马先生继续移运，马公固执成见，坚不以为然；吾曾上书遭其奚落，及至南京危急，仓遑出走，文物陷留未运出者，数千箱甚矣！……此部分文物锁在朝天宫库中，后日人将保险库门打开，文物移走，但并未运离南京。及日受降，陆续清查，知分散各地（北极阁、地质调查所、东方中学和中央研究院等处），陆续运回。[②] 经马先生调派李鸿庆、黄鹏霄自平来此整理、清查，造有册据存念劬处。今日移交到馆，由吾与邦华、心如三人合收。盖因对日和约不久即

---

① 1947年全家随文物到达南京后，我即就读于故宫南京分院旁的朝天宫国民学校，直到1948年12月迁往台湾。

② 据《故宫国宝南迁纪事》（魏奕雄编著，故宫出版社，2016）称，日军将原朝天宫库房先后用作武器弹药库和伤兵医院。2010年作者获邀参加"两岸故宫重走文物南迁路"考察团到南京考察时，曾进入朝天宫库房参观，与印象中1947至1948年时一样。

将签定，我之文物究竟有无损失，须事先查明，条约签订后不能再事增减。

9月10日 与邦华诸人到库房外工作室，翻看黄昨交来之陷京文物账册及卡片，看了半天看不出一些头绪来。最难解决者，据原点查云文物除少了一小部分（即据上海点后清册上所无者）已列表外，又多出一部分；少了倒易解决，总归记在日人账上，惟多者何谓耶（即据清册中所未载者）。欲寻多者之故，苦不得；而原经手人又无一人在此；因此感到当时点收时至少应在重庆方面调派一人参加。①

9月11日 到工作室与邦华研究陷京文物多出部分，所谓多出者，疑也许非真多出，如点查号表遗失，查不出者即谓之多出。吾于廿六年［1937］最先离京，且十余年只保管八十箱文物，安顺办事处故无陷京文物。所陷何箱，箱内何物均所不知，故对此事茫然，只能从众而已。写励德人、黄振玉、丁洁平诸人函；一家大小每月邮费需四五万元。

9月12日 整理陷京文物目录，数见干城在家进进出出，对我所请求之事［有关孩子入学事］，并无答复；盖所谓写信请英千里、杭立武写信云云，必不可靠。

9月13日 与邦华诸人仍检查李［鸿庆］、黄［鹏霄］诸人所整理陷京文物目录，遍查一上午也查不出所以然来，即整理此部分文物及编目之方法，而且愈查愈糊涂。邦华又提议由典查运出文物入手。……中央博物院筹备处曾女士来接洽古物陈列所箱件

---

① 据父亲1946年5月6日日记："南京所查陷京文物，又一箱遗失书画数十件，或在敌伪时遗失；又发现若干物为院中目录所无，更不知是院中物，抑古物陈列所物；吾主即派心如往看，马不以为然。"

事；古物陈列所文物廿四年［1935］以来均由本院保管，行政院后又议决划归本院，抗战胜利，又划归中博院；此院空空如也，有此大批充实一切。……自离故乡十余年，未尝郭索［螃蟹又名郭索］之味，侠今天在菜场看到三只，知其不肥，以四千元得之，为老饕解馋。八家厨房彼此相接，一家举动别家无不知之，今日食蟹，洗煮之时，一群小儿围而视之，仿佛看西洋镜一般。

9月14日　晚饭有"猫儿头"，诸儿因今天星期日，要求其母打牙祭，市肉做狮子头；肉万二千一斤，只制小圆子七八个，不似狮子头，戏曰"猫儿头"。

9月15日　今日开箱，因所需工具总务尚未备齐；事实上，上星期五我已将单交付并说明今天要用，竟不办；盖今人已不以公事为公事，亦不独本院一机关如此也。午刻，黄干城太太送来马先生写付吾、邦及心如三人函一件——黄在此有二太，一苏州一金陵，一胖一瘦，但不知谁大谁小。所住屋一东一西，或谓之东宫西宫；或云北平尚有糟糠妻，故吾以胖瘦分之——云黄病热在床。马函亦主开箱总检查者，闻邦华已去函告之已举行，想尚未见。餐后遂邀欧、那二位同去西宫看病兄，见此公赤膊高卧，口中吸烟不断，不似有大病者。［黄］出示北平总院下年概算，修缮流传等设备费共一百九十万万；数目之大骇人听闻，但并无南京分院部分；黄嘱吾三人拟分院三馆事业费用，遂即回工作室。吾主张三馆分工，邦仍主浑一办事；二人意见不一，亦不便争执。

9月16日　今日仍旧不能开箱，同人愤愤不平。本院事业当然以文物为第一，所谓总务者因文物而设，喻如军队以兵士为第一，军需、军佐亦因兵士而有；今院务倒行逆施，三馆之事听命总务如何能好？得徐森玉函，云本拟上月底来南京，因血压高不敢坐火车而止。得李兆朋自沈阳来函，云院长马公亲函劝其回院工作；大约王世襄在平，一人"玩不转"了。得励德人函，云113登陆艇十八日可开行，彼一家全来。

9月17日 库房开箱所需之物，今日依然未买来，最需要簿本全无；故宫博物院复员经费百余亿元，占中央机关复员经费第一位，又何至千余元一本之簿册全无钱购置耶？可怜可叹。吾自家捐助一册，遂入库开始点公字号箱，均瓷器，偶有破碎者。南京终日飞机在天空嗡嗡，震人耳鼓，搅人清话，实在讨厌。有时深夜尚且不停，初以为演习，近想或去自相残杀。

9月18日 早起时奇寒，不到六十［华氏］度，午后两三时暴热九十二［华氏］度。……因之家家人咳嗽腹泻，吾幸而尚好。总务处送来签到簿，最无聊之事也，又不能不签。开箱工作封条用完，开了五箱即停工。小室满屋书，昔人有满床笏①，吾则满床书；到晚上又须待移捡一部分不常用者送存工作室之箱中。下午邀爽秋、心如访冶城山西麓卞公墓②——叶清臣所碣，居然仍在。昔曾请小郑传拓已失，但赠吴、那者均尚存有，拟再访之。

9月19日 昨由各处搜得数十张封条，今日继续又开数箱；下午又停，非待新者印成不可矣。按其实封条日久无一不破者，此物不过掩耳盗铃之具文，但本院是一作"官"的机关，谁敢乱

---

① 此典故是指唐代名将郭子仪，其身为玄宗、肃宗、代宗和德宗四朝大臣，家有七子八婿，多人在朝为官，时人以"满床笏"形容郭氏家族当时的权势。

② 卞壸（281—318），字望之，山东曹县人。东晋明帝时，官至尚书令。成帝立，卞壸和庾亮共辅朝政。后在平苏峻乱中阵亡，葬于冶城，今南京朝天宫冶山。南唐时墓前建忠贞亭，现存碑碣为宋庆历三年（1043）建康知府叶清臣所书，碑高1.73米，宽0.66米。刻"晋尚书令假节领军将军赠侍中骠骑将军成阳卞公墓"，由南京博物院收藏。

作主张。

9月20日 开箱所要用物品，一星期尚不买来，这种无纪律无政府状态，成何体统？马先生躲避居平，毫不问此间之事，院务焉得不糟？德人在宜昌来电，要求国防部派军舰护运；念劬卧病在床，不能奔走，我等四川来的科长毫无熟人；与邦华商，德人要求军舰，未免小题大做，决先用院长名义电武汉行辕，请派兵上船护运。

9月21日 见邦华出出入入慌忙异常，询之，果又添丁，不能不从俗为之道贺。四时着衣到郦先生家，胖公已先来久候，衡叔赠我画一幅，作拳石灵芝，谢我赠芝游戏之事，未尽所长。彼不日去杭，订岁末再见，乃别。

9月22日 德人小题大做，在宜昌来电要求请国防部自汉口派军舰护航，念劬不能不为此事去奔跑。最奇者卧病在床，像煞有介事者，霍然而起；今人行事匪夷所思，不是我头脑简单者之所能猜臆。午，念归，云白崇禧允，即电沿途各埠照办，惟民生公司消息，此艇已自宜出发，现在何地，公司也不晓得。黄又告政府又有停运之议，明日决定，彼将往出席说明。又美人参观，本拟酌选画三四十幅应付之，杭云太少，乃决用八十箱中文物书、画、瓷、玉、雕漆共百件。

9月23日 今日入库提选文物备美人参观，忙碌一天，计书画三十件、瓷十五件、玉、雕漆等十五件，全然是去英展品中精而代表一时代或个人一种作风者；五时完毕。与邦华同出到珠江路口大陆牛肉庄买牛肉。南京回教人最多，触目皆是，但竟不得好牛肉吃。市上所售全是水牛肉，黄牛肉店只此一家；山东人所开，供西人及西餐馆用。不论斤而论磅，每磅万元（猪肉每斤万二千元），亦不太贵，惜距朝天宫太远，不能常照顾。遂买两磅又半，然见地摊所售美国军用罐头，牛肉两磅一罐者只售八千，其价可称廉，但近对美军用物亦不甚相信。又中央市场，介绍邦华在聚庆斋北平点心铺买平式月饼；一入八月，市上已见月饼。晚间干城来告，政府又拟停运存川文物，因运费每次均一百余亿，开支太大，所以有人主张停运。又云美人已飞日回国，来院参观事作罢，闻之令人可气。大约美人也不讲信用，或者美人丢鸡毛我拾作令箭。如此媚外何苦何苦。

9月24日 那心如昨夜忽发高烧，今早临时去下关代之收第六批由渝运来文物。此次承运之113艇，今改名"沱江"号。同去工作者吴爽秋、蒋克谦、萧贤义、吴荣华、欧阳邦华、龚工诚同往接励德人。到江边艇亦将靠岸；不久，见三励［德人、钧先、芝先］均在船上立。谈多时，宜昌请护航问题并非江面不靖，乃民生公司要求，欲艇拖带两小轮运川军出川，而励不允，公司以贻误军机恫吓之，励则谓可以电政府请护航，以表示政府听他调遣。总之目下在外遇事交涉，须第一能吹方不为人欺。结果军机也未误，军舰也未派，轮也未拖。少刻励、欧等雇小汽车去，遂开始搬箱；工人又不见，东喊西抓九时方开始。至下午四时，只运六百箱；此次共运来二千五百零八箱。

9月25日 今仍继续运箱，六时许赴下关，以为可以早些动手，到了码头，不单工人无有，而船亦不见，询之乃知船已移三号码头。举头一望船在江中，如此又停顿一小时许。何以不早移不早决定，结果车又成问题；昨天五车往返运送，今仅三车。而由船舱中提出八百箱，势必非运清不可。心如连烧数日不退，问其温度，亦不量计，自称必是恶性疟疾；……劝其入院诊视，归来果是伤寒。吾谓伤寒应更严重，此或是副伤寒，由饮食不慎所致之肠胃病也。

9月26日 今移运仍只有四车，龚工诚云下午定有七车；下午到运完尚不见七车。下午开始运私人物箱，明言有七十余号，但每一号均不只一件，算起足有四五百件之多；有由箱中出水者，有发辛味者（询之是姜，渝每斤三百元，此地或谓六千元）。又有三大包麻绳，均励大科长之物也；至于火腿成篮成箱，算算足有七八十只。一直弄到满街灯火，才算完全运清。

9月27日 晚邦、德邀黄干城开会，黄之来，颇勉强；已到图穷匕见之际，疑今夜或祭口舌冲突，幸黄径往去讨论文馆处人员分红等事，邦一手所定者。

9月28日 黄干城大早去沪，云去执行律师出庭，但有人说是去订通风机合同，库中所用通风机须三十余亿，此事本四科之事，今四科主管人已到，故在未正式移交之前办妥，此中回扣至少有一千万也。

9月29日 一人往莫愁路文雅堂，在此竟见汪铭竹，可称奇遇；不复翻书，邀之至家小坐。汪于抗战期间在筑设白鸟书店，曾买他书不少，但并非书贾；他太太俞俊珠在楼上设律师事务所。今日为旧历中秋，沉阴一天，夜间无月。日间诸儿去看电影，晚全城大放鞭炮，仿佛过年，天气甚寒。

9月30日 侠去买温瓶，云一切物竟较一月前涨一倍上下。

10月1日 在库中监视总检查开箱工作，所开之箱为公字瓷器，多见破损者；将来全部查完，此项损失必不在少数，究谁负责耶。得豫卿电话，曰昨去沪返，此行应沈尹默字展之邀，展品二百余件；已售出过半，收入一万万三千余万；初闻之真觉惊骇，每件底价均卅万，最巨者三千万一堂。

10月2日 上下午均在库中检视公字箱，截至今日共开百箱，已有廿余箱内有破碎（所开均为瓷器），相当惊人。因想到古物馆箱内容究如何耶，决暂停公字箱，明日先开古物馆沪字箱。匆匆返候豫卿，昨日所约来看新提出招待美人参观之字画。留之晚饭，邦华携酒来陪；酒后请朱题《华严洞图》；又出示郦衡叔留引诗，又由携来谢稚柳赠所作画印本一册。

10月3日 大早励德人匆匆去上海。开始点查古物馆箱，第一箱即发现破碎，心中为之悒悒。审计部派科长张某来抽查陷京文物内容，由邦华应付；共查二箱，一是大瓷盘完好，一是珊瑚盆景。妾收人所造册与本院在上海点收不符，足证陷京接收时并未核对清册，且点收时不由重庆调人主办；今原收人或离职或在平，此亦马院长一大失当之事。下午查一箱多宝匣。徐森老来函邀往游（前信言其血压高不宜乘车），虽云如无钱，可借彼之薪水，然吾岂可；但亦颇思去沪与彼一谈院中近况，心中因之忐忑不决。马先生乘"民本"轮今日到上海。夜与若侠分看诸儿自习。

10月4日 院中励德人去沪，黄念勍去沪，日前吴荣华去沪，唐剑云去沪。那心如病，欧病好尚未理事，等于无政府状态。惟吾每日督促吾六人入库点查，又何此热心。阴寒。

10月5日 午饭不免小饮，饮后小睡。忽有人呼，视乃马君巽伯来数同访朱豫卿；正欲同行，而黄振玉亦来电话，云由沪来京，寓鲍静安家，坚邀往谈，十余年未见老友不能不往。遂谢马，濒行，赠以灵芝一本。遂急忙雇车，在鲍家见黑乌乌男女二三十人，老潘［薪初］亦在好不热闹……振谓惟吾似幡然一老，视之果然，彼仍活耀如猴，果不见老。大约心境环境最有关系。静安本来是胖今更胖，在沪举动阔绰今更阔，已成有车阶级。

10月6日 八时许入库开箱检视。全院近三十人去上海逍遥游，有之会女友者、有之卧病者。摇铃上班，只为吾等设耳，真成何体统。覆徐先生函，双十节前后定去沪往谈。晚邦华来谈诗论字。中央图书馆存库中一部分书箱，今天派人来提走五箱，亦由邦华应付。

10月7日 上午振玉偕其三小姐宛华来，三十年老朋友①，不能不吃一顿饭，但此事又谈何容易；今天正好作一《急就章》形式，可惜他又别有约会只好改期，但一改日便不能太简单，人又不能太少，都大麻烦矣。……佚又告零用钱已不到三十万了，心中真是烦恼，大约恢复抗战时穷苦生活马上即到了。

在父亲1921年的日记里，提及3月8日："今日按旧历计，是去年吾同振玉赴南官园始提起小三亲事之日，前按阳历则在本月十九日，此无甚重要；然回想起来，此一年甚易而成此一大事，不过我之学问未进，过错未除，甚可愧耳。"

又读父亲1921年日记，知道父亲当时经济情况不错，而黄先生已成家，故屡屡读到他至振玉家，往往会送其"洋二元"。于此仅择录父亲于1921年3月份他们交往的纪录：

---

① 根据《迂公自订年谱》，父亲于1918年考进北京大学预科始识清江黄振玉先生，与之僦居学校附近的松公府夹道一号；当时黄先生已经结婚。1919年，由于黄先生始识天长张铸（鼎九），平湖张柱中（庭济）、歙县欧阳邦华（道达）诸人；更因鼎九识其兄张铣（弓亭）夫妇，时与其家过从，而认识弓亭先生之三女张苹。1920年，黄先生陪同父亲赴弓亭先生府提亲，与其三女张苹订婚，后因个性不合解除婚约。

1921年3月22日 下午与振玉至柱中处，同赴第一社，三爷之命也。

3月23日 又至振玉处，盖其明日赴河南也。

3月24日 九时起落雪，十时至西车站，送振玉之行。

3月30日 赴振玉家，晤柱中二人，被留在其家晚饭。交黄太太洋二元。

母亲回忆文中记载："黄振玉君本为慕陵北大老友，慕陵未毕业时即与其同住；彼时曾与其同演《不如归》话剧，锋头十足……两家交谊深厚，不分彼此。"

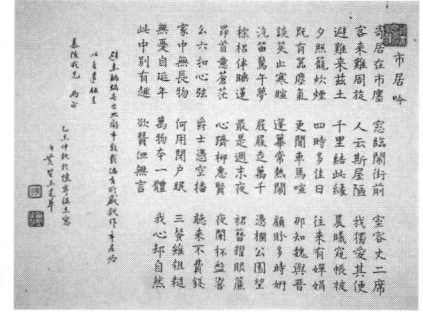

图4-4 黄振玉先生旧照（左，庄灵1960年代摄于台北黄宅）及其在台湾时赠给庄严的《市居吟》书法（右，24.7厘米×33.6厘米）

1947年10月8日 午饭后片刻之暇，带领德人至莫愁路小书店，于此竟得庄氏金石两种，甚喜甚喜！一《瘗琴铭》，一庄宁为夫资福书刻《般若波罗蜜多心经》（均小楷），皆有杨守敬跋；虽是石印之书亦难得，拓本更不易矣。中央图书馆存库中之书，今再运走。

10月9日　借款到文雅，收得罗振玉增订《纪元编》（三万）、《桐阴清话短篇笔记》（二万），又殿版《佩文斋书画谱》（六十万），吾再无力收善本；劝德人收之，决半年后可获对利。黄干城去沪一去不返，公务员可以行动如此已足奇矣；尚不止此，并将分院取款印章一概携走，致同人下月之配购物证至今不能填发，可称至奇，院事糟到如此地步。中央图书馆存书全部搬完。

10月10日　各机关学校今日皆放假。侠偕家人与黄居祥同去游明[孝]陵；独自在家看老营，看书。

10月11日　今日照常办公，然所谓办公者，我们库中工作而已；总处常半天不见一人，不见一工友。下午为配购物证事，停开箱，公请爽秋、荣华同去物资局交涉，吾遂无事可事。德人要求引陪游书铺、碑帖铺。

10月12日　今午请振玉一家三口、静安夫妇、薪初夫妇在家吃饺子。散辞后独与振玉游道署街，今又改名瞻园路；此一带古玩店聚集地，我于此项不敢问津，已不作此想；陪陪老友而已。见一盘石砚，老板不识，索价五万，吾桌上正乏一研砚，遂以三万得之；一袋小钞，振玉自请代付。五时到中央图书馆拜晤徐森玉，爽秋、心如、德人、邦华已先来，同步行到四海里访豫卿，邀之共去晚饭，他家有客不能往。吾等遂入曲园湖南馆也，五人本定公宴森老，他非争付不可，恐其血压高不便固执。森老系昨由沪来，寓蒋慰堂[复璁]处。今早曾到朝天宫见访，渝市一别又将三载，谈及胜利后一切，唯有唏嘘；谈及院事，彼亦主非即展览不可，拟向马公进言。又谈及对念劬颇不满，惜不能深谈一切；九时散，五人一路步行返家。

第四章 徐徐东行——三路文物转运南京

10月13日 邦华提议开箱工作暂止，理由是院长快来，箱子满地乱乱糟糟不好看。原因是上次德人押来最多一批箱，邦华令暂时就地乱放而不排比。我每次所接之箱均随到随按行路排比。今又自认其非而不认错，我等无事，遂去游文雅堂［书店］。

10月14日 向总处借薪百五十万，买了一百廿斤炭，交侠零用四十万，还德人四十万，余廿余万与德人赴经古舍帖铺，即昨同去之店，付所欠十二万将物取到。又选赵书碑十种以廿五万得之，临时又向德人借款，又发狠心决将梁阙全份买来，议价不成。德付昨数十万，今又买不休……归家怕太太质问，适振玉与陈式裹坐候；二人久候，大赏吾火炉，彼等估价为百万元。本约徐二爷［森玉］今晚公燕，由豫卿告今早已返沪，此老作风惯如此也。客去，留邦华在家晚饭后同访朱豫卿，在彼处又遇式裹，畅谈至十一时返。

10月15日 四时许起读昨得鸥波诸碑，年来注意搜求，不过十余品；身在边陲得之不易［边陲是指先前在安顺、巴县、重庆］，今一天竟得十余品，恍如贫儿暴富，到底大地方不同。乐固乐矣，亦有痛苦，家用日高，室人天天发愁，吾尚雅好此物，自心不安，然平生不嫖不赌所嗜惟此；一概蠲除，生趣毫无，盖吾之生活方式完全在于兴趣，其他不足论也。近日所得书碑不少，置之架上，无时刻翻。下午又同侠去买茶叶，并将与幼海交换之拓本携往杜老头（幼文老板扬州人），见之慨然相易，亦吾搜求赵碑之一趣事。此碑来南京不久即见之，念念不忘者两月，今始得之，未用分文亦可记也。至所易元碑，为赵书《广福禅寺观音殿记》旧拓整幅，足相比配；昨在经古所得今即出手，此中原故记之。

森老之来本想谈个人及院事,既去只得将个人犹豫不决之事,请其代策[指赴台大教书事]。

10月16日 北平总处函云,南京中央信托局函称,有太师椅等骨董请往鉴定,是否本院陷京遗失之物,派心如及吾前往鉴定。先到东山路中信总局,云在中华路。下午再往中华路,管卷人又不在,遂不得要领而回。借来陈[式湘]北齐陇东王《孝感颂》拓本,书者梁恭之,书八分书,于小学上颇多有可研究之事。近爱北齐人书,爱其开展古朴,但写之又不上手;疑古完全由此中变化出来,人似尚不知之。

10月17日 邦、德均告马先生有电来云,十九晚到南京。于是今天各项工作顿行紧张,院子也有人打扫了,自我之来所未见者。午饭后,去文雅看书,俞可贵(掌柜之名)又示上田恭辅著瓷器书两种,彩色图版极佳,每册七万真不为贵;惜钱又爱书,姑付五万。又傅芸子著《正仓院考古记》一册在日所印,价索十万,均系寄卖物。老励凡我要者,见之必以高价夺去;不敢太吝。又到莘畊书店(在明瓦廊,均离朝天宫不远),此店以售西文、日文书著名,以小款收《金陵玄观志》印本二册,为续考"朝天宫"一文之用。

10月18日 今天库房中加紧堆箱,德人去行政院,搭其车同往,吾无公事可言,顺访问马巽伯,不晤。另一目的欲一见全国最高行政机关究竟情况如何。今之院址乃战前之铁道部,外表宫殿式可称伟观,战前已为南京最阔之房,今日更是如此;惟入内一见,也是污龊不堪,国民性如此,到处均能表现。

第四章　徐徐东行——三路文物转运南京

10月19日　早起即出门,天晴气爽;先到文雅堂,《正仓院考古记》(八万)、上田恭辅《中国瓷器手引》(五万)讲定,书携走,款尚不能付,能欠账取书,以后耗资当更多;此道譬如烟瘾,欲戒不能,奈何。[下午]八时去下关接马先生,八时半由沪至京,回到朝天宫在马屋谈至十一时。

由父亲日记得知,马院长自1947年10月19日自北平回到南京,在分院停留了一个半月;一直到12月5日才再回北平。

1947年10月20日　马交来赵松雪《重江叠嶂卷》后的元人柳贯等题跋一段,当即与邦华会同存入原卷中。此事说来话长,此卷廿四年(1935)运英展览前,在沪曾付装池人重整,为裱工刘某割窃一部分,始终无人发觉,而张葱玉知之①。去年在渝面告,云窃去部分为吴湖帆所得;去年夏,马先到沪由吴手索回,今始将来。当时裱工刘某为吴湖帆②所介绍,斯事不能不疑与吴有关系也。得徐森老函,嘱前途之事慎重考虑,惟又云已函台湾,不知与何人磋商。又对某颇为不敬,云非学者,是一滑吏。

---

① 见父亲日记1946年4月19日:"张葱玉由沪到,告《重江叠嶂》失物事,糟不可言;此事吾亦有责,自请处分可也。"
② 吴湖帆(1894—1968),字通骏,江苏苏州人。擅长山水国画,历任上海中国画院画师、上海美术专科学校和浙江美术学院教师、上海大学美术学院副教授,是20世纪国画艺坛重要人物;其家族曾收藏元黄公望《富春山居图》前段《剩山图》,后为浙江省博物馆购藏。

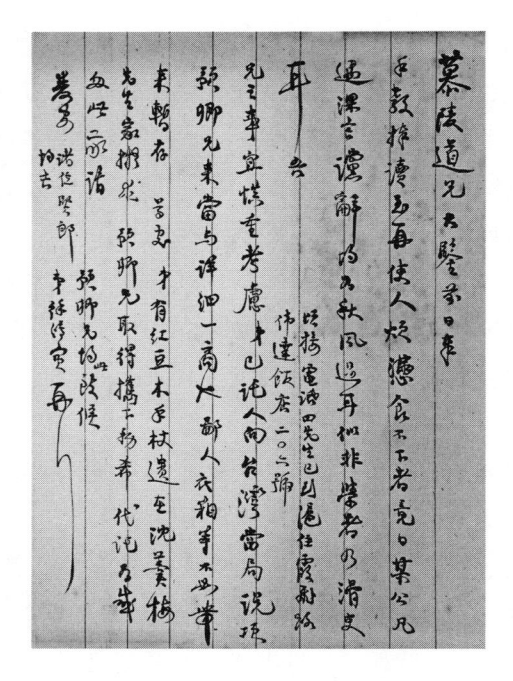

图 4-5　此为上述徐玉森致庄严书信

关于张葱玉先生，还有一件旧事可提。马衡1950年9月25日日记云："遂赴葱玉泰丰楼之邀，已十余年未履其地，酒肴皆不失先正典型，不觉扶醉而归。"又于同年10月18日记云："下午赴文物局访马耕渔，不晤。以《唐明皇投龙简》事交代葱玉转达，请先接收，将此件交中央保管。"

马院长在此处所提的《唐明皇投龙简》，不知是否就是指父亲在《山堂清话》所录《唐玄宗投紫盖洞简记》一文中所记述的《唐玄宗投紫盖洞简》。有关此事，父亲说：

在对日抗战之初（民国二十六年，1937），笔者奉命将故宫博物院藏最重要的文物八十大铁箱，由南京分院疏散到西南贵州之际（也就是故宫运存西南各省文物的第一批），当时教育部所属的南京古物保存所（所址在明故宫午门）所长舒楚石同学，就便也将该所珍藏的一件古物，《唐玄宗投紫盖洞铜简》，装箱随同故宫这批古物，运到安顺华严洞中储藏（自然是得到博物院同意）。后来抗战日深，中央迁都重庆，各机关因战时裁撤或裁减人员，该所即是裁撤机关之一。此件古物，也就暂时交故宫博物院驻黔办事处代为保管，这样一来，直到三十三年（1944）冬，日军快要打到独山，驻黔办事处奉命火速迁运巴县时，凡属代管之物，不便再行负责；同时也奉教育部令，将此铜简移交与安顺民众教育馆。……在安顺代管之时，曾请同事小郑（当日拓古器物专家郑世文老弟，我们喊他为小郑）将此简传拓数份，箧中今尚有一份，如图所揭者。

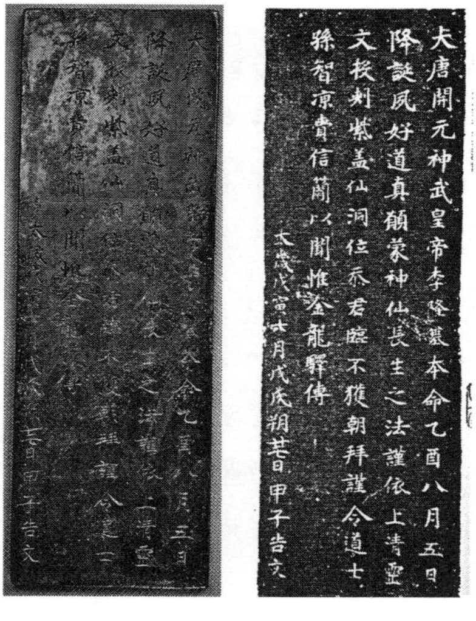

图4-6 《唐玄宗投紫盖洞简》（左）及其拓片（右）

又读父亲1957年4月25日记，马院长曾为《唐玄宗投龙铜简》的拓片写跋文赠送父亲，可惜该拓片，显然是父亲于1948年底文物搬迁赴台时，将其与其他友人共六箱"暂"存好友郦衡叔处，而后却因两岸隔绝以致下落不明。

1947年10月21日 比邻在政治大学某君携一件骨董，请邦鉴定；邦又烦我，无聊之物也。振玉来同去看马公，敲门入内，见与邦、德正密谈。马留吾等在他房中共饮，丞言酒为茅台，视之绿豆大曲也，当面穿，众人大笑，吾亦自悔无涵养。退出后振又再言愿入故宫之意，颇以为奇。德人吐露口风，此间人事大致已定，一笑而已；根本能干几时尚在不知，何必斤斤于此。

10月22日 今天为旧历重阳节，马先生说去中山陵，我甚不以为然，宁登我们院内的冶山也不去钟山。春牛首秋栖霞，颇主去看红叶；事为老励知之，云可以假汽车。他未去过，由其去办，我可以玩乐得玩之。自马来后，欧、励二人出出入入鬼鬼祟祟忙忙碌碌，此亦应有现象，吾仍抱定无事不入院长房之宗旨。得来消息总总，传我兼办图书馆科长事，并兼一秘书。此秘书之名尤奇，乃完全对内者；换言之即无院令者，而所事不秘亦不书，乃专司马之印章二方，一为私人函件上所盖，一为专作银行取款印信，原归为黄干城保管者。晚，欧、励、那、庄四人共请马先生吃蟹，在其房间，此乃邦之所提议；马以邦送他之渝酒享客，把杯持蟹其味颇佳，所谈均风月事。马未向我谈公事我亦不谈。闻德人云，对振玉事可望成功，盖励与马同车外出，故能略知一二。

第四章 徐徐东行——三路文物转运南京

据母亲回忆文：

自南京定居后，余每日之生活，早饭后诸儿入学，余同慕陵则开始办公。慕陵是古物科长兼秘书，除在库房例行工作外，有时同院长（马叔平）商量院务，有时代为起稿；马院长在南京只一人，有时感觉寂寞，则找慕陵与其闲谈或作小饮⋯⋯

1947年10月23日 为振玉事不得不访马面谈，马对振之来，甚表欢迎，惟云不便以聘任职发表之。分院人员今日发表一部分，即 1. 黄念劬仍回一科，无薪兼秘书。2. 那志良兼办二科事。3. 丁洁平帮办三科。4. 励乃骥仍办四科事。5. 庄尚严兼办图书馆事。6. 欧阳道达综理库务。其他职员待院务会议商定后发表，然事实上已等于商定矣；且待发表之日吾再记之。五时后同邦华赴豫卿之约，在其家饮酒谈心；邦仍欲拉豫卿回院工作，因粮食部事极不稳定又不如意。而朱坚持不可，吾尚欲去，早知其不可；邦尚以为是肥酒大肉，各人所见真不同。

10月24日 早间正在库房工作，马先生派人来请，以为不知又是何事，见面后，云旧用西装一，因已瘦小，欲赠送申庆；虽是旧衣此刻亦动须数十万元，此份大人情未免不便领受。况在渝临行，已拼命做了一件；再三辞谢，其意甚坚不知何意。沈兼士先生死后，今日下午此地各方友好在毗卢寺开追悼会，与马先生、邦华、德人同往，在此遇到不少熟人，均北大同学；亦有多人虽识其面已不能呼其名者；挽联无一好的，我与振、邦、德、薪合送一联，联文不佳，字我写得更不佳。

散会后马邀狄君武同行，在朝天宫饮酒；狄人虽阔，尚无架子，下车先到诸同学家一一访问话旧，无异卅年前，使人不觉其是一党棍子；晚间遂在马先生室痛饮。

10月25日 振玉自往见马谈其事，问题在名义；马主科长名义，振主科长事可做，而不要科长名；仍待磋商也。发薪照新标准，基本数九十九万加底薪之四千倍，又特别办公费本为九万者，今亦增为十八万，共应二百八十九万四百卅元；再加若侠之一百卅一万零八十元，共为三百零八万零五十一元；扣借七十万，只领三百零六万余元。灵儿年已八岁，仍酷好汽车，每有车到伫立观望心向往之。吾老矣，四十无闻，恐不能为儿置一汽车，此生亦无座小包车之望；惟翼诸儿奋发，能飞腾发达不似其父之碌碌无闻，不甚悲叹而书此。

10月26日 今日德人借来吉普车一辆，招待叔平先生、邦华、心如及吾五人游栖霞看红叶。八时由朝天宫动身，出中山门到山下，约一小时许；天虽寒，然无风雨又是星期，游人颇多。庙门外大小汽车百余辆，均自用车也……

10月28日 励德人最近将携眷衣锦还乡，今午请他一家吃饭，照例是饺子。来此已经请人吃过数次，一次不如一次，而所用钞票一次多于一次；照此情形看来，将恐饺子也吃不起，何况酒肴。库房工作照例开箱，邦华提议明天改堆接收回来之陷京箱，因须工人，故开箱出组暂停。

10月29日 夜间不寐，自讼自悔日挥霍太多，常哂笑邦华案无一书架无一帖，入其室所见珠算日用帐耳，米箱菜罐耳；仿佛一家饮食衣眠外无他事，然辛辛苦苦月可不亏，……吾之生活与之相反，有一文用十文，不但毫无储蓄，且月月亏欠，纵不为将来打算，万一急需或一旦失业则毫无办法。邦之身体不佳，药费一月不资。吾自持体强，家人亦尚少病，但万一患疹，即不得了。……晚，叔平先生派人来请，意似盼吾往谈，……关于展览事，果然又发生变化，此中必有人从中作梗，可想而知。想与之抬，固执不化，又何必抬；在此想做点事，研究点学问皆不可能。如在此，非抱定滥竽鬼混观念不可。

10月30日 择抄《天下金石志》[明北平人于奕正编]、《艺风堂金石目》中所列赵吴兴书碑版，《寰宇访碑录》中所列者，在渝时已经辑出，将来再参考《捃古录》等书可综稽编定目，此刻无书，不能举办。午同马先生到善后救济总署及外交部，归途马先生在商场买山鸡等野味酒菜，遂在马处饮其上次开坛之渝酒，酒后为我写"冶城山房"四隶字斋额。见新出土汉赵菿残碑，在河南，宋文同题名，在绵阳所谭者，风月金石，不及其他。老励下午全家去沪转宁，上午尚出去买书，已将俞可贵之殿本《佩文斋》买来[五十万]。又闻我赞叹《庄子》，亦以十六数代我买来，并在俞处作他的名义，说明下月十号我去代付（我已与之翻破）；原定割爱者，同好殷殷雅意，只得收下。此吾买书之趣事，亦惨事也。

10月31日 钩摹《赵菿碑》。将马先生昨夜为书之"冶城山房"额悬之墙壁，今后吾屋即称山房矣。大约先有冶城后有金陵，其谈南京掌故莫古于此。历代学人凡与是山发生因缘者，此莫不引以为典，取以为名，吾亦何幸来此权作寄庐耶。马公嘱做库房工作计划，邦华主稿，今日交卷，所谓综合库务，斯之谓也。宋际隆之子伯文来谈其父之事，仍思恋栈，人已去台而尚不痛快辞职。关于展览事，再向邦华详谈，拟再向马公作最后进言；邦主先作一计划漫应之。晚邀心如、爽秋谈商计划之作，颇觉困难。

蒋君祖寿近调往四科办事,来谈天,接事以来所发现种种丑事,吾等以笑话听之则觉感兴趣,因摆(四川话"摆龙门阵")至十一时散。黄念劬自沪归。

11月1日　下午北大同学会在介寿堂开会(每月一日例会,时间地点固定),与邦华同往出席,同学到者四五十人,半数生面孔。晤刘延涛,十八、九年[1929—1930]卒业,在故宫古物馆吾部下为科员,因与于胡子[于右任]有世交,后去监察院,十余年,只知其在监察院,今日方知已高升委员(怪不得虽认识而要交换名刺,盖恐我不知也)。移交库房全副钥匙与那心如,彼兼代分院二科事宜也。

11月2日　昨天下午出门时,不只牙痛,腹部亦痛,饮酒之后忘其腹痛,终是着凉。……马先生邀往闲谈,天气晴朗,约下午游莫愁湖,腹痛未愈辞之,陪同午饭后返家休息。晚马先生仍邀饮,虽有渝酒白鳗,饮食不下,饭后即谢归卧。

11月3日　腹病稍好,近日库房又改堆箱,无所事。天气燥热,我等所住之金屋,天时冷暖屋内特别显著。活动房以铁皮代砖瓦,内敷薄木板,如此而已,故可名金屋,可惜无娇可藏。见诸人正包系一散开之慈禧油画象,视之光绪乙巳年[1905]绘,款署华士胡博恭绘 Hubert VOS,究不知何国人也。俞可贵店有楠木书架板一副,因与俞闹翻,不想再登门送铜钱,但对此片木仍惦念之;散值后请爽秋以两万元代为买来,正欲邀之至家吃茶及吸烟聊天,马先生又来请,盖一人闷坐小楼,也实寂寞,只得暂作其座上清客。得峨士函,云渝市阴雨月余,颇以为苦,正我求之不得者;因寄刘峨士函,并附来此后补成之《别向家坡橙园诗》，又请其代买夹江纸一刀、大曲酒五斤、榨菜一罐、金堂雪烟五盒，均吾极喜之物也。

父亲出版诗集中有《橙园集》多首，现抄录四首于下：

其一

书生寄踪三巴下，苦忆山楼四月天。
槛外绿杨垂岸际，镜中白发上眉颠。
三迁黔蜀真成梦，一卧沧江竟隔年。
丧乱无期人向老，几时归唱大刀还。

其二

花落送春树，巴山响杜鹃。思家千里梦，啼血五更前。
薄宦犹鲍系，忧时感豆煎。莫愁归未得，游蜀一良缘。

向家坡夏日遣兴

但远尘嚣即竹林，小园夏木已垂阴。
略同茶社村兼郭，忽感兰亭后视今。
江上数帆人尽去，山中扫塔我登临。
诗怀欲写须凭酒，吩咐儿曹美浅斟。

三十六年夏别渝市橙园

蜀水巴山乐有余，一帆从此首归途。
橙园景木凭谁赏，许我他年作主无。

1947年11月4日　天气温暖，与爽秋共登冶山，昔廿六年[1937]将去南京，凄风冷雨中独上此山，感慨系之，曾赋诗纪之。今日归来犹如辽东鹤化，城山依旧，人事全非。又廿六年春曾有多人手植一树，今木已成丛，不复能辨识何者为手植者矣。坐荒草上闲话久之。今日为庄灵生日，家人生日向不记忆，今日他自想起，晚饭遂做面食以庆祝之，并食大蒜，因此物可助消化。马先生又邀往谈，一人固然寂寞，非有人谈话不可，也似乎老年现象之一。黄念劬返，清癯面无血色，对外称病，实系在沪戒鸦片烟瘾（宋际隆之子伯文曾告他，地方曾来传票，黄幸发觉）。他有两位太太，小太太也有此嗜好，大概夫妇二人对吸，只此一项每月至少须二千万以上，谁能有此进项？特任官也办不到，焉得不别想主意来钱，院事焉得不糟？

11月5日　昨尚有未记二事：（一）宋伯文送来其父辞呈，马先生批准。（二）南京分院职员分职发表，古物馆为吴玉璋、刘奉璋、黄居祥；图书为梁廷炜、申若侠、王治彬（其他不必记矣）。库中有鼠，吾力主买杀鼠药杀绝之；昨日下饵，今早入库到处寻觅死鼠，鼠未觅得而发现丈许巨蛇，亦怪事也。得渝人函，渝市早已起雾，多雨；雾也雨也均在此求之不可得者。

11月6日　振玉来久谈至晚膳时去，无酒无肴亦未留之。白天李济和蒋复璁来，平生最讨厌之人①；也适振玉来避不见之。吾近来颇好赵字，申庆亦随吾写赵字，其级任先生居然不知赵孟頫是何人，并且劝申也写颜真卿或成亲王，闻之真可把人大牙笑掉。

---

① 是指蒋复璁。当时父亲万万想不到，1965年台北故宫博物院新厦在台北外双溪落成启用时，自己刚升任副院长，而院长恰好就是蒋复璁先生。

11月7日 在马先生处闲话，马云拟编《中国古器物学概要》，示以大纲，命为补充并代收集材料。……入库见心如诸人正整理收回之陷京文物中之乾隆墨，均散放未入箱，多有破碎者；平生尚未用过乾隆墨，取碎末试之果然乌黑，不忍洗弃，取纸乱涂；同人也以纸来求字，遂写小幅，墨罄而止。马先生明晨去苏州，接收代管他的私章。将昏黑，忽有人来访，视之张静吾也；真出意外，仿佛梦中。留之晚饭，开了夏间友人送我之大曲一瓶，举杯共话别来经过，不胜唏嘘感慨。我之生活平凡无足述者，静吾自卅二年（1943）与其吴夫人同搭我运古物车自安顺到重庆后分手，旋就河南大学医学院院长之职，中间被日人占领未能逃出，因而被俘，太太丧命。胜利后今年又续娶夫人，几经生死忧患；此来系为其侄医病，病亦日人所赐。

11月8日 昨晚客去即卧，失眠一夜未安睡，早四时起燃烛作日记；待诸人起来，第一仍办借钱之事；院中新规定，非十号不能向会计支薪。我款早已将罄，日来极力节省欲维持至十日，不意愈穷愈有意外开支；一为申之旅行不能不令之去，去则路费、膳费即需六七万。张静吾老友也不能不请他吃一嘴，昨夜只吃家中二三菜，又至少需七八万元。起后与振玉通电话，他尚未起，九时走访之；送柱中致振之函，并取静安自北平换来之《史讳举例》（木刻本二册）。申君茂之明午宴大师溥心畬，嘱振玉代邀同往，申与若侠同姓，戏呼茂之为我的大舅子，可谓善谑。马先生今早去苏州，对振玉进院事，劝不必太热心；以院事尤其是马先生目前，恐尚不会用他这样的人才。鲍由平家中携来一箱旧藏书画，凡古人作，只无一真者；有吾昔年送彼七铜器全角拓片，均昔日借自达古斋霍氏所藏器也。民生公司114艇改名"沱江"号，有今日装运古物消息；仅欠钱已付三十余亿矣。

11月9日 早膳后出门，先到附近明瓦廊莘耕书店买书二种，此店西文、日文旧书最多，中文书不多。继到延龄巷荣宝斋买绘画宣纸罗纹者，每张三万元。然后到仁义坊访茂之，出门未归。陈式湘亦住此坊内，因先到陈家小坐，看他近来所买拓本，彼正在楼上焚香写字。少刻，振玉亦来，十时到申家，主人返，惟告溥君因别有要人两路请，申是其学生，故第三处相应不赴。

11月10日 下午中央信托局叶某来，陪去鉴定前云太师椅。椅在北极阁下考试院，有椅有屏有琴几，均红木有嵌螺甸者，粗俗不精；最奇者屏上款居然有"臣南沙蒋庭锡恭绘"字样，可笑；其非由故宫散出之物，定矣。晚间鲍静安请吃饭，今天鲍请的主客为溥心畬，陪客中有黄少谷、许孝炎、朱霁青，均是社会闻人。所以请我是老黄［振玉］拉上，欲于溥挥毫时白得一画；谁知溥也有先见之明，进门先声明绝不挥毫，因鲍无笔无墨无砚无颜料，嘱我全份携往；众人乃大失所望，我尤觉无聊，与诸人格格不入也；故饭后即行，但到家也过十时，车资用了万余，只得一饱耳。

上述11月10日日记中鉴定文物是否为故宫遗失文物的情况，实际上是复原南京后故宫同人的一项重要工作。就本次事件而言，根据故宫档案9月29日朱家骅签发教育部致故宫博物院公函（社字第52641号）称："准中央信托局函，关于太师椅等古董闻系贵院所有，请查照派员鉴定。"

院长阅后于上批示："派庄尚严、那志良就近前往鉴定，如非分院遗京文物，毋庸认回。衡。"

11月13日，庄尚严、那志良向院长函报，鉴定南京中央信托局存所谓故宫古物结案，云：

> 奉批：派庄尚严、那志良就近前往鉴定，如非本院遗京文物，毋庸认回等因。奉此，遵经与中央信托局接洽，于本年十一月十日会同该局职员叶馨亭赴考试院鉴定。谨将是日所鉴定物品分列如下：
>
> 一、嵌牙骨插屏二件。边框嵌螺甸，背刻花鸟，左上角有"臣南沙蒋廷锡恭绘"款。
>
> 二、嵌玉石圆屏一件，计八扇。
>
> 三、嵌螺甸条几一件。
>
> 四、嵌螺甸大理石心硬木椅一把。
>
> 五、硬木椅三把（内二件破碎不全）。
>
> 以上共计捌件，经职等鉴定，以为该项物品，做工粗俗，颇似市面所售之器物。其插屏二件，题款作"臣南沙蒋廷锡恭绘"不符宫中用具题款之格式，复经职等查对本院陷京文物清册中，亦未列有是项物品，自非本院遗京文物。奉令前因，理合将遵办情形具报。敬乞鉴核。谨呈院长马。
>
> 职庄尚严、那志良　三十六年［1947］十一月十三日

1947年11月11日　马昨下午自苏州转来，今早将代保管之印章交回。谓石家饭店之鲍肺汤未尝到，因已过时。惟天平红叶美于栖霞。陈式湘来，去时借走《校碑随笔》《金石书目》各一部。彼好买善本碑帖，尚不知此二书，故示之借之。临睡时马先生告，明日放假，王雪艇拟抽暇来院看画。

11月12日　今天放假，早起，王雪艇与罗家伦、李济之要来

看画，工人各处打扫，忙得人仰马翻，讨厌之至。午间由马先生招待饭食，王取出一瓶好白兰地酬谢我们酒徒，当场报销罄尽。故宫藏大痴《富春山居》，高老爷［指乾隆］认火烧本是假的，但从未对比勘观，今日将两卷同提出陈之桌上互看，觉火烧本是比乾隆所认真本者佳；然乾隆之多跋真本亦不坏。关于此两卷拟为文详记之。马太龙［马衡院长之长子］忽由上海来，在邦华家晤见之。

11月13日 抄本院所藏赵子昂《书画目》，又马先生提看《石渠宝笈书画目》及吴彩鸾写唐韵，午刻收回原箱。邦华晚间请太龙吃饭，邀往作陪，酒有渝酒、菜有鲫鱼等；主客不知口味如何，我倒大解其馋。太龙人绝顶聪明，十年来在沪经商，颇发小财，生活已经解决之人也，但微觉其有点市侩气。本约心如帮同清理吾之书籍，因今夕无电（南京常有之事），又在邦处吃饭，遂未举办。我也应请小马吃一嘴，但钱又快完了，请他在家推算也需十万以上，算算只得长叹作罢。且以后万无闲钱供我买书买帖，其苦恼又如何耶！

11月14日 早间温度尚不到五十［华氏度］，穿一件旧棉袍已不觉暖。前德人代买之明本《庄子》，原定今、明天交款（因明日又可领移运补助费），但得等等，此笔款尚须维持家用至二十五日，哪敢乱动。别人一掷数十千百万毫不吝惜者，社会上不知若干，而吾十五万欠账，竟不能还，愧煞愧煞！觅旧有甘肃龙骨化石章一方，请太龙为治一印。晚间又停电，觉非常不便，枯坐而已。振玉来云，又有迁都消息……早晚非跨台不可，无待迁也。民生公司消息，114艇明晨可到。

11月15日 今天又到一批文物，一千零七十七箱，全是存在向家坡古物陈列所的箱子；向家坡文物全部运清，未运出川

第四章　徐徐东行——三路文物转运南京 | 233

者，已移存在民生囤船。押运者为梁伯华、刘峨士、邵斐然三人。那、吴去下关接，余人在库房收，至下午六时，共收五百四十一箱。今天市内有所谓戡乱大游行，参加者为公立各中学，游行各大街喊口号、散传单，吾不欲儿辈参加，众口皆曰不成，不去便扣学分，只好挥之前往。夫民党之所谓乱者，必是指共党乱而须戡，不需枪杆徒以口号，不往共党所在地戡之，而在自家之中枢，事至今日尚作此骗人骗己之事，天下滑稽荒唐莫若是矣。

11月16日　马先生派往介寿堂参加今日在彼开成立会之中国文物研究会（该会来函邀请），盖不知其性质与主办之人物。九时前往，与会者有发起之会员，及被邀请之来宾，又有所谓主管官长之指挥人（宪兵、警察及社会部所派人员）三类。主席为王龙，南京著名之律师也。又有任鼐等，可知其为南京人所组织。潘薪初来，在邦华屋，又去晤之，云振玉事已与马先生说妥，明日到院到差。到马处报告今天出席情形，留在他处吃老酒，十时返家。文物一千零七十七箱今天全部入库。

11月17日　午时请新自重庆来的三位朋友吃饭，一鱼一蹄膀又十几万；以为振玉上午必来，可顺便留之，而竟未到。下午来了，与之同见马先生，只云将来德人仍回北平，则长庶务，目下治管何项工作未说明，总之糊糊涂涂算是到差了。又德人推举之会计主任唐祯［榆生、唐剑云之叔］，半推半就数月于兹，也算从今起到差了；家眷不久也移来，有两个太太（如念劬情形）四个小儿，总务大家庭又添一家。峨士自重庆带来大条蜀柳两株，今早督工植之屋外，秋日非移植之期，南京冬日地冻，不知能生活否。又橙园盆植茶花两株，此次峨士亦为我带来，见之不禁怀念蜀中橙园景况，恐难再见矣。峨士云今夏重庆无雨，向家坡自重华（私立）大学移去，学生无法无天，花木遭损大都枯死，非复往日光景。

11月18日 明日是吴荣华妹子出嫁之日，有工友持簿来募礼（似化缘），只得与若侠各写二万元，其实我知若侠手中不到十万，我手中恰十万，但如何能维持到廿五规定之发薪之日耶。本月以来，又感生活之高昂，月入三百余万，用之伙食则不能购置，购置则伙食不足。买帖购书更不遑矣。然入冬被不足尚未买全，孩子们衣已破、床上被单亦破，从何添置耶？生活又如此窘迫，但看挥金如土者大有人在，怎能任人不愤慨。

11月19日 天忽大冷，院中小孩据说上学去有冻哭者，家中开始生炭火。今天那心如开石鼓箱，即由汽车运京途中翻车者，箱内有麻绳捆扎甚好又未启视。马先生嘱京分院所存文物交古物馆重新点查编目保管。据说本月廿五存渝文物可以全部运出。

11月20日 将分配米券一张卖出三十余万以便度日；吾与若侠两人各有一张共十六斗，一家饭量不大，每月十斗余可足。故积一二月可以售出一券以补助家用。但市价每斗五万余，而此只合三万余；为卖米又生一次闲气，真觉无聊。今天从早更冷，冻手冻脚温度三十余[华氏度]，院中已结冰。床上铺盖均薄，大早冻醒。生起炭盆围炉取暖，友人经过亦多来坐谈。将欠文雅堂之十五万还清，立志今冬不再购置书帖等物。仗打的不好，广州有布置陪都之说。

11月21日 开始清查刊物箱，此批亦陷京者，但非文物。原由宋际隆查过，前未指定负责保管处，今交古物馆，盖本北平例也。本邀那、吴共点，刘、黄、申均自动加入。工人开箱，向四科指要王振楷，此人已为邦华逐出库外，可称我取。马先生欲编古器物学，嘱拟大纲至今尚未答之。

11月22日 与振玉同去访文绍云，暂寓灵隐路，阔人们之住宅区也。文廿五年前续娶（前妻振玉姊也），吾为之作伴郎①；昔有小白脸之称，今老伴郎真老矣。马先生今天拔牙，归后往问之。因久谈，谓王世襄明年出国［因1948年获美国洛克菲勒基金奖金，赴美，加考察博物馆］，北平古物馆无人主持，商拟调吾去北平一年，令考虑后决定。

马院长希望父亲回北京，接替将要出国的王世襄先生之工作。对此，父亲日记记载：

1947年11月23日 与若侠商去平事，离平十载，理当回去一次并料理私事；但北平无家无亲亦并无留恋，本想在南住三四年，稍览东南江山风物之胜，不徒物价高涨，困于衣食，一月所入将足温饱，其他跬步难行；在此株守不如举家归去，卒老故乡，不复再南来之计。然又顾虑北平开门七事一无所有，在此携往势不可能（不能带走等于遗弃），到平再买亦势不可能（破衣万贯吾此刻之谓，千万元未必全足），此最大问题；其次申庆年假后为初三下，照章不能再转学，如去平又得失学一年，为彼设想，非留京不可；② 如是家人不

---

① 父亲1921年日记，他也曾为朋友做伴郎——11月10日："明日潘君结婚，请我和老童为傧相。" 11月11日："潘君德霖于今结婚，在燕寿堂一时行礼，证婚人胡适之先生。"

② 自我解事开始，便知父亲对孩子的教育非常重视，即便南迁路途遥远、行程难定，仍对我们兄弟的学业十分关心；甚至推而广之，对同人欧阳道达、那志良两位的孩子亦十分关心——像1946年敦促那和欧阳的孩子先抵重庆就学，乃至让欧阳洪武在我家生活，皆是这般缘由。这次父亲辞谢马院长安排他回北平工作，其中一项原因就是顾虑我大哥庄申可能因此失学一年。

能同往，此刻时局瞬息变化，不能不考虑。

11月24日　赴平事左思右想犹豫不决，盖廿六年［1937］吾奉调南来，举家南下生活一大转变，盖已决定全家至少暂寓南方，不意秋间全面抗战开始，全家幸未分散，一家南下十载，今如又北返，今后生活当然又一大变化。

11月25日　家中只有万余，尽所有买两样青菜豆腐；所依持者今天下午能发薪。下午无形停止工作，人人入市买物，而吾所领两人不过百余万耳，其余均扣去了，可怜可怜。

11月26日　振玉来云，一两天即回江西，向马先生请假半月，并云返时将携眷同来，遂别去。去年考绩，今天发表，科长中升级者、年功加俸者励、欧、黄、那均各有所得，惟吾两袖清风；侠见之大怒，反须劝解之，然亦一肚牢骚。森老忽下午自沪来此，并携行李，来即下榻马先生客室中；坐谈许久即去中央博物院，云调停李济与曾女士［昭燏］①争端。晚忽与向觉明同到我家，向系廿七年［1938］在寿阳一面，今又七八年矣。

11月27日　下午马外出，室中无客人，因得与森老畅谈。两月前曾函徐以院中无前途，且不能同流合污，是非之地不如早

---

①　曾昭燏（1910—1964），湖南湘乡人，晚清名臣曾国藩的曾孙侄女。1933年毕业于中央大学，1935年留学英国伦敦大学研究院，获考古学硕士。入德国柏林大学研究院实习，参加了柏林地区及什列斯威格田野的考古发掘。1938年返英任伦敦大学考古学助教，同年回国效力。1939年初，任国立中央博物院筹备处专门设计委员，奔波于川、滇一带从事考古研究及征集、调查、发掘等工作。1943年，曾昭燏与李济合著《博物馆》一书，是中国第一部关于博物馆基础理论的专著，她也是联合国博物馆协会9个中国会员之一。1946年阶升为中博筹备处（南京博物院前身）代理主任；1948年与故宫南京分院合办展览。1950年3月，南京博物院正式成立，她任副院长兼南京大学历史系教授，并主持发掘南唐二陵（李昇、李璟），著有《南唐二陵发掘报告》《中国铜器铭文与花纹》等书。为研究南唐史提供了重要参考资料。1955年任南京博物院院长兼江苏省文物管理委员会副主任、江苏省社联副主席、华东文物工作队队长。1956年加入九三学社。

退，免得不（非未）吃鱼而弄得一身腥气；首谈院中种种黑幕，徐云台湾方面有办法去，惟嘱慎重；又谓此来，将在此久住。前天发薪，可怜已经用完，今天又卖一张米票，近日米涨，此次竟卖得四十万元。

11月28日 晚饭请徐［森玉］先生吃饺子，以目下环境及经济可能只有此耳；客只森老一人，临时邀邦华、心如作陪，邦因病辞。去请徐时，马先生亦在焉，询及去北平问题考虑结果，老老实实答不愿往，并推荐心如前往；盖心如父死北平，战时事，至今未葬，个人无力返平料理；前曾嘱我代陈，倘有去平公干，彼极愿前往顺便可以处理私事。曾对马言之，亦蒙首诺，想已忘之，轻诺必寡信。当荷允许此事，忐忑心头数日，至此告一段落。但吾最近一两年内，因是必无归平之希望矣！或长做南方人矣。人世变化莫测，将来一切之一切，此刻无从臆略也。老四在学校作画也出了名，蒙师奖勉每天必为人作一两幅，至于老三俨然以画家自居矣。

11月29日 上午振玉忽来，云明后天飞南昌，一月后携眷同来。晚向觉明与曾昭燏女仕合请森老于碑亭巷曲园，嘱往作陪；座中有贺昌群、蒋慰堂诸人。始知中央博物馆许多情况，不只蒋、曾意见不合，欲开馆展览，苦于无物可陈。最近代运之古物陈列所物到，大约不久可以公展。闻德人一家返。

11月30日 午刻森老邀一家大小同出吃馆子为诸子解馋，仍到碑亭巷之曲园，又吃了四十余万，当然是森老夫子会东。侠等去买物，只与森老入浴室，家家客满，尚有候者，废然而返。傍晚落雨，马先生今天请姚从吾、张静吾、徐森玉、蒋慰堂，邀吾及邦、德三人作陪。昨开理事会，姚之馆长并未通过，不知因何；拟处分无关文物（之物），亦未通过；展览事［故宫博物院与中央博物院筹备处之联合展览会］决明年三月举行。以后［理事会］每三个月举行一次。以上消息均报上可见，马先生并未道及只字也。

12月1日 十时同徐、马二老及德人同到中山门内中央博物院看房子，将来展览借该处为陈列室；房新建尚未完工，当然合于展览之用。午饭后与德人谈王振楷事，吾以为完了已忘之，而别人不忘；德人昨归，邦当然已与详谈，今早德人又把王［振楷］大骂以代邦出气；诸人闻之无不愤愤，认为邦乃有意寻衅，侠尤火大，极力抑止。盖邦如此小气，成何大事，然亦不能不闻，故下午向德人言之，但愿能了也。闻马先生不日将去平，心如调平，他亦不愿往；遂与邦、德三人又去说项，详陈个人经济困苦，马允考虑再定。

12月2日 马先生邀谈北平调人事，心如不去，又翻到我名下。与上次不同者：（1）于明年开过展览会后牡丹开时去。（2）以命令口气行之，不允再考虑，且不准携眷。虽漫应之，然心中甚为愤愤。幸又谈到将来工作及在京展览事（问他原则，不问仍不说），允可能调编纂，将话岔开。院长一亿三千万之汽车在沪买成（是他女婿孙来谈的），太龙来，闻与此事有关。连日物价又大涨，欲在家请向觉明便饭，只备一鸡一肉亦非十万不可；想战时在安顺受苦情况马上又将来临，且不知何时始能翻身，一家准备再大吃苦吧。冬季公务员布匹今日领得，每人蓝卡其布十五尺，蓝布五十尺，吾二人共得一百卅尺；一家每人可作一件衣，共享款廿余万，按市价至少百廿万；然成作一笔费亦需三四十万也。孩子们的裤子已经破了。

12月4日 今天下关又到一批文物。下午同森老冒雨去买咸水鸭，南京名产也；马定明日去沪，徐亦同往也。买了四只竟用四十余万，能不令人咋舌，又送诸儿半只，其意殷殷可感。赴北平事，已分告森老、太龙、德人，唯励恐其从中挑拨，吾不顾之。

12月5日 马氏父子与徐先生今日联袂去沪；叔老旬后飞平不返，森老不久再来。太龙邀森老早点于金钰兴，详谈院事。据森老云，太龙对于院中各方贪污情形甚清，并告乃翁，倔强尚不见信；关于吾赴平事，彼亦进言。午时德人为三人饯行，要邦华及吾作陪；一桌海味有牡蛎，多年未尝之味也。下关箱子已全数收完。马先生石名章今又交来，嘱丁到后改换丁处。

12月6日 民生公司告，今早又有一艇可到下关。库房一切准备，船竟不来；忽又告下午四时方能到，大众废然而回。马先生昨天走，励、欧二人与吴为通风机款事大抬杠，因之又牵涉及吾，真觉无聊。盖付与不付、谁是为公，各有心思，不外互争权利，吾本无干；而以管马先生名章关系牵涉其中，所为何来？按理此事应归四科励主管，今不由励管命黄念勉代庖，不外经手利益，励之不快亦不外未分得好处；看来吴仍是黄派，励、欧则是一派；从壁上观之，极觉可笑；天下不静，马先生使之乱。

12月7日 今日再开始收箱，此乃重庆复员南京最后一批也；两千余箱，至晚未完全收完，大约明天必完；故宫在渝同人亦全来了。丁洁平、欧阳南华昨天即在院中住，并未在下关船上。今早德人治酒为彼等接风，一室之隔，谈笑甚热闹。

12月8日 今天仍接收下关运来之箱，下午全部完毕，廿六[1937]年运出之箱至今全部复回，复员工作至此告一段落。据梁伯华云廿六年最末一批运出亦适为十二月八日，前后恰巧十年，亦一奇也。吴景洲来电话，询问处分非关古物物品，系张岳军院长所询；此乃北平方面之事，吾亦不知之，当即用长途电话上海告马先生，请其径覆。故宫"三希"（《快雪》《中秋》《伯远》三帖）只存其一，《中秋》《伯远》二帖向藏郭世五家，郭遗命与所藏瓷死后同捐故宫（吾在郭氏觯斋曾知之）；郭故去，瓷器归公，此"二希"种种原因，始终未入故宫；今拟备款收买，又无巨金，故拟处分不关文化物品，得款购此"二希"等古物。

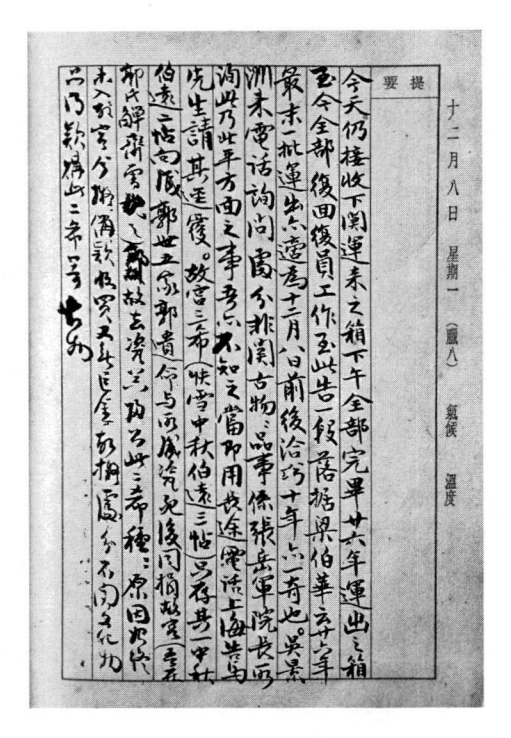

图4-7　1947年12月8日，全部南迁文物抵宁、复员工作告一段落，此为庄严当天日记片影

第五章　驻宁纪闻
——风雨飘摇中的人与物

第一节　愈发艰难的生计

随着12月8日"接收下关运来之箱，下午全部完毕"，1937年以来南运之文物全部运回，故宫南迁文物的复员工作至此告一段落；父亲在南京的工作和生活也转趋常规。然国事日蹙，影响到民众生计，这一时期父亲日记中对于货币贬值、物价上涨而导致生活困难，以致个别同人工作颟顸、中饱私囊的抱怨亦愈加频繁：

1947年12月9日　丁由渝带来黄柑橘见赠，见之如再到四川，想昔在蜀一冬柑橘之美，此乐不可再得（市上之橘三四千一枚，味不佳，柑则二万一枚）；又托其带金堂烟四盒，亦吾所嗜要之物也。小儿躺在床上（病），无可消遣，数次要求买书看，可怜囊中不到三万，尚须预备明早菜钱，如何办到，儿乃取其自储两万，以万元买书，万元交其母作家用。晚黄［念劬］由沪返，持马函要求将取款名章携沪，在此改用丁［洁平］处之牙章。

12月11日　继续点查刊物，惟那心如、黄居祥二人；邦华商妥请其点查陷京箱组。下午德人又去买拓本，交五万元托其代购昨在一摊所见瓷砚一方。傍晚励公拥数大包归，有影印《苏斋全书》一部（三十万），余均拓片。昨天大钞发行，今天物价狂涨；昨买一袋面粉三十一万七千，今售三十八万。最不合理者，今日邮资亦宣布涨价；昨平信一封五百，今一变为二千；航空原一千，今为三千。于是街谈巷议及报纸所载无非此事，摇动人心，大有岌岌崩溃之势。每晨一家所食烧饼向限万元，今亦不足一饱；自有面粉，今天起改试自蒸馒头。所差者本月月入并不因此而增薪也。呵冻写《捃古录》所著录赵子昂撰书篆碑文，此书吾无力收置，介绍德人收购者，然吾昔亦有之，[1937年西迁时] 失于南京。

12月12日 天气晴暖，忽思出游，下午向太座请款十万，一人到夫子庙，日本瓷无特别者，购得古树根盘枒，苍老形状颇奇，可作花插或烟灰盂用；此乃已数次见之，以五万易之。到经古舍，张老头知我专收赵字，出曲阜孔子各代墓碣十种见示，中有赵篆书一种，字大如斗，诸目录均不录，甚少见；张非常狡狯，知吾必收，则非全套买不可（余九种虽亦篆，明代刻），大费唇舌加前议价未成之《珊竹公神道碑》共作五十万买成（珊竹十万），可称奇昂，此人心辣有名，亦无如之何，但已能欠款携回，乐得先玩玩，但从此恐耗资益多矣。归查诸书果然未录，心中甚喜。

12月13日 吾屋虽小布置有序，一室井然，放灯作书，悠悠自得，所谓吾亦爱吾庐；人贵自乐，其乐他无取焉，但亦见吾之无大志焉。深夜一人坐，遍体皆凉，和衣再卧阅搜览《南村帖考》，以昨在经古舍见有二王帖二册，嘉靖年刊，心甚念之，索价八十万，力所不逮，或须借来看看。早起又将所抄《捃古录》

第五章 驻宁纪闻——风雨飘摇中的人与物 | 243

诸碑目中赵书碑改作卡片，本拟作子昂年谱，须先作赵氏所撰书碑帖考。子昂年谱初想甚易，作来渐觉难题重重。

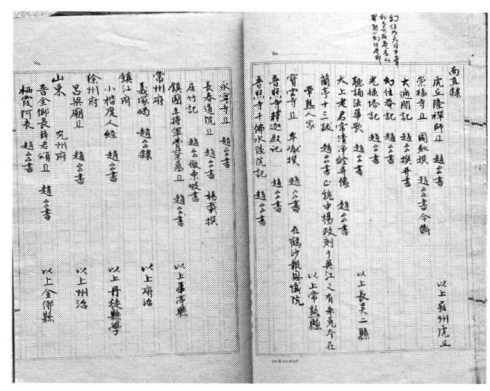

图 5-1 庄严撰《吴兴赵氏一门书撰碑帖目》书影

三、四科要求吾召开院务会议，讨论经费诸事；开会本应主席念劬召集，彼上海自来自往，结果轮到我名下（因有秘书名义）；不但此也，一科文稿亦议决由吾代看。晚间小学映放露天电影，诸儿不畏冷纷纷往观；吾作碑目、俟补破袜子以候之。

12月14日 全院中无论单身或眷属房中，清整有序四字堪占首位，尚可居之不愧；书一本本抱到院中去尘，时许方完，心中畅然。十一时同乡李旭初自驾吉普接吾一家及峨士到其家午饭，吃炸酱面；旭初现为空军总部处长，少将阶级，空军中地位相当高。住大光新村，全空军人员眷属，在黔时已知其子女甚多，今共有十人。

12月15日 本日应发最后一次之十天的参加费，因预盖印鉴之支票用完，印鉴念劬携沪未返，竟不能支款；遂通长途电话催之，为私牺牲公众大不可以。马之临行本有手谕，命丁洁平来后，印更换用存丁处之印，而丁公然竟不换，院长命令等于放屁，整个院事不堪问矣。

12月16日 老励用公家人（木工）、公家物（木料是重庆运来古物箱架、屋顶是晒晾古物之席板及运输时用千余万自制盖汽车之帆布油布）建筑之厨房今日完成；公家本为之建有厨房而不用。

12月17日 天气大冷，棉衣不足御寒，不得已只得将唯一纪念之紫羔皮袍取出穿上。此袍乃吾父所赐衣物之一，在西南曾立志不穿，曾一度借与施天侔用外，藏之箱中。院长印下午由黄念劬太太由沪带回面交。不到二小时，吴孝敬又云念劬又来电话云仍须此印携沪；晚八时吴又将此印取走，云明日送沪；尚签支旅费一百万，其他款九项又预盖存用支票□张。

12月18日 今天仍无电，不能入库房工作。邦华、德人相继来吾斋闲谈，于是三人围火盆谈古月轩问题；亦去年此刻在向家坡讨论"温温恭人"［查《诗经·小宛》："温温恭人，如集于木；惴惴小心，如临于谷……"］，曾几何时又是一年。

12月20日 夜间室内温度如前仍是零下四度，阅报云昨南京最低温零下七度。房中如冰窖，作日记笔不能写，烤之始能作字；心中又烦乱，沉心不下。今天白天有电，仍去库房，以库中尚不冻手冻脚。去年在向家坡之环境及心情不可再得矣！早起蒋念椿君邀晚间到他家吃酒，如何动听之言；下班到其家，客十余人，均分院同人。菜由太太庖制，纯苏州味，……可惜屋冷如冰房，不但不生火，而且四门大开，等于在院中饮食；饭后急归围炉，已觉涕泗交流，全身奇冷。峨士尚在，见吾病归始去。

12月23日 早起仍旧无电，本定今日入库查陷京文物箱（此邦公之政策，三馆人员分三组统查之），因无电，各组均不能工作，仍改提刊物；就现有刊物提一全份，预备交图书馆留存参考之用。

12月24日 今天早起，可称最穷，买菜蔬也得赊欠；但发薪有望，所以买肉二斤，全家可以打牙祭一次。下午又要开院务会，所以十一时领饷后，即到状元境书店取前无款而预定之书……虽顷刻用去二人所发薪四分之一，然均难得而未读之书，心中怡然。

12月25日 朝天宫小学校长林某又来访四科励德人，因小学系占用本院之房，因经费拮据，见一室墙设有水管，前来与本院商，拟请捐赠，由该校标卖可得千余万补助经费。励昨特为此事开院务会议，吾力主赠与该校；事实上有人极力反对，谓既属公产无权赠与。驳之云，理论上是院产，事实上经十余年巨变，人事变更、卷策散失，早已无人知之，已等于注销；校方来问始注意之，房尚不能收回，况此区区？不主张者竟谓，彼不问而径处分，我知之亦不过问；既然来求，为自家责任计，绝不能由我口说出一准字。完全大打官腔，表现成一完全之极腐化之官僚机构！此小事一项，聊见一例耳。

12月26日 下午朝天宫附近仓巷有火事，一时红光烛天，乌烟四布，人声嘈乱，车马糜杂，全院人立而观之；颇可看出非关自己之心理。晚月出东天，皓白四照，霜满树屋，一白无际；登冶山瞻望南京夜景。

12月27日 早间王雪艇来电话，要求看阎立本撰《兰亭》及《定武兰亭》墨拓等八种，将于下午二时与陈君光甫同来，均院字号八十箱中物，提选极易，不十分钟即取出放空箱中暂存备用。惟看画之室自上次用后，从无人打扫，满室尘埃，告四科派人打扫搬桌椅。下午王来，欧、励也趋陪，这种人遇到热中之人，自然不能落后；可惜王竟不识之，我反觉脸上发红。那查陷京物，今天发现有珠宝等数号陷京之物；邦华八九年前即声言陷京箱内无珠宝，今竟有之，吾不知其何以解释。晚邀洁平、南华、冯汝霖数人来家吃饺子，所谓"还债"；刘、吴二人作陪。刘云下午励又激动公愤，有人欲与之挥拳，盖单身职员十余人组织伙食团，派代表向其领经管公米箱钥锁一把，励公然不发，惹得众人欲与其理论。他个人所建厨房，工人、材料、灯火哪一件不是公物？但又有作好人者劝解解围，遂无笑话可看；看着天下是否尚有是非，看此二人横行到几时。

12月28日 天气清冷又不敢大量烧炭，炭价太贵。百斤四十余万，而且烧之太多，炭气过胜，头脑昏昏，口干舌燥，只好负手痴坐。下午只申庆一人在家，家人及同院人也都外出，甚静。抄所集赵松雪佚文三叶，本想作赵之年谱，因年谱而注意书画目、碑帖目；近又搜集佚诗文，范围愈扩愈大矣。赵之全集，其子仲穆所编花溪沈氏本最古，然太简陋；清时曹氏刻本续有增益，亦不多，似有重辑编之必要。然此事应作专题研究，倘院中假我助手一二人，方有成就；若我今一人经营，无怪穷年累月毫无所得。赵之真迹，自以故宫最多，本人又在故宫服务，尚不能自由展观，徒重手续而忘研究；换言之同僚中已不研究，只忌人作研究工作，可慨也夫！

12月29日 今日开始参加复查陷京文物工作，全组为吴爽秋、刘峨士、若侠及吾四人。德人告马先生来电邀其去平主持科务，又云彼到柱中可以暂息，大似欲代处长。黄宛华［振玉三女］来询问有无住房等事，振玉派之来者，当将院中情形告知；彼云

第五章　驻宁纪闻——风雨飘摇中的人与物 | 247

振须下月中旬始能返来。与德人去道署街，彼将去平，无暇再购买，吾今后谋生之不暇，亦无财力再买（虽只限收赵氏一门之碑帖，其难亦如此，可叹可叹）。此乃二人最后一次同行矣。

12月30日　天晴寒冷，一年容易匆匆过了；近作日记算，三十六年〔1947〕一天少一天。这本日记马上即成个人历史，不胜感慨。白天入库，点查陷京物品。这批物是廿六年〔1937〕未运出者，日人虽未窃走，而全都拉乱；去年经李鸿发诸人由平来此整理，点查数月，已不能一一恢返原状。今又再查之，每一物贴上标签至五六张之多，但事实上愈查愈乱；看标签使人头昏，不知谁是谁非，对于物之本身有无损毁，无人顾及也。凡官场之事，一到查字，无不如此；完全为个人卸责打算，谁又真顾及文物耶？

1947年的日记，父亲只写到12月30日为止，31日全页空白。而父亲1948年的日记，则在本子的前页注书："此用去年在渝所购旧日记，改作今年之用。卅七年一月一日记时，全家客居南京冶城山麓。"

1948年1月1日　往年今日均起很早，今兹特晚，心境不佳，振作不起精神来；上午起来，有友同僚来似舍新正拜年之意，亦懒去回拜，给他装傻。应当写马先生、张柱中各

图5-2　1948年1月1日日记片影

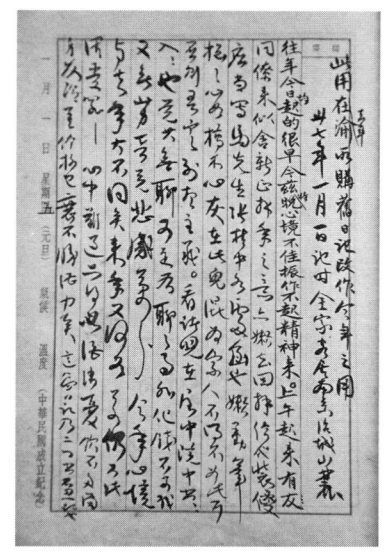

处函，也懒动笔，总之心如槁木死灰，在此鬼混，为家人不得不如此耳，否则吾定另想主意。看诸儿在屋中院中出出入入也觉其无聊；可是有聊之事非花钱不可，我又无此力，真觉悲感万分。今年心境与去年大不同矣，来年又何如。

1月2日 闻昨天老丁偕妻携子三口去游后湖，在湖边每人吃面一碗，少买糖果加往返马车，竟用廿万元。这个年头怎么过，公务员真该死，然不做公务员，又干什么？已下海半辈子了，只得认了。吾子吾孙将来千万勿再入此邪途。今天又上班，仍是入库房点查，查一些破烂家具。当年完完整整全是好东西，而今成此，故宫博物院非保存古物机关，真一破坏古物机关，非过激之言也。全部牙齿皆病，此毫无办法之事，只得听之；盖此医牙不说千万也得百万，岂为我之所能梦想？凡此款之事正多，均不能想不堪想，一天天鬼混而已，心已死矣。

1月3日 终日点查陷京未运出之木器等，紫檀、红木、雕漆皆有，多已散乱捆扎如柴。当年辛辛苦苦运出，运出之后，堆积至今，毫无办法。一旦乱起，如上次情形，甚至不能保存，反不如在北平为是。当年主张最力者为李玄伯，而为易案至今不能出头。然就古物而言，功罪真未易定也。钱已用完，距十号发薪之期尚远，而黄宛华又来电催款，真糟真窘，何日能不受生活经济压迫耶？

1月4日 今天已分文无有，甚至不能买菜，遂向峨士借数十万度此难关。天气不但晴而且暖，又是假期大可出游，手中无钞奈天气何？偕诸儿上冶山，卧草地上朗诵诗书，负暄而谭，戏曰吾以天为帐、地为床，胸怀可称开阔，儿等今应养此真宰，他日庶不为浊世所化。侠又蒸包子，因邀励君德人来同进，权作为之送饯。太太劳碌腰腿酸痛，这场应酬总算完了，她卧床休息，吾尚伏案作赵谱。正埋头摊书，杨君警吾来谈。次同访邦、德二人，均同学也。邦今晚亦邀饯励，因吾去亦被邀，同座有洁平、蒋干，大鱼大肉十四五菜，与敝人中午较，真小大之巨见，然吾不怍也，且乐得大嚼以解吾馋。归来九时，家人均入睡矣。

1月5日 半夜睡不着，愈想愈乱愈烦恼。四时许起来，放下一切不想，作新年后日记及赵文敏年谱。出门望残月横天，景极凄寂。出组后，心如、爽秋诸人拟为德人组饯，邀加入。吾虽已两次邀饮，仍参加此一团体，惟最感困难者，为谁都无钱，计算需八十到百万，无人可以承办垫付。商量结果，由吾与心如出名义，去到丁出纳处借薪百万（个人本不便开口，就此机会个人多借五十万）。交堆工朱本儒承制，有家庭者每人担任一费火工之菜。晚间，励芝仙请他老兄，又邀作陪，素食已经四五日，腹中无油水，因励之行借光解馋不少。卅六年度考级表寄来，惟补发船运票价毫无消息，恐无望矣，吾欠下之债，如何偿还耶，本全靠此笔款也。

1月6日 午刻，三馆同人公饯德人（将去北平），念劬、德恒临时加入，主人遂成十三太保，而客只一。下午又点查一箱，破木架木座，有《西清古鉴》所著录之器，紫檀座十余均零散，器亦不知何处去，古物陈列所物也。傍晚下班，独登冶山眺远。晚，总务公宴励君。

1月7日 励德人调平，今下午去沪（支旅费千万），送行者，唐榆生两太太、唐剑云一家。一算，全院卅人在，三分之一以上全是励拉进来的，全是浙人，好大势力。励又告，元旦全院人事新调整，北平已发表，此间不知也。但想少数人必事先早已知之。马先生来函云，李涵楚①赠印谱一部，为省南北携带之烦，可以彼在南京一部互换。民国廿二—廿五年［1933—1936］，李为绥［远］省主席，得出土古官私印数千方，吾劝之打谱行世；每公余之夜，赴其家钤打三月余，完成十之九。而吾南下，由爽秋继成之，未及装订。战起李携三部南下，赠马谢其作序之劳，自存一部，欲赠吾者为于胡子［佑任］索去，胜利后印与谱均无恙，而吾之一部今始得也。

1月8日 刘墉桌椅破散，且零碎木件恐有遗失（老紫檀木桌，长约七八尺、宽四五尺，边边角角均刻刘石庵书。故宫数千件木器中，一精品也）。下午，潘薪初来，谈及易案云，法院已判决不起诉，十五六年天翻地覆，因政治而牵到盗宝之一大案，至此可告一段落。大约此案与张溥泉之死不无关系。又想院中某人也算有福气，最近因易案而查到了珠宝一箱，留京已散乱，此事若牵扯大，也可成马案也。下午，会同光孙寺大夫、技工、马廷云（马厨子）启开马先生书箱，取出李涵楚之《古鉴斋藏印谱》八册。

1月9日 今天，点查有音乐水法插屏，诸人大感兴趣，玩赏久之。插屏一嵌仙山楼阁，后有发条开之，阁中人来来往往如走马灯，瀑布以玻璃管代淙淙若流水，树上禽鸟时张翼鼓动，同时八音盒奏乐。钱又用完了，今天卖了积三个月旧报纸，十斤得十六万元，足以维持今明两天（菜钱），总算天无绝人之路。

---

① 李涵楚即李涵础（1885—1970），名培基，1929—1931年任绥远省政府主席，1933—1938年历任黄河水利委员会委员，河南、河北民政厅长，1942—1944年任河北省政府主席，解放后任全国政协第二、三、四届委员。日记中所记情况与李氏履历有异，当系父亲记错。

1月10日 上午发薪半个月，丁请假回上海，龚代发，不但旧借之款分文未扣，本月吾临时所借之百万亦未扣，必丁回家心切而忘记；两人遂得两百余万，方能提出八十余万还黄振玉并买面粉一袋及猪肉十斤（重庆来人带来者）。下午，连点四五箱西洋钟表，均乾隆时朝贡品，有音乐、水法、人物，但皆残坏不堪。距今二百年光景尚极辉煌，见之仿佛又到"鲁弗官"中。……公务员调整公布：(1) 薪卅元按生活指数计，余并按指数十分之一计。(2) 每三个月调整一次。(3) 各机关须裁员四分之一。但物价先数日已狂涨倍许。

1月11日 今天，应使家人散散心，闻电影《八年离乱》演抗战时事，虽有意往观，买票非常不易（需强有力者站班一二小时），又需五六万，说说罢了。早膳后，二、三、四儿均在院玩耍，惟申一人老气横秋一天埋头看写，不与诸弟玩亦不交谈。报载政府公布定北平为陪都，不知有何义，国民大会大河以北代表力争不可，今再无人主张，又定为陪都，政府何尝顾及一些民意耶？然吾平人殊不以平建都为然。

1月12日 今再做刻板点查之事，故宫可做之事正多。吾虽平庸，才不限此。天天、日日埋没尘埃、稻草堆中（点查时尘起如雾，因箱中加草），可叹也。所查仍为西洋钟表，有名 Barbot 者，不知是否名厂，极精细也，今残破不堪，天下功罪是非未易论也。命王振楷卖掉本月米票九十余万，希望能过到廿五。马先生之三子文冲忽来自台湾，此人廿六年 [1937] 尚为军校学生，今已做营长，月入千万，此来为报考陆大；但与同事六人告求同住库房外工作室中，此"综合库务"先生之事也，心想他不能不准。果然，马固不是允者，亦未尝是也。天下曷常有是非耶？

1月13日 今天点查钟表外,有衣料一箱,质料、花纹、颜色全比现在的好,可惜有霉烂、有尘埃,竟听之毁坏。尝谓今之稍知图案艺术者,只知抄袭西洋,不知本国图案极美,惜无人注意。搜集研究如今日衣料上之各种寿字纹即甚好看,其他如木器上、织锦上、古代建筑、铜器上更多也。

1月14日 黄念劬忽来久谈,谈了许多院中是非,心中想到,耳中不闻,自骗自己,也乐得过一天是一天。闻之心中,虽强自排遣,终不免耿耿于怀。年来,闭门不闻院事,而人尚不容,此辈人不能饮水思源,而以中山狼手段报我,怎不使人气愤,世道人心如此,社会焉得不乱。心中不快更思以酒排闷,每日素食寡味,又不敢扩用一文;算算只有五十万,尚须维持到廿五,恐甚难。梁伯华来,他是好饮的,强留之陪我饮,只以四两花生下酒(已用万元);因好饮者不在菜肴,一人吃闷酒更郁闷也。酒后全身更觉发冷,梁去即卧。当今之世,人又何必做好人,好人下场如我是也。一家客居异乡,倚薪为生,与难民何异,一旦失业或有意外何以为生?

1月15日 昨受刺激,悲愤异常。呜呼,古人四十无闻,吾已五十,此生已矣,已无前途更无希望!我之前途我之希望只有盼吾诸儿能继吾志矣。今日查玉牒。陈秀元女士来访,陈是徐英[澄宇]之太太也,廿年前与静农在平时旧识友也,此刻在政治大学教授(该校与本院比邻);澄宇刻在安徽大学,彼一人在南京,目下正竞选立法委员。据云女子教授提名候选只彼一人,选者亦须教授者,要求拉朋友为之帮忙。家中素食数日,既不饱又不暖,每日亦须二万元;又须付申儿午饭三万元,算到廿五日至少须四十万,如何可以维持?发马先生、徐先生、张柱中诸函。又得徐先生函，谓不久将来京；去时云不久返，忽焉一月，此次不敢信其必来。

1月16日 为陈秀元事，与各处朋友写书札请投她一票；计台大静农、达夫，川大戴荔生，湖大施天侔，浙大郦衡叔；又特送函北大向觉明，以他在本市大学教授也。水滴砚中顷刻成冰，呵冻书之两手皆僵。目下一航信邮资七千，区区之事已费吾数万矣。想当事人无千万之资本如何能活动，而成功之后焉有不设法捞回这笔本钱之理？今天所查为御笔，装裱无不精美，内容虽无足观，亦可玩赏。退职后陈式湘忽来送还所借书，他也好碑版者，不得不陪之上下其议论。日已至暮，诸儿皆归，然一锅白菜豆腐，实在不敢留任何客人吃饭；何况他自称有胃病，饮食素考究，只好枵腹空谈；陈到燃灯怏怏去，主人亦怏怏抱憾送之；思之又可笑，一幕无言趣剧也。申儿省每天饭钱，买四张彩印欧洲风景画片，自悬其房中，见之颇有所感。

1月17日 今早更冷，温度到零下七度；比北方虽不及，然北方屋子防寒设备完好，今所住之屋地板大洞可以漏光，屋中几与院中无异。今天点查仍为御笔书画，有两大卷上书御题御侧理纸，以为必诗也；打开一看，诗固诗也，而竟写在侧理纸上，吃惊不小，同时又自幸眼福不小。同人中，吴爽秋多见闻，尚能知此名，余人知也不知，他无异论。于是呼来两组之人，细细观赏，并将乾隆所题诗两首记下，并记箱号。得马四先生函。

1月18日 今天星期，照例家中大扫除之日；冬日生炭盆尘土更多，并洗地板及室案清洁，自觉人生一乐。但生活在风雨飘荡之中，生死朝暮之间，而目光只注意此区区小事，可见其无远志，受穷挨饿分所应当。九时后日上，空气和煦，偕家人登冶山；坐草地上谈话看报读书，负暄吸烟，倦则卧草上仰视浮云，心中畅然。得张柱中函，大不以吾提议展览为然，所持理由与某君正同，正可见他们一鼻孔出气，噫噫，呜呼我知之矣！院务完全在数人把持之下，马公耳软心蔽，更可上下其手，读后真觉不值一笑。晚饭后，诸儿各各伏案读书预备功课，盖试期均近矣。读日间以五千元所得《双梅景闇丛书》，这是一本怪书也。

1月19日 今天所查前清帝王御笔，顺治、康熙均少见者。因学校已举行期考，喆则开始毕业考。下学期，三人入中学，这笔学费一定可观，从何筹得耶。以前物价一年或半年涨一次，近一年来两三个月涨一次，最近一月或半月涨一次，甚至天天不同，而公务员待遇尚依然三月调整一次，新调整之标准，当月领不到款，发不出薪，如何不窘？天气晴暖如春，室内温度下午在六十度。若侠学得发面，近日每早自蒸馒头当点心。

1月20日 今天所查御笔书画中，有藏经纸多种，凡有印记者均摹之。此事开始注意于卅四年，惜故宫文物不能随意提取浏览研究，故两年来所得材料并不多也。

第二节　赴台办展行及任教构想

自1月21日至3月6日，父亲没有写日记。我推测，可能其间父亲因正在监督同人分三组忙于清查抗战期间滞留南京文物箱件的文物。再者，教育部长朱家骅于其间视察台湾，应台省人士之请求，为阐扬我国文化，决定举办"文物展览会"。教育部遂请故宫博物院、

第五章 驻宁纪闻——风雨飘摇中的人与物

中央博物院（筹备处）、中央图书馆等机关各派代表一人参加设计，故宫博物院的代表是父亲。关于此一事件，《申报》于1948年2月20日报道：

> 教部长朱家骅视察台湾，因该省人士请求阐扬我国文化，乃决定于短期间在该省举行"文物展览会"，计划在台湾之适当展览地区与酌编经费预算，并决定请故宫博物院、中央博物院、中央图书馆等机关加入，各派代表一人参加设计。教部已组文物展览会筹备委会，聘田培林、马衡、蒋复璁、徐鸿宝、陆志鸿、许恪士、贺师俊、英千里八人为筹委，徐伯璞为秘书，于十九日晨十时在教部开首次筹委会，到筹委与故宫博物院代表庄尚严及中央博物院代表向达等十人，田培林主席，作初步讨论，拟订应行筹备要目。

如此，因父亲一向认为举办展览是博物馆的天职，于是积极投入而致忽略了写日记。自3月7日起，父亲又继续在日记里记录日常工作，其间颇多细节之处。

1948年3月7日 雨止阴寒，皮袍再上身、炭盆再生火，入春已三脱三穿矣。虽倦懒，起床后仍打扫屋、洗刷地板，既定主意不可不勉强行之。诸儿在重庆好职（国）校之周老师来访，云去秋来此未得工作，言外之意在求职，甚觉歉然；欲推荐之到朝天官小学，我何人？斯定碰钉子。午间，蒸包子正要吃，齐四［树平］闯来，遂取酒与之共饮，惜无肴只待以咸菜佐酒。黄［振玉］家阖第光临，又是两桌对开，好不热闹。酒后耳热不免长歌

"但觉高歌有鬼神，焉知饿死填沟壑"之句［诗句出自唐朝杜甫《醉时歌》］。忽黄念劬来，于是浓茶、香烟大摆龙门，齐四醉后，又敲黄竹杠。六时同到新街口馄饨大王处，并有马文冲、丁洁平、黄振玉六人（侠怕冷，辞未去），吃了百万。此店小、"相因"，食客如潮水涌入，据说只因是汪精卫厨子，但我吃的并不见佳也，许因平生不喜广东味。与齐四、黄三、丁二同游市场，身无万元只好看看，来回车费全无法付。

3月8日 三八妇女节，小学女教员皆去开会，等于放假一天。灵儿与吴效蕙［吴玉璋先生次女，抵台后与我是台中糖小同班同学］上山掘荠菜去。天气半阴半晴。写领移运时参加费单据。得森老来函云，在沪接洽裱画人月薪五百万，伙食须由院供给，看来此事又须请示院长。又谓慰堂又去沪，告以台展故宫决不能参加，由教育部调借吾往协助；函到不久，教育部某人来电，颇不客气。午时念劬示北平转来朱骝先［朱家骅，教育部长］致马先生函，声述故宫决不参加理由（无理由之理由）。编录自藏赵碑卡片，以便查索。天晴骤热，同人中见吾所买日本绸布，丁洁平、励钧先等亦纷纷往购，大约精品已罄矣。

马衡院长在1947年12月5日离开南京赴北平，一直到1948年5月17日才回南京。他不在南京期间，台湾省政府邀运一批古物到台湾展览，原拟邀故宫文物参加展出，然故宫博物院理事会未予通过，父亲遂奉派以个人身份参加，并协助鉴定民间文物之真伪，随其他机关（教育部）人员及非属故宫之古物同乘中兴轮到台湾。根据父亲日记载，他于1948年3月16日去台湾，至4月10归来，具体情况如下：

第五章 驻宁纪闻——风雨飘摇中的人与物

1948年3月9日 教部来一公函,借调吾往台参加,惟措词极不妥适,深恐因之引起误会,明下午开会,俟会后再定办法。森玉先生介绍之上海裱褙人恐难成,事实最大问题,裱画之大案无着,又万无可能运来之理,运费数千万。遂于下午邀振玉同出自想办法,俟有端倪再请院长决定。先至荣宝斋询大树斋(战前曾在本院装裱),云休业人去;继请其介绍,又到四涤巷振玉所熟识一米姓店人,虽老但恐见识未广,彼之办法工资按件计不按月,亦是一法。顺路至仁义里访陈式湘,因去上海未归;又访申茂之,小坐。申告太平商场有欣生堂等两家商店,一陈列时人书画、一古书,均北平人所设;即与振玉往观,画吾无所赏,书颇有可用者,惜均以百万计,非措大敢问津,叹息而出。天气燠热,活动屋尤热,七十[华氏]度以上,夜晚更甚。

3月10日 昨夜燥热。入库监视,盖京字箱三组,有两组今上午可将所任点之箱查讫,余一组亦两三日内完工,则全部查清矣。上午发薪,丁君本月又未扣预借者,二人得四百五十万。午饭后即出,先到升州路取修理之表(五十万),买茶叶半斤(斤八万);欲游夫子庙,开会时间已到,急乘公共车到成贤街。先示诸人以教部之函,众人坚邀同往,由朱骝先出名致马先生电请(今日并知,彼等坚邀吾之意,在代审查私人出品之真伪问题)。今所讨论者多实际问题:(一)决十三日动身。(二)以下不关个人不记。六时散会……遂即返家与振玉、邦华谈,吾之去台非再电马先生不可,此老多疑,否则将疑吾谋此差事也,遂拟一电于八时拍发,不知后天能否有回电也。

3月11日 天将明大雷雨,今兹初次春雷,吾适将旅行,佳兆也。为天气骤凉,昨八十余[华氏]度之温度,今不到六十,起来一件一件往身上加衣。无电,库中不能工作,而且自来水也断水，烧茶煮饭皆成问题。午后，马有回电来，很客气允赴台湾，此层早略到，此公专吃大帽子，由朱出面百无禁忌矣。惟又指命将秘书职务（即代管其印章）交邦，科长职务交那，又与上次命适反，自以遵后为宜。当持电示邦，邦力辞，表示绝不过问支票盖章之事。盖避与黄念劬、吴荣华冲突，遂又以二人名义电柱中，请代陈收回成命。公事而不免私人意见，真觉无聊，国家事事无非人事，于此可见一斑。

上述所提父亲3月10日致马院长电函及马院长次日之回电，如下所示：

马院长钧鉴：太密。文展会今开会，朱部长邀往台审察私人出品员可否出发前往？请速电示。职，严（灰）。

南京庄科长：太密。教部邀赴台展已复函遵办。希将科长、秘书职务分交那、欧两君暂代。衡（真）。

父亲于3月12日前后正式启程：

1948年3月12日 植树节不放假，但无水电无法工作，等于放假。预备行装，匆匆一天过去。本定明晨去沪，教部通知又改明夜车行。

3月13日 今晚赴沪，早起写马先生函，报告上次（教部）开会情形并被邀参加原因。交励太太五十万转交德人买书买拓本者。领来教育部发差费五百万元。将徐先生在安顺存箱一随身带沪还之，内均衣服。觉明来电，晚九时派车来接同去下关。马回电称秘书事仍邦代，即将印交邦，彼亦允受矣；又八十箱钥匙交心如，侠大咳嗽买 sufr，每片一万五矣。

3月14日 晨八时到上海北站，胜利后初次来沪，不到沪者十余年矣。随众人到合众图书馆，私人之组织。上海地名今多更易，而且地理本来不熟悉，今更莫名其妙，只知在原法租界西边而已。将文物放下后，徐森老邀吾及向觉明同出早点（森老去北站迎迓，又同来馆，此老客气真使人不安）。早餐馆名"乔家栅"，非常拥挤；据云上海著名小吃店也。早点后，森老又亲送我们到中央饭店，此次教育部指定之旅馆也。将随身物安插定，又到沪西愚园路郑西谛家午饭；此公近来不买书而好土俑，满屋桌上架上地下无非泥人，每一人[俑]价都以金条计价矣。饭后同森老再乘电车到北四川路访徐九鸣（徐系抗战时在安顺的患难好友），不见之许久，方见晤徐家三奶奶，云白天在五马路中山旅馆悬牌（执业律师）；徐又将吾送到中山而后去。一天东西南北乱跑，只车钱计之已七八万矣。而雨一天不止，到晚益大。徐氏夫妇邀饮于状元楼。酒后耳热，想起同在安顺受罪之事，不尽感怀系之；今仗打完而罪不完，而永无完了之希望，而且一天加重一天，使人如何不灰心气短耶。一人返到旅馆已将十时。上午到旅馆，教育部人欲所有人共住两间，大约白天有人大闹，晚归始改在三楼，与屈万里同住一间。中兴轮开驶日仍无消息，原说明日开者；早知如此，何必匆匆来此，多耗国家巨资（每人每天至少一百万），以旅馆一间已四十九万元也。

3月15日 旅馆正在闹市，又夜不闭灯，所以一夜不得安睡。九时全体到合众开会，会后午饭。饭后同森老、王天木到北四川路、虬江路看地摊；此一带原日租界，今地摊仍售日货为多，常有许多惊人之物；天木所藏十之八九均得之此地也。今又收到教育部一百万元，是向觉明闹出来的。

由于父亲从 1948 年 3 月 16 日至 4 月 10 日，是随教育部的人员去台湾协助办理文物展览会而没有写日记，故有关其在台期间的经历见闻，难有详细叙述。不过似可确定的是，在这次台湾之行后，是否离开故宫赴台湾大学任教，成为父亲反复思考并与友人多次讨论的问题。对于此一情况，序章中谈到父亲与徐玉森老伯的交谊时已有所提及，在此再予以更进一步说明。

根据《故宫·书法·庄严》（庄严等，雄狮美术，1999）所录年表，1948 年 4 月 5 日，父亲已得台大聘书。这很有可能得自徐玉森老伯在前一年的协助：

1947 年 10 月 15 日　森老之来本想谈个人及院事，既去只得为个人犹豫不决之事，请其代策。

10 月 20 日　得徐森老函，嘱前途之事慎重考虑。惟又云，已函台湾，不知与何人磋商。

11 月 27 日　下午马外出，室中无客人，因得畅谈，两月前曾函徐以院中无前途，且不能同流合污，是非之地不如早退，免得不（非未）吃鱼儿弄得一身腥气，首谈院中种种黑幕；徐云台湾方面有办法去，惟嘱慎重。

而父亲在自台湾返回南京后不到一周，亦已于日记中提及赴台大任教问题：

1948 年 4 月 16 日　台大校长陆志鸿辞职，新任为庄长恭，人事有此变更，吾之赴台不能不重新考虑。始与振玉谈，振主柱中在此，不能不使知之……因谈赴台事，彼主张去并亦愿往。

4月17日　听说柱中明天要走（回北平），赴台湾教书须与其一商，候至十一时此公起床。彼极赞同，并云对马先生不能有甚么说甚么；如请假一年，他定不允；最好说请假两月，前往做特别讲演，两个月后再续假两月，则可到年底，且能支薪。

5月4日　晚八时，魏来吃饭，饭后森老又来少谈。天气阴寒，森老劝其早返，台大事未道一字。

5月5日　关于赴台事，思前想后无从自决；因而不眠，四时起出门见森老室中有电光，人影幢幢（因库房夜间有电），遂往谈并取面包二人同进早膳。……［下午］二时陈济川来（自沪与建功同来），方告以台大新校长庄长恭已接洽请建功为将来之文学院长。

5月6日　昨晚饮酒刺激，牙痛益甚，全身为之不快；筹计展览会展品与布置诸事，二时醒更考虑台湾之行究竟去与不去，左右思维，更不能眠。四时起又无灯，燃一烛写各处应覆之函。

5月8日　……晚请建功、济川来家吃饺子，建功五时许来，密谈台大事，告以二事：1. 上次在台应聘原委。2. 本人愿在史学系教美术一类课程。建功所答允不能肯定，因他之院长尚未就职，又谓陆校长所发聘书是否有效须问之。新任庄校长似不近情理，总之赴台事恐渺茫矣，一切听之可也。

5月25日　……与向［觉名］谈台大事，上次魏建功所托，拟请他去作历史系主任，向因家在北平，无法迁移不能往；被荐贸易局，又不知魏公何意见。

6月26日　郦衡叔由杭州返来，赠所画扇一柄，写画均不见佳。同往见马先生少谈，到悲庵［亦是父亲斋名；读日记可知，1948 年复员南京后，由于人际关系复杂，加上生活压力又重等因素，父亲遂启用"悲庵"斋名，一直到抵台初期的1951年] 久坐；云彼在浙大今年休假，拟去台湾半年，因念吾台行十之八九不能成功，原因半在校方半在己方；所谓自己者，不外因循无果断。

这段时期内，父亲因家庭考虑，兼台大出现人事变动，因而对赴台任教之事越发踌躇，然而因好友台静农先生力邀，始终难下决心：

7月29日 ……得静农催赴台任教信，无法答之，心甚闷闷不安。夜又失眠。

9月6日 ……又得静农函，催赴台大教书，并云薪水发出未敢代领。这也是一件心事。

最终，父亲在当年9月决心放弃进入台大一事，并在13日于日记中表明心意：

9月13日 早起写各处函件，近日真成写字匠，无日不写信，惟今将不能去台大教书之事痛快告知静农，使他死心；可是自家终觉怏怏不快。第一是自食言有负朋友，尤其是死友乔大壮先生 [乔先生已投水自尽，生前任台大中文系主任时，即已发聘书予父亲]。第二，我人生对台湾喜之而不能去，所以吞吞吐吐到今始出口者，原欲在此将故宫画、字看完或可前往，不意老父来了；他老来我走真不成话，况因其来在院借款数亿金钱关系未清，更对马说不出走字。事实如此只好往下干去，好在我在此有我之乐，更何况又有天伦之乐耶。

第三节　父亲与张柱中先生的交往

也是在父亲赴台期间，常驻北平故宫的总务处长张柱中（庭济）来到了南京分院。张先生是父亲于1921年在北大念书时就认识，并且无话不谈的学长好友。父亲曾在5月19日的日记中记载："得柱中函，称虽病愈（肺病），然只能半天工作几成废人；北平生活极高，月需二百七十余万，月入不过百万。这一次能得机在南京相聚，更显难得。"

1948年4月11日　[是父亲回到南京的第二天]　邦华还来马先生名章两方。清理自台带来对象，陈之桌上，琳琅满目。尚有两部分，一存在向先生箱中，一存沪，请王天木带来。离京近月，物价又大不同，据侠云半月前每天菜钱用十万则可，今至少须廿万以上，最多不过得肉一斤，余均蔬菜。柱中来后不能吃公厨饭，除各方公宴外，平时饭食，振玉提议由黄、欧、庄三家轮任，皆系北大同学不得不招待。而此公每天非午刻不起，夜非一二时不眠，食非面不可，菜非精美不可，真难伺候。

4月12日　邦华今午邀柱中午饭，盖柱非面饭不吃，因此不能吃马厨子之饭，故每膳由三家任之。邀往作陪，虽云便饭也有七八菜，样样可口，不免大吃。欧太太专长此道，非他家太太可比；换言之，每家太太作风不同也。邦出示陷京箱损失清册，据单损失物并不多，不到百件，与想象大不同；念劬见之以为不可靠，二人不免又发生抵牾。晚库房同人宴柱中，我不被邀。

4月13日　理发，去台湾前二万，今已增至四万，相距一月耳。到库房一看，侠已参加古物馆总检查，所查为瓷器，据云大致完好，少有破伤。……振玉拟今请柱中，并邀静安、豫卿、薪初北大同学作陪；邦华要求加入，订明晚。客有念劬，念劬与豫卿有"过节"，只好不管他。晚邦、振陪柱中谈至午夜。

4月14日 落雨一夜，天寒。派人往中央博物院取王天木代带回之物，结果空手而返；惟得佛耿邪舍［向达之别号］函，云王公已返，拟将各人在台所得小零碎择日开私小展览会，会后举行鸡尾酒会，倒也有趣。如开，吾定以所得偈杖二件作为出品，并拟命名曰"南国将来唐式文物展览会"。晚与振、邦三人正式宴请柱中，并邀鲍［静安］、潘［薪初］、朱［豫卿］诸同学作陪。傍晚均到。朱、潘均先到吾家观看在台所得文物，胖子亦喜赏禅杖和湘妃竹臂搁，抚摩久之。饭后，在振玉室商谈至十时，客去吾亦辞归。因柱中入夜精神特旺，迫黄振玉、欧阳、静安求陪谈至一时以后。偶一为之，吾已勉强，天天如此，吾所不能，但去则不便辞出，不如根本不去。发徐森老、徐九鸣函。代德人购台湾席交励太太［励太太未随夫去北平］。

4月15日 ……午饭本定招待柱中并邀邦华、振玉同到吾家吃昨夜残羹，佣人一无所长，侠退组又忙入庖厨预备客饭，而柱临时又不来吃，庖煮者未免小有烦言，遂与邦、振同膳；所谈仍不外夭［折］人之事。① 六时心如来邀晚饭，主要原因为请柱中，陪客仍振、邦及吾三人；才入座，方豪来访，柱中邀之同饮，方北大五四时健将，此次亦是国大代表。席间所谈，不外军国大事，似对国家前途颇为消极。晚饭后柱邀方、黄、欧上楼去他房

---

① 励太太女儿小渝因病夭折。

中清谈，吾退出未往，归至家人已将入睡。

4月16日 ……吾之赴台不能不重新考虑。始与振玉谈，振主柱中在此，不能不使知之。清洁房屋大扫除。晚鲍静安、潘薪初合在大方巷鲍家请客，三时与若侠同出到中央商场，为儿辈买饼干糖果均每斤三四十万，只能各买半斤耳，又买玫瑰饼十块（八万）提往豫卿家看他太太病。豫卿正伺候其太太晚饭，遂邀小饮。……饮酒一杯，八时到鲍家，黄氏夫妇正在楼上打牌，酒席外叫，闻每桌四百万；酒后振等仍上楼打牌，因诸儿在家恐惦食即返，然到家已十时，诸儿已入睡。

4月17日 听说柱中明天要走（回北平），赴台湾教书须与其一商，候至十一时此公起床。……午饭后，自出买请客用酒菜，并送柱中。路中所用一只鸡，四十五万，分而有之。傍晚客来，向觉明、谭旦冏、王天木均到，中央博物院惟周凤森未到，屈万里到，中央图书馆昌彼得①未到。若侠请假一天，从早入厨至晚六时方能摆到桌上。存沪未能自带之物，天木亦为之送来，有竹编漆里烟具一套、藤文件匣一个……决定五月四日在中博院举行在台私人收集日本文物不公开展览。饭后向与邦华谈接收古物陈列所文物事。

4月18日 星期打扫屋宇，提早午饭；偕全家乘马车往游玄武湖。小弟欲往钓鱼，数天前已约定者（昨天小学团体往紫金山旅行，小弟一人独往不放心未允之往），游人如鲫，湖中划船往来不断，抛竿多时一无所得，翠红堤上仕女如云，柳絮已飞，好

---

① 昌彼得（1921—2011），湖北孝感人，图书文献学专家。中央大学历史系毕业，历任中央图书馆特藏组主任、台北故宫博物院图书文献处处长、副院长；并先后在台湾大学、辅仁、淡江、东吴等大学兼任教授。就职故宫期间主编《故宫学术季刊》，主要著作有《说郛考》《中央图书馆宋本图录》《中国图书史略》《陶宗仪生年考》《图书版本学要略》等。

一片春光，然已迟暮矣。……晚饭邀柱中来家共餐，餐后振玉出吾在台湾所带来西瓜，若侠吹笛三弄，柱尚能唱《袅晴丝》[昆曲《游园》一折句]一阕，又谈话至十二时，归室诸儿早已自己入睡矣。柱中动身又无排定，明日提画看。

4月19日 入库，将前预备赴台湾展提出之文物归还原箱，上午只能将书画部分送回；同时又选出（临时性）八十余种系柱中指定要看者。午饭后，一时即往邦华家邀柱到三楼工作室看画（柱在邦家午饭），不意候之至三时方来，看到五时已摇铃下班，只能看廿余件，只得留待明日再看。此公每日非十一时不起床，上午照例不做事，恐明天一个下午也看不完也。因张之看与我兴趣大致相同，书类喜元人，所以我也跟着看；于元人杂书（卷子）、宋元墨宝（册）等卷册中又发现不少有关赵吴兴，而赵肃书母卫宜人墓志，向未注意，今方知有关赵家掌故甚大，明天不可不抄录。古人云开卷有益，信然。独惜本院文物，虽在本院，平时不便自由启动，欲作研究工作亦不能，非临时抓机会不可。晚振玉夫妇来谈至十时，客去即寝。

4月20日 将柱中昨天已看之画送回原箱，又另提数件，并抄写赵肃书卫宜人墓志。柱中在振玉处午饭，邀往陪；饭后先到工作室候之，先行纵览。刘君今天买弓一张、箭五支，日本漆杯等共享百余万，晚膳后携来冶城山房玩赏。齐君念衡至，少刻向觉明亦至，来谈中央博物院因库房设备不周全，仍拟来本院点查古物陈列所箱，嘱婉商之邦华。向去，齐往柱中室谈；吾亦到邦华家，我认为向所要求无甚关系，大可允诺，而邦云非请示院长不可。所谓请示院长者，即邦不以为然而推托之辞；马首为欧是瞻，我大感不解，或此我之不济处。约柱中明中午来我家，但菜

第五章 驻宁纪闻——风雨飘摇中的人与物 | 267

蔬无文章可作，所用至少需百万也。

4月21日 午间约定柱中父子、振玉、邦华来家吃饭。女仆昨又病走，若侠今乃大窘。九时赴中央博物院访向［觉明］、王［天木］、曾［昭燏］诸人，均不在，晤谭先生［旦冏］告以邦华意见。又参观该院宿舍比本院强。归途到珠江路买 Cheese 半磅，黄牛肉二磅（每磅十一万，比猪肉贵一万）及面包，招待柱中午饭用者。十二时到家，以为必晚，而柱中尚未起床，是以候之至一时。画仍由三时始看，所以顷刻即散组，未看者亦不再看。晚邦邀到其家吃饭，有鲍静安、徐溥实诸人，皆北大同学；而徐乃此次国大代表，说许多国大会中新闻，均外界所不知者。客去与柱、振、邦久谈至十一时，登库房顶［为平顶空敞大阳台］看夜景；十二时先归寝，柱明下午去沪再返里，约月底去北平。马先生有下月初来南京消息。台湾有要求自治之谣。

图 5-3 故宫南京分院库房顶所拍照片，远处山脉即钟山
（图为庄严所留老明信片，庄灵藏）

4月22日 午间与柱中诸人仍在邦华家吃昨天剩菜。柱中下午四时廿分乘凯旋号车赴沪,以为三时许临时电话备一汽车,半小时可到下关;不意因国大会议,汽车偏之不得,乃乘马车到新街口,改乘专跑下关之野鸡车。于是弃马车、上汽车,驶行快到车站澎一声,汽车又坏了;看看表距火车开车时间只有九分钟,窘极。恰巧身傍来辆野鸡车,再登彼车到车站,买月台票奔入站,将上车,汽笛第一声响车已行矣;此一段有如电影好不紧张。本打算由下关到夫子庙与振玉一逛古玩摊,因所剩五十余万均代柱中付了紧急费,遂乘车返家,并且也实在倦了。不意侠也在高卧,云全身痛、发烧,想连日入厨日晒火烤内外奔走之故。今天发本月份薪,按生活调整,二人共领五百余万。晚与振玉围棋一局。得马先生函;唐光晋寄来急就文拓本一份。

4月23日 总检查古物馆瓷器事暂停,开始检查院字箱中书画,因最近柱中看画,发现箱中册页似有蠹痕,不能不逐箱启视,以防万一。自飞仙岩提出以来,又将三年未箱箱查看矣。今从四十三箱起,均是手卷,吾并可附带作元人翰墨之专门研究工作。唐光晋先生在渝允赠邹适庐藏《急就》专文拓本,今果寄来,重然诺不忘记,在时人中真难得者,吾将何以谢之。阴寒有风,晚膳后与振玉围棋二局。振玉夫妇明日欲举行重拜花烛,因今年本月是彼与其夫人卢筠子结缡三十周年;生丁乱世儿女成行,可谓难得。拟撰一联贺之,联曰:"卅载室家共肩比,一生心事为华忙。"黄先生夫妇育儿女多人,盖其儿女均以华字命名 [如北华、宛华、顺华、南华等],可称现成材料。下联以振玉有印章成句。

第五章　驻宁纪闻——风雨飘摇中的人与物

有关张柱中先生的生平，根据《国立北平故宫博物院职员录》（民国三十六年［1947］7月编印），其年五十三岁，名庭济，柱中是号，又号柳西，是总务处长，平时常驻北京。张先生是长父亲四岁的北大学长，有关他们的交情，根据父亲自订年谱，1919年其就读北大预科，与已婚的黄振玉先生共同僦居北大附近松公府夹道一号，因振玉而认识浙江平湖张柱中和安徽黟县欧阳道达诸先生。据《烽烟南迁》（刘忠福主编，四川人民出版社，2020）中"南迁'四大虎将'"一节所载，张先生应该已由胡适推荐任北大预科班英文讲师。从1921年的父亲日记中得知，当时父亲是北大一年级下学期的学生，那时候他们已经是无话不谈极为要好的朋友。以下是我在1921年父亲日记中收集到他们当时交往的文字：

1921年1月16日　柱中午饭后来，二人强欲小三［张苹小姐，当时是父亲的未婚妻，后因个性不合而解除婚约］唱戏，费尽口舌终未达到。

1月19日　至柱中处，彼正唱《武家坡》；听了一听，心中甚觉快乐。

1月21日　晚饭后至柱中处闲谈。

2月5日　十时起同云衢至琉璃厂裁古宣纸，又至东升园洗澡，一时方归，二时方用午餐。少刻柱中来，同赴香厂打球。收柱中还来洋六元，还六爷四元。

2月8日　下午柱中来［父亲未婚妻家］，四人打牌，一夜不停。好精神用于此处，良可惜也。

2月16日　四时至柱中寓所闲谈，在彼处晚饭七时方归。

4月14日　今日归校，一看尘灰满桌，乱七八糟。要清理，不知从何下手，厌之；至柱中处。

4月15日 下午赴马神庙交柱中他向张府所借之款，他要到河南焦作去。终日闷闷，看书谈话均觉无趣。

图 5-4 庄严民国十年（1921）日记本（庄灵藏）

父亲自4月16日至20日未写日记，是否因好友将远去河南而心情不佳，就不得而知了。然能确定的，是在日记中有很长一段时间没有提及柱中先生。读1921年9月2日的父亲日记，家父因对于未婚妻颇抱悲观态度，想起张柱中以前曾对他说："少年之订婚无一不是Blind，昔以我事颇笑其非，今细味其言，至有深意。然此事吾已认为义务问题，而非人之问题，听之而已，呜呼。有些觉悟，热心忽然冷去一半。回想昔日如痴如狂之事，想大可笑也。"

1921年11月1日 下课冒雪访柱中于他新寓。
11月14日 向张宅借来廿元，转借与柱中十七元。

由上看来二人当时交谊颇深，在金钱上更是常常互通有无。又据《烽烟南迁》载，柱中先生是在1934年应其恩师蔡元培先生之邀进入故宫博物院担任秘书工作，当年12月21日转任总务处代理处长，1935年3月起真除。

读《马衡日记》第147页注释，有记者金星、蔡美兴于2009年11月19日撰《张庭济，一个不该忘却的文化人物》一文，文中张柱中的儿子张我良回忆道：

> 当时我父亲担任北平故宫博物院代院长（编者注：故宫文物南迁后，留守北平本院之主要负责人。后北平伪政权任命了伪院长，张庭济仍坚守故宫到抗战胜利，使故宫文物未遭劫掠），日本人打来以后，汉奸政府为了进行某庆典活动，准备将故宫的一些宫灯拿出去。他就不同意，他说凡是故宫里面的东西，不能有一样东西拿出宫外。经过他的坚持，当时留在宫里的东西，没有被他们拿到宫外去。

南京解放后，有关张柱中先生的际遇，读《马衡日记》第147页注释中张我良讲述他父亲于"南京解放时离职返乡探母病。南京解放后，南京军管会在安置南京故宫博物院原工作人员时，做出了解放时人在故宫就留用，人不在就不留用的规定，张庭济因此失去了工作"。又据《马衡日记》1949年8月2日记载："张我良来，谓其父亲现在南京分院，乃文管会函其家令其来者。"张我良并且说他父亲在1948年底观察当时的局势国民党必败，故他不愿去台湾，也不愿配合国民政府精选文物装箱移运台湾，因此被撤换职位。

第四节　故宫-中博筹备处联合文物展

父亲在迁台之前，于南京处理的最后几件重要公务之一，便是参与筹备故宫博物院南京分院与中央博物院筹备处联合文物展览。其具体经过如下：

1948年4月26日　中央博物院今日来提取古物陈列所一部分铜器，谭旦冏、尹子文诸人来。念劬昨由沪返，关于呈报战时文物损失事与之一谈，并将印章交回。院购汽车一辆今亦由上海运到。仍在库房晒书画，所看为四十四箱册页。

4月29日　看画。王畅安来［从北平故宫南来］，无人招之午饭，请在家并邀那心如作陪，《急就章》又用五十万。下午继续看画。晚与振、邦、洁四人合请那心如、唐楡生、吴荣华、励太太，均不久或请假、或因公赴平者。……饭后王谈北平院内外各事。终日看画作记录甚吃力，天气又热，在三楼工作室，几不可支。

如此忙于看画，概因当时父亲已自动开始为尚未确定于五月底展出的故宫博物院和中央博物院筹备处联展做准备了。

1948年4月30日　上下午看画，天热发昏，因作记录又用脑记，甚觉吃力疲倦。下午开院务会，决明早提前办公时间。下午北大同学敖士英与胡献雅来访，胡君携铜器数件，均新仿制器也。王天木来谈，中博物院拟下月五日大总统就职日举行小规模展览会，嘱往帮忙。邦来谈，明日点交古物陈列所，本院已启开各箱，嘱爽秋参加……又口约姚从吾、张静吾星期来家午饭。而王天木又邀赴半山园，诸事丛迭无法分身，奈何。

5月1日 看书画事，停止二天，刘、申诸人改检查瓷器。夏令时间，提早一小时办公，上午八到十二，下午二到六时。中博院今早运古物陈列所铜器，乘车到中博院晤觉明、天木、昭燏诸人，谈该院拟在总统就职日举行展览，希望本院参加共同举行。少刻，杭立武亦来电话面邀。答以马先生不在，个人不便主张，须返院开会讨论后决定。出门访胡适之，到天木室，久坐知道不少该院情形，并在彼午饭。饭后乘公共汽车返回，进门即邀振玉访邦华，告以顷得杭电话（电话中并谓上次本院理事会已有议决案，是以理事会秘书资格说话）；随即查视中博物院展览室，一丁字形、一大间，可宜书画悬挂之用。拟请念劬招集会议，以便签覆杭、中博两方；谁知邦公大不以吾之主张为然，并坚持不能开会，遂与之力争，两人面红耳赤一时形势甚僵；结果电马先生请示，即觅念劬又不见，至晚电报始发出。

5月2日 天雨，而且钱也莫了，只可全家在家闷坐。欲清洁屋宇因天雨不能举行。若侠自包韭菜馅盒子，邀振玉夫妇共吃。饭后无事小睡，也算是星期偶享清福。徐森老六时许自沪到，云得杭立武电报邀来参加中博院展览。今者正谈，齐树平又到。少刻，觉明与曾女士因徐到，亦驱车来访，知彼等必有事，不便在旁，遂与齐返回吾家。晚饭时，得马先生覆电云"酌选精品书画参加"。

5月3日 徐先生来未带行李，借以结婚时父亲赐而未用之新被一床，十五年矣，光彩夺目；此合欢被两床，一宝藏，一用破，去年由渝出川失之登陆艇中；新者向有移赐大庆新婚之诺。早邀森老来家早膳。选提字画一天，认为展览为博物院天职之一。究其是故宫死气沉沉，非展览无事作，所以一向提倡。论自家本心对此并无兴趣，认其当为而为之，与自无兴趣无关；虽当为而不为者，其贤与不肖之分在此。森老云玄伯李公、建功魏公均来南京，不知在何处。

5月4日 早起与振玉同去中央博物院会谈展览会事，曾告以王雪艇诸事：1. 本院理事会议定至迟三月间展览，至今不举行，马先生又不来；所听到者已有烦言，希望马速来主持一切（果然不出所料）。2. 本院展品希望于书画外，增加瓷器。散会后与振到展室计量房屋尺寸。返家时院中汽车来接，即新由上海运来者。

同日，马衡院长签批《本院与中央博物院联合展览会筹备会谈话记录》，其中有如下记载：

日期：三十七年[1948]五月四日。

地点：中央博物院。

（一）本院出席人：徐森玉、黄坚、庄尚严。中央博物院出席人：曾昭燏、王振铎、谭旦冏、郭紫衡。

（二）日期：五月十七或十八日开幕，十五日布置完成。开幕先一日预展。

（三）预展：由双方会衔发请帖，邀请之人员由双方预拟核发。

（四）展期：暂定七天。

（五）展品：本院原定只出书画，王雪艇先生希望酌选瓷器及永久性之设备均由中博院担任。

1948年5月5日　……七时森老去沪，送之到下关。选画。振玉所介绍裱褙人来，示之应裱之件。

5月6日　……筹计展览会展品与布置诸事，二时醒更考虑台湾之行究竟去与不去，左右思维，更不能眠。四时起又无灯，燃一烛写各处应覆之函。下午四时与邦华同至外交部访王雪艇，王之所谈全是书卷之事，邦在旁不能插一言；本不必去，而自己非去不可，此邦之所以为邦。但王见面即谓马先生为何不来南京，本院理事会议决五月间举行展览会，为何延迟不举行，邦在旁听听也好。由外交部顺路访潘薪初，薪初告易培基案本说完了，近又有不了之事，弄不顺利或牵扯到故宫，则吾麻烦玄伯，因此又不能公然出头，正四出奔走；以潘太太卧病，少坐即行。牙痛全身不快，归来思卧，而邦又来商与马打电报事，跟上次与我抬杠傲慢态度大不同

5月7日　近日慌乱，腰腿酸痛，加以牙肿，全身不适。早起立即与振玉赴中央博物院再勘查陈列室及橱柜等等，不知不觉即到午刻。驰返将入门大雨倾盆而下，连日天气爆热必有大雨，屋中黑暗如夜，又无电灯，而且风电交作，电光闪闪，似世界已到末日，心中颇觉不快。若侠告，前励家雌鸡雄鸣，多人告以不祥，不久其家死一人［四月中旬小女儿励小渝病故］；今我家亦雌鸡作雄鸣，若侠忐忑不安，吾不以为然，自问存心处事不愧不怍吾何畏焉。反而以为世道人心太坏，所以万物失节，四时失序，大祸

之来，正在人不在我也。……今天提选院字箱内字画，并备雪艇后天来看。爽秋诸人提剔红桌几，备陈宋瓷琴用。傍晚诸儿归来，一个个淋成水鸭子一般，从头到脚湿成一片，家中又是一阵大乱。室中黑暗如漆，并且无电灯；各家纷纷提早入寝，省事省烛省精力也。

5月8日 今天又将预备展览之事，临时暂停工作一天，改提"展"字号箱书画，备明上午王雪艇来看。此外一部分人洗拭剔红桌几，备陈列"修身理性"瓷琴用。

5月9日 上午十时许，王雪艇、罗志希、杭立武三氏来看本院及今属中央博物院古物陈列所字画及历代帝王名臣像。中院曾昭燏、王天木诸人为此事先来等候，谈至展览会，又须往后推延。王等来后两方大忙一阵至十二时去，而吾等尚有善后工作至一时始完。

5月10日 ……终日为展览会事忙碌，下午并开会一次，会商经费事；因本院预算并无展览一项（真乃笑话），展事款无所出，不得不请临时经费。念劬往行政院接洽，云至多可请二亿元，但数人算来算去非四亿不可；区区之事，竟乃论亿，闻之骇人。物价之高，于斯可见。

5月11日 早间大雾，中央博物院今天又来提运古物陈列所箱。终日提、编撰书画。

5月12日 天气不雨不晴，上下午在库房工作更非穿棉袍不可。马文冲太太来谈，谈了许多文冲在台湾风流事……今闻马先生将来，乃仓遑退出〔马衡院长住房〕，云已在莫愁路以九千万觅得住屋四间，明天移出，今晚与其他在院内同住之"丘八"四人合请振、邦及吾，三人辞谢。马厨子做菜，毫无味道。

5月13日 今天天晴，一件件剥衣服，上午棉衣，直换到下午单衣。书画虽已选定，印目录之前，须排作者次序之先后，终日伏案于此事，弄得头脑昏涨。

5月14日 今天抄目录……又展览会印目录事，若带小传，中英文估单需十四亿；当与中博分摊，亦需七八亿，而全部预算只四亿，亦提会报告。

5月17日 晴，燥热。展览事库房工作已预备成功，诸人无所事事也，不成样子。但如开箱，未两天又须停往中博院，只好任大家玩两三天。下午与振玉、邦华及四少奶奶〔马文冲妻〕往明故宫机场接马四先生；机系本日上午由沪飞平，下午由平飞京再转回沪，据报告下午三时可到，故二时半往，不意候至五时方到。平生未乘飞机，机场亦第一次入观望，一切甚有味。少刻齐树平亦来。马在车上首告近来常患心慌，医云心脏衰弱现象，乘飞机亦冒险也。到院稍谈即退。

5月18日 ……下午，开普通沪字书画箱（即古物馆字画箱），有二意义：（一）马嘱查所有画上盖有缉察司印者（不知何用意，匆匆不及问之）。（二）拟续选一部分精品，提为院字箱备展览或招待参观用。遂开沪字六八一箱，结果发现其中有虫蛀情形，且樟脑球只有二三十粒，颇似新蛀，可能更不能不详细翻动矣。马由行政院归，振玉自中博归，所谈之事重要者，展览原改作廿三开幕，恐须再延期：一，因中博根本未布置完成。二，备本院陈列书画室，墙上漏雨不能挂画。三，带小传目录似仍须印行。四，入场券有售价之说。

5月19日 滴滴之雨，昨夜竟夜不停，到晓不止。上下午开沪字书画箱，一天忙于看、忙于纪录，觉甚为劳碌，但颇有所获，精神甚痛快。振玉明天请假去南昌，将四科（展览陈列）之事托吾代管，各人谓我身兼五职矣。蒋先生明天就总统之职，马先生要往参加典礼，这种热闹大可不必参加，而他要去，因之许多人为此费事不少，写公函去要观礼卷，念劬不在，我只得起稿；蒋念椿持函往接洽，往返两次车钱即须卅万；限定所穿礼服，此老一件也无，一是蓝袍黑马褂，二是燕尾服，三是中山装。我只有蓝长袍（去英国展时所做，失掉马褂），丁（洁平）有马褂；二人拼起，开箱寻找烫平，乱了半天。马去中博院看陈列室，又访王雪艇。晚间邀谈，说瓷器百件至少减三分之一，书画也酌减，均王公主意耶？又谈北平事，据云柱中十日到平，十一日即将其姨太太用王有道办法当场休出［"王有道休妻"为一京剧剧名］，是张我良代父办理，据说姨太太与其堂侄有私，此把柄或为我良捉到之故。十时归寝，小雨仍不止，已入黄梅天耶。

5月20日 雨止天不放晴。九时出组看字画，今天居然查得两方有"司印"之画，也算不妄假名义。盖古物馆之画，我虽为主管科长，除院字八十箱中十箱外，也未看过，也不能看。此次幸得此良机，所以马上开箱。某公虽时来巡风学习，也不敢反对，心中大是好笑。所谓良机，宋元画上常见有"司印"半印，马公考出为明初"典礼缉察司印"，四五年前根据八画曾作一文，材料不完备，嘱吾代为收集，故吾可以开箱畅观。

中博来电话邀往开会讨论展览会事；某公前反对展览者，论政见无参加必要，身为文献科长论职务，更无参加必要，今竟计谋非参加不可，古物馆人闻之愤愤。吾笑谓宰相胸中可乘船。吾对展本无兴趣，但开风气不为师，有人热心不问本心是否赞成，大手让之又何嫉焉？下午仍看画，而某公来强拉（去中博开会），

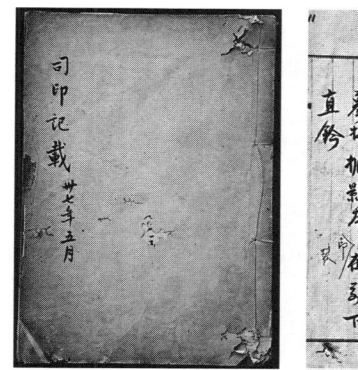

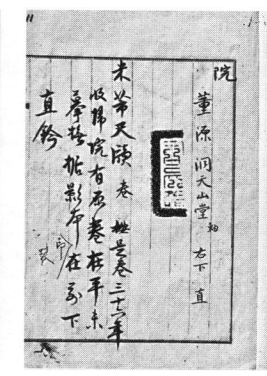

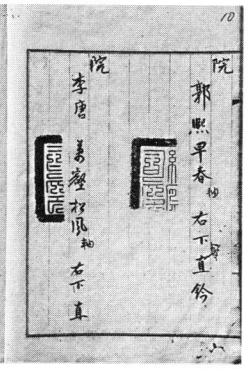

图5-5　庄严为马衡院长收集"司印"半印之《司印记载》簿书影

若不去必有人谓闹意见,只得抛画同往。今日为总统就职日,沿路耍灯笼、高跷者数十起,车不能行。开会时中博院人自己也时时抬杠,大概时局不靖,人人精神异常也;六时散会,大致为决本月廿九日预展。

5月21日　一天看了两箱又半书画,腰酸手疼颇觉吃力,自家纪录许多元人材料,并为马先生查得"司印"二方,所获不为少矣,但其他公私事均未能十分努力;振玉走、念劬不归,二人之事均由我代,亦不能完全不管。

5月22日　昨夜忽咯血数口,夫妇大吃一惊,细研究之,绝非TB,定近日天时不正,吾心中又烦闷,喉或气管血管破裂之故,然终觉惶惶然。①今天仍看字画,理当休息,然不看未免遗憾。遂决少抄字,看仍是看。下午应去中央博物院筹备处开会,辞未往,马先生邀邦华同去。天气郁闷,觉头昏昏、四肢无力,

---

① 可能是连日太忙累之故;父亲此一痼疾一直到台湾,1950年因文物移运而咯血、1961—1962年故宫文物第一次赴美展览期间,在波士顿也曾发作过。

并非吾心理作用，问之同工作的爽秋、峨士均如此说。马文冲下午归来。

5月23日 向无高卧习惯，今天阴凉，体又不适，七时未起，马公派人来请，嘱将展品总说明即日下午交向觉明请人翻译，虽星期亦不得休息。八时许，齐树平来云已邀何小姐少刻来，何彼之友之女，吾去台湾时曾同来我家两次，盖与李旭初亦同乡女；齐、李之意，欲为峨士作伐，假我家为交际场。适因病，太太为我买鸡一只增养正气，正好招待客人。客来一室乱吵吵，只得埋头作文章，苦哉！午饭后交卷，决出外一游。

5月24日 天晴又热得不堪，南京气候今年不知何以如此之坏。难怪人人皆感不舒畅。尤其是我们在库房工作的人，库中与外间又是两种气候，回到家内，一入铁房又是一种气候，真不知如何是好。展览会不开，夜长梦多，出主意者愈来愈多。展品本已选定，马院长主张减少瓷器、画，各有剔除，今天又将剔除之物归回原箱，希望从此再无变更。下午与马公看宋四家集册，因中有米芾一开名不能定，取出与马公研究半天。

5月25日 ……十时，去中央博物院查看陈列室，逢王天木与谭旦冏二人正在吵架。午饭后与念劬再往，正出门森老自上海来，到中央博物院筹备处，因陈列室未装备完成，也不能开始陈列。少刻马、徐二公也来，五时向、王诸公坚留晚饭，至天黑始完。森老仍未带被来，仍由侠开箱取结婚时新被，即前两次用者。

5月26日 定明日开始布置展览室。今天往看工程，按职务此总务处四科黄振玉之事，黄既不在我义不容辞。

5月27日 早起率同古物馆同人去中央博物院布置展览室，

在彼午饭；至下午七时坐院汽车返，半路车抛锚，九时许到家。

5月28日 八时许与马四先生、徐二先生同去中博院筹备处布置展览室。……今天布置完全成功，计书画一室，墙上陈画幅，案上陈手卷、册页；"洞天山堂"悬于一入门正中；瓷器一室，均庋玻璃框中；此次自选展品至陈列完全一手办理。

反反复复经过多次选品、布展，联展终于于五月底正式开幕：

1948年5月29日 今天展览会举行预展，全院人员大早均去，惟吾未往，一来不愿伺候阔人们，二来也需休息并表示事成身退，不自居功之意，不知有人能领略此意否？多日奔忙在家偷闲一天，看看花、散散心、翻两页书、饮三杯酒，自觉颇为写意安宁。晚诸人自半山园归来，纷纷来报告会中消息，吾已高卧遂卧闻之。

5月30日 今天正式售票展览，昨言与家人同往参观，两院各向会中分得两百张门票，分赠同人；本院29人每人七张，余存丁处。马临时又邀请等候向导联合国代表团，遂不克与家人同行。代表团本言九时来，在会场候之十一时，因此也不能引导家人为之说明；外国人一样无信用，心中气恼正欲走，一大堆碧眼儿来了，与昔年国联差不多，处处趾高气扬，稍一谈吐便知胸无点墨；他们不想久看，我更不想详说，遂走马看花匆匆径去。

5月31日 昨夜雨今阴天故观众不多，独自一人往中博院看他们的汉代陈列室，对于此室所陈列感觉有兴趣。今天李宗仁夫人来，目下社会呼之为第二夫人。此第二夫人胜于第一夫人。

6月2日 六时许，忽中博院来电，二爷〔徐森玉先生〕接之，

图 5-6　1948 年在南京举行的故宫与中博筹备处联合展览会主要工作人员于开幕时的合影

云蒋公要到，马、徐二公亦来，匆匆径去；于是众人亦先后奔往。到会场方知非蒋，乃李副总统，是徐公未听清楚，成此大笑话。好在大家全都是热衷者，谁也不必笑谁矣。今日天晴游人特多，一开门数百人拥入如潮水一般。

6月3日　天气大热，游人极多，中大史学系有些学生来参观，并要求为之逐件讲解；曾女士原中大学生，向觉明今在中大教课，贺昌群亦在，且全是熟人者；此次与中大结不解之缘，然中大亦有艺术系，何不请该系教授来讲耶？彼既不来我只得允之。

6月4日　中午得怪函，谓此次展览书画有伪品；此次展览由选画到陈列，吾一人主持，此函自由吾作覆。

6月7日　有风。展会上午人数冷落，或因星期一各处多有集会之故；会中观众仍以公务员占多数也。森老告今晚夜车返沪，彼之来饮食应酬忙，各方联络忙，名为本院古物馆长，而馆事从不过问，今又去矣。晚间展会开会，八时返回朝天宫。终日热风，从早到晚不得休息，觉精疲力竭。转家同事来不断，屋小人多物多蚊多如蒸笼。今天有一批军人，为不购票强欲入内大起冲突，幸未致扩大。归后向丁处借薪四百万元。

6月9日 蒋先生今早来会参观，原说九时来，九时侍从来了许多，蒋并未来；候之又候，十一时乃到。由马叔老、杭立武二公陪同，往各屋走马观花巡视一周，不过半小时，匆匆径去，向未见过此人，亦未对面。下午招待本市各文化机关人员，此乃

图5-7 6月9日，蒋介石（右一）前往参观联展，马衡（中）、杭立武（左）、曾昭燏（右二）陪同，后排左起两人为蒋经国、蒋纬国

画蛇添足；觉明诸人巧立名目招待中大学生耳。中央社罗寄梅与卢冀野在宋真宗像下拍一照，卢真好事者。五时开始装箱，首将散盘取回；曾昭燏非要量尺寸不可，又发现他们已窃拓，因盘内有纸毛也；至八时完。天上乌云已上，必有大雨，遂将文物箱装入中博库房中。夜回到家不久，大雨倾盆而下。

6月10日 终夜大雨到晓不止，致上午未能将古物箱运回。下午稍小，遂货车由四科派人往中博运回，即送入库。院长宣布休息二天。

第五节　风雨飘摇中的故宫同人琐事

进入1948年下半年，国民党政府的统治已越发不稳，身处首都南京的故宫同人们亦愈发难以求得平静的生活，时而仅可苦中作乐。

1948年4月24日 上下午看字画，于赵、倪两家遗迹尤为注意，颇有所获。又于大理国张胜温画佛像卷中，见诸佛尊者有执麈尾、爪杖、如意者，如均抚其一部，如收得材料多，亦可作一短文。写楹联送振玉，振玉非索瘦金书不可；以前吾颇自负，今乃由厌而怕，而友好每每为此何耶。写出自赏，实在不成东西，吾眼高手低，每次作书必自懊恨，不独今此也。晚饭时齐树平来共之饮酒两杯。晚振玉家举行茶会跳舞，男女宾客四十余人。窗外门外窃窃私观议论者不少，可谓开故官之风气，我家不但老夫一人不喜之，枯坐索然，诸儿亦极反对，虽有蛋糕洋点，四人坚拒参加。十二时跳者兴正豪，乃先返，以四儿入睡，家中不便久空门虚为由。申茂之太太来参加黄家茶会，若侠邀之来家小坐。阴风，棉袍又穿上，夜有小雨。

4月25日 夜雨止，阴寒。洗拭地板桌椅，为星期日大家齐下手。赴市立一中参加招集家长座谈会，此校每学期每年级照例有一次；一年级之会，吾在台湾未返，若侠亦未参加，今天是三年级之会；据陈校长报告，初三上下两班班风最坏，为全校之冠，请各个家长注意。而家长多有提出数学不及格之问题，或者此问题不只我一家也。

4月27日 八时许，正在工室看画，忽姚从吾（现为国大代表）、张静吾来访，遂同到家中。灵儿又正在吐，静吾即为之诊之，真巧遇也。本来近日气候不正，与励家一墙之隔，心颇忐忑[因励之幼女病故不久]；恰巧有名医来诊断，心为之安。静吾以其并不发烧，可能无大病，惟恐腹中有寄生虫，另开一驱虫药方，嘱病愈后再服。姚、张之来，因河南不稳，河南大学拟来南京设一办事处作退步，并将存沪仪器运来；姚乃校长，目的以我院文化机关，欲求一亩之地自行建房；恰好院中正有一地为市政府清洁队占据，即介绍之，如能自向市府交涉让出便可。三人遂前往视察。察完被二人强拉到新街口吃小馆。侠得其同乡同学来电话，告申家吉林情形，出乎二人意外。侠特别痛快兴奋，亦人之情，惟吾家消息渺然。励家日来每天叮叮当当钉箱子，每天必有三、四只箱挪出丈许之屋，堆箱积栋或成堆房。闻励太太声明不去北平者，今又去矣。邦华又打"败子"。

4月28日 胡剑飞坚邀吾往其驻防地钓鱼，甚使我窘迫。如不去，人将以为我摆架子，甚至影响吴荣华夫妇，所谓人情难却，只好前往。十时，与吴夫妇同往，唐剑云打扮花鸡蛋一般，兴高采烈而往……饭后，到后塘垂钓，我焉有此闲情逸致，罚站一小时一尾也无，唐小姐倒钓到一尾。四时返城，路经莫愁湖，顺便入内湖，已淤快成田矣。少刻，忽来大批美国人，乃返。将到朝天宫，遇向觉明与王世襄（早知他由北平新来），遂又为二人拉到太平路，向请王在曲园，时间尚早，菜未熟，三人又不愿候，遂一路逛书铺，正看得高兴，忽停电，泄气而分手。

5月5日 ……七时回，在邦华家晚饭；牙痛两天不宜饮酒，济川及主人苦劝，遂不顾一切连下白酒数杯，牙病反止，是何故耶。本日发薪，吾领一千六百六十万，侠领八百廿万，两人共二千四百八十万，数字上真为不少矣。

5月6日 昨晚饮酒刺激，牙痛益甚，全身为之不快……物价又大涨，告侠快去买物，将本月内所用必须物赶快买来，否则二千万十天后不值一千万矣。

5月9日 ……物价飞涨，肉十二万一斤，米五十万一斗，黄金六千余万一两；一切比上月骤增一倍以上。

5月10日 忽然接朱季黄［家潜］① 自北平来函，告古物馆近在漱芳斋中发现《书法大观》一册，共□开；首开为王大令《东山帖》。二，欧阳询《卜商读书帖》《张翰思鲈帖》。三，颜鲁公《湖州帖》。四，柳公权《蒙诏帖》。五，蔡忠惠《自书诗

---

① 朱家潜（1914—2003），字季黄，浙江萧山人，朱家济胞弟。1937年进入辅仁大学国文系读书。1942年逃离沦陷的北平至陪都重庆，就职粮食部储备司工作。1943年12月参加在重庆举办"故宫博物院书画展览会"（简称"渝展"）期间，借调至故宫，开始接触到有关故宫文物之保管和研究相关工作；抗战胜利后于1946年正式进入故宫工作，并研究历代书画、器物、林园建筑和戏剧等；有关戏剧更是数度粉墨登场，多才多艺。朱家潜老伯在故宫工作长达57年之久，其专著《故宫退食录》被评为1999年十大畅销书之一。

帖》。六，苏东坡《新岁展庆帖》《人来得书帖》。七，黄山谷《惟清道人帖》。八，米南宫《提刑》。九，吴琚《寿父帖》。十，子昂《道场河山帖》。真异事也。朱为豫卿之弟，王世襄出国，在北平代理古物馆科长之事。

可能家潜先生进故宫后始终在北平（京）工作的缘故，因此在父亲日记中除了于1948年5月10日提及他外，仅在1946年6月28日的日记中提到"朱预清之弟（即指朱家潜）及其侄来午饭，饭后不去……朱等叔侄二人宿山中张我良房，盖张与朱均所谓故宫四公子之一也"。1989年我于两岸通航后第一次到北京时，便到故宫博物院拜访朱家潜老伯。他除了在距神武门不远的办公室里高兴地接待我这位故人之子，还偕女儿朱传荣小姐一起带我参观战前父亲在紫禁城内故宫博物院古物馆上班时的老办公室院落。中午，父女二人并在丰泽园楼上款待我，印象十分深刻。

1948年5月13日 今天天晴，一件件剥衣服，上午棉衣，直换到下午单衣。书画虽已选定，印目录之前，须排作者次序之先后，终日伏案于此事，弄得头脑昏涨。振玉家住库房外三楼，布置如小皇宫。因马先生来也不能安居，邀邦华及吾往商，拟迁前院借占一、二科及励仲华、欧阳南华、邵、王、冯等五人之住房两间（他非占四间房不可）。晚间念劬来，说明天拟去沪。老励住房许愿给各家，结果由文冲太太接住。励一人同时许振玉、洁平、席慈、文冲等四家接住，大家全都笑他滑头而已。

图5-8 庄灵1989年与朱家溍先生（右）于故宫博物院办公室内合影（朱传荣摄）

励家原与我家是住同栋预筑屋的邻居。励先生赴北平本院工作后，励太太本不欲北上，后来她的幼女病故后，她才决定迁居。马文冲系马院长四公子，服役军旅，当时与太太分居，励家迁出后，马太太与马文冲的军旅友人自行迁入居住。

1948年5月14日 今天抄目录，一天没有我的事，但上午忽召集院务会，不知何事，开会方知仍是为振玉房事，讨论结果，原则决定由振玉自主。……下午与峨士赴升州路青云阁买扇面，旧股二、扇面二用百万元。若在荣宝斋，此等物非三百万不可。又经一笔铺，见有香妃竹管，喜之，价只十五万一支，我虽不用羊毫亦购一只；又买矮竹凳一支，价十五万。归来，振玉见扇与笔大喜，傍晚又陪振玉同往，吾又买四五扇面又用百万，囊已无钱负债而归。归来全体工友已在搬移德人家物，少刻马文冲太太移入；但一向与她同来之军官三人也移入此住宅，岂可男女混乱，殊以为异。念劬晚车赴沪，马先生印送过来。夜邻室大唱，吾已成眠之后，唱尚不止也。

5月15日 昨夜，军人在隔壁大唱高谈，肆无顾忌。自德人去后，吾家甚清净，今结此芳邻真倒霉。人之生活各有方式，军人生活自有方式，死尚不忌，其他人生一切无所顾忌，结果不光是乱字。是以终日人来人往，来来往往不知谁也是谁。近两天忽起大风，飞沙走石，天气为之特别寒冷。旧历已经四月，尚可衣棉。若侠首先病倒，此君身体自来南京大不如在重庆时，大概劳碌，并因饮食营养是次因。故极力主张饮食勿太省，而生活费用日高，无论如何不能达到预算，每月快到发薪前七八天必大窘特窘，甚至无钱买菜、分文无着，遑论营养，夫妻常为此吵架不欢。今天全院仍在大搬运，前院一、二、三、四、五、会计、人事七部门全移到库房来，库房办公室退入库门以下，让前院房屋六间，以便振玉明天移家眷下来。他一家占四大间且全院最好房。吾颇不以为然，但如劝之，恐疑我因住此屋不得而反对，只好不加可否。

5月16日 昨尚有一事忘记，下午在洁平处借薪百五十万，与振玉同去还前日买扇之债九十万。次到地摊商购昨天所见鸟笼，因时间尚早，老头之摊未摆出，顺便往游夫子庙状元境之苏州集古山房……最后，再回地摊，以廿五万将鸟笼买得。归来刷洗一晚，今急请侠抱病敷以日本布，居然一最新最艺术之电灯罩也。今天仍刮大北风。振玉移家。树平来，虽留客午饭而有酒无肉，概肉商涨价十八万，官价十四万，结果罢市。齐四从午后谈到晚饭，他从囊中取出三十万，命人在市场买鸭掌四个、肉四两、猪蹄一个；二人又饮酒，耳热纵论天下国家人间之事。窗外风不止也。

5月17日 ……齐四在家吃饭。近日无肉买，今日已有按社会局定价为十四万，事实上非廿万不可，又无钱买，留客甚窘，幸非外人。酒后正兴高采烈，忽四少奶奶闯入，齐辞退。四少奶奶出文冲致彼函，哭诉彼夫妇一切，她与文冲有离婚决心；也许老头子能明白，稍安慰之，仍可言归于好。惟文冲逃杭未留分文，她伙食全靠同住三军人，则大为不安。又知此三军人似单帮走私者，躲在本院为掩护，文冲似与之合伙，大概只予房舍便利，未付分文现股，且将太太伙食即打入股中。然此种非法行为，早晚暴露，而老先生尚在梦中也。

5月18日 阴雨。九时后，与马先生匆匆一晤，略谈筹备展览情形，彼即外出。与振玉、邦华密谈所见军人情形事，向老先生说亦不便，不说亦不便，真难也。

5月20日 ……见林斐宇母子也来了（自暹罗到），赠我土人玩物假蛇一条。振玉早飞南昌，早起他尚未动身，竟能送之大门口。若再不薪，家中几无法举炊；今竟补发本月整调数，上月为廿四万倍，已于五日发讫，本月前天公布为卅一万倍，二人共得七百余万，不知能否维持到下月五日？物价波动大，无法预计也。

5月21日 ……四少奶奶自老先生来见过一面，从未再往；老先生亦不问之。二少奶奶来，终日不离老先生左右，老先生最讨厌孩子们乱吵闹，故去年用竹篱隔离办公室与宿舍之计，但思猛来一天不出他屋，他也忍受了，更是妙。北平张柱中、那心如、常维钧诸人处，十余天前即想与他们写信，可是一天拖延一天至今未曾动笔，若再不写，那将返回南京矣……昨今两天吃肉。

读《马衡日记》，得知马思猛为马先生次子马彦祥之子，或因后来父母离异，思猛年幼时与祖父同住，甚得顾爱。常读及马院长亲执思猛上下学、出游、观剧、看展览、进出医院看病或与友人餐聚等等。

1948年5月24日 ……我家芳邻一些军人，忽而高歌乱叫，是他们高兴；忽而如同打架，是他们谈话；每夜非十二时不睡。好静的我大伤脑筋。文冲回来也不过如此，马公也不过问；好似听其自然，无人过问。从昨夜起又有人呻吟，似抱病之声，又不知何故。在中央商场买得花子数种，灵儿掘土种之窗外，其兴致甚浓，大的全不动手。

5月25日 昨夜邻室有病人，病得要死，今始知之，而其病又是肺病。本已严重，最近又坐车外出，遂致益甚。今文冲派人抬到中央医院去，可是近午又抬回来，大约是医院也不收容了，真糟真糟。马公知之耶？装作不知耶？真莫测高深。……邻室病人不出，心中始终忐忑。不正常又不知如何请之出去才好。……

左部牙又病，近来每隔十天半月必病一次，病根之深不能再将就，非拔去不可。又眼镜也觉不合目光，亦非另配不可，拔牙再补，此两笔开销非千余万不可。

5月27日 ……齐四在家等候，谈东亚毛织公司股票事；齐四云我前之股今已增加，吾有两股，今可变量千股，且照章每年股东分有毛线，十余年未领，亦有一大批，惟旧股票换新股票虽不缴股金，然有手续费且非有人到天津不可。此次那心如去平，是一好机会，盖齐四有友人在平，可托之赴津代办换票手续也。

5月28日 ……晚与徐二爷、向觉明同小吃于五味和；此馆绍兴人开，战时在重庆以下江馆号召，今回到南京，彼则自称四川味；生意兴隆，价又不贵，小吃最相宜。

5月29日 ……洁平送来前请王福厂为书之联，联文自集宋人词句："十载却归来，往事旧欢不堪重省。一丘聊复尔，清风皓月相与忘情。"系去年归来所为，今视之觉不免太现颓唐；然国事如此，胜利以来社会、国家、个人无一能使人满意者，自觉生尚无聊，安得不颓唐耶？门外蜀柳发芽甚茂盛，惟常被同院野孩子攀折。

6月1日 今天为若侠四十大庆之日，早去展览会前嘱其自备面条，以便晚归吃她寿酒，不想她早起即云她身体不快，未知能庖制否。天晴游人极多。齐四到会场，遂于散值后，邀齐四、徐二同到我家，侠云因病无气力做面，备有鲥鱼享客。齐四借看钱锺书之小说《围城》，大赞赏之，与森老上下议论之。濒行鲥鱼风味在口，约明天再吃。钱又没了，又向齐暂借二百万，及前四百万矣。

6月2日 ……齐四来，齐与李涵楚约在此见面，遂候之。

少刻果同二人来，一为叶石发由成都新来，一为女士黄雅荃，川大教授，来此开立法会议，陪诸人入内观览，午刻李请在曲园吃饭。与李一别将廿载，不胜人生沧桑之感，此老近亦当立法委员常在南京，见面之时定多矣。晚归，知若侠仍未大好，仍不能入厨做菜，大约收入不丰，饮食营养不佳，环境复杂且操心，换言之身心交瘁，大概如战时在安顺，再吃苦之年头又将来到矣。

6月3日 ……今晚在家邀叶名孙吃便饭，我便饭与人之便饭不同；人之便饭在曲园成桌酒席请西谛，我不为；我则由老妻亲作面食，付不起那款，只得唱高调说意诚物洁而已。叶来吾指门前蜀柳为彼之同乡，彼谓张绪当年亦在蜀柳之侧，今风致退减；当年又是在北大二人同寝室五载，吾在北大有玉人之誉，今两鬓斑白，已垂垂老矣。

6月5日 近日市上买卖现洋之风甚盛，有许多公务员发薪后当时将所领纸币全部卖换现洋，以后用时随时更换可得利，至少亦不吃亏；盖物价日涨，等于法币日落；月前所存一百万可买米一斗者，月底或半斗不到矣。以月初以百万换存一元现洋，于月底用时可换百廿万矣。遂于下午也携三百万与老妻若侠同到升州路换现洋。分手后一人去买木如意。返到朝天宫送花生米与徐森玉，遂到马先生处小饮；忽传附近火警，登楼视之，似在新街口一带。齐四来，遂回家言定明天再买鲥鱼度周末，并请森老。

6月6日 阴有风。今天星期，森老约定今早请吾一家在金钰兴吃早点；八时步行同往，食客已满堂。……分手后与申庆同去展会（申上次来没看），经过中央商场，入内一游。申见《文化先锋》即翻阅，果有其投稿诗一首；此刊张道藩主办，完全国民党吸收青年作家之报，极无聊。申急欲登文盼耀朋友也是人情，然为此辈作喽啰甚犯不着，当劝诫之。齐四来，邀森老到家吃鲥鱼，森有约会不能来。四时与齐先行离展会，再到市场买肉松四两，备儿辈赴学校午餐用。在此又遇森老，请吃北平奶酪，不佳。森老之约在七时，为时尚早，三人到附近莘耕书店闲看，此店多西文书，但今天居然有商务新印之《古今小说》一部，此书早欲买之不得，今见之，价又不贵，心想不能再错过，钱而囊中无备，奈之何哉。颇悔如意不该买，倘如意之三百万省出，今日即拥书回家矣。

6月8日 燥热，天上有云。赴中研院之前，怀四百万独往明瓦廊莘耕书店买《古今小说》；意欲以八扣买之（标价三百万）；讲了半天分文不少。又到书店老板王君之家（书店对门），看了许多书，有《吾乡□欧游日记》一册，以卅万得之。最后又出满、汉文《清实录》六册，云廿六年［1937］南京陷时所得，必为本院所失无疑，遂记下卷数。去到展览会场晤见马先生，谓可购买，马闻之欣然嘱告邦华一查，而邦闻之，面露不快之色，又云无法可查：遂知我又多此一举，以后不必再谈矣。《古今小说》去冬初到南京商务只值五十万，无力购买，最近商务定价已到三百余万；前见莘耕一部，知其定价低此钱，今再万不可错过，故借钱买之。

6月10日 ……晚马先生在曲园请客，邀吾及振玉往陪。客人中有赵守钰，久闻此老之名，今始识之，果然英豪不虚传，共饮酒四斤许。席散同马、黄到太平商场内温知书店；谈起此店，乃北平隆福寺修经堂南来改名，大家全是熟人也。上次与向觉明同来，向购《廿二史札记》一部六十万，吾今亦得一部仍此价。马得罗印唐人写抄本《世说》一册二百万；吾又买斯文赫定《长征记》译本一册,与诸儿课外阅读。盖吾不希望吾家儿为文学家、史学家或大官、大腹贾,惟希望有一人学医、一人学探险,二事均吾所喜,此生未能学者。现洋一元乃售百十万元。

6月11日 今天为旧历端午节,故宫因展览才闭幕,马先生令大家休息两天,故安然在家过节。上午派人去请齐四树平来家过节。天晴,屋中又热;以连日落雨,雨未下透更觉闷热。回思去年此日在渝市看龙舟,诸儿尚念念不已,今又一年矣,何时再到渝市耶。四时齐先生来,六时晚饭,只一盘酱肉、一盘糖醋排骨(小弟喜吃之物,他所点要)等四菜,所用已二百万矣。谈起昨天同马先生游中央商场温知书店事,齐四约定明早同再往看书。客十一时去即寝。

6月12日 八时去中央商场温知书店,到时商场总门不开不得入内。只得逛马路入中华书局……又入商务印书馆稍立;十时再到温知,树平已来……又到萃古斋亦有书甚多。已到食时,遂到大街选一饭摊,每人吃牛肉面一碗果腹(每碗八万)之后,再到萃古,此家不似温知颇有海派,看了半天未买一书。再到商务,齐见《金文编》一部索二百八十万,无钱付定下,二人急跑到他宿舍(农林部)取现洋。并稍休息,看齐由济南运来之书(此上月事,运来不久,济南吃紧,今已不通车,齐真运气)。齐携款五元,到新街口卖了三元(每元一百零九万);……又再到商务,交钱取书。从早到晚蹀数家书店之门,可称文化巡礼,结束每人抱一抱而归,又大有在北平风味呀,虽疲困精神甚快乐;快步到家,天已快黑。

6月13日 昨竟夜雨,今竟日雨。一家人侠早起冒雨买菜外不能外出;在家无事,屋中漆黑,白天无电,非燃烛不见书字,只有闷睡；睡醒读前买之《古今小说》，一天看了两本。叔平先生邀往谈，云有汤执中者来函，云有褚遂良手迹，约后天送来一观；遂上下古今谈天论地，吾对于氏藏太和馆本《急就章》颇怀疑，惟只据印本不见拓，不敢径下断语。太龙于今日上午自沪来，晚饭叔老邀同饮，文冲也来，林斐宇在座，惟四少奶奶不在；彼之家事似趋缓和。

6月14日 今又开始库房办公。先将散盘归入原箱，次就展览书画明以前者，一一检视有无"司印"之印，有则摹抚之；上下午工作完毕，此次百件之中亦有九幅有之。同时吾亦注意历代收藏如"群玉中秘""明昌御览"等等见于某画中者，亦记载之。总之书画之事，可作之事正多，再有十年工夫亦未必能完毕也。李涵楚先生来。申茂之夫妇、振玉夫妇、峨士、爽秋先后来谈。

6月15日 得德人函附赵书《大瀛海道记碑》，在励之家乡象山；去年德人返里，请其代为物色，归来云原石已毁，今碑覆刻本也；此拓乃在北平所收，尚是原本，初云以廿万元价相让，今又相赠并作长跋。十时与马先生、振玉去中博院开会，讨论联展诸事。主要事为收支分配，共收入十五亿余（票卷、印刷物），两方共支十四亿余，下余九千余万，双方对分之。散会归途经明故宫午门，下车看方孝孺血迹碑；[明] 故宫今半为飞机场半为农田，立烈日下久之。今日库房工作瓷器书画均开始归箱。天气渐热，活动屋比普通房热，吾房比他房尤热，一面靠山，一面靠墙。近日赌风又起。

6月16日 下午，那心如、吴荣华自北平回来，心如为带一批书物均在箱中未取出。十时与振玉同去中央通讯社访罗寄梅，商请齐来院放映敦煌电影片，未晤。顺便到温知书局托在平代购书，经理魏君不在，晤伙计王某，王某非书行原碑帖行温知之碑帖均彼者，于是由谈而买。见赵书天冠山诗，非陕刻（陕刻已有之）即吾乡覃溪先生所称江西本是也，且为故姑丈吉林宋铁某先生旧藏，古欢室诸印赫然在焉；又快雪堂本《闲邪公家传》一册亦旧，堪称清初涿拓（在入内府前），磁青冷金纸裱，古雅之极（非宋氏藏），结果以三百万收为所有（天冠一百，闲邪二百）；并说明欠账至下月五日方能付款。近日百物大涨，黄金一两已过亿，现洋满街全是，每元百四十万；若按现洋计，此两册尚不到三元，战前亦不能得，算来古玩书籍并未涨价，恨收入不能如战前耳。

6月17日 上午，马先生嘱邦华邀吾与振玉同去调查古玩行市，以便据填本院陷京损失文物价值，奉公游古玩铺，写意哉！惜囊中只十万元，只能看看而已；调查结果古玩行市低落奇惨。见一爵（无字）生坑锈色极佳，河南逃难人携来者，只索千万，故宫铜器所无。紫檀太师椅一把，酌是乾隆作品，只索千二百万；出土明瓷青花碗，二只索八百万……冒烈日行走甚狼狈，十二时半回来不免午睡。醒，心如交来由北平带来寄存维钧处古铜印百七十方、旧折扇卅四把、王畅安赠《云林集》一部、柱中赠《急就章》两种；德人送茶叶及托购之戴月轩笔三支。四时赵席慈[①]忽来，快十五年未见老友也；五十余岁而患肺病，今自平请假二月，南来休养。

[①] 赵席慈，名儒珍，席慈是别号；就印制的故宫职员录，当时53岁，江苏镇江人。1947—1948年间任北平故宫秘书之职。张柱中先生于1948年8月间因肺病请假期间，马院长没让当时人在北京长于总务的励德人代理总务处长之职，却令当时因肺病修养稍好之后的赵先生开始兼挑总务处长之重任，证明赵席慈操守非常清廉正直，深得马院长信任。

又读1949年7月16日《马衡日记》:"闻景洛言席慈热度极高,医生言非旧肺病,乃新得肺炎。后席慈夫人来,谓经中和医院钟院长诊断,乃急性肺病,颇为严重,需先退其温度。"7月29日:"席慈病略减,拟请假两个月,所代总务处长职务拟令科长四人商同处理,并推一人处理例行事务,亦见马院长用人之精明细心。"另外1951年5月13日《马衡日记》:"赵席慈之二女来询,改组后其父被降一等,是否有过失之故。告以汝父身体不好,去年因病请假太多,知其不胜繁剧,特予以轻松工作,并无他意;降等一级,汝父自言并未介意。"马院长如此地处理,于情于理可谓面面俱到。

1948年6月18日　昨天心如交来自平带物,尚有天津东亚毛织公司新换股票一纸,及历年股东应分得之毛线七磅,平生不置所谓"家人生产",今此或者可谓我之唯一财产矣。战前游戏性所入两股,每股百元,今已变成九□股,足值五六千万,所分得之毛线闻每磅即值六百万元,当分赠心如、荣华各半磅,表示酬谢之意。赵席慈来不能不请之吃一嘴,那、吴昨返,应亦邀之。这两天又在钱紧,尚是小问题;自马太龙来院中,又生是非,又觉多一事不如少一事。总想闭户读书,抱门罗主义不与闻外事,但环境所致,万万不能,最为苦恼。

6月19日　心如由北平古物馆提取来一部分馆中刊物,今日开始登录,益以此地所有,大致可望齐全。为演电影事,又去中央社,仍希望抬机器来院映奏,俾全体人员均能见之,而罗君寄梅坚持非到他家去不可,亦不明到底何意。午饭后在席慈行辕久谈,谈起同学少年,都不胜感慨系之。又云公务员而求解决生活,非贪污不可,吾辈死时可以瞑目无愧云云,似超然不在张

[柱中]挥霍、励[德人]贪婪之圈内。晚邦华请席邀作陪,他家太太庖厨有名,今夕更佳;大饱饕餮,酒后到振玉家吃铁观音。路过念劬,窃告探得北平开放门票月入十余亿,均二三经手人私人放账吃息中饱,不得了、不得了!不能说、不能说!归来停电。本月生活仍四十二万倍,初发十一万倍,二人共得千余万;然物价高,难怪人人怨恨政府。

6月20日 约定今早与齐四合请太龙在金钰兴吃早点,疯婆女仆今日辞走,而且在家应酬又费事也不省钱。八时向太太索钱四百万,太太又一篇应开销账,一千余万决不够用到下月五日,这种情形我也知之,结果只得三百万。拟一百万请客,还欠幼海书账一百万,一百万买前见之日本火钵。带小弟同往解馋。八时那心如尚高卧,呼醒同往;在馆四人小饮南京风味,古典谓之浇花,共百五十万。散了,小弟同那先返;与齐、马到升州路。

6月21日 五时起,静坐。少刻,晴小风。馆中人一部分监视装修《重江叠嶂》,一部分帮清理照相底板。向丁借薪五百万,以一百还欠幼海书店。席慈明早去沪回北平,无法请祖饯(无女仆),自去买南京名产咸水鸭一只(八十万)赠,并去道署街将所见案头煮茶火钵以百万买来,曰旧货也;而售者说是昔日考棚中所用。为孩子们买香蕉一斤(十四万)。晚饭后月色甚佳,恰熄电。马四先生邀登楼赏月,此老一人枯坐,遂感无聊,十时他困了。并且与赵[席慈]约在振玉家聊天话别,遂又到黄家。邦公亦来,谈上次事变出人意表,瞬息十余年。此别也许又隔经年,也许不久可见。惟见则希望大家在北平见,不希望在南京。如十年之后,又不知谁人生死存亡,言下不胜唏嘘。夜阑人静,天空飞机嗡嗡不止,盖开封战事已到最后阶段矣。一时返室,家人早都入睡乡。国事如此,人事无常,念之不寐。

6月22日 昨夜几乎通宵失眠,早仍按时而起,习惯如此无法改革。灌树、浇花,以养天和。昨岁重庆带来蜀柳二株移植房外,严冬既过,一死一活。蜡梅二盆,去冬被同院无教育儿童把蕊全抛折,今天又发现有此事。养而不教,家人且以此自鸣得意,家家皆有此心理,难怪社会会乱,难怪吾家儿童看来似呆板怯弱也。蜀中好友今只此柳,当力护之。杜鹃今年一声未闻,真憾事也。同事龚君工诚今天结婚,在夫子庙老万全。四时与若侠同往,行礼时请院长马叔平作证婚人;仪节轻松毫无郑重之意,一般结婚现象皆如此,夫不慎始者难善终,无怪今日朝结婚夕离婚,以姻事视同儿戏;大约社会紊乱经济贫乏,男女双方多先行交易,小怪物在腹,不得不完成此手续。礼后有酒席,乃三个月前预付款订妥者,每桌五百万;据云若在最近每桌须加一倍,共十余桌,多女方客也。席间念劭告北平市长何思源之更易原因,市长太太德国人,最近市长发现其为国际间谍几乎被杀。席散振玉太太饮多大耍酒疯,由侠伴之回府。与邦华赴四象桥买所发现台湾避蚊香。

6月23日 睡眠不佳。九时,同马先生提看王摩诘画三卷,故宫现藏王画只此三卷,均不佳,皆伪造。邦华所支配之点查组,今天看烟云宝笈成扇,此亦古物馆物也,遂往稍看。百物天天上涨,五十万买菜等于每天吃素;十九领千余万,今快用完。开封巷战,朝暮可能失落;念张静吾、姚从吾二人不止[二人均在开封]。天热,屋中蚊虫乱飞搅人睡眠,苦事。蚊烟与DDT天天用之,所费不赀,每入睡前用手捕杀。

6月24日 半夜落雨到晓不止。近日觉身体非常疲倦,精神亦不振作。午后一睡睡到四点钟,雨已止仍闷热。看了两篇《古今小说》，一天不知不觉匆匆过去。暑假将到，诸儿纷纷预备考试。晚膳后苦茗一杯，坐藤椅间互相诘问建安七子谁耶？商山四皓谁耶？有不知者则来问吾。忽然电光熄灭，满室乌黑遂即入睡。念劬赴沪，交来院印。用款又告罄，距发薪时尚远，为之奈何。

6月25日 中博院今午请客，本院有十余人，又胡小石、缪凤林、罗寄梅诸人，皆与上次展览有关者。曲园酒席必然千余万，大可解馋，但举箸时不免念及难民有数日不得一饱者；中原兵火连天，有求死求生不得者，我辈今日以何因缘而坐享？同席中有朝朝宴会者，自然不举箸，有同时数席者，自然小坐即去，吾终觉食之有愧也。中博院之曾昭燏，今日自然是坐第一把交椅人，师以生贵，胡小石自然也特别神气，气味不投，终讨厌之。王天木谈及汪精卫墓葬明孝陵前，俗名梅花山，实即吴大帝陵；战事解体，墓被国军断毁，今孙科在其地建亭，遗迹毫无可考。马公高兴拉王驱车出中山门往访；吾自去年再回南京，尚出过中山门，今天不免也出去玩玩。经孝陵终觉伟大，经孙墓终觉小气，谭墓［延闿］因是灵谷寺尚幽邃。归途过四方城看永乐所建《太祖神功碑》。再一看中山墓一切一切，更显见国民党一切一切无非偏安一时，甚至有亡国之象。今中原尽失，人心散，尚不图振作挽救，当道均抱在位一天刮一天、乐一天，一旦兵临城下逃之夭夭主义，吾辈小民苦矣。

6月26日 ……开封已不守，人民损生不少；若此情形南京或亦不免，此就军事政治方面而言。物价日来猛涨，愈来愈不像话，月月涨、天天涨，近则时时涨；政府眼看毫无办法，所谓取缔干涉，不过骗人骗己而已。如此情形，军事纵不失败，经济亦将崩溃！人人见面无别话，所讨论者，将来如何得了之问题。念钐又去上海,下午代其职务拟文稿数件。德人寄来赵子昂渔庄记一纸,原石在安阳,刻手之恶劣所收赵碑无过此者,因知赵碑固亦有极不堪者。

6月27日 虽星期日,亦未出门,一家人也都如此;其因不外:1. 意气消沉。2. 全家出门游玩,无论到那里,至少一百万。3. 天热。早膳后在振玉家聊天,请将借温知书店书派人送还。谈及夏日避暑,庐山之乐。归家正欲吃饭,马公又邀往谈风月外,避免谈院中政事;惟提议于八十箱院字箱外,再续提字画若干,请其许可。遂共进午膳,膳后看他写字,此老近年集石鼓文联甚多,当亦捡选一联请其书之,文曰"硕人自有安心处,吾道寓于游艺中",颇切吾之心情环境。少刻马巽伯亦来,请问此老生日事(下星期三),其他客来,遂退返家。自磨墨写扇。写励德人函。晚间又停电,屋中奇热,院中虽凉爽蚊飞成团,只好归室闷卧。报载昨日物价更狂涨,一天到处在混乱中。

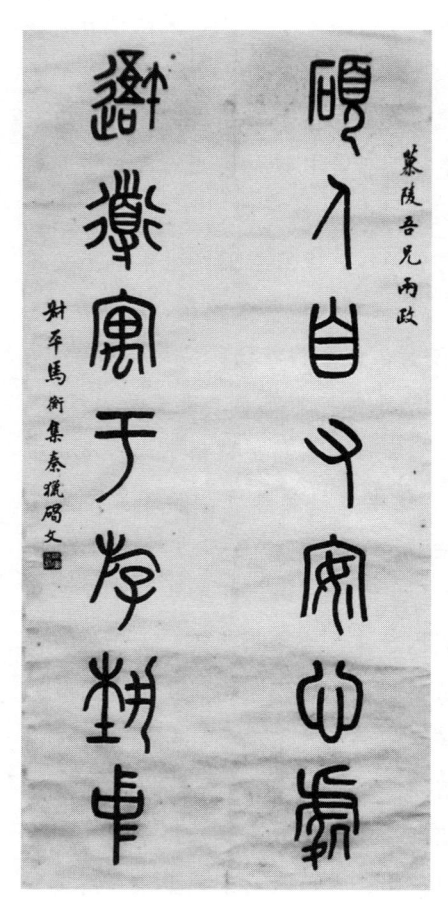

图 5-9 马衡为庄严书"硕人自有安心处,吾道寓于游艺中"石鼓文对联(114厘米×52.4厘米)

6月28日 今天《中央日

报》有王古鲁一文，记其战前在日所得我国元明以来旧小说，照片目录百余种之多，真洋洋大观；今已刊布者只《古今小说》一种，且排印不能影印，其他更不知何时可以问世。王君何如人，前未之闻，极愿识之，观其所藏。罗寄梅来邀马先生、振玉及吾明晚到其家看敦煌电影，马云明日去沪，改由沪返再举行。①

6月29日 主计部命编本院概算书施政纲要，限明日送部转立法院，关系全院经费，非同小可，非如期送去不可。平时可以油印，今此共须六百册（每一立委一册），非排印不可，与以往印刷行商，每页排印工千二百万，预计至少十页，亦须一亿二千万，院中经费万分支绌，又支此巨数如何得了。幸此纲要北平已编就，大纲甚长，今须删改；与荣华上午忙到中饭始脱稿交印。本与吾无关之事，念劬又行〔于6月26日赴沪〕，套在我头上除不掉矣。马先生下午可能去沪，盖明日〔阴历计〕是此老六十八岁生日，行前云一或二日即返。晚饭后，振玉煮水请洗澡，浴罢，印刷所送印稿来，归家告若侠不必等候，刘〔峨士〕在亦不顾，遂到荣华屋校稿已十二时；校毕公家备有夜消，小饮两三杯，兴致博然。

6月30日 一个上午在家写扇面二面，虽非潦草之作，然亦何其慢耶。施政计划书送到，仍有错字，有原来不错，正版又错者；十余人分任改正，忙到五时全数送出。

7月1日 米家画舫裱褙人来，又选《清明上河图》《集古录跋尾》等八件付修整。午刻马先生返回，即持连日来所已办新

---

① 父亲日记，后来于1951年8月19日记中曾赋诗并书赠罗氏夫妇："半夜无眠作诗一首赠罗寄梅夫妇：扬鞭系楫意轩昂，万里长征凤协凰；西穷瀚海东沧海，大地山河亦黯伤。"

收公文送阅；谈次始知他并未去沪，乃畅游京口度其生日。盖彼乃生地镇江，四十年后始再至也。马印鉴送回。一科念劬请假不返，科务吾代之，手下仅张德恒一人，不能起稿，只应付抄写，一切且须自拟，整个一天埋头一科，致裱画事毫不过问。电影正演《木偶奇遇记》，乃儿童神话小说；小弟磨说要去看，老二、老三均好此道，七时侠携往，九时归。入夜屋中奇热，蚊蚋成群不能入睡。DDT用完无钱再购买，除虫菊香伪造不发生效力，全家动员用手捕打至十二时。

　　7月2日　中博运箱人带来前此乞向觉明作《华严洞图卷》之跋文；附觉明手书云，即日夜半去沪，乘七日轮船去津转平。跋中历述吾二人近十余载行踪始末，不外时局之不安定，致个人之生活亦不安定。今又分袂，更不知何年再晤云云，言下不胜唏嘘，读之亦觉慨然。及通电话与中博院，则向已去，夜车亦不知所乘者为何次何时，送也无法送之。据谭旦冏云，该院同人亦不知其将行，究竟何日无人知之，或故意不使人知俾免麻烦耶。一天仍在总务处一科办事；议论纷纷者，为最近行政院一纸通令，各机关准借六月份半个月薪事。盖六月份京沪生活指数政府订为四十二万倍，原属不合实际，最近两星期物价跳动太大，无不叫苦连天、怨声四出，政府亦知之；前订标准四十二万倍太低，又无法改口，虽有此令，等于再加廿一万倍成为六十三万倍。每月廿五以后发薪，然事实上均改月初发薪（亦因物价关系）。总之政府对人民毫无开诚布公之意，到此天地仍玩手段，太卑鄙、可怜、可耻。罗寄梅先生请马先生、振玉与我三人到其家看他在敦煌所拍电影；西北之行久有此志终不能行，今作卧游。又见所拍唐以前人在壁上所作山水均甚幼稚，可悟山水画在唐尚未到达艺术成一专门宗派，只是创启时期；大致至宋始能完成。昔日相传吴道子、大小（李）将军不过历史一书画词耳。罗君有西洋美酒，今一瓶估在数千万元，三人大饮白兰地数杯，菜则一大钵亦甚精美；其办法颇可效法。九时返，齐四来云抱病多日，谈至十一时去。

7月3日 夜间雨颇大。近日行政院通令各机关借薪半月文字非常圆滑，可作种种解释，各机关多不管他三七廿一，每人全借，等于加发半月或廿一万倍，然非由主管长官核准不可；本院人人固也作此想，但谁也不去向马先生去说，此乃出纳（总三科丁洁平事）或会计室（直属院长吴荣华）事，他们也不去说，互相推诿，结果我自告奋勇从昨说起，今告成功；支票已开，后天可发。然我明天家用已无，遂临时向丁处借得二百万，足可维持到五号。终日忽雨忽晴，五时正拟出门赴郦衡叔之约，雨又倾盆下一小时许；雨止登车，与马先生、邦华同行，途中又落。郦家所在街道与建筑完全南京旧式，大汽车开不进，步行入，幸未落雨；客人中尚有朱余清。饮酒时雨又下大，特候至十时雨止，返上车后不能发动，与朱、欧三人推车发火，上车再行，十一时到家。

7月4日 "急水浮萍风里絮，恰似人情恩爱无凭据；去便不来来便住，到头毕竟成相负"。此不知谁氏之词也［查系宋吴礼之《蝶恋花》］，十七八年［1928—1929］余住西老胡同未名社，与阿农［台静农］极喜颂之。尔时各有性灵之事，一时风气使然；厥后奔走衣食家累日重，性灵泯灭。近有感家人之事，反复斯词，庄子于焉悟道。星期天，晴，囊无多资，不敢出门。夜间凉爽，抄所辑赵松雪集外诗文至十一时。德人来函云，询来熏阁《云林集》售时说明缺首册，吾收见时即惊其刊刻之精，今又知四库亦用此本，想不多见；畅安购此殊书，岂有见于是耶。又云原售价三百万元，王未付款，此乃大窘之事。

7月5日 关于施政纲要，主计部又来函，称前送六百份不足分配，限三天内补送一百五十份，这玩笑真开得不小，以公事如同儿戏，如此政府主管，全国岁计出入事如此糊涂，焉有不腐化者。再请示院长怎样办；排印乎？估计至少需五千万元，油印乎？亦需三千万，结果采取第二者。午刻已下班，忽宪兵司令部派侦缉队长一人持公函来院传捕黄念勉，也不知他究闯什么祸；结果由院办函称其于上月十九请假回籍，无从转知等情，即写一函交黄之胖太太，请其速自设法，否则必有再来；若不到案，永无出面之日。下午所有总务处人均忙写油印。与马先生谈古物馆将来工作计划。发薪我四百卅元，等于七十元；侠八十元等于三十五元；本月四十二万倍外，加发廿一万倍。张柱中寄来扇面一，为祝吾五十寿者。此人作画十年工夫，已自不凡，灵秀超逸，一看便知天才特高。马公前天为写《周公彝》抚本，今亦交来，此老之工夫，张不可及也。还在温知书局所购赵字拓本二，共三百五十万；福开森画目，原云二百八十万，后增四百万，今又云四百卅万矣，不到半月光景也。

7月6日 柱中昨寄来扇面，今特意用之于马公前，以便引起注意。柱中嘱代表示之事（照X光，肺病又扩大，意不外多休养），但因此又引起别一事（吾之五十大庆，马因此知之），此扇今年似不能用矣。马当以所获卅四年临潼新出土唐碑拓本一为寿，殊不满我望，因彼既知之，非敲他一点文字物不可。又谈古

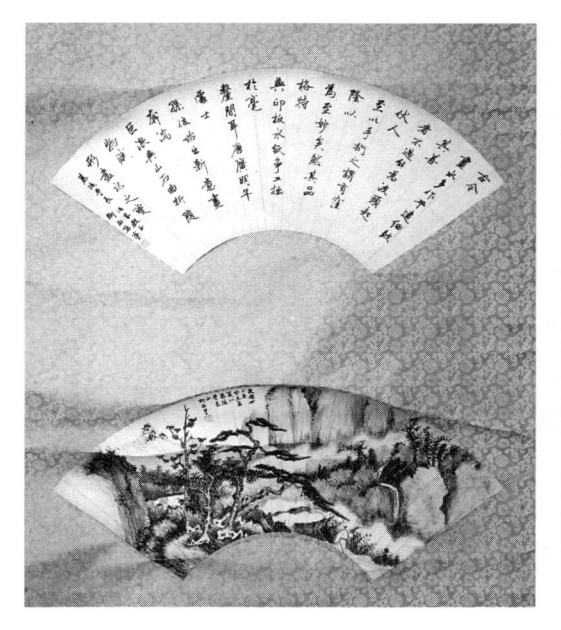

第五章　驻宁纪闻——风雨飘摇中的人与物　｜　307

图5-10　张柱中绘赠庄严山水扇面（左，18.8厘米×51.4厘米，18厘米×50.7厘米）及马衡书赠庄严《周公彝》铭文抚本（右，115厘米×34厘米）

物馆将来工作计划，及照电影事，马谓此均馆长事，言外似不满徐［森玉］之拿钱不做事者。然徐则谓，马事实上不欲之过问；此真各有是非，无法判定。午刻，王雪艇派汽车运来吴仲圭山水一大轴，请马鉴定，马邀同赏。画佳，然"圭"作"珪"，尚未之见。下午，在孙家畹复查京字箱中见赵［孟頫］《丘壑图》，此又一伪卷。今晚又停电，蜡烛一支十万余元，故饭后不久全家入睡，一则天气凉爽正可安眠，二则省节家用也。

7月7日　拟文稿数件作报告，预备开理事会。北平寄来博物馆协会函，嘱为征求新会员。刘峨士来谈，同事数人以吾五十生日已近，初拟送酒肉来，今又改在曲园宴会。平生于此事毫无兴趣，在院无望可以躲避，原本已拟亦仿马公办法，一人去镇江一游亦是一法，但至少需一二千金耳。夜间天益闷热，十时后始伏案抄未完赵佚文百余字。

7月8日 自闻乔大壮赴水死耗［1948年7月3日于风雨中赴苏州梅村桥投江自尽，享年57岁］，累日心中不快。怀沙自沉，誉如灵均［屈原］，未免过甚。其心境如王静安［王国维之号］，自以为比喻不差（矛盾之极，以致如此）。在报端见挽翁诗词者，多尚无以之为况者，吾又无此笔力才力，故记于此。生日事愈来知者愈多，决计届时一逃了事，但人又谓抄袭院长作风，我亦不愿也。朱余清携来所作诗，即湘妃竹臂搁事；诗甚诙谐，现抄如下：短才一把余，宽不容三指；不可打手心，不可当镇纸。强呼作臂搁，看来了不似；风涛万里外，胡为竟买此。吁嗟有人不开眼，欲攘欲夺事端起；前有朱余清，后有郦衡叔，恳之哀、商之熟，重币甘之几往复，赤筋生脸光生目；主人怀以走，客人起相逐，三绕朝天宫下屋，所争半片湘妃竹。

7月9日 徐正厂自沪来，此人在北平以治印泥驰名一时；马公誉扬之于前，陈仲恕、沈尹默提倡于后，一时满京沪风雅之人，印泥非徐制不可矣！吾战前自徐处购绿、黄、浅朱诸色均失，今唯存大红二两，十余载偶用之。此次徐来正好修理之。与此人十余年不见，中经大乱，其风采如故，惟谓吾皤然一老矣。照相玻璃板今整理完毕。下午念劬来，前无意中说国防部一大员贪污（有据，但非攻击之），反被人连坐，几兴大狱；幸有证据，官司打到蒋公前结束，贪污者被枪决，一场风波乃已。如此说来，天下尚有是非。作寿，人逼我愈来愈甚，为之心烦。夜又停电。齐四来,请齐代为说项于那心如、梁伯华前,嘱再向其他同人说明苦衷。

7月10日 念劬回,一科可不再代。玻璃板理完,马公又嘱继续率全馆人清理刊物铜版,今又开始;设想此一工作必不至费时过久也。过生日事与大家说明,决计取消。马公今天请客,为朱豫卿、郦衡叔、姚从吾、蒋慰堂(将出国)。晤从吾,稍谈开封此次事变一切,又云张静吾尚在人间,心中稍安。邦华本说即日返里,故马亦邀之,意似送行;惟又说不行,理由是水大。

7月11日 九时去余可贵小店看书,同余至附近私立明德女中(教会所立,年代甚久)访陈君器伯;陈四明人,在此校教书,自称好买书,尤好买木板初印之吉祥板书,即红印者,故名所居曰初印楼。视其居,也是桌上、地上甚至坐椅皆书;又见其所藏添顺板残本《云林集》。谈次陈云在校待遇不如公务员,惟教会学校环境极佳,一家住五间大房,又供水电,则非公务员之所能有,然何以有余钱购书。今日星期,侠包水饺,一切自己动手,女仆立观而已。下午与侠携灵儿同到太平商场温知书店,居然见《云林集》一部,是曹刻本甚精,比王畅安在平购赠之殊本为精,问其价只一百五十万真不算贵(据德人云王在平所购尚三百万),惜无款未能全付,当将书携回;无意中得此,心中甚为痛快。

7月12日 怕失眠果然失眠,二时醒又无电灯,燃烛作日记。昨得曹刻《清秘集》全本也;拟据影抄第一卷,以补王在平所购赠者,则吾有二书矣。遂灯下影抄一页;久不作小楷,灯又昏暗,甚觉吃力。

7月13日 温知魏老板来云,前所取之曹刻《清秘集》系北平总行代此地李某所寄,故不能售,再三婉言退钱退货;明知此中必有文章,此书值千万以上,前次只索百五十万,定因钱少无法圆转,再三声述;吾亦不愿落强取夺豪之名,终于付之,心中甚不快也。

7月14日 今天是我五十生日[农历六月初八日],本想照常办公,午间吃顿面食,如有友好三五人来,晚间留他喝三杯也就是了。没想到有人起哄,意欲大举,这是甚么年头,何况又与我素志相违,所以前两天已订定到今天逃之夭夭,仿佛又有点"那个",却也没法。晚间在家用鸡一只煮面,邀齐四、黄三共吃,到十时许客去;我之五十初度就算过去了。

7月15日 下午在三山街买扇一柄,归途到余可贵处意欲物色一可心之物,自留做五十生日纪念。前得曹刻《清秘集》求而未得者……今不知能再得一满意之物否?晚又停电,最近每两天必停一次。傍晚无电,非到十一时后不来,晚来吾早去见周公矣。

7月16日 早起去理发,自来南京一年,于兹理发十余次;一次一价,最先之价已不记忆,大约千余元耳,今已至廿万矣!(从来即在朝天宫附近一小店,从未他易)清理铜版头绪益烦,前此查玻璃板不甚清晰,今此改变方法,彻底查之,以求一劳永逸。拟散职后去余可贵店看书,虽半里之遥也懒走。晚又停电,几乎无日不停矣。

7月17日 常书鸿、王雪艇明天上午来院;常携在敦煌所拍壁画来看,王则来看院中书画。每次王看均先酌选,今日白天又停电,不能入库工作,明天只得就原箱抬出使之看矣。

7月26日 清点刊物大致完毕,今所余末尾得全体努力完成之;惟天气郁热,在工作室中动则汗出。晚齐四来,昨所约今在我家吃片儿汤；饭后刘也来，在院中纳凉，蚊虫多只得忍之。

7月27日 点查刊物铜版昨日毕事，今日入库纪录上次王雪艇所看沪713箱中的好册页。此中赵子昂尺牍二帖，初甚怀疑之，但上次未能细看，今取出详细研究，证以赵同时人诸跋（李皓、李升字均作赵体极佳，最末衡山保鱳字亦精）决早年书，既不伪则关系非浅；遂将两札文及跋录出，以入佚文录。惜节干如何，解月窗为何人，仍待详考也。上下午在监狱式小窗下作小楷，然心因之安定，库外虽过百〔华氏〕度，内反清凉，亦消夏一法也。傍晚乌云满天大有雨意，风来吹散，气候因而凉爽。今晚又未停电，欣然灯下写《闲邪公家传》四行，居然不至挥汗；闲邪公传今始临笔法，能得一二。九时寝。

7月28日 铜板查完，共六千零七方，由黄居祥造帐三份，以便分存北平、南京两地；刘、吴诸人监视运二库中堆存。两个月来全古物馆人员从事玻璃、铜板两物之查点，至今告一段落。今后馆中工作吾有计划，候马公批准即可开始，计：1. 总检瓷。2. 提选院字续编字画，同时并检查晒晾。3. 编卡片目。4. 摄、印书画家签名及印章；惟只1、2两项已感人手不足，3、4更有经济问题，恐一时更不能举办。天气闷热，库中反凉；散值，屋内、院中无一是处。坐在一处少刻便热，古人所谓"追凉"良有以也。男人多赤膊，我终不惯。

7月29日 四时起静坐，虽有半小时，心中终不静也。收到德人由北平寄许熙载碑整幅拓片，原为四张，今只一张，余三张寻之不得，又如《云林集》矣。取校前寄剪裱四册本，确多清楚之字，惟励所云茅绍之下之一字，仍认不出是"集"字耳。午饭后，赤膊伏床（无大桌）校碑，头上汗出如浆不顾也。下午余可贵送来钱校杜诗一部、邵松年《古缘萃录》一部、《苕溪渔隐丛话》一部均可留；三书至少需五百万也。上下午在二库登录书画册页，于五时完毕。得静农催赴台任教信，无法答之，心甚冈冈不安。夜又失眠。

7月30日 报载本月生活指数，南京为百六十万倍（居全国第四位），本院已发九十三万倍，尚可补六十七万倍，吾二人薪以基数计之，共为百零五元，共可一亿以上矣。为古物馆（平馆）提刊物，并查中日外交史料。邦华家孩子又二人病，一是伤寒，往其家视之；比肩而立者六人，哺乳者二人，病者二人；一家住两间真罪孽不小，当事人不觉也。下午发薪，两人得六千余万。晚饭后去温知访徐正厂，代刘送徐印泥钱四千万（六千者二两，吾介绍减价）。

7月31日 因为平馆提取刊物，发现所查刊物箱有错误；一箱有误，不敢相信他箱之无。今日遂从事于斯，上下午所查六箱，果然又有讹误；此真糟不可言之事，又有哑巴吃黄连有难言隐痛。上次查时毫无秩序，今次申、黄、刘分三组各自负责，吴则专司账目；再有讹误无所推诿。行政院令，自八月一至卅一日为夏令时间，上午办公五小时。召集黄、欧、那、吴、丁诸人会商，从二日起办公时间为上午八至十二时，合早退一小时；下午各科轮流值日。天气燥热，惟晨八时前，夜十时后稍凉。

8月1日 每日买菜，我今与若侠携灵儿同往，买肉斤半（以至九十万一斤），作狮子头吃。回来之后，三人又同到升州路买布鞋一双，至福建农产公司买红茶半斤；母子先返。独自去温知书店，意欲以千余万买曹全不成，看来恐非四千（万）以上不可，为之怏怏；又见《天发神谶》一本，亦清初拓，索八千

（万），更不能问津矣。然以袁大头（现洋之新名称）合之尚不到十元（已到五百万以上一元），战前亦不可得，惜所入不到战前十之一耳。十二时归，马先生已自沪返，往晤之并将代管名章二缴还，少谈即出。齐四来候多时，遂午饭；饭后乱谈消暑，屋中九十八［华氏］度，扇不停，汗亦不止；院中蝇多，且各家之先生、太太、小孩林立，亦不愿与之。傍晚同到余可贵处，齐以大头一元得《封泥考略》《秣陵集》各一；见点石斋吴友如画廿四本索千万，吾欲买，齐亦想之；彼有大头，又取出一元，仍未能得。出门想想，非买不可，允明天为之代购。在一旧货店见日本竹帘二，索八百万未买成，心亦念之。晚吃肉打牙祭（一天菜三百余万），饭后院中茗谭至十时客去。

8月2日 夜眠畅适。晓见瓶中白荷开了一朵，甚喜，荷乃昨出街市得者，又代代花一盆、含羞草一盆，此草诸儿见之大感兴趣，玩之不已。今日下午不办公，上午提早一小时上班。下午不上班大感安逸，虽上班我亦不限定坐在办公室（念劬向不到办公室，近来邦华亦如此），然总觉得不安。梁任公论快乐与痛苦，谓无责任为最快乐，信然。读《渔隐丛话》，四时许冒毒热去余可贵店代齐四买书，余云画宝别有人欲购，已索千五百万，定明晨取，决无法，只得将前送来自家欲买之杜诗等三书商定共六百万。日来百物又上涨，三书尚未付款，不为贵矣；近日陆续不少，屋中桌上、椅上甚至地上均堆书矣。邦家病人不轻，今所住房幸有天棚，故今年比去年稍清凉，有时不能不念德人德政。而病人发烧终不宜，闻已移小渝［励乃骥之幼女］病死之屋去。晚膳吃炸酱面，一家大吃，近日胃口甚好。晚间天凉，早睡，睡醒一觉，院中尚有人谈话，视表已半夜十二时矣。拟每日写字，两天未能动笔。

8月3日 今日检查晒晾书画之事开始，同时分一部分人复查刊物；故瓷器总检查之事本周不克举行。所开为沪六六四箱，全是手卷；忽尔一科有事，忽尔院长见请，不能安心沉意片刻；最后陈万里来。廿年不见老友也，须发均白，精神甚健。此公在平时嗜好极多，照相、唱昆曲、玩古董，而其本行之医反寂寂无闻，今谓专研瓷器矣。北平庆云堂碑帖店，今亦来南来作单帮，此北平第一流亦全国第一流碑帖店也；携有宋拓数种来访马公，因得其介绍，约明日往其店中看携来之货。下午在家读《苕溪渔隐丛话》。室内九十二〔华氏〕度，虽挥汗不已，尚能安心读书；大约经过去暑忍热已有惯性，故不似去夏之苦。

8月4日 近日眠食尚佳，幸福不浅。继续看沪六六四箱卷子，有子昂作品数件，无一件佳者。有宋君志伊者，持大画二件来访马公，其中一为滕昌佑，虽非滕确是旧画，均以金条新买者。每一条金合二亿以上，立法委员竟如此雄于资耶。下午本想出去看看庆云堂的拓本，一来囊中无钱兴致索然，二来天气实在热，坐在家中尚且挥汗，冒日奔走真乃苦事，只好仍在家看书。欧家小孩天天抱去中央医院看病，今又请狄昼三来，狄仍主上次小渝未注射之针，大概相当严重；邦公讳言，自以少参与为是。此公一家平时刻苦，一家全靠服药保养；各人生活方式不同，有如此者。

8月5日 发薪（二人收入一百六十万倍，得一亿六千八百万），下午与若侠携灵儿同到中央商场，出来为之雇车送二人先回。一人去温知，路经阳仁山先生故居，门楣"金陵刻经处"五字尚存；因一向未入，今进去一观，经不多，一老执事人云经板

第五章　驻宁纪闻——风雨飘摇中的人与物 | 315

尚在。到温知与魏、王二人半天唇舌，曹全（碑）以四千八百万成交，未付款先取碑走。又拟去看张明善，遍寻不见南阳旅馆；乃改至市府门前为申儿看榜（市府昔之江南考场，大门为明远楼，今尚在，榜在其下）。见观榜者人山人海，车马不通，交通堵塞；老少皆有，终以青年为多，根本无法挤入，遥望之不得要领乃返。朱胖子来已先去，遗赠紫毫一枝，甚旧，似乾隆物，亦不知何意。马公在行政院候翁［行政院长翁文灏］至下午二时，返云理事会定下周开会，彼拟下星期六去平，盖已不胜楼上闷热矣。邦家病人有起色。

8月6日　申看榜，懊丧归；洁平子大年、念椿子申华，亦均未取。丁谓此次考生教育局一手包办，非有大门路、大力不可；对外杜绝弊病，弊病更大；此情形不敢使申知之。惟吴荣华的小舅子唐某，考中大附中未取是事实，今已补取亦事实也。最使人惜恨者，纯洁之青年，头脑先使之如何钻营奔走，出校后焉得不胡作非为。下午郦衡叔来，彼则力辩无弊，并告私立之钟英办理尚好；于是印照片、要报名费，左一次、右一次，真烦死人了。侠本想出去以钞票买大头，存起以备作学费，因受暑咳不已，劝之暂缓出门。傍晚刘来亦云，本四百八十万一元已增至五百万（换一大头），盖各机关今统发薪也。马公已订机票下周北返。

8月7日　洁平告以所闻市中统一招生黑幕，只好付之一叹，不敢让诸儿知之有所借口；但市立既不能入，究入何校耶？计划利用现成铜板、现存纸张编印刊物事，拟于马公离去前得有结果；吾恐根本问题者为经费之无着。天气燥热，住屋与办公室虽上午亦均在九十［华氏］度以上，所以热得头脑昏昏；下午只能在屋中挥扇，五时以前万事皆疲（九十六［华氏］度）。若侠因点查刊物不能支持，咳嗽不已，所谓热伤风是也。诸儿屋中到院中，院中到屋里无一呆处，燥热益甚。细看曹全碑，售者号称明拓，吾据石印陶斋庄未断本，知碑断在前干字已穿在后，而碑之断在康熙年，是干字虽未穿，而碑已残者，不能称为明拓；此据字体上考据，至纸墨拓法亦新，亦不能断为明拓；然今亦难得矣。

8月8日 六时起，就阳光未大热去余可贵店，代郦衡叔买金陵邓氏家刊本书六种，百五十万；见《晨风阁丛书》，惜又为人预定，见玉勺山房小字本杜诗甚佳。本想下午做些私事，如写字、编所藏赵碑目等等，均畏热不克实现；甚至应写之函均未动笔，致友人求书扇，更视为畏途。

8月9日 印刷刊物事，马公数嘱作实行计划，劳心不少。最后惟钱的问题，马瞠目无以对，云俟归平计划后再告，甚至云万一经费无着落，则明年再印亦可。这真开玩笑不小，今后只有暂为停置，将来有钱再说。遂去检查组中看字画，今所开为沪六六一箱，均为手卷，有赵子昂书数卷……邦华交来照印章照相机一件，从前古物馆物，抗战时邦后出，遂归邦保管，至今不交出，最近由马向之索出，尚须由馆出具收据。

8月10日 入组看沪七〇二书画箱，均册页无佳者；有赵孟頫小楷书佛经二种，亦不可靠。天气甚热，马先生在二楼热得不堪，移到一层四、五科办公室；四、五科则移到三馆办公室，并劝吾之点查组亦移入库内。库内固凉，但光线太暗、空气不流通，吾不以为然。到下午热得更甚，屋外全是不三不四人及各家小孩，不能坐，坐也不见凉，只得在屋内挥汗挥扇……四时许，忽北方起云，云未遮日，忽打一霹雳火球直入屋中，随有青烟一缕，好不怕人，而室中尚有阳光，也怪哉；少刻大雨倾盆，少刻亦止。马公已订机票下周北返。

8月11日 今起古物馆开始两组，一查书画，一查瓷器。马先生将北去，与之谈今后馆事：1. 印刷事，与总务及会计商妥经费后再定。2. 展览事，今秋双十节全国美展如邀院方参加，不便拒绝，惟不唱大轴戏，以轻松小剧为原则。3. 照书画家签名印章事，先查看照相机是否可用，与底片价格后再定。4. 两组点查，即照今日情形办理。马巽伯来访，同到马四先生屋闲聊至四时，巽伯见天如墨、雷声隆隆，赶快走了。我们谈起昨天之大雷，几处见有火光，幸未伤人毁物，终是可怕。今天来势又不小，赶快令人闭总电门（上海最近一工厂因雷电引起电灯线走火，死了六十余人，一大惨事），个个回家；但隆隆时许，铜版大雨点落了一下也就过去。

8月12日 全上午停电，致库房中不能工作。黄振玉三女与同乡黄晋福结婚（古礼同姓不婚，今亦不在乎），商馆中同人，□每人送百万合购花篮；邦华、念劬闻而加入，由梁伯华主办。少刻又议增，每人二百万送现款，邦华以为少，念劬以为多，又退出。又闻黄家希望要我写字，遂于下午与心如、伯华三人同去欣生堂买喜联，并访张善明；看他从平带来的拓片三百余件，汉碑居多，最新亦乾隆拓本，每种三四千万不为贵，可惜我无钱，虽爱不忍释亦无可奈何。张云德人在平大买，亦专收赵碑，他专门学我真无聊。八时后齐四来，交侠袁大头二，请明日代办酒菜及酒，为马送行。今日开理事会，闻姚从吾聘为文献馆长。买狼毫二支，一为百六十四万，一为百四十万。

8月13日 马公明晨飞平,今又将其印章二方及徐正厂新调理之印泥八两交代保管。下午访郦衡叔,触热前往,不但人以为今之□□子,自家亦认是苦事,然不能不去:1. 蒋念椿托为其子申华准入一中自费班。2. 马交笔二只代赠与郦。3. 送前代买之书。入门,豫卿亦来,不期而遇,甚为高兴;谈至六时回家。齐四〔树平〕已来。现洋昨尚六百,至下午已涨过七百;所以菜尚不少,物价虽也涨,究未若现金银与美钞之快也。三人共饮绍兴三斤,纵谈至十时。马公入浴,又邀齐到家谈至十一时,客去酒后不眠。

马衡院长素有喜好饮上几杯的雅兴;读其1953年日记,知先生在2月初已觉身体不适,至2月25日:"病已告痊愈,惟肠炎未愈,仍服磺安片,每三小时一片。"2月26日:"服中药似见效;晚间饮酒两杯。"又读1954年3月3日:"下午五时忽觉面部及手足有麻木现象;下班时踉跄走出,摇摇欲倾。归家后亦不以为意,照常饮酒。夜二时许,又觉面部及手足有麻木直至天明。"在父亲的日记中,也常读到马先生好邀他对酌。父亲晚年为自己饮酒过度曾自省;1977年11月17日:

今天自定义每周饮酒日次如下:星期三、六、日;因为酒不可能永戒,但如前之一天两次,也非所宜。每周三次,这也遵照先师马叔平先生规定之法而变通办法,想自十九日即行开始。

我感觉,马院长与父亲、齐树平三人,除了雅好古文物外,平日休闲时饮上几盅也是他们生活中不可或缺的嗜好;也正因为三人皆有这样的爱好，在马院长离开南京的前一天晚上（1948年8月13日），才会有这样的一场聚会。那天在庄家的晚餐，菜资是由齐先生出的；虽然看起来与平日没有什么不同，但是三人心里显然都怀有一份说不出的离情，因此喝起来就特别豪气尽兴而难免有些过量（三人共饮绍兴三斤）。事实上那天晚上的共饮，竟成了父亲与他的老师、长官马衡院长，此生的最后一次餐聚。

1948年8月14日 叔平先生今早径飞北平；六时，与同人送之于车门口。为黄宛华［黄振玉三女］写婚书，炎热屋内低头作小楷，小心竞竞恐有错误，费力不小。下午虽有阵雨，地且不湿，益觉闷热。磨墨写喜联，亦同人送黄府者，一赵、一瘦金均不满意，盖心手不能相应，眼高手生，行气不能贯注，在不常写耳；学书卅年如此而已，见之自惭。屋里院中一样闷热，无可消遣，则朗诵杜诗。百货大涨，袁大头一元已过七百万；吾取来之曹全［碑］尚未付款，奈之何哉？此碑"年份"不到明，四千余万似太贵，而且根本无款，意欲退回心又不忍，迟迟不决，痛苦痛苦。

8月15日 星期无事，早点后即去张明善处，又选来拓本八种，虞恭公碑一小册（六千）、十三行一小册（六千）、砖塔铭一小册（四千），皆上次未见者，极精致可爱。素不喜欧字，今亦选一种，可见拓本新旧大有关系。郑固（三千）……韩仁铭（三千），虽张允可缓付款，总价三亿二千，可以少付，恐终无此力全购也，看看过瘾而已；抱一大包步归，汗透重衣。……一册一册细看……至十二时，觉乐此不疲，惜参考书太少，思一读两汉金石记皆不可得也。张明善拟在南京租房开张，盼其能成功，可以多饱眼福。

8月16日 昨夜读碑甚晚，忘倦忘热。所谓十三行有碧玉、白玉两本，吾今所见何本耶？研究不清，愈看书且愈糊涂，应看的书太少，所见之物亦少也，又砖塔铭问题亦同有此感也。诸儿在家一天，出出入入已十分乱矣，左右芳邻人声小儿哭声一天不断，欲思片刻非入夜十时后不可。昔在安顺地僻友少，深山中大可看书，彼时无书可看。……上午照常入组，无佳字画可记。下午申去中央商场为灵买节本《鲁宾孙漂流记》一本，薄薄四十余页十六开小本竟售百廿万，拓片如与之比，更惨不忍闻矣。挥汗为杨警吾、黄燕峰书扇各一柄。

8月17日 开箱全是王虚舟临古碑帖墨迹六十余册，峨士大为唾骂，几欲火之；告以许多难见古帖均可由此中见之，亦有价值做学问，当蠲除成见；此人终不了解，吾恐其将来不免画匠之讥，虽欲指导入正轨，可惜成见太深也。黄家三小姐宛华今日结婚，既不请吃，欲全家往参加使诸儿见识见识；而诸儿不以黄家之行为为然，拒绝不往，只与若侠携灵儿往。灵又无新衣，现去市场买一件夏威夷衫，始勉能出马；至侠所穿战前旧衣改制，惟手上一钻石戒指，恐全院之人所无。婚场在三欣楼国际联欢社，属外交部以为招待外宾之地，应甚堂皇（向未进去，在门外视之，已甚小气）；入内一观，好不凄惨，尚不如外人中产阶级之私人大厅。最难堪者，处处显其小气（国民政府下之建筑无不如此，关乎一代作风），为无法可医之病；至于家具简陋破旧，打仗结果必致如此，原无足怪，茶点也淡而无味，反不如旧式之老万全。黄选此亦崇拜欧风太过。至婚礼又与一般不同，民国以来始终未定婚礼，各行各是更无足论。八时礼后移跳舞，十时返。

我还依稀记得，那天晚上母亲特别为我换了一件短袖的浅色夏威夷衫和一条褶带短裤，都是以前从未穿过的衣服；至于婚礼现场，则只记得自己和双亲好像都只静静坐在场边的椅子上，看着场内随着音乐不停旋转舞动的人们，好久好久；感觉上既陌生又不习惯。

1948年8月18日 昨晚见全院人三分之二手执扇书画，几乎由刘峨士包办；所有自取看之，当时认不好者，冷眼观之也还要得。年来书法不能说无进步，惟凭眼见乏真功夫耳。夜间天凉，眠甚甘；早起有秋风，天气亦凉爽，已见秋意。积书岩帖果然发现有关子昂问题；二纸中有"水晶宫道人"一印。我判其不真，以子昂"水晶"作"水精"是一铁证。晚朱豫卿来，去黄家补道喜，少坐仍来吾家；与吴、刘诸人说狐论鬼至十一时，吾倦极欲眠，客去即睡。

8月19日 上午在库房将王良常临《急就篇》写完，又开一箱有子昂书赤壁二赋册，颇可疑，余不足记。下午去郦衡叔家取书道全集，比十三行，决我所见为青玉本。谈澄清堂帖，郦谓非宋初，决南宋；举中避"慎"字，讳作（慎字去最后一笔礫），此铁证也。又为张明善托租房子，谈钟英中学，郦写介绍函嘱明径往访教导主任焦伯齐，见天将雨乃归。到家齐四久候，桌上有柱中函，拆识得意出望外之喜，中附父亲自沈阳来电；年余无消息，今证实尚在人间且已脱险。喜极一家均无病，痛饮数杯。十时忽三科来告，发薪六十万倍，又告明日将改革币制，法币永不适用；于是全院人心惶惶。二人领六千三百万，如何处置大成问题；吾主存实物买面一袋（二千万），余侠主购大头，一人去新街口购四元返（价跌六百五十万）。十二时后全院人无不四出奔走。

8月20日 昨夜全院人皆出或买袁大头，或买孙小头（原来有孙文像比袁像小，谓之小头，价值亦逊），或买实物，想若此情形者不只一处也。今早看报，果然宣布新币金本位，曰金元券（传说元改孙，今不确）；每金元官定合法币六百万，银元每二元作金元一元，美钞一元合金元四元，公教薪均按金元计，四十元为基数，四十以上至三百，按百分之廿，三百以上按百分之十。今天市面人人所谈不外新币问题，然市场尚安定。吾家昨买四块大头，每头六百五十万，每头赔五十万（按新订官价合）。写德人、维钧、维本函，均为家事；又寄父禀至沈阳保定街廿六号隋益转，均航快寄；只励函临时又未付邮。

8月21日 今天开七二○箱，全是墨拓大感兴趣；《三希堂》当然是初拓，内关子昂遗迹甚多，尚未暇记录；以此一箱，至少需三四日之工夫始能看记完毕。有不知帖名拓本四册，原木背皮上书晋唐正楷，右军墨妙□□□□等字样，甚旧，岂升元帖或澄清堂耶？惜无书可查，有之恐亦辨不清；以此事多靠眼学，书册只能作旁证耳。阴郁欲雨而不雨，气压低使人透不出气来。四时到刘峨士房坐看他磨制石绿，此人颇可造就，惟太骄傲是其短处。齐四来晚餐，恰今天因纳税问题又罢屠，无肉可买，只有鱼吃。晚振玉、峨士皆来谈天，而且所谈从始至终皆艺术之事，不及性事，可谓难得。关于接老父进关，沈、平飞机，齐、黄均允代为奔走，可感。

8月22日 王雪艇忽来电话，云邀杭立武即来院看库房通风设备，并顺便拟比勘怀素自叙两写本之异同。今日为星期照例不办公，幸员工均住院中，亦无人外出（除五科小欧等出外打牌外），召集尚易。及其来时正下倾盆大雨，随即以存自叙之箱示之；内有顾闳中韩熙载夜宴图卷，赵、王感兴诗卷，至十二时。温知已有函来，似曹全又要增价，我亦不想买之；但望雨不能出门。张明善今日将寄存之箱取回，并将吾取来十一种中之说罄本砖塔铭亦索走，云有别人要看，我未付分文不能不与。

8月23日 夜有雨，睡得好。天未明起静坐，忽大门口门警来云，有姓施者自武汉来访，以为必天侔也；知其在武汉大学任教。及入门乃维枢[施畸之子]也，并同一女友来，云暑假时一人由平经沪到武大省父，今仍去沪返平；刻在燕大二年级学数学，同来之友吴㲵，女在交大，同去上海者。自廿四年与维枢在渝市江边匆匆一见，人世桑沧，几经变故，而彼以学生竟能南北各处行走，非吾诸儿所能及也。八时入库，仍看各拓片。得平院通知，张柱中请假三月，总务处职务由赵席慈代；此职理当由励德人代，竟不是，此中必有原故。因有客，午餐特别比平时丰盛些，买肉一斤以及他菜。下午吴女去，为维枢写字一幅。维枢云此次相见，谓吾比上次为胖。临行再三嘱戒饮，少发脾气，其意可感；又云天侔下学期又改在兰州西北大学教书。

抗战来，无人不做生意，余不长此道。前夜大惶恐，发薪买面粉一袋二千三百廿元余，买现银元虽价作六百万计，然银行两天不开门，无从兑换，以五百余万陆续卖出数元，前后赔亏近六百余万；惟同人或买其他者，亦无不赔。推其缘故，非庸人自扰，实对法币信心毫无之故。

8月24日 上午在库中仍看拓片，见《三希堂法帖》所刻赵字今不在故宫者颇多。午后将前取温知之曹全碑拓片送回；意在若仍收原议之价则留下，如改新价则退回。果然欲改售十五银元，合九千万，此本决非明拓，不值退回，无足惜也。又到张明善处，见明拓颜家庙碑墨上加蜡，古人云毡蜡此之谓，入清已无此法矣。……归家摩挲拓本甚感兴趣，然奔走一天甚倦，提笔欲与马公作书，不知所云。

8月25日 入库仍看拓片，今看《三希堂》，见子昂与二哥家书；二哥者其子仲穆等书札，于吾研究上又收齐不少材料；夜长梦多，年谱拟即开始正式改编矣。下午又想去张明善处，邀申儿同往；将昨取来之云麾碑送还，因虽有"夫人窦氏"四字，是旧拓，但拓手极劣，无意味。换岳麓寺一种，亦乾隆以前拓本；吾在长沙寓岳麓山，惜未拓此碑，收此以作纪念。晚餐时，忽张静吾、姚从吾、吴湘相三人来；张新自开封来，眷属尚在豫。云即去苏州，他在河南大学教书；河大近移苏州。姚虽辞校长，尚未全事摆脱，与吾言，拟在本院借房二，接眷来小住。张乃名医，即请为侠看。三人强拉吾出到大行宫同庆楼，北平馆；人山人海，立候者数十人；吾已饭，乃辞出为侠配药。

8月26日 近大华戏院映《哈尔滨之夜》，洁平告述抗战时逃难故事，促诸儿可往看。终日在家，太觉沉闷，老年人当无所为，青年人似太消沉；诸儿闻之狂喜。诸儿去，家中甚静，写扇面数纸，将积欠之字债全偿清。翻箱见洋州帖，取出玩赏久之；平日极喜苏字，廿岁时一度学之，后学得一身病，乃不敢再学，然终喜之。此帖在成都所得，刻得不坏，而甚少有人知之，据记载，原石明时存重庆文庙，即今夫子地，抗战时一度被炸，民国以来，数次为机关占用，想此石已在若存若亡之数矣。

父亲在习写书法过程中，屡次提及喜欢苏东坡书法之事，如2月

24日日记记载："……吾于书道幼习东坡，入北大始知汉魏碑，喜之后改褚，由河南转道君，四十后习章草，同时喜松雪，由之探讨帖学一反向之所好。"又1954年11月23日日记记载："……寄王雪艇函并向之索要东坡寒食帖、未出尺牍两物照片（当时《寒食帖》系由王雪艇收藏，后捐赠台北故宫），寒食堪称至宝，吾极喜之……"然而父亲于1948年8月26日日记中却说："……平日极喜苏字，廿岁时一度学之，后学得一身病，乃不敢再学，然终喜之。"于1949年6月24日也说："灯下写字时许，临梁任公一段苏书《洋州帖》；久不作苏体字，偶一为之仍觉适意上手，不可常学也。"但于1970年7月6日日记中又说："……我本来极喜东坡书，自忖无坡翁气度，貌似神不似是不成的，所以久已放弃不写，但终是爱它。……昨今忽发觉用苏字也许能走出一新路出来，一线光明为之欣喜。惟苏字写得不好变侧媚，极当避免；好的地方是他气度雄厚大小皆宜。"

我读沈尹默著《历代名家学书经验谈辑要释义》（浙江人民美术出版社，2022）谈及书家执笔的问题，他认为一般书家执笔是五指并用的双钩（双苞）方式，即食、中两指包在笔管外而向内钩着，大拇指向外压，无名指则向外格（揭）着，小指贴住无名指；而苏东坡是采单钩（单苞）的方法，仅用大、食、中三指执管，食指从笔管外向内钩，大拇指向外压，中指用甲肉之际望外抵着，余二指衬贴在中指下。用此法执笔写字，易趋用侧锋书写，陷左秀右枯侧媚的毛病。沈尹默先生说用三指执笔写字，历代成功者仅宋朝东坡一人。不知父亲是否因这个原因，让他在习练苏体书法一事中始终拿捏不定主意；但是作为一个非关书家的旁观者，我倒觉得父亲的苏字似乎另有一番他自己的书风和趣味；情形有点类似他早已具有个人风格的瘦金书，只是写得还不够多而已。

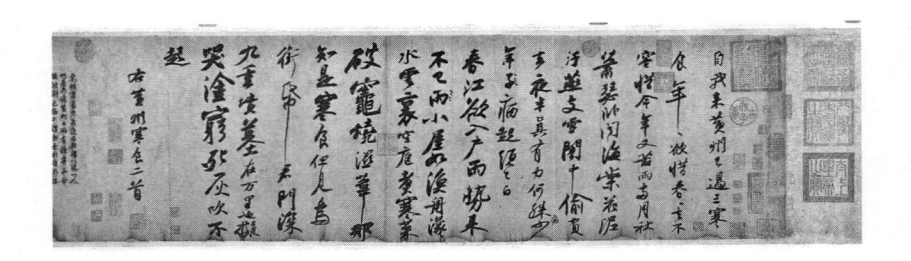

图 5-11　台北故宫博物院藏苏东坡所撰《寒食帖》（上）及庄严仿作（下，55厘米×178.3厘米）

1948年8月27日　今天是孔子诞辰，全国放假一天；南京市政府在朝天宫大成殿前祭孔老二，如同玩把戏一般，想想真是好笑。齐四来，我们不去祭孔，乃到余可贵小书铺；见明万历年编印《集古印谱》四册。老板去夫子庙参加宴会，不能议价而返。侠已备酒，二人饮白酒半斤许；齐喝得高兴，取出一元现洋，饭后非拉吾夫妇同出，一同步行外出买酒以做运动；又到韩复兴买二百万烧鸭子，晚饭时加以吾家原来之菜，相当丰盛。二人遂畅饮，三斤全光，至十二时，齐四大醉且呕吐，乃留之下榻。一天总算痛快，在此天荒地老之时，此生亦少有也。

8月29日　五时起，客人［齐四］于早点后去。上班后头昏昏不清，未能工作，实行作"监视"矣。（入库出组，每组有组

第五章 驻宁纪闻——风雨飘摇中的人与物

长执行全组工作,另有记录一人,"监视"一人由地位高者任之;然并非袖手旁观,均共同工作。)下午发薪,按金元补发,并将已发者扣除;吾得五十多元,侠得廿二元。自留侠所得者,余交侠作家中日用,自留之款原拟交庆云堂;与申庆同出,先到余可贵付《晨风阁丛书》(二千万)、印谱(一千八百万)等,即用去十元。到市场请申儿饮酸梅汤、买月饼十块……衡叔下午来,见侠因病怏怏无精神,介绍其戚隋祖荫,云父子二人行医者,医虽不高明,然地址距朝天宫近。得席慈函,云代支二亿元[拟接我祖父由沈阳来南京费用]已汇往沈阳;又得父函详告一切。回家又同振玉夫妇到鲍静安家,与之谈东北飞平飞机,军用机接客事,鲍允为设法。振玉夫妇在彼处打牌,不便一人先行,"观战"至午夜归,全院皆入睡矣。所购书始得暇摩挲,一时始眠。

8月30日 侠病未愈又续假一天。雨不落,气沉郁使人烦燥,不耐工作;入组看《三希堂》少刻,汗出欲睡。十一时陪妻至安品街隋祖荫诊所,门庭若市,候诊者尚有数十人;盖父子二人同为医生,父六十许老翁中医,子三十许西医;分庭抗礼各行各是,亦一奇观尚所未见。据隋云侠病气管炎而贫血,照 X 光肺健全,诊药等费共二元五角余。晚膳稍见凉风,与二子散步到余可贵处,取来吾宗[艺珍]先生《说文古籍疏证》一部,尚未议价;在彼处晤汪铭竹,去秋正此刻,亦遇汪于此,匆匆一载矣,仿佛隔日耳。邀汪来家茗谈,本不该停电,忽又无光,汪径去。油灯下细看集古印谱,价虽贵终可爱,惜其残缺耳。申儿今又去一中考所谓自费班,闻录取人已内定,洁平即明言,其子此次必取,吾无人情必不能取,不能不使之一试耳。

8月31日 昨夜烦燥,睡后复起,燃油灯写信至电光来。杂看所收之书，天气已凉，四壁皆静，再入睡已将一点钟；素不喜迟眠，而常失眠，日间喧啾，不能沉心，夜起读书不得已也。寄父航快函，告由平汇二亿元劝径飞平，勿由锦州转；又寄席慈、德人函。张明善来又将玉版十三行取走，云有人要看。

9月1日 今天又恢复全天上班。上午尚不觉热，下午三楼工作室直与蒸笼无异，工作时汗流浃背、头昏脑涨。侠今日销假工作，吾等五人终能坚持到六时，摇铃散值后退出。将七二〇一箱拓片研究完毕。晚膳后不顾屋内之热，抄录《狮子林图》诸考订文字，盖今夜有电光，不可错过也。《狮子林图》原在故宫，今不知去向，此照片延光宝照，想散佚必不久，在温知见之，乃延光宝所摄照片，全份九张；劝刘峨士购之，刘以金洋九元得之。吾所好方面太多，亦绝无此力。适立志写成赵年谱及从事倪之研究，应随时留意材料，故借来抄存。灯下又写席慈、德人函，又马先生函。

9月2日 书画箱今明看为立轴，有赵书《岳阳楼记》（伪）、倪紫芝《山房图》《题诗见本集》、管道升茄（伪）等。上午未完工作，下午继续；有居节《品茶图》（展轴半幅）[居节是文徵明之门生]，视之俨然文徵明也；详审不见居节款，竟有玉兰堂印，遂定文徵明。居节《品茶图》、崔子忠《洗桐图》，亦不伪，而审定为伪。退组后天气尚早，精力尚佳，伏案作小楷抄赵氏佚文数百字；盖以夜间必停电，无事可事。齐树平来取代购之书架，吾已将自家书上架，今彼来取，自己书只好仍堆置地上。钱又用光，学生缴学费期快到，明后天不发薪，则有大问题；不只无钱买菜。呜呼！人孰不为饮食而生活，谁也离不开钱；然终日焦心于直接饮食之事，则吾之人生亦苦矣。牛守愚自沪托人带来乾隆年普洱茶膏二盒，此托嘱德人在平故宫发售室购者（每盒十万元，奇贱奇贱），牛因奔丧回平，收到此物足证牛已返沪矣。

9月3日 昨夜忽失眠，三时起幸有电灯，抄书补写日记至六时，又蒙蒙小睡。醒闻欧家夫妻吵嘴，邦公大发脾气，不知何故。夜不能眠是一苦事，有人云缺运动，故每出门多步行权充运动，然亦无效。每失眠后，一天精神不支，工作能力亦差。刘君今天请假半天，一人不便看书画，乃加入瓷组。昨天我已将发薪支票盖完图章，今早丁执往取款，盼即发放。由上午盼到下午，他又说明天发，虽一日之差，吾已窘不及待矣。一中今日发榜，吾知申绝无希望，其二弟于早膳后，自告奋勇往代看榜，午返云改下午出，下午天气益热，劝因傍晚去。散值后返云"大哥也入钟英（私立中学）罢"，知其果未取。（钟英已考取，惟学费须六十余金元，市中只廿即可，相差如此之巨。无怪欲入此门，须大人情，非我辈分也。）①今决定矣，两中学生即百卅元，馨我一月薪水尚不足也。岂不滑天下之稽。

当时南京教育界政风败坏，一般家长苦不堪言。我记得在念朝天宫小学时，同学间就流行一首用上海话讲的谚语："学费学费，阿拉缴弗起；脱掉阿拉个棉袍子，卖掉侬个大衣，还差十七万七千几！"

1948年9月4日 今日上午发薪我得一零五元，佚四九元；我大约特别办公费尚有廿元，手续未完成未发。市一中今日缴费，喆（初中部）去办理手续虽繁琐，确实省钱，只六元耳。下

---

① 读8月30日记："申儿今又去一中考所谓自费班，闻录取人已定，洁平即明言，其子此次必取，吾无人情必不能取，不能不使之一试耳。"

午遂同两子亲到钟英，往见焦君伯齐（教务主任），要求分期缴款，遭其拒绝。怏怏同到衡叔家，求教于他，为再写函一封致其校长俞采丞，嘱明晨往访之。此咒如再不灵，郦亦无法可施矣。读书之难到于此，记之，见余之心力交瘁耳。郦云见郑振铎著《域外画集》，亦有黄大痴《富春山居图》；明明两件今都在故宫，岂有第三件耶？约定六日郦持郑书来院比对。因如是故宫所藏，而郑误作流出外洋，在故宫方面确有声明必要，否则引起误会，又成盗宝矣。

9月5日 天未明起抄书。窗内窗外一片秋声，夏日光景已不可见矣。近午振玉来，邀同访申茂之，辞之。平生不喜动、不好交际，吾之出门均不得已也；如昨下午之事，携二子同到钟英中学（此校民国初年创办，有二三十年历史，在私立中学中老资格也）。拜访焦伯齐君，要求分期缴费，遭齐拒绝，心中甚为不快。下午又闷闷，屋中实透不出气来，许多函未覆，亦不想写；与三子同出游，唯申一人不愿出行，其母因病未痊愈亦未出。先到莘畊一看藏书记事诗，欲以五元购，一看已涨至十六元，真岂有此理；到中央商场，因星期人山人海，为孩子们买糖半斤、点心四块，仍步行归。郑振铎新印《域外画集》有黄子久《富春山居图》两本，均在故宫，人所知者，岂有第三本耶？如无，故宫非声明不可，约定明天到故宫比勘。此次改革币制，事前有人透露消息，投机股票一夕时间，获利数千亿元。经多日侦查，查得为财政部秘书二人所为，其中一人随王云五到部不过两月，铨叙职务尚未确定，即能舞此大弊；吾终奇怪，如我辈之公务员何来如许多金钱，此中幕后必仍人在也。张明善又将李北海碑取走，本想付张少款，因分文未付，奈何奈何。

9月6日 落雨一夜，到晚不停，气候骤凉。入库开一箱沪七五八，均手卷，甚好，有赵书趵突泉诗、闲居赋均佳，上下抄读。竟日落雨，衡叔未来。钟英交学费事，昨与侠商，持函再往仍无把握，不愿再抛面子，忍痛今早将吾二人所入一百四十余元全付申、因二子。得父函云飞机已登记，中秋节可到平；读后莫名其妙，何以如此容易耶？惟登记时淋雨，七十老翁能受此折磨，身体可谓强，此吾不如也。又得静农函，催赴台大教书，并云薪水发出未敢代领。这也是一件心事。

9月7日 一夜风雨打窗，忽大忽小。四时起床，静坐半小时，下地，燃灯读书。窗外雨势正大，室内虫声唧唧，清静寂寥，此心泰然。四个孩儿今天均去学校上课；申、因是钟英，喆是市一中，灵是朝天官小学。九时摇铃上班，看沪六六七箱，都是手卷，大致平常之物，无惊心动魄之物。归家，诸儿均回，惟申接得其同班卒业学生推举，向一中交涉请办自费之代表，通知云已向学校交涉成功，限自七日起到九日三天内自往学校报名，即可参加自费班，每人暂定学费四十金元云云。所谓自费班者，变通入学读书之名义，与正取生表示区别之特班也。其办法，名义上讲堂及桌椅与教师之薪金均由学生自出，故谓之自费班，故比普通班学费较多；然只限一学期，至下学期则一切与普通班无异。终优于私立学校，无奈在钟英已缴费上课，此款恐不能退回，一中之机会又不能错过，结果恐忍痛牺牲六十金元，若以法币计之近二亿矣，如同虚掷，岂非阿Q乎！……心中怏怏不快。

9月8日 多日阴雨，今晓天晴。今天所看沪六九二箱全是字册，又有一番工夫须作；上午只匆匆全部浏览一过，拟下午再详细看。但在《明人翰墨》（册页名）中，已发见郭衢阶、詹东图、莫云卿三氏，一纸三段名字均题韩滉《文苑图》者，不知何时分而为二。下午衡叔来，遂不开上午之箱，郦已将郑所印《域外画集》携来，遂于展字箱将富春山居亦提出比勘一过，是一无差分毫不爽；此画今春尚在中博院展览，郑亦来看，宁未之见，何竟荒唐至是？郑之出版事前均经徐森老之审定，如此看来，徐之见闻亦有不过尔尔。郑非此道中人，硬要钻入成此笑柄，贻人口实固无论矣！在故宫方面似不能不有所声述，否则再逢一肤浅而好事者持此为据，又成盗宝之案；虽原物俱在不难辨明，终须几费唇舌。二、三子学校大致安定，长子在一中开会，须待建成始能上课。四子小学为流亡学生占用一部分，教室不敷分配，每日中、高年级只能上课半天，下半天便无事。

9月9日 早起有雾，少刻天高气爽，登山四眺，目旷神怡。沪六九二箱明人作品多，元明词翰数十册多半伪品；故上下午讫事，不似理想之难也。晚齐四为送钱来，当向之借十元（连日全靠借贷生活，已借黄居祥卅元、邵斐然廿元，王振楷若干元）。诸儿上学情形，申入一中事大致定。与建设公司已订合同，建泥墙瓦顶教室一间，及讲桌等五十具，共四百金元，教师薪尚无着落，故须房建成后始能正式上课；[申儿]连日仍在钟英上课。

9月10日 近日努力看书画，欲两三月内将南迁书画大略看一过。随看随作笔记，一天精力尽耗于此；故编赵孟𫖯年谱所收集材料，均堆置无暇整理。换言之每天按时入库办事，完全为自家兴趣，否则大可效尤念劬、邦华二君（念劬向来是不上办公厅的，邦华近来也不办公了，不是不去，是不办，每天在家抱孩子，他的病女亦是他一手看护，起死回生之功人）；到时也照样拿钱，并且近来且加薪。得德人函，其小脚婆又生一女，这意思

第五章　驻宁纪闻——风雨飘摇中的人与物　｜　333

是要我送礼……

9月11日　张明善送《瘗琴铭》与庄宁书《心经》来，尝恨吾庄氏无金石文字，所知者只此二种而已。张今送来者，因吾索要，特由北平寄来；视之翻刻无疑，姑留之，千金市骏骨意也。上午停电不能入库，就此时间写马先生、赵席慈、励德人诸函，再商借三亿法币，合金元百元，备老父到平还欠账及零用，并送励弄瓦喜礼金六元；此君贪婪口大，今正有求于彼，非先使之食点心不可。（他与丁信云，院长口谕，赵负总务处长之名，他负其实；炙手可热好不威风。吾读后不觉凛然起敬，国事院事，无限希望……）下午开箱看书画，无一件可看者，作伪之浅薄虽申儿等也能辨之；而故宫亦收之，且入石渠宝笈。若非深知故宫情形者，几不能信。

9月12日　得德人函，老父于十号到平，真出意外，好不快哉；想前天寄沈之函必不及收见，又寄平诸友函或亦尚未到也，因此再写三四封分投各方。同时振玉亦告，昨闻之老鲍亦云，三两天定可起飞（坐军机）。跋北齐陇东王《感孝颂》拓本，是陈式湘的；又为郎静山写扇一，均不满意。

9月13日　……唐[豫生]来交到马所赠拓片八种，是他凡将斋藏石，均魏墓志，非我所喜者，又有他藏拓片重复者数份，是励代交，想贪婪人早选择剩余者。又交到古物馆提到南京分馆参考书四五种，只《书画书录解题》一种，是我所急欲一读者；式古堂与大观均无之，惟有《南宋院画录》一部书是当年我在平时题签，仿佛故友再见，中经沧桑不胜今昔之感。

值得一提的是，前文述及父亲鉴定疑似故宫流失文物、赴台鉴定民间收藏馆文物的情况，事实上，这项工作随后更进一步扩展至对其他古物收藏机构文物的鉴定。如 1948 年 10 月，父亲受命协助南京中央博物院筹备处鉴定文物，其经过，根据故宫档案，10 月 11 日南京中央博物院公函（博函字 37238 号）致故宫博物院邀请父亲协助鉴定其所接收之古物陈列所南迁文物。经马衡院长批允，父亲随即参与相关工作，并于 13 日致函马院长，汇报赴中央博物院接收古物陈列所文物内书画、瓷器部分从事审查指导工作情形，云：

> 十二日请各专员开会一次，到会之人为蒋穀孙、徐森玉、沈羹梅［根据徐森玉馆长致庄严书信，为沈羹梅］、朱预卿、郑西谛、庄严六人。咸以各人均有本职，不便耽搁太久，该院待审查之件为数繁多，决定审查工作限于四天。

10 月 20 日，院长签发复南京国立中央博物院筹备处杭立武 10 月 11 日来函曰：

> 贵处博函字第三七二三八号函拟聘本院科长庄尚严前往鉴定接收前北平古物陈列所各项古物等由，自当赞同，除通知该员参加工作外，相应复请查照。此致国立中央博物院筹备处。

此间工作，父亲日记中亦有所记载，只是所怀心绪与体现出的工作态度多少已与过去大不相同：

> **1948 年 10 月 12 日** ……下午中博院派车来接，搭之到工商部接朱［豫卿］同到该院，晤徐［森玉］、蒋［穀孙］、郑［振铎］；至

胡惠春,他们称之为大少爷,临时未来,决定明天下午开始审查书画。徐又提议约沈羹梅加入,以沈昔曾主编古物陈列所书画目,即此次所审查者。

10月13日 ……候森老来,同到农民银行访沈羹梅,他与张朗生同室办公,一种悠闲态度好不使人羡慕。与沈同出接来朱预卿,预卿乃沈之受业学生,于是四人驰车到半山园中央博物院;午饭后开始审查。审查者诸人匆匆走马观花式,一看便定这张好、那张坏,此真、彼伪马上决定,我真无此能力。我原以为至少需半个月始能讫事者,如此审查焉用半月;目下之事,无不潦草,此亦不能例外也。

10月14日 今天整日工作。九时来车,仍过党公巷中农里廿二沈府接沈、朱二人;中农里乃中国农民银行宿舍,高级人员一家住房一所,非银行等有钱机关不能办也。今一天将所有画共三百余件全看完,晚该院邀全体在碑亭巷曲园宴会。座中郑、蒋均能饮。

10月15日 今日开始看瓷器,上午摆了一桌。白瓷原均定为北宋定窑,诸人多认为是南宋吉州,吾对瓷学不甚了了,且根本无兴趣,故在故宫廿载,于此道仍茫然,今不过追随诸公后耳。发言最多者为沈、朱两公;昔均是定固太笼统,今全认为吉州亦似不妥。下午所看官、哥、汝等,所请审查人之蒋、郑二人且已溜之乎也,我也想溜,又徐拉住,只得陪伴,唯唯否否,强打精神全部看完。锦州已失,市面益形紧张,中山门一带已作防御工事,政府当局此种动作未免太幼稚,试问打到南京尚能巷战耶?徒乱人心耳。南京形势如此,吾等尚闭门大看瓷器,未免可笑;然又想若我侪不看瓷器又当如何耶?晚饭后,匆匆返;七时许经太平路,乃南京最繁华之区,商店已家家闭门矣,情状甚惨。

第六章　渡海迁台
——故宫文物向台湾的转移

第一节　迁台准备

国共战争日烈,世局日趋纷乱。故宫南京分院同人内心似乎开始于国共间有所择选偎靠。而父亲庄严政治意识原本薄弱,对政治又向无好感。之所以数十年勤恳在故宫工作,最大原因就在对我国传统艺术文化所代表的故宫文物,尤其是对历代书法和绘画的热爱,以及对于身为国家公务员就该尽忠职守、恪遵命令、达成师长交付任务的职责认知。1948年秋后,马衡院长称病留驻北平故宫本部,未再南下,只派总务处长张柱中到南京主持分院事务。然而在既缺经费,又似乎不得南京国民党中央信任的情况下,这一安排对于整个南京分院的业务可以说是毫无作为。这时对于故宫文物的未来动向,也唯有听从政府主管部门(行政院和教育部)的安排和处置了。

1948年10月29日　雨止天益寒,惟冷极如冬;无人不伤风咳嗽。市上无米、无油、无柴,无一切一切之形势益甚。院中买不到柴(也非绝对无有,院中公款分文无),明天伙食团将散伙。工友王根堂到乡下买米,两天一粒未得;已有数人声称要请假回

第六章 渡海迁台——故宫文物向台湾的转移

家,人心已去,何法挽救?振玉束手无策。上午勉强开一箱,大家敷衍故事,也算对得起公家。恰好柱中下午由沪到,许多熟友包围他刺探消息,于是就当前时势胡聊一阵。又向丁处借廿元来,愈无钱,钱一到手愈容易用,莫名其妙到手即尽,而所欲办之事一皆未办。晚饭后柱中邀科长以上人开座谈会,讨论紧急诸事:1. 向院借款四千元储粮(能有否另一问题)。2. 假使变起非常,应付办法毫无。散会恰好十二时。柱中赠大号尹默选类一支,云价□元,与前自购马毫屏笔均湘妃竹管;吾存狼紫毫等笔已十余支,可称丰富,惟无貂毫耳。今天用黑市买得牛肉三斤,每斤一元七角。归家之后,腹中饥饿不堪,无可食者,忍饥入睡而已。

10月30日 今天请柱中晚饭,昨夜派定人绝早到菜市买肉,结果以二元又得猪肉一斤,大喜过望。闻工友纷纷要走,当此时期绝不能使人心瓦解,上班时大声疾呼,由公家贷款,由工友自推举三四人下乡再去买米,并力劝振玉后始入组。开沪六八六箱,有册页有墨拓,许是又有工作了;所见如下:1. 马注意典礼缉察司印,吾亦注意之,彼只见书画上有之,吾自春至今所见已十余处;见松雪书《赤壁赋》上有礼部评验书画关防,今又见此印之半印。2. 见奇特藏经纸印记二。3. 晋唐小楷等法帖,上下午移写,未能讫事。今晚招待柱中,因只一红烧牛肉,猪肉太肥不能做菜,只好熬油,不敢再请他客;惟振玉饭后来谈至十时,三人又到振玉家吃茄菲〔咖啡〕至十一时半。连两天不得早眠,精神实在不支;二人又到柱中室谈,吾只好不奉陪矣。天大晴,白天尚暖,入夜奇寒。黄金黑市已到千余金元一两(官价二百元),与侠商又拟卖戒指,一两余,可以:1. 还一笔债,2. 买二斤棉絮（能得否不定），3. 买一点木炭，4. 再买一担柴及其他，买这个买那个……柱云已函至平，能否拨款无把握。

10月31日 多日未出大门，天气晴朗，九时许散步到太平路，并将所取温知书局之赵书《道教碑》送还。见沿路凡食品店、布店、油盐店，十之五六关门闭户，其开门者也空空如也；到商场内更凄凉，似大乱之后，又似尚未开张之状。欲买一袋牙膏，遍觅摊店不见也，好容易在一角落发现有，当然不是好的货；于是与同去的刘君各买两袋（尚不限购），乃到温知……近十二时返；特为饮酒昼寝，以便夜间有精神约柱中谈话。今天是政府特别开会讨论经济及公务员调整会，大家甚关心；而久候晚报不到。饭后齐四来，将所欠之款当即偿清，了此一笔债，夫妇二人心中好不快哉！据齐所得各消息也是非垮台不可，不幸正在此时，只得认命；盖有人判断南京之亡或先于北平，南京遭劫亦必甚于北平也！齐去后到振玉处，欲邀之同访张，不意张、欧二人同出访朱胖子，乃在振玉家谈至八时归家。家人均睡，听到峨士在那家谈，亦推门加入，不外时局问题；本院问题一筹莫展耳。十时归寝。旧存金戒子一，以黑市卖出（传说黑市每两千余元，事实不到此数）。

11月1日 工友米快吃完，今天纷纷出外购米者甚多。库房开箱工作只我等一组尚在工作，余两组全停；今仍看六八六箱之墨拓。天凉了，老父之夜被全放在北平，一件未带来；来之先我尚再三函告，终于一件未带，老人家举动甚奇怪（近来明白许多老人心理）。无法，早已将我棉袍穿上身，可是我又没了。闻有售棉絮者，下午侠自己出马，结果也空手而归。今天买木柴一担（十八元百斤，比前涨三倍余）共廿元，煤一担二元；除昨还齐

第六章　渡海迁台——故宫文物向台湾的转移

四外，所余钱又无几矣。《大公报》载沈阳公教人员由公家四机逐日运送入关，但只限一人，任何物不能携带，致机场行李堆集如山，物价大落。午后小饮小睡，晚与柱中谈至十一时。物价冻结，九月十八日（亦呼为九一八）改《物资逃避法》之补充办法公布，物品议价不限价，可能有物品卖，惟如此金元制度完全破坏；但一般人均认为金元制是一大骗局戏法，原希望三个月，不意一月余为民众看破；盖换言之，即换名目之大钞也。

11月2日　市面上依然不见货物，米也是买不到，可是人心似乎稍微安定。侠今天买棉二斤，每斤一元。又王振楷排队站班买得一斤（每人限一斤，须用身份证，一斤一元五）；距所需用所差仍远。今午间招待柱中在家吃饭后同看画，彼看《富春山居》《重江叠嶂》等三四卷，天已昏黑，再到我家晚饭。上午为买烧鸭半只，晚则吃饺子（此君非面不可），不知不觉又近十元。饭后二人纵论书画及故宫所接收之画等。八时父将入睡，移坐到振玉家；适申茂之、刘峨士均在，三画家相遇，一时逸兴湍飞，登楼到柱中室，三人作合作画两幅，均由吾题记；题讫已十一时，归散。

11月3日　上午检验一箱大幅立轴字画，无可观者。下午柱中看八十箱中字册至五时，天已昏暗。头痛体倦早眠。

11月4日　上午又看一箱大画，无足记者。下午与柱中、振玉三人出游，先到温知堂［书铺］，一入门吓一大跳，墙上到处贴纸条"即日起照原价加一倍半"。出又到萃古［书铺］，无意中见王静安《急就章》校本，此书只有观堂遗书中有之，此书今售数十亿，如何能得？故求之多年未得，今见单行本，喜极售四元，结果忍痛以三元得之。出门时由侠手取五元，与柱中同车付车钱一元，囊中只余一元矣。三人又到夫子庙，入一小点心铺，三人吃豆腐脑、油煎饼四元许，我也付不出账。看人买大前门三炮台纸烟（每十支三元许），我也只好看看。老庄何至一贫以至如此？太惨、太难、太伤心！归家郁郁不乐，经济困人如此，人生真毫无趣味。入门见一家正吃稀饭，一碗素菜，伤心伤心。晚与柱中谈至十二时。小弟今天过生日，他自己记道："妈妈为之买蟹两只，享之就算是了，一块糖也未能入口。"

11月5日 张明善来将汉三阙取走，并把最初至今决不放手之砖塔铭郑固也索走，真觉伤心，无奈之何。停检书画，另在院字箱提普通小幅书画，备七号在院招待主计部人员用。晚间又在柱中室谈话至十二时。初则张邀邦华、念劬、振玉、渝生、荣华（丁、那二人今早去上海公干）来谈话，等于开院务座谈会。讨论七号招待主计部人员事，及院务交换意见，多侧重经济方面；盖现在无论机关个个无不时时刻刻在算账，目下一切之一切无不受经济之支配也。物价不限制飞骤上涨，一天一价，而必需品如米、油、盐等项，依然有钱买不到。传扬州也丢了。招待事，我向来主大举，邦向重小举甚至不举，此次我主三馆各提物陈列，表示机构有三馆，有柱中及众人，邦扭不过，约明早到院提文献物。

11月6日 入库提物，邦提文献物。八十院字箱吾掌钥匙负责亦到场，由梁伯华提图书馆善本书。吾此选宋二种、元本一种、明本一种、钞本一种、佛经一种。下午帮同振玉布置陈列室。今天又轮到招待柱中吃面食之日，无可请者，请之吃馅饼，力图俭省，一顿饭用了六元。物价天天不同，奈何奈何。最普通者涨三倍以上，而公务员只调整待遇十一月份起增发一倍半。柱中得马先生覆函。

11月7日 今虽星期日，招待主计部人来参观反而更忙。招待之事，十二时先在院便餐（八十元一桌），吾先回家吃自家粗茶淡饭方往作陪，左等右候至二时半始入座，饭后即参观。所请者为主计官及科长等高级人员十余人，年长者有六十余，年轻者三十余地位不低，然无一内行者，且外行得可怜……客去收摊，与申茂之约会来作画，晚饭后开始，仍在柱中房内，请三人为我在明拓《闲邪公家传册》上作《冶城读碑图》一幅①。余所作均不关我事，十二时散会。得郑世文自渝来函，云读报知吾在中博院鉴定，要我荐他去工作。笑话，这是什么时候？从去年起，我们已羡慕四川，回想在川生活如在天堂，今恨不能再去四川。在川者反欲出川，真不之世间有地狱，拟即劝阻之。得朱胖子函，遥想我们四同学每晚必畅谈（然也），大吃（然也）。今天物价更不成样子，有的飞涨一天一价，有的虽知其价，而不得其门仍买不到（如米等）。最苦者自家钱又光，问问同人都是如此，有米也无钱去买。惟谣言也多，有人说有讲和之说，组织联合政府，有人说蒋定下野。这些事我都不管，所苦者无钱买米。虽发表本月照二百五十倍发所欠，尚不知何时可拿到。北平有钱马不寄来，这种不明白的老朽，与蒋相差无几。

11月8日 今天补休息，不办公一天，早没饭吃（以前在渝最喜西式，刚到南京尚有一蛋，近日每早稀饭耳）。与侠同到菜场巡查物价，物价自然高，未买几样菜，五元已光。归写郑世文函，无事可事问问。午饭时特意饮酒，饭后大睡至四时。杭立武来电话云，请我秘密捡精要物品装箱备展览，不必与任何人讲，

---

① 该拓片册于父亲押运文物到台湾时，寄存在郦衡叔先生家中，仅带来自己临写的字一本。

且不必告马先生，并邀明下午往中博院一谈。挂上电话大起心思，自家盘算大费脑筋。马寄来凡将斋藏石续拓者六种，有鲍寄、鲍捐神坐，一奇物也，然此刻无心玩赏之，置之椅上。

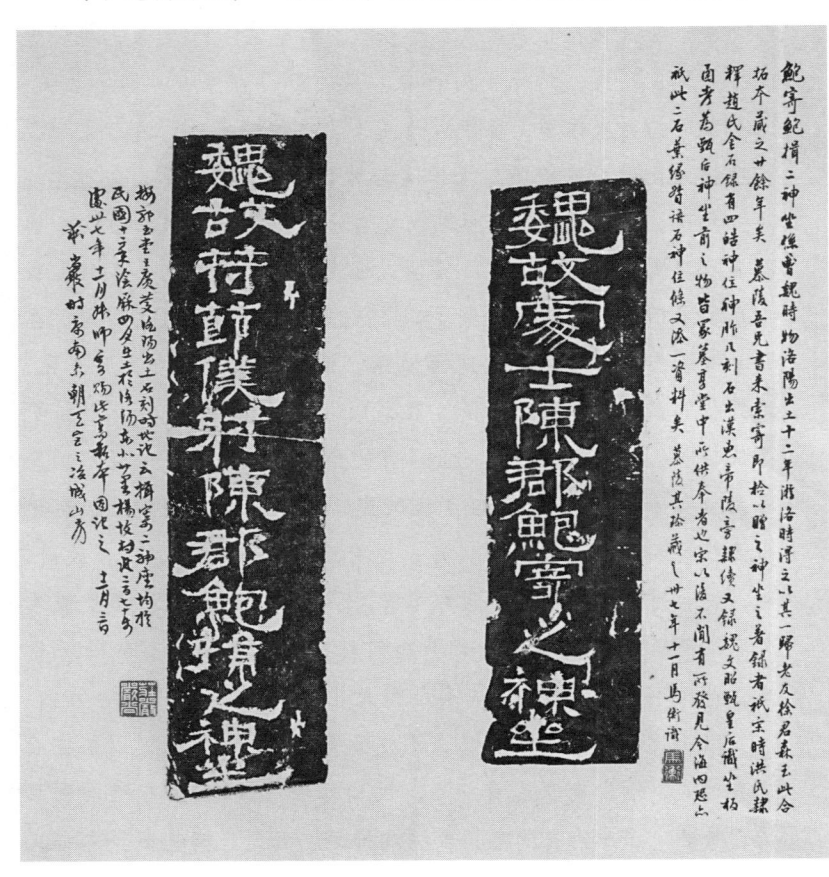

图6-1 马衡赠庄严曹魏鲍寄（右）及鲍捐（左）碑石拓片（66.5厘米×40厘米），拓片上有马、庄二人题记

晚八时柱中邀诸人开谈话会，为水电事又大谈一阵。散后柱意不日返平湖一行［浙江平湖系柱中家乡］，十二月归来。必要时或

马不南来在此坐镇，彼看法今年可以维持，我看一个月便见分晓。照此情形军事不崩溃，经济也要崩溃。诸人散后与柱中密谈杭所告之事，柱不主张搬移。到此地步，那里搬、如何搬均无法拱手了事，……一时始归寝。

11月9日 下午赴中博院候杭至五时半（约三时），与谭、王、曾诸人谈：1. 该院杭亦告，准备部分迁移。2. 移出是否安全，在此是否不安全，难定。3. 此行目的何在，不知。4. 该院由公私合作已储米每口足两月食粮，但仍在续购。问我，瞠目告之，大以为异，似院长何不顾同人如此？同人何能至此？5. 有周君友有米九担，索现金一两。杭来后所谈：1. 嘱以八十箱为基本，再补充其他精品若干装箱；三五日内待发至台湾或四川。2. 坚守秘密，不必告任何人甚至马先生。3. 告以分院公款毫无，允代马作折呈代交翁院长［行政院长翁文灏］批紧急费二万元。而吾所知者此事究何人主动，蒋耶？朱、杭耶？何以不告马？岂就此惶乱欲交中博院并吞耶？天黑已无车，步行到朝天宫，与柱、邦、振、念诸人谈此事，均不以迁为然。但翁以命令行之，亦不能抗。尤其蒋已入疯狂状态；吾终以为此事必出之杭，欲挟古物以自重，盖将来以第一等豪势去美，次者去港，再次去台。即将今日与杭接洽情形由柱出名电告马先生；字斟句酌起稿两小时，至夜十一时始拍出。又由念劬作折呈与翁，明日由吾送杭；吾力主柱中同去，以便将来许多误会及困难。而柱谓，杭不邀之，他不能去。无煤，终日无电，库房不能工作，事实也无人有心工作。人人急急惶惶，工友食米马上即光，官米发不出，私米一月薪资不足二升（八元一升）；至夜十一时始来电灯。下午莫愁路、石鼓路口一家米店被抢米数十石，且有人纵火；我去中博院时，路经见满市是谷是水。步月而归甚好且省车钱,唯大街上景象凄凉耳。蒋祖寿母病重。

读父亲日记的过程中,我觉得杭先生是位颇具远见的上级领导。除了1948年为筹备中的中央博物院储备粮食,并计划两院文物搬迁的种种问题,我又读到1950年5月8日父亲日记:

下午开委员会,此次系杭立武自作主席,讨论主要者:1. 动用处存足值十五万新台币之黄金一块,用以支付北沟之工程余款,及兴建消防饮用电器抽水马达等费之用。此十五万元代价之黄金由何处来,乍闻之下令人惊骇;杭首以不甚自然之叙述彼在部长任内曾向"财部"某次争得黄金两块,在成都时曾以一块秘密运台交本处保管,作为基金以备不时之需。当时知其事者,只熊国藻、黄嘉汉〔会计主任〕、余益中〔出纳员〕,由三人封存台银行,处中无他人知之。惟最近"教部"训令各附属机关调查,此款之存交本处,部有案可稽,不能再事隐密;换言之,若不早早作正当手续提用,则部中有收回或用以抵扣本处经常费之可能。2. 再建工作室一所。3. 本组古物箱破坏不堪者尚有一百余,总处上次订购木箱材料,应分配与本组做成一百余箱。

又读1951年1月11日父亲日记,他向杭先生(当时他是台北故博、"中博"、"中图"等单位联合管理处的主任委员)上书建议三事:"1. 运动在美展。2. 考察各博物院,分十子项。3. 收集有关资料。"杭先生显然接纳了父亲的建议,正巧美方也有意愿邀请故宫文物赴美展览,于是杭先生与父亲一起拟定展前的计划书,促成了

1961—1962年台北故宫文物第一次赴美五大城巡回展览。

1948年11月10日 再研究杭允设法二万元事,邦华大打官腔。吾意院中五千元尚不能拨,人心散大势去,有此二万可以酌发员工,安定人心。而邦不以为然,柱中亦有此表示,我只好不说,否则必有人告马,我在此刻有何用意。惟推测邦无他,完全一嫉醋之意耳。十一时电话询谭〔旦冏〕、周〔凤森〕君米事(有人主众人以零小戒指凑足一两)。又与谭谈院中〔故宫〕急事,谭云杭允必要时由该院〔中博〕暂借五千元,恐有人也觉难堪。惟事不干我,我之奔走全为同人,而此刻尚闹意见,其心之狭小,真妇女不如。眼见同人中有辞走者(励芝先声言送眷回鄞,时局不能转则不返),工友数人已去。所谓临渴掘井,黄振玉已指挥不灵,大乱时必停电,停电则自来水必断,是一大严重问题,非速自家掘井不可。然振玉不以为然,以为地面水不能饮,为消毒之法与峨士大抬一阵。吾知之,又与振力劝方首允。然非工人不能掘,工人则怠工不作,声言无米吃不饱。此刻已呼唤不灵,将来又如何?心中感慨,多夜不得早眠。午刻饮数杯大睡。睡醒,似柱、邦已看出我不高兴,又敷衍一阵,仍请明早去见杭索款。自昨朝天宫附近抢米发生后,蔓延全市。米店无不被抢,且有死伤人,甚至冠生园饼干店亦不免。政府天天说有米,而米天天不来。昨又说每人每天可配售一升,也等于放屁,如何不抢?一天枪声不断,入夜仍陆续鸣枪不止,全市已入战时状态。

致森老函告与杭洽事。今又提发薪一百倍,人人急急惶惶,拼命奔走买物。物价大涨,一天数次变更,换言之已无行市可言。朝天宫小学昨驻兵,今早去。数间教室桌椅全被作柴焚烧,如此军纪已足亡国而有余,更论其他耶?首都尚如此,他处可想而知。小学生等今均立而上课,因之人人不怕八路,而怕八路未来之一阵大乱,玉石俱焚矣。黄金每两三千余元,唐榆生今售一戒,可惜我之戒所得尚不到千元也。

11月11日 九时去教部,见街上秩序稍佳。晤杭立武,再与之谈观察情形,愈像此事出之此人,惟是否已得最有力人之允许,则无从知之。当将致翁咏霓［行政院长翁文灏］之折呈面交,彼云款不能速领,可先暂由中博院借五千元,要下午再送借函去,批后即可领款。归家一路行,岂中博院又有何主张耶?到家知蒋祖寿之母今早十时许故去(五十九岁),手中分文无有,公家也不到百元。大家正在急急惶惶,晤柱中、邦华,尚拟讨论此五千元是否去领。邦闻可借大喜,亦不似昨之故意装腔作态矣。归途经朱胖子家访之,云已去朝天官,入门果见。由新街口到朝天官坐人力车,数日前尚不过三四角钱,今已暴涨至五元,平生第一高价车也。因蒋事(蒋祖寿母丧)用款孔急,又打电话与谭旦冏,请其先行支付后补手续。因明日放假,东北两城奔走领款,只半天时间也。然吾终恐费力而不讨好,更遭人嫉。果然下午欧阳与吴爽秋大打一架,事实如下［日记中并无述及］。配给白面今领到,米明天可有。又每人每天限买一升之米,今亦在全市各米店出现抢风、捕贼,人心稍安。又由文冲太太介绍买得一斗米,价四十二元。晚仍在柱中房谈天至十一时许。吾终以为此乃回光返照,未必即此安定。振玉家每早仍黄油、牛乳、鸡蛋,每膳鱼肉,大米白如珍珠,当此时局,无论如何是不配合。一天无电。

11月12日 今日放假一天。蒋寿祖母死,衣棺等项已用去千余元，如抬出存厝又需六七百元。院内冶山西麓，廿六年[1937]修建库房发现六朝时古墓一座（据墓内发现物判定），尚保存原状。在外建一洋灰圆门，同人提议可以暂停灵柩，俟时局平安，再运回原籍，不但经济而且安全。今天上午即抬往，此事亦可谓告一段落。

柱中邀诸人今午食蟹，豫卿如时而来，临时又改在下午。我家孩子们三人午饭无所果腹，只得以蛋炒饭充饥，用了三蛋，多耗四元。齐树平偕上官女士下午来，要求写字，遂磨墨为齐偕上官二人各挥一幅。得蒋慰堂电话约晚七时往谈，并云已约中博与史语所亦派人出席。晚夜出门又在戒严时期，又不能不往。四时许到柱中房，胖子正在为邦华挥毫，五时食蟹，老父及若侠未来，各送二只去。我吃了三只也不想再用饭，遂往成贤街。入门不久，中博院曾昭燏女士亦来，惟久候傅孟真、杭立武二人不至。三人交换意见，文物迁与不迁之安全，谁也不敢作一面之绝对判定。如迁则一切由政府负责，遂作不迁之准备签（呈），以为必要时四机关重要物分存两院，水泥严封库门。九时许到傅孟真家，傅又不在家中，遂各散。归家时商店十之八九皆已关门，路中行人甚少，又在停电，益觉凄暗惨淡。抵家即将顷所谈者告诉张、欧、黄诸人，又谈话仍到十二时散。

11月13日 阴。市面忽然好转，百物跌价而且有现货可买，尤其是米。大概因发表徐州胜仗与金解禁两事人心稍安，吾终怕是一时之回光返照耳。上午吵吵闹闹，大家三三五五无非议论时局，转眼到午饭之时。下午分配物资，供应局分配以"点"（Point）配售公务员美剩余物资，用抽签、认购两法，乱哄哄忙一下午。加以配售公教人员之纸烟亦领到，也在分配（每人六十枝，好坏全有），更是忙上加忙。昨柱中送来之四只蟹，家人省而未食，今用以做韭菜饺子，拟请柱来晚饭，他又不吃韭菜，遂一家人自打牙祭。饭后也未再上楼到柱中室谈心。姚从吾之友吴湘相，马已派之为院编纂，在北平工作。吴太太今持吴函来院要求领配购物。款又快用完了。

第二节　故旧别离

由父亲日记得知，随着1948年11月6日国共淮海战役开始，并且持续剧烈，故宫的同人好友，因立场不同，均隐痛在心。张柱中因马院长电召将回北平，临行前父亲向他"出笺（扇面）索画"，张先生为父亲绘"烟柳斜阳"小景，并题诗寄意。诗文曰：

南渡风帆急，东流江水长。龙吟虎啸地，烟柳暗斜阳。
卅七年初冬为慕陵大兄作并题，即乞两正　柳西

同时，父亲还另邀朱家济、欧阳道达、黄振玉一同和诗吟唱；临行匆匆，集书交与父亲，惜独缺朱家济老伯的截句。张先生北归之后，朱老伯除了补和一截，并将他人续和之截句一一抄录。父亲将前后两则书法汇装成卷，取南京之古称"白门"，名之为《白门秋词卷》。

父亲从1948年11月14日至12月22日离开南京之前，可能因时局骤变、临时紧急受命将率第一批故宫精品文物渡海迁台诸事的影

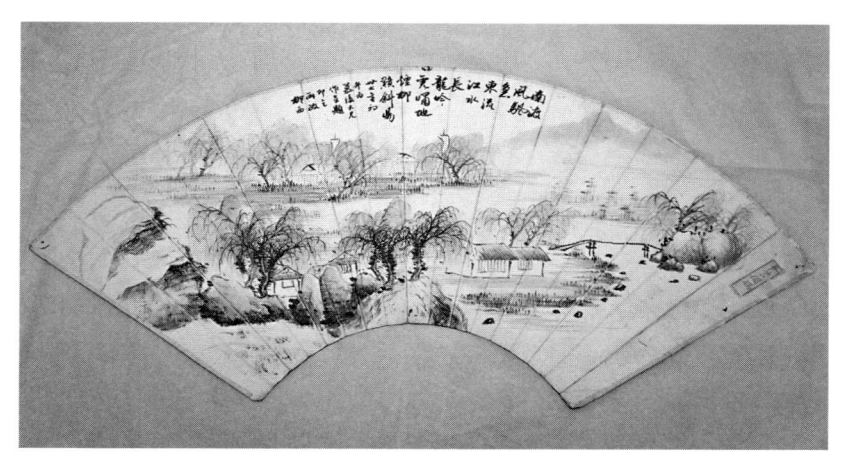

图6-2　张柱中1948年赠庄严"烟柳斜阳"扇面并题诗（19厘米×51.5厘米）

响，仅仅写了三天的日记（12月2日、12月3日及12月8日），此外皆是空白。在这一个多月期间，根据徐森玉老伯书与台静农世伯的函件[①]，知道徐老伯曾于12月初来到南京，并且停留10日，应该是参与由行政院长翁文灏所召集商议与处理文物再度搬迁到台湾的重要谈话会。此外，父亲与院内同人、同学、好友之间的互动情况，以及各人内心的感受，读者或可从下录《白门秋词卷》每人的诗句中去仔细体味了：

  三十七年（1948）十一月，客住南京朝天宫，墨林出箑索画，为写斜阳烟柳小景，并赋俚句寄意。呈余清［朱家济］、邦华、墨林、振玉诸兄乞和。

---

① 在此引述节录函件："静农先生赐鉴……衮衮诸公，妄以台湾为极乐国，欲将建业文房诸宝悉数运台，牵率老夫留京十日，厕陪末议；期期以为不可，未见采纳，昨托病回沪。作答稍迟，尚希原宥，即请撰安。弟徐鸿宝再拜　十二月十三日"

南渡风帆急,东流江水长。
龙吟虎啸地,烟柳暗斜阳。
　　　　　柳西未是草

貌得清幽境,句短意偏长。
应知君有感,鼙鼓动渔阳。
　　　　　慕陵呈稿求正

茅屋幽人在,著书日月长。
情闲陶令柳,句逸孟襄阳。
　　　　　邦华次韵就正

家住莫愁路,愁如江水长。
万方多难日,买酒话斜阳。
　　　　　庄尚严再步原韵

风雨晦明夜,寒灯客话长。
不知天已白,相与迎朝阳。
　　　　　振玉次韵

萧瑟写烟景,憎兹寒夜长。
何时冬至节,井底生微阳。
　　　　　[余清] 和柳西

夕照澹衰柳,秋光引兴长。

阿谁工作赋，并世有欧阳。

　　　［余清］東邦华

浅酌鹅儿酒，壶中日月长。
墨林出蜀后，应是忆华阳。

　　　［余清］東墨林

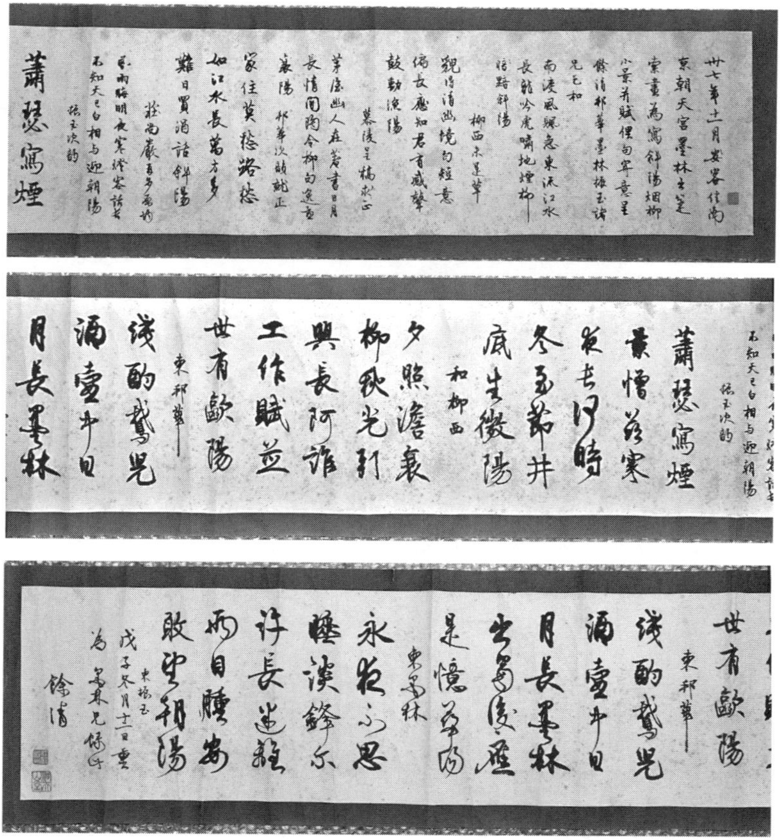

图6-3　朱家济抄录、庄严汇装《白门秋词卷》（27厘米×279.5厘米）

永夜不思睡，谈锋尔许长。
迷离两目肿，安敢望朝阳。

[余清] 東振玉

父亲还曾于 1965 年 5 月 4 日补书跋文，亦抄录如下：

三十七秋，柱中张庭济（号柳西）来自北平，一时北大同僚、同事聚于南京朝天宫故宫博物院（地名莫愁路）者，有黄振玉坚、朱豫卿家济、欧阳邦华道达及余五人。晨夕聊天、饮酒赋诗、作画写字外，无他事。然大局日非，眼见暴风将至，大厦将颓，无可挽救，莫可奈何。各人隐痛在心，无可排遣，诗句间时露难言苦闷。不久，叔平师电召柳西回平。濒行为画"斜阳烟柳"小景，并赋截句，同人均有和作。豫卿集书成卷，此幅是也。是冬，余遂维护文物飘海来台，匆匆十余寒暑。此卷久置行箧，都已忘怀。近顷理物，无意中检得；念卷中诸人，惟振玉与余来台，余尽留在大陆。十余年来信问不通，生死莫卜，山海隔绝，此生难期再见；遂付装裱，以便永存。顷赴台中参加北大年会，薄醉归来，乘兴题此。

1965 年 5 月 4 日　庄严记于雾峰故宫仓库侧之洞天山堂

以下则为父亲 1948 年 12 月间所写的只有三天的日记：

1948 年 12 月 2 日　今天心中泰然，一切放得下。起后，又能悠闲自在。早饭后无事，与侠同到莫愁路菜摊买小菜，青菜、莱菔数种已用十元，视之一大篮，据侠云如是一天尚不为多也。

第六章 渡海迁台——故宫文物向台湾的转移 | 353

归来也无事,今天飞机也少。登楼整理书籍。二黄［振玉、念劬］来密告也愿同去台……念老说自可去政院设法。振玉云熊先生有房数处,均空闲无人,若此移出安全,可以无条件往住,并约下午同去一看,漫应之。下午熊派车来,遂同二黄先到拉萨路一洋房,全新建起尚未住过,均认为大;又到玄武门内一处,也不小。念劬半路下车去政院,遂与振玉到熊家晤主人。主人极盼吾等移往,并云所有中西器具均可使用。又谈战局,云确是稳定。归家,今甚暖,登山。欲写信与马先生,而客来不断。乃出,看儿辈与院中同人赛球。看赛球又冷眼旁观,每个人神态气度均与往常不同。唐剑云出出进进,将一家箱藏家俱全移走,云欲出万余元包一卡车去杭州。唐榆生居然未提款,也许已有耳闻,只签一支票,像发薪者。夜在振玉室与念劬三人久谈,念云移事势必行,彼二人事稍露口风,未能深谈。虽临渴而掘井,当饮水而思源。

12月3日 早有严霜,餐后仍同侠到菜场漫步。见猪肉案,个个在负手而立。各种鱼非常之多,颇想大买一嚼,因其比肉贱,可惜问侠囊中只有念元,普通青菜买完已用去十余元了。九时许,大庆由学校返,手中握一卷。视之,在南京第一中初中卒业文凭,今始发下来。并云昨日校长会议决定,各校上课至15日止,以第二次月考(已考过)代替,各校统迁改名国立第一中学云云。

12月8日 起床后,知念劬昨出未返,是上午之会开不成。与树平同出到郦［衡叔］宅,以为必敲门不应,不意出者乃衡叔大公子家驹,大喜。彼乃护送眷属到杭州,前天返回。① 与之谈

---

① 郦衡叔本人,此时因应台湾大学中文系主任台静农之邀,还在该校讲学。

存书籍物品事，一口允诺。又徐正厂印泥事，今已无法再购。我有徐最好者四两，说明赠衡，此一盒此刻至少值千余金元也。归途，见大街上有商店卖运货木箱者，六十元购二，不为贵；五十元购网篮一，又买牛肉一斤，归家炒之下酒。下午一时许，开院务会，只荣华、洁平二人未出席，余均到。会前，励德人携眷忽由平飞沪，经此在机场与邦、唐［榆生］二人通来一电话。会议议定：（1）向中博院既须借之五千元交会计，由院出收据，将来由专请二万救济费开支。（2）运台文物除八十箱外均无清册，只有箱号册，须补。（3）库房预备工作，明天开始。三时到教育部访杭不见（遇）；到中图访王省吾，知船与钱尚无着落，安心而归。若侠与老齐上午清三楼书房之书，不带者装一大箱，尚有拟带者亦有大半箱。晚振玉、念劬诸友来谈，八时客去，整理住屋之书。不带者归入一大木箱，带者又是一箱，真没办法。拍致马先生电，奉杭昨天所云，问是否可派四人。

第三节　迁台经过

父亲的1948年日记只写到12月8日为止，之后全部空白。我读现今北京故宫文物南迁研究所所长徐婉玲博士提供的《故宫文物迁台史料选辑》（《民国档案》2015年第4期）所刊载的档案，有父亲及多位故宫主管同事与马衡院长之间的往返电报和父亲的长信报告，便可得知父亲在没有写日记期间，所发生的所有重大公家事务（尤其是南京分院的部分迁台文物是如何决定、有哪些人、如何上船、如何到台湾，以及抵台以后情形又是如何）的经过与详情，其具体过程如下：

自1948年秋时局日趋紧张，故宫博物院遂向国民党政府行政院请示处理办法，博物院理事会先于12月4日于行政院召开常务理事会议，出席者为朱家骅、彭昭贤、王雪艇、杭立武、陈方、傅斯年、张道藩、李济，临时代理主席为王雪艇，列席人员为徐鸿宝。理事会议当即提出存放南京文物应否迁移安全地点妥筹保管一案，即席讨论并议决："先提选精品二百箱运存台湾，其余应尽交通可能陆续移运。其不能运出者，仍在原库妥为存放。"

1948年12月5日，故宫南京分院召开临时紧急会议。会议记录如下：

日期：三十七年［1948］十二月五日，上午十时。

地点：分院会议室。

出席：徐鸿宝、欧阳道达、庄尚严、黄念劬、黄坚、那志良、唐桢、吴荣华、丁洁平。

主席：徐鸿宝。

记录：张德恒。

公推徐馆长鸿宝主席。

报告事项：徐馆长、庄科长先后报告，本院翁文灏、傅斯年、李济、王世杰、朱家骅、杭立武等理事临时紧急会议决定：国立中央博物院、故宫博物院、中央研究院、中央图书馆、北平图书馆、外交部等六机关文物及重要条约档案联合迁存台湾，组织联合办事处统筹办理，中央博物院未运清文物亦拟移至本院保管。暨本院第七届理事会第一次常务理事会议决议：

（一）翁理事长函请辞职，本会议无权讨论，仍请继续负责。
[翁文灏系当时行政院长，也是故宫博物院理事会理事长。]

（二）本院存京文物应先提选精品二百箱迁存台湾，其余尽交通可能陆续移运。

（三）本院北平总院请求救济费应另案办理各情形，至第一批文物移台保存案，原已经奉院长命令，俟理事会议决议后遵照办理。仍派前在安顺保管人员押运，前往负责保管等语。

讨论事项：执行理事会决议非常时期存京文物迁移台湾案。

决议：

（一）按照行政系统，本院仍必须候行政院命令方可执行。

（二）文物一经迁移，所有负责保管文物、办理总务暨分批押运，留守京库人员在张处长回京主持前，应俟将本会议记录寄呈院长核定后遵照办理。

（三）在院员工除应遵照命令，并俟款项拨到后，得先支借薪饷二个月作疏散家属之需外，非奉到院长命令不得离职。

（四）第一批拟运文物暂定二百箱，除遵谕以院字八十箱及选字画五十箱运送外，所欠之数，拟由古物、图书两馆选铜瓷精品及善本书籍补足。第二批拟运文物由三馆选提各项精品运送。第三批以后，本照第二批办法办理。其箱数视交通工具载量临时决定。

（五）库内箱件多有破散，且有原无箱件者（总计约千余箱），应如何办理？

（六）押运人员除第一批遵谕"由安顺原班"前往外，其自第二批起，以后各批押运人员及留守人员拟请分别指派。

第六章　渡海迁台——故宫文物向台湾的转移

1948年12月7日，欧阳道达、那志良致电马衡院长：

马衡院长钧鉴：太密。闻首批即将启运，倘无政院指令，或公事手续不完备，应如何办理？敬请急电示遵。达、良叩。阳。

12月8日，马衡院长复电欧阳道达、那志良及父亲：

欧、庄、那科长：太密。阳电悉。文物非由理会决议，并经行政院核准，不得擅迁。衡。亥齐。

同日，父亲致电马衡院长：

马院长钧鉴：太密。杭次长今来院，谈移台第一批，本院箱数最多，希四人押运。庄、刘外，是否加派？又职离京后，钧印交何人？均乞电示。职严。

次日，马衡院长回电称：

太密。首批押运保管员庄、黄、刘、申，派令已寄。私章于离京时交柱中，柱未到前，暂交邦华。通风设备案，据实请示政院遵办，款暂勿移用。衡。亥佳。

12月14日，父亲与欧阳道达、那志良再次致电马衡院长：

马院长钧鉴：太密。政院秘书处函中博略云，笺呈为中研等六机关文物迁台已奉饬有关机关协助,并由院证明。又政院证明书云:兹有中研等六机关文物六百五十箱迁台,特此证明。窃查此案,新旧阁均无指令,而出件复无奉准令行字句。本院应如何遵办?又首批仍须增选铜瓷、善本共百箱,可否?又平津紧急,倘失联系,分院如何应变?请一并电示祗遵。严、达、良叩。寒。

同日,父亲另有一信函寄马院长,其中云:

院长钧鉴:

　　本院首批易地文物,院字号八十箱外,遵谕选书画五十箱、瓷器七十箱,共计二百箱,现已整装待发。因六机关联合移运,手续繁杂,大约两三天后始能成行。最后目的何在,所乘何船,当局始终秘不宣布,非待行前廿四小时内不能知之。眷属则另乘他船,不能同行。所有各机关此次箱数、费用、押运人员另表附呈。至于本院,初只严一人前往接洽。凡有接洽之事,再三邀请张处同往,而坚不愿同行。至于第二批,亦正在进行,可能比一批箱数增加二倍,为期想亦不远。每批有特派员一人作首领,第一批为李济之,次批或为徐森老,森老恐不能常川任在,或只担任虚名而已。惟分院最近因钧座不在京中,张处长又复还乡,遇事缺乏主持之人,办事不免棘手,而人心惶惶,急不努力,亦所难免。兹事虽小,关系至大,亦前途之隐忧也。钧座所交保管之大盒印泥,已交请文冲兄代存,余再陈。敬请钧安。

　　　　　　　　　　　　　　职庄尚严谨上　卅七[1948],十二,十四对于庄、欧、那三人前一日的电文，马衡院长于12月15日回电：

太密。寒电悉。文物迁运应候行政院指令，方不违法。增选可酌办，应变已函森老来京主持。衡。亥咸。

及至此时，故宫文物开始奉令东迁台湾已成定局。其运迁的详细经过首先可见于父亲在1949年1月7日致马院长长函：

院长钧鉴：

本院移台第一批，上月廿一日自南京装船，廿六日运抵台湾，存物临时库房杨梅镇之通运公司仓库。兹沿途经过及到此各方情形分项报告，敬请鉴察是幸。

1. 六机关名称为中央研究院史语所、中央博物院、中央图书馆、北平图书馆（存京金陵图书馆者共十八箱，由本院代运，系杭先生所主持办理者）、外交部及本院，合组有联合办事处。

2. 各机关运台箱数：本院三二〇箱，中博二一七箱，中图一二〇箱，北图十八箱，外部一〇〇箱。（关于本院箱件之内容，想南京分院当有呈报，不赘陈。）

3. 各机关押运：中博谭旦冏、周凤森、麦志诚、陈□四人；中图王省吾、昌彼得二人；外部余毅远（专员）一人；史语所芮逸夫、劳榦、李光宇、董同龢（本院董同寿之弟）四人；北图无押运人员。每机关各带工友一人，本院派堆工为王振楷。此外又有特派员一人，地位超然。第一批为李济先生，第二批闻是徐森老。

4. 船名：由海军总部派"中鼎"号大型登陆艇一艘，事前极端秘密,船名与启行日期坚不公布,且声言专载六机关文物,无其他货物与人员。及廿日装船时,发现舱中有其他中央社等机关预装之箱已将及半,而箱上满搭乘客,男女老少,形形色色,不下四五百人。箱上虽有铁板隔绝,然铁板原有孔洞,烟灰火柴、大小粪便、呕吐饭食,均可漏入文物箱上,与事先所接洽者大相径庭。

图6-4 与"中鼎"号登陆舰同型之舰艇图示(庄灵集自友人)

5. 装船日期:廿日其他五个机关装船,廿一日本院装船。廿一日杭次长、傅孟真、徐森玉、蒋慰堂诸先生均来船上视察,见此种混乱情形,与文物安全关系至大,经往海总部交涉,请将非六机关之箱与人员撤出。桂[永清]总司令亦来船查看,会商结果:非六机关之箱,因亦奉最高当局命令,且非危险性物品,可以装载外,其非六机关之押运人员一律撤出。舱中除押运人员

第六章　渡海迁台——故宫文物向台湾的转移 ｜ 361

外,不准其他人员入内,秩序始能维持。然箱件之杂乱堆放,不问轻重,不问大小之状况,因时间所限,已无法改装。

6. 航行日期:廿二南京开行,至晚停泊南通江心。时局紧张,虽在舟中,亦行戒严。廿三晚停泊黄浦江口。廿四日放洋。廿五晚经台湾海峡,风浪极大。马达一边发生障碍,左右摇摆,箱件互相震撞,员工站立不稳,无法补救。廿六上午抵基隆,因无码头,停泊港口。廿七停泊。廿八午靠岸卸船,至下午五时,一千箱完全装入火车,共装十六车,当夜启行。廿九上午一时许抵杨梅,候天明。八时,卸车入库。阴雨,五时天黑,未能全部入库。余二车停存站中。卅上午全部入库。

7. 沿途雨湿及震动情形:"中鼎"原为登陆舰,舱口及舱内通风管均皆漏水。一路风浪特大,巨浪打来,复没甲板,致舱中多处入水。由基隆至杨梅途中又逢大雨,火车车皮亦每节渗漏,共计受水之箱廿六箱,兹另列表报告。因库房堆积皆满,且无架安顿,天又连阴不晴,无法逐箱启晒,曾将最严重之箱启视,见内部尚未湿及书画本幅,差堪告慰。至于其他各机关,受水之箱亦多,与本院情形相同。惟本院瓷器箱是否因受震动而损坏,此刻更无法知之。

8. 杨梅库房情形:文物移台,杭先生意欲存储台中,并先行电省府及教厅请预觅库房,又派教部秘书杨少白与中研院芮逸夫先行来台接洽。不意中央各机关之来台者不下数百单位,而军事机关占其大半,台中希望一时无法实现。不得已,教厅在新竹隶属杨梅镇觅得通运公司(日本时代之运输公司,今尚营业)之仓库一所,在车站傍仅数十步,大车可以直达。库系砖墙、瓦顶、木门,虽种种条件未能尽合理想,在目下情状下已属不易。最使人安心者，当地人民朴厚，原多属粤之客家，对内地来人无多歧视。二二八事变时，本地并无暴动，可证与其他地方不同。距台北约一小时半火车路程，镇内有学校、电灯、电话、邮局、小医院，生活程度比台北、台中均为低廉。库内堆存千箱，最高者高及六箱，一室皆满。各机关各为单住，不相混乱。库内原为三合土地，为防潮湿，上敷地板（新竹多风多雨，天气不及台中）。惟台湾各地均有白蚁，目下箱子皆直接堆在地板之上，此必非久远之计。防范白蚁亦无从查看，如一一设架，此笔经费相当可观，款由何出，此将来一大困难也，不得不向钧座陈之。

9. 省府教厅协助情形：文物到时，省府指派宪兵一班到基隆，随来杨梅维护。惟原云暂时性质，长久办法拟派警察。宪兵来杨，并不负责警备，且寻花问柳，殴打人民，骚扰不安，多生反感。每日尚须担负伙食宿费，每人近二万元。无此巨款，只得遣回台北。目下省府正在交接，警察亦未派来。幸地方安静，镇长力言，保无意外。教厅则派员一人，名为帮同照料文物，刻已回台北去矣。押运人员看守情形：所有押运人员，除杨、芮、谭三人在台北接洽一切，未来杨梅（外交部人亦常不住库），余人均住库房，并订明轮流值日，注意烟火；因床铺无着，暂宿八十铁箱之上（自离南京，每夜非地铺即铁箱铺）。

10. 眷属情形：来时借住船上水手房中，抵台各机关眷属临时合住台北四天，用费近二十万（合金圆千元甫）。近已全部移来杨梅，借住通运公司空房一所，一大统房，家家地铺，与难民无异。所有食宿均由私人负责，此笔费用相当可观。来时携带物品，种种限制，原有家［具］抛弃大半，到此，日用所需又不得不稍事添置。两重费用所费不赀。将来租佃房屋，又不知需金若干。盼望前途，不堪设想。

11. 续移台中情形：文物未来之先存放地址，杭先生意在台中，据云风土人情皆属相宜，一时无着，只得暂存杨梅。近往接洽，已觅资委会台中糖厂仓库一所，足敷第一批全部存放之用。拟五六日后，本院与中博、中图、北图、外交等五机关即行移往。惟史语所傅先生拟全所移至台北，故第一批仍暂存台北不动。至二批之来箱数更多，一时当无仓库可得也。至于眷属，因台中房屋更为困难，一时尤不知如何是好。以上将自离京至此各项经过大略陈明，又关于将来之事，最要者当有数端再陈之如下（因事即须往台北，姑先寄出此函，余明后天续陈）。

专此敬请钧安。

职庄尚严谨呈　卅八 [1949]，一，七

又有1月9日欧阳道达从南京致马院长电：

马院长钧鉴：太密。齐电交杭，阅嘱电陈，三批暂存台北，本院配六百箱，拟选寓三百余箱，另配沪上真可装运。姚馆长、吴编纂愿带一书记随船押运。请核派救济费，经杭疏通准拨六十万。森老未到。职达叩。子佳。印。

次日，那志良亦致马衡电：

（北平）马院长：二批文物佳晨抵基隆。职良叩。佳。

此后至 1 月 17 日，父亲致函马院长云：

院长钧鉴：

前在杨梅曾上一函，略陈本院第一批文物自南京动身，沿途及到达各情，想蒙阅及。当文物在京未出发前，杭先生本云，本院与中央博物院等机关在台仓库地址均在台中。到基隆时，尚未接洽妥协，只得暂时存放杨梅。杨梅终年多有风雨，天气潮湿，与文物极不相宜。故台中仓库接洽妥协，即与中央博、中央图、北平图、外交部等五机关同移台中（惟史语所仍留杨梅，傅先生已长台大，想别有办法）。库房借用台湾糖业公司台中糖厂，一切手续均由中央博统筹办理。厂中规模甚大，自成区域，且有警察，一切均较杨梅为优。惟目标则大，如有战事，仍为危险耳。目下房库奇缺，除此之外，亦无法可想，只得暂时存放。二批刻亦到台，正在卸车，专此详陈。

敬请钧安。政躬近来何如？念念。

职庄尚严谨上　卅八 [1948]，一，十七

并于次日与刚押运第二批文物抵台的那志良共同致电马院长：

北平马院长钧鉴：太密。第一、二批文物巧全部运入台中糖厂仓库，通信处台中第六号信箱。职严、良叩。皓。

由上信息结合其他相关资料，大致可梳理出三批文物迁台的经过：

首批迁台文物包括书画、铜器、瓷器等共 320 箱，于 1948 年 12

月 22 日由海军部派"中鼎"号登陆舰载运，自南京下关起航，23 日晚停泊在黄浦江口，24 日放洋，26 日抵达台湾基隆港后即卸船由火车运送至杨梅，暂储在通运公司的仓库，直至次年 1 月 9 日运往台中糖厂库房储藏。

第二批故宫文物 1680 箱，运送的船只是招商局调派的"海沪"轮，继于 1949 年 1 月 6 日起航，于 1 月 9 日到基隆，于 1 月 12 日卸船装车直接移运到台中糖厂库房储藏。

图 6-5 "海沪"轮（庄灵集自招商局）

第三批故宫文物 1700 箱，商请海军总部协助，由其指派"昆仑"号运输舰载运，则于 1 月 29 日起运，至 2 月 22 日始抵台湾基隆，旋即亦转运至于台中糖厂库房储存。

图 6-6　"昆仑"号运输舰（庄灵集自友人）

至此，在经过十余年颠沛流离后，故宫文物及其保管同人不得不分置海峡两岸，从此天各一方，直至今日。

第七章　故宫·马衡·庄严

1949年1月三批文物迁台以后，故宫文物分置海峡两岸，马衡院长和父亲这对师生兼长官部属，亦从此天各一方，分别承担起了两地故宫文物的保护工作。因此，结合父亲来台湾后初期的极少日记，以及由马思猛先生整理发表他祖父马衡院长的《马衡日记》等各类资料，通过对于两人这一时期人生遭际的呈现，亦可窥见两岸故宫文物与同人在20世纪四五十年代的遭逢际遇。此外，关于马衡院长与父亲的交往状况，亦于本章一并呈现。

第一节　故宫与马衡

1948年5月17日，马衡院长自北平来到南京，主持故宫博物院南京分院与中央博物院筹备处联合展览会的开幕，停留至8月14日飞回北平。由于国共内战，时局不安，马院长遂派遣总务处长张柱中于10月29日到南京主持分院院务，但张于11月中下旬又被召回北平。父亲则于12月21日奉命押运第一批文物离开南京分院库房，驶往下关码头，准备登船前往台湾。

在文物抵达下关码头时，欧阳道达欲拦阻不放行。但因文物迁台是得到包括马衡院长在内各方批准的，仍按照原定计划驶离南京。根据我母亲的回忆文字，当日遇到的情形是这样子的：

> 当古物由汽车自院中运至下关码头时，文献馆之欧阳科长则欲拦阻不放行；但吾等不顾彼，硬起运上船。因预先已得马院长自北平来电报，派慕陵及余为押运员，故不畏其不放行。

父亲押运的第一批故宫文物，乘"中鼎"号登陆舰于 1948 年 12 月 22 日驶离下关，12 月 26 日安全抵达台湾。此后南京分院的情况，父亲的日记中仅留有只言片语，如 1949 年 3 月 11 日记载："得姚从吾转来张柱中自南京来函。"次日又补记云："柱中自南京来函只谈一切公事，不及其他。"接着于 1949 年 3 月 14 又记云："得豫卿与念劬函，均谓欧、张、励三人先在沪密谈后，同返南京。"显然，当时张柱中又回到南京分院主持院务。

三批文物迁台后南京分院的情况，及留宁文物北归的过程，《马衡日记》中亦有记载：

1949 年 8 月 1 日　王冶秋接南京来文，知本分院将于今日开展览会，励乃骥且为负责人之一，大有脱离本院独立之概。问余接得信息否？此诚怪事。因嘱景洛约张我良来询之。

8 月 2 日　张我良来，谓其父现在南京分院，乃文管会函其家令其来者［张柱中于 1949 年上半年曾一度被南京分院遣散］。库房已于七月间开启，邦华、德人终日在库开箱工作，八月一日开展会，即以工作室为陈列室，闻以后每隔一月开一次，并不售票云。

8 月 3 日　访王冶秋谈分院事。

1950年1月22日　南京分院来电，文物廿四晚起运，廿六抵京。邦华、荣华、洁平押运。①

1月23日　电约冶秋会勘存放石鼓地点，未来。

1月24日　参加接运委员会讨论路线问题。余主张由西车站经西皮市过中山公园桥入天安门、端门、午门，东经协和门而入新左门。孟宪臣勘路回，谓天安门内路极不平，不如入东华门，余亦不坚持。下午冶秋来，同看中和殿，以储石鼓。冶秋同意。

1月25日　与畅安商置石鼓计划，颐和园管理处欲索还南迁文物，来函询问。拟请文物局呈部核定。

1月26日　至院，景华见告，顷兆鹏由津电告，八时半车自津开，十一时半可到……车于一时抵和平门，越半小时始入站。共装十一车，卸至半数，余与邦华、冶秋等先返。五时首批到达九龙壁，共装四十六排车，约三百余箱，卸入院中，以备明晨入库。

1月27日　四时车站存箱已运毕，惟石鼓十一件以换车故，至六时始毕。偕常学诗等勘中和殿，备安置石鼓。

此外，读《马衡日记》可知马院长在1948—1952年期间，曾积极地收集流落在民间的珍贵文物。例如前已述及的征集"二希"之活动：1951年底，当马院长知道郭昭俊押在香港一家英国银行处的"二希"将于11月底押绝，即请徐森玉先生与在香港的银行家也是大收藏家胡惠春先生电话联系，请其出面交涉；自己也于1951年11月11日亲自南下，15日抵达广州与徐森玉和徐伯郊父子会聚后，由徐伯郊

---

① 1933年南迁的故宫文物，一部分东迁台湾，余留的部分一直留存在南京朝天宫分院库房，直到1950年才开始部分运回北京故宫。

与胡惠春再联系；11月16日"准备明晚取道澳门赴香港"，并于18日"十时抵澳门，住国际大酒楼"欲赴香港，只是后因赴港不成而返抵广州，由徐伯郊独自夜渡香港，于23日办妥。对此，马院长亦于11月26日日记中载："接伯郊电话，诸事办妥，'二希'已在中国银行库中。"此后又在12月27日记："冶秋送'二希'来。"可见，征集"二希"一事，系由马院长发起，并由徐森玉、徐伯郊父子具体办理，其全过程亦由马院长总抓。

总的来看，马衡院长自1948年7月间到南京主持故博和中博筹备处的联合展览会之后即返回北平故宫，至年底，虽因国共斗争日剧致使南京国民政府决定将故宫文物迁往台湾，他仍借身体不适而坐镇北平拒绝南下，甚至以"安全第一"为由暗示北平故宫同人拖延国民政府命令，未把原先留在北平的故宫文物再选精品运到南京。当时其政治立场已经相当明显。至中华人民共和国成立后，马院长亦兢兢业业于北京故宫博物院的重建和流散文物的征集工作，功在故宫。

然而彼时新政府成立未久，亟须对故宫这样的旧机构进行清算、整理；加之社会政治环境影响，马院长亦不能置身事外。读《马衡日记》，在1951年底把乾隆皇帝的珍宝"三希"之二抢救回故宫不久，马院长亦于次年初的"三反"运动中接受"节约检讨委员会"调查，以端正学习、改造态度，交代历史与社会关系。

1952年1月3日 九时半赴团城开节约检讨委员会总会，报告我院"三反"运动进展情况，并听取各单位之报告以交流经验。冶秋报告此次运动为毛主席亲自主持。

1月4日 开组长级以上会议，传达检委会昨天决议，请大家准备互相检查。

2月14日 交代院工在我家服务问题。

2月28日 开文物检查组会……范长江［新闻记者，社会活动家］首先谓公安部得报告故宫分子复杂，据密报有反动分子阴谋纵火，中央将所有人员迁出，仍彻底作"三反"运动学习，停止开放以策安全。宣布当晚全部人员分作两大队，第一大队至西郊公安干部学校（白云观），第二大队至东郊公安干部学校（东岳庙）。余回家取行李复至故宫，由西谛陪至白云观暂住。

3月6日 古物陈列所自成立至并入故宫，经过卅三年不可能毫无问题。该所旧人又皆在，疑有攻守同盟之约，因写一意见书，下午托碧书①交黎明②请其注意。

3月7日 写《我的社会关系》未完。黎明晚来长谈，十时半始去。

3月8日 继续写《社会关系》，脱稿。

3月15日 以《思想检讨》送交黎明。

4月7日 写《思想检讨》，完成。

4月12日 杨时副主任报告廿七人已无问题，今日离队回家。王碧书代送《思想检讨》于黎明，黎明以为应再深入检讨，将来由检查通过。

5月18日 将《分期检讨我的思想》寄杨时。

5月21日 写《我对三反运动工作之检讨》一文。

6月2日 碧书今晨返寓，谓杨时言易显谟［原古物馆科员］有

---

① 王碧书系魏建功之妻，读父亲1948年9月18日的日记，可知马院长将她安插到故宫文献馆当差。

② 故宫博物院节约检讨委员会副主任委员、第一大队队长，下文提及的杨时同为副主任委员。

反映材料，略云第一批南迁文物有永字九号箱珠宝曾经法院检查，有装箱清册未载之，溢出物品不知作何处理，问余尚能记忆否。当即写一简短说明寄去……记忆中已无此印象，应将此项材料寄南京，由欧阳道达解答。①

6月15日　余以脚指甲三月未剪步履甚艰，乃赴保泉堂洗澡修脚并理发。

6月16日　王碧书协助余整理行李，算清伙食账。

父亲的日记中对于此一时期马院长的情况亦有所记载，如1954年2月16日："那心如自香港回（台湾），详告叔平师失职情形，前年遭清算罪名：一为做国民党下之院长，二为院长任内任由古物运台。清算结果当然失去院长之职……"

父亲此记亦不甚准确：马院长于1952年虽卸去故宫博物院院长一职，随后即转任北京文物整理委员会主任委员。其晚年除了在上级所派任的岗位上勤于公务外，余暇仍旧不弃研究整理校阅自己爱好的金文拓片等国故：

1952年10月6日　已停止学习。终日致力石经之整理，又发现疏漏之处，再加以订正。

10月7日　上下午照常学习。……整理石经毕（《易》《礼》《春秋》《公羊》《论语》）。

11月6日　修改关于汉石经之旧稿。

1953年3月29日　未出门，阅《实践论》。校汉石经《鲁

---

①　父亲日记1947年12月27日记载："那（心如）查陷京物，今天发现有珠宝等数号陷京之物，邦华八九年前即声言内无珠宝，今竟有之，吾不知其如何解释。"

诗·大雅》毕。

5月10日 校石经《仪礼》毕。

5月24日 校汉石经《公羊》《论语》二传毕。

6月21日 终日检汉石经,得《论语·尧曰》石。

11月20日 接葱玉书并《田扑墓表拓本》,云系裴文忠在偃师发掘所得。余审其拓本文字花纹皆非秦汉间风格,且字谬误百出。殆洛阳奸商伪刻图利埋至土中,未及达其目的,而已为公家掘出;固不值识者一嗟也。

1954年4月12日 整理金文拓本。

5月1日 开始重整汉石经,写定《隶释》所录之《鲁诗》"魏""唐""国风"残字。

5月9日 整理汉石经,又得《诗·邶风》一石。

10月28日 向许稚簧借来石经拓片。

11月6日 至北京图书馆看石经拓片,使我大为失望。

11月22日 《汉石经征七经提要》已成其五,尚有《公羊》《论语》二种,明日可毕。

11月26日 尽一日之力审查《鲁诗》毕,功可先付抄矣。

1955年1月5日 校阅《鲁诗》毕,惟校记《尚书》未着手。

1月7日 山东图书馆所藏汉石经残石,向疑《鲁诗·节南山·正月("南山有实"等字八行)》一石为伪作,摒而不收。

1月8日 校阅石经《尚书》毕。

1月10日 校阅《仪礼》。

1月11日 《仪礼》毕。

1月12日 校阅《易经》毕。

1月13日 校阅《春秋》毕。

1月15日 校阅《公羊》毕，并将已校过各经拓本编号。

1月16日 校阅《论语》毕。

1月17日 将未检出出处之汉石经拓片重加整理；剔其重复尚有百余张，当就其可能探索者再寻检之。

1月20日 借到历史博物馆所藏伪石经拓本，略一翻阅，大抵皆表里具备者。

1月21日 检阅伪石经，其中笑话百出。

1月22日 以《隶韵》《汉隶字原》《隶辨》三书互校。

1月31日 草《汉石经概述》。

2月1日 继续写《汉石经概述》。

2月5日 《汉石经概述》脱稿。

2月10日 开始整理魏石经。

2月13日 整理品字式魏石经完成。

2月15日 整理魏石经《春秋》，完成一部分。

2月18日 今日检寻成绩尚佳，约在五石以上。

自2月20日起，连续整理魏石经，至3月3日"魏石经大致整理就绪，明日拟先草《概述》"。

3月5日 《尚书·君奭》碑下刻"第廿一"，《春秋》"僖公"下刻"第八"之残石，初以为可解决魏石经碑数问题，而案之实际，犹多疑窦，俟更考之。

自1954年下半年起，马院长的身体明显地日渐衰弱，加上极欲完成校阅汉魏石经，公私两忙，竟致一病不起，终至于1955年3月

26日逝世，享年74岁。马院长逝世后，其子女遵照他的遗愿，将其终生因研究所需进而收购而珍惜的青铜器、甲骨、碑帖和书画等文物和书籍，全数捐赠给他前后服务了28年的故宫博物院。

第二节　故宫与庄严

一、故宫在北沟时期

1948年底到1949年初，前后三批故宫文物从南京分院分乘"中鼎"号登陆舰、招商局"海沪"轮和"昆仑"号运输舰渡海到达台湾后，第一批曾在杨梅火车站通运公司仓库短暂停留，与之后两批连同"中央博物院筹备处"和"中央图书馆"等机构的迁台文物，全都运到了台中，并商借台中糖厂仓库一起存放。

当时，国民党当局主管部门（"教育部"）便成立"中央博物图书院馆联合管理处"（简称"联管处"）这一组织，统合辖理原来分属故宫博物院、"中央博物院筹备处"、"中央图书馆"和"中华电影教育制片厂"四个单位的文物、图籍、器材和人员。"联管处"的主任委员是由在大陆时就负责故宫文物南迁的杭立武先生担任；其辖下的三个专业组："故博组"、"中博组"和"中图组"，则由三单位原来的主管庄严、谭旦冏和顾华三位担任主任。这时三个单位的文物都借存在台中糖厂的两座仓库里；而各个单位的人员和眷属则全被安排住进糖厂围墙外由糖厂拨地、联管处兴建的联栋平房。所有文物的保存和整理工作，则在糖厂仓库堆放文物箱件的狭窄通道上进行。

图7-1 1949年初抵台的故宫及"中博"理事赴台中糖厂视察两院文物贮存情况时与"联管处"同人合影（左二起：杭立武、张道藩、傅斯年、蒋梦麟、孔德成、马超俊、熊国藻、罗家伦、庄严、李锡恩、谭旦冏、未知名者、那志良）（庄灵藏）

图7-2 "联管处"糖厂宿舍外景（上左）、仓库内景（上右）及"故博组"同人工作照（下）（庄灵藏）

由于台中糖厂位在都会区，目标显著，又因工厂经常排放废水废气，难免有空气污染对古物不利之虞；于是"联管处"便决定尽早把各单位的所有文物，全部迁移到一个更隐蔽、清静和安全的处所。经过多次探访、勘察和研议，最后选定了"北沟山麓"，就是台中县雾峰乡吉峰村外山脚下的一块台地，即刻设计建造库房、照相室和员工宿舍，好让两院一馆的文物能够尽早迁入，这就是"北沟故宫"的由来。

为了能妥善存放三组迁台文物，1950年在北沟村外的傍山台地上，最初建盖了三座长30米、宽12米的砖造库房，环库再加建围墙和栅门，使那里成为一个安全的库区，以方便三单位的专责人员管理使用。由于三座库房只能堆放文物箱件，几乎再无可供人员整理、清点、研究、编辑和讨论文物的办公空间，于是之后又加建了一座同型的库房，才让问题完全解决。1954年"中央图书馆"在台北植物园复馆，其典籍文物不久也随之迁往。这四座合起来近似矩形排列的库房，从此以后就交由故博和"中博筹备处"两单位使用，一直到1966年全部文物都迁到台北士林外双溪台北故宫新馆之后，任务才告结束。

北沟库房庋藏的两院文物一共有3842箱，其中故博2972箱、"中博"852箱，还有北平图书馆托寄南迁的18箱。库房除了存放文物，还是文物迁到台湾后进行点查，各方专家学者和艺术家申请进库观赏研究，以及故宫文物的出版、展览选件、编辑的工作场所。

图7-3　1953年的北沟库房鸟瞰（庄灵摄）

20世纪50年代，两岸关系还是非常紧张严峻，国民党政府为了这批迁台文物的安全，依然考虑就近修筑山洞，以备万一战争再起时可以确保文物无虞。于是1952年决定在北沟库房近旁山地凿建小规模防空山洞，以备必要时可将最精华文物存入。此案于1953年4月开工，12月底完成验收。U字形状的管状山洞，全长100米，宽仅2.5米，约可贮放600箱文物。各单位遵照"联管处"决议，挑选最精品另行编装为洞字号箱；但因洞内湿度仍高，故除了铜器、瓷器、玉器、雕漆、珍玩等较不怕潮的文物曾存入山洞外，其他像名画、法书或善本图书等珍贵纸质文物，只准备在情况紧急时才会移入。

"北沟故宫"时期还有一栋最重要的建筑，便是两院共享的陈列室。1956年底，陈列室在北沟库区南端兴建完成，占地将近660平方米，里面只有两大、两小四间展览室，以及供故博、"中博"使用的两小间办公室而已。展览空间一次只能展出文物200余件，每三个月更换展品一次，尽量使各类文物均备，以满足所有远道前来观赏者的期望。

图 7-4　1953 年"联管处"同人在北沟山洞落成启用时的合影（左三吴玉璋、左四申若侠、左八梁廷炜、左十庄严、右一高仁俊、右二谭旦冏、右五熊国藻、右六顾华）（庄灵藏）

图 7-5　北沟陈列室外景（1957 年庄灵摄）

北沟陈列室是故宫迁台文物自从1933年离开紫禁城以来，第一座属于自己的公开展览场所。其于1957年3月25日正式开放展览，至1965年10月10日结束运营。此后，文物便全数移运到台北士林外双溪新建的台北故宫博物院新馆藏放，并于1965年11月12日孙中山先生诞辰纪念日，在新馆盛大开馆展览。

图7-6 台北外双溪故宫新馆（台北故宫博物院现址）1965年初落成时（庄灵摄）

北沟山洞库房于1953年完工，两头都有洞口，状似马蹄铁的弯管形北沟山洞，在文物迁移台北后曾经闲置多年，后来则因当地已转为"台影文化城"而被改装成通往"太空明日世界"的"时光隧道"。感觉上那时的北沟故宫旧址已经变得面目全非，令人不胜唏嘘！之后不久，1999年的"九二一大地震"便把那里所有的地面建筑物全部震垮，只剩下洞内依然完好。后来，洞口被封死，山洞伴同已经成了一片废墟的洞外库区平地，默默地隐身在高可过人的茅草杂树间，一荒便超过十年。之后，那块土地被民间全部垫高填平，直到 2014 年山洞才被重新挖出而变成一个"新出土的地下坑道"，其后 2019 年在几场大雨之后因积水不退，最终又被填平。

图 7-7　2019 年北沟山洞填平前所拍的实况照片（庄灵摄）

故宫文物庋存北沟期间，除了上述事迹，还办了几件大事：

一、举办文物来台后的首次清点。从 1951 年开始抽查，总共抽查了 1101 箱。自 1952 年起继续延聘学者专家，分三年（1952—1954）进行迁台文物首次全部点查。当时，父亲是庋藏故博文物的负责人，必然全程参与规划与执行。由于我们在北沟的住家，位于故宫山洞库房之旁，父亲将它取斋名为"洞天山堂"，与故宫招待所相距仅 50 米左右，点查委员晚间常来小饮聚会，或畅谈日间点查文物的相关议题。

图 7-8　文物点查专家委员及"联管处"同人于 1952 年 9 月 26 日结束当年度点查工作后，于北沟招待所外院中合影（左起：高鸿缙、杨师庚、劳榦、高去寻、陈启天、熊国藻、董作宾、孔德成、庄严、谭旦冏、黄君璧、顾华）（庄灵藏）

图 7-9　庄严一家在北沟时的居所——"洞天山堂"外景（庄灵摄）

二、迁台文物首次赴美巡展。有关故宫文物首次赴美五大城市巡回展览的经过是这样的，根据《故宫七十星霜》："1952年，美国《生活》（LIFE）、《时代》（TIME）两杂志总编辑亨利鲁斯（Henry R. Luce）来台访问，向各有关方面探询故宫文物赴美展览的意向。"由于我近年常会翻阅父亲历年的日记，知道当时"联管处"主任委员杭立武先生得知这一讯息后，曾为此事密召父亲交换意见，拟定五项原则及办法，并嘱父亲携归修正文辞，并要求于当周日派人送往杭府。

1953年1月15日 接杭先生函，嘱今上午十时一人往谈；不知何事不能与那、谭言之。不意所谈之事殊出臆略之外，乃嘱拟文物运美展览之计划……于是吾二人交换意见至十二时半，拟定原则五项、办法五项。携归修正文辞，于本星期日派人送往杭府交卷。

1月17日 灯下扶病写赴美展览计划书，此事那天杭谓除我外未与任何人言之，力嘱我严守秘密，所以回来除太太外，也未与任何人言之；家中在白天常有人来访，所以夜晚闭门书之。

我推测，杭先生所以会找父亲商讨这一计划，可能与父亲曾经向杭先生建议过的三件事有关。1951年1月11日父亲案头日历上记载："淋雨。灯下写向杭建议三事：1. 运动在美展。2. 考查各博物院，分十子项。3. 收集有关资料。"我以为父亲所以会有这一构想，恐要追溯到1935—1936年父亲作为中文秘书押运故宫等单位的中国文物，赴英参加"伦敦艺展"的经历——当时马衡院长还另交付"调查欧洲各大博物馆之管理、陈列、储藏办法，及以旧建筑改为博物馆"等任务内容。

根据《故宫七十星霜》记载，1953年6月16日，鲁斯致电蒋介石，正式提出故宫文物赴美展览的要求。国民党当局将此电文移交"联管处"，遂决议成立"七人小组"研讨进程及方式。看父亲1954年初的日记，便可知文物赴美展览的事已经正式启动。1954年1月5日父亲日记记载："与谭同去台中访杭先生；所谈美展事，杭先生嘱即拟展品内容及预算；展品约定200件，可加倍选备调换；预算为美金5000元。"

是年的10—12月，杭立武先生便有访美之行，遂由他与美国纽约大都会艺术博物馆（Metropolitan Museum of Art）、华府美国国家艺术馆（National Gallery of Art）、波士顿艺术博物馆（Museum of Fine Arts, Boston）、芝加哥艺术博物馆（Art Institute of Chicago）以及旧金山狄扬纪念博物馆（M. H. de Young Memorial Museum）这五大博物馆洽商，得到五馆的欢迎而成立"参加博物馆"为对等组织，最终促成了1961年2月—1962年7月，故宫迁台文物首次应邀到美国五大城举办巡回展览的盛事。根据统计显示，五地一共展出253天，参观人数多达46.5万余人。这是继1935—1936年"伦敦艺展"之后，中华文物再度光耀世界舞台的一次非常成功的国际展览会。

如今回想，当年文物还在北沟时的这件轰动国际的大事，我竟完全不知幕后还有这样一段秘辛在。不难想象：当年父亲最早提出的建言能获重视而采纳，并且还能贡献所学所知，提出大纲及参与计划起草和细节的研订，当然还有后来的实际筹展和赴美办展，对他老人家说来原该是一件多么值得欣慰与自豪的事？然而终其一生，那段创筹阶段的秘密，父亲除了简记在自己的日记上之外，却从未对人提起过。若非2019年我和内子陈夏生为了在台北中山纪念馆为父亲筹办"一生翰墨故宫情"的一百二十周年纪念展览，因而翻看他当年留下但却早已尘封的一堆日记，就根本无从得知此事了！我想，作为一个

第七章　故宫·马衡·庄严　　385

毕生服务故宫博物院的馆员，认为"展览"及"选提文物供专家研究"是博物馆的天职理念，并且得机就默默推动、弘扬并付诸实践，的确可以说是无愧于他的职守了。

　　1950—1965年的北沟故宫，由于时空背景和所藏文物的特殊性，成为全世界想要系统性看到中国皇家艺术珍藏的重要处所之一。于是研究中国传统艺术及文物的学者，以及海内外的艺术家，无不纷纷慕名而来，这让当时地处台湾中部偏乡一隅的北沟故宫，立刻成为全球最受瞩目的中华传统文化艺术重地。当时前来北沟故宫的学者专家，如王雪艇（1891—1981）、罗志希（1897—1969）、胡适（1891—1962）、叶公超（1904—1981）、蒋毅孙（1902—1973）等国内大家自不必提；此外还有瑞典的喜龙仁（Osvald Sirén，1879—1966，艺术史学家），英国的大维德（Sir Percival David，1892—1964，中国艺术鉴赏及收藏家）、苏立文（Michael Sullivan，1916—2013，汉学家、艺术史家，马来亚大学艺术博物馆馆长），德国的李佩（Prince Aschwin Lippe，1914—1988，纽约大都会艺术博物馆副馆长），美国的艾瑞慈（Richard Edwards，1916—2016，专研中国绘画的先驱者）、席克曼（Laurence Sickman，1907—1988，纳尔逊艺术博物馆馆长）、高居翰（James Cahill，1926—2014，加州大学伯克利分校教授）、蒲柏（John Pope，1906—1982，华府东方艺术博物馆所属弗瑞尔美术馆副馆长）、曾宪七（1919—2000，波士顿艺术馆研究员）、李芳桂（1902—1987，旅美语言学家）、周方（1923—2012，中国艺术史家，纽约大都会艺术博物馆远东艺术研究者）、方闻（1930—2018，普林斯顿大学艺术和考古系主任）、王季迁（1906—2003，旅美水墨画家、鉴赏和收藏家），以及日本的梅原末治（1893—1983，考古学家，京都大学教授）、富田幸次郎（1890—1976，波士顿美术馆东方部主任）；艺术家则有张大千（1899—1983）、黄君璧（1898—1991）、蓝荫鼎（1903—1979）和郎静山（1892—1995）等多人。

三、推动故宫的出版事业。迁台故宫文物在北沟储藏期间，除了开展全面的检查和筹备赴美五大城巡回展外，并开始积极出版有关文物的书籍。读父亲日记，知道王雪艇和罗家伦两位先生，当故宫南迁文物还在四川巴县、重庆和南京期间，就开始抽暇到文物庋藏地点提选书画作观赏研究。至文物储藏在台中雾峰北沟期间，尤其当1957年北沟陈列室尚未建成时，他们与其他研究书画的专家像张大千、蒋谷孙等来库房提选文物进行研究更是频繁，每每在观赏时会与父亲相互讨论文物之真伪好坏。加上于赴美展之前，美国各大博物馆的专家及各大学的汉学家也纷纷来提选文物研究，父亲便有更多的机会接触及研究书画，最终促成了相关文物的编目与出版工作：那时故博和"中博"书画的编目，在故宫博物院理事会王雪艇理事主持之下，由罗家伦理事和蒋毅孙先生会同故宫负责同人，逐件仔细检视运到台湾的每一件书法和绘画（扣除成扇和墨拓，总共4650件），然后综合全部意见，将书、画之真而精者编归为"正目"，而将伪作或普通者编归为"简目"，一共出版了四本《故宫书画录》（1956）——第一本为书法，第二本为绘画手卷，第三本为绘画挂轴，简目则完全编列在第四本内。读父亲日记，也知道当年在北沟故宫经他手出版的书画文物，除了《故宫书画录》之外，还有精印的《故宫名画三百种》（1959）及《晋王羲之墨迹》（1962）、《故宫名画选萃》（1970）、《故宫法书选萃》（1970）等重要书籍，均由他负责编辑并且撰写书画家小传等内文，以及绝大部分故宫出版各类专书的书封题签。

此外，父亲也非常关心书画中的印章。这与他年轻时自己便雅好收集古印，并且参与1926年北平故宫将收藏的铜印，由马衡、王禔

（福厂）、唐醉石（源邺）和吴瀛四人主钤成谱，名为《金薤留珍》的经历有关（父亲就是当时实际负责钤印的四位助理之一）。此外，父亲还在 1928 年发起成立"圆台印社"，曾敦请多位名师为指导老师，是我国印石界早期最有影响力的一个社团。更不必提 1948 年 1 月 7 日父亲日记所记："民国廿二—廿五年间，李（涵楚）为绥（远）省主席，得出土古官私印数千方，吾劝之打谱行世；每公余之夜，赴其家钤打三月余，完成十之九。"以上皆可知他对印章之爱好与重视。另外如前所述，1948 年马衡院长在南京主持故博与中博联展期间，曾特别嘱咐父亲帮他收集在院藏书画上的"典礼缉察司印（半印）"，以作为他在学术研究上的重要考据实例。这让父亲更增加了对书画中印章的重视，甚至影响到他后来发起并向"中国东亚学术研究计划委员会"申请经费，然后与迁台故宫同人（那志良、吴玉璋、张德恒、吴奉培、蒋雍）一起收集元前、明代和清代书画中作者的各种私名章、收藏家的各类收藏印，以及朝廷验收的各式关防。经过两年登录、照相、整理和编辑，终于在 1964 年出版了五巨册的《晋唐以来书画家鉴藏家款印谱》，除了供人欣赏研究外，更成为书画文物鉴定上的一部重要工具典籍。

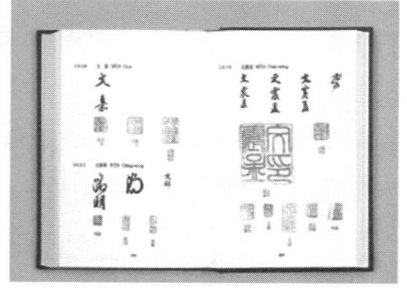

图 7-10　《晋唐以来书画家鉴藏家款印谱》书影

二、故宫与庄严的书艺

父亲与故宫的关系，除了上述的种种公务事例之外，由于经常接触故宫文物而对自己在学术和心性方面的修养与增进不是我所能妄议，但他在中国传统书法艺术方面的成就，正如他自己曾说的："入宝山岂能空手而出？"有关父亲的书艺，他的至交好友台静农世伯曾经撰写《慕陵先生书艺溯源》，内子夏生也曾依据父亲的日记撰写《庄严先生书艺日记——读先翁日记并记》等专文，全都编入《书道幽光》（罗启伦编，台北羲之堂，2019）一书，姑择要于下：

父亲于学生时代即勤习书法，初临习薛稷《信行禅师碑》，并兼习褚体。台世伯说："稷书是褚遂良的嫡派，由薛入褚，原是正规的途径。"正如前人所谓"买薛得褚"，褚体书法可说是父亲早年勤练而擅长的书体。自从他1924年进入紫禁城（"清室善后委员会"）清点清宫文物、亲炙到故宫的历代书画宝物之后，台世伯说父亲"发现了宋徽宗的瘦金书，偶尔临摹，大有兴会"，并戏称他"未曾专力，反得大名"。陶宗仪《史书要会》云："徽宗行草正书，笔书劲逸，初学薛稷，变其法度，自号瘦金书。"台世伯虽说父亲瘦金书的成功，除了习书的路数吻合，最大因素"还是才性"，但父亲若没得亲炙徽宗真迹的机会，怎能"未曾专力，反得大名"呢？台世伯再谈父亲善书赵孟𫖯的赵体法书，称"抗战期间，……适合箧中有赵松雪的《净土词》与《兰亭十三跋》等石印本，喜其雅韵试以褚法写之，居然有合处"。其实读父亲1947年日记，他不仅勤练赵书——大字临《胆巴碑》、小字写《邪闲公家传》，并且几乎每天都以赵书精楷抄《经鉏堂杂志》、写日记，并收购赵书碑帖如《孙公道行帖》《御服》和赵氏《小楷书莲华经》珂罗本等。父亲还借日常开箱之便，择抄赵吴兴书碑版、抄赵子昂书画目、写赵子昂篆书篆碑文，又将所抄录赵书碑帖目改作卡片，为撰写《赵子昂年谱》而作准备。另外为了编写《赵子昂年谱》，又抄赵孟𫖯佚文，还曾在日记上叹说："赵之真迹，自以故宫最多，本人又在故宫服务尚不能自由观看，徒重手续而忘研究。"

20世纪50年代初期，由于北沟故宫开始逐件清点文物，中期又由于故宫为预备赴美巡展，中外学者不断来台研究故宫文物，为展品选件作准备，当时均由父亲负责为之选件、提件、"陪读"及撰写展品说明，因此便有了更多亲炙文物（尤其是书画）的机会。至60年代，父亲用较多的时间及精力注意并临写字体朴厚的北齐《唐邕写经碑》，以及气韵高古笔势朴厚生动的汉隶，例如《华山碑》《孔宙碑》等。1965年，父亲用他自己融合隶、楷的笔法挥写"国立故宫博物院"七个大字立匾，悬挂在台北故宫博物院正门右壁。

图7-11　1969年退休时庄严与其手书题字立匾合影（左，庄灵摄）与庄严书赠庄灵夫妇瘦金体《千字文》（右，庄灵藏）

图7-12 庄严晚年与自己收藏并临写的《好大王碑》旧拓本合影（姚孟嘉摄，庄灵藏）

及至20世纪70年代，父亲为求字体多变化，除了继续临写《唐邕写经碑》，并开始临写《好大王碑》，取其朴拙；并临篆、隶、真三体合用的《曹植碑》，尤效法该碑似燕尾般的磔（捺）笔法，并自制"壶笔"、启用"竹笔"，加强字体变化的效果。他在1977年11月14日日记中称："《唐邕碑》临写十余岁①，自去年又醉心《好大王》，兼习隋《曹子建庙碑》，此吾晚岁以来习书概况。"

父亲由于终身在故宫工作，承受故宫国宝文物的熏陶，对他于书画的鉴赏和书法的造诣帮助良多，他也以受之于故宫文物培育而得的深厚书画艺术修养回馈社会，大凡故宫举办展览时展品的提选、目录的撰编、出版品的题签等都留下不少的成果。又类似于1961年为王雪艇书七秩寿序，于1963年为胡适墓旁的胡适亭额题字，1977年为王云五先生写九秩寿序，1978年为北京大学校长蔡元培先生写《蔡孑民先生墓表》等，这些都是庄严书艺在实际应用上的例子。

---

① 他曾自撰开始写《唐邕写经碑》的经过："吾临池数十载，由褚河南至宋徽宗，由赵松雪更至王右军，行草皆盈寸字耳；偶须榜书则毫无是处。近去台北得北齐人书《唐邕写经》顷颇有启示，并悟玄同师之所本根，间习二叶尚未得其古拙。"

图 7-13　庄严书法作品，自上而下：《王雪艇先生七秩寿序》《王云五先生九秩寿序》《蔡子民先生墓表》

第三节　马衡与庄严

读完父亲的日记和有关资料，现在来谈马衡院长与父亲的关系。读者若是看过前文，应该已经了然于心，我在此仅是加以梳理而已。

1947年12月2日　马院长邀谈北平调人事，心如不去，又翻到我名下。与上次不同者：1. 于明年开过展览会后牡丹开时去。2. 以命令口气行之，不允再考虑且不准携眷。虽漫应之，然心中甚为愤愤。幸又谈到将来工作，在京展览事（问他原则，不问仍不说）允可能调编纂，将话岔开。

图 7-14　马衡（1881—1955）

马院长虽然以如此不符情理而严厉的口吻，命令父亲回北平工作且不准携眷，但我宁愿相信，马院长是因为非常希望将父亲留在身边（北平故宫本院）工作而不得要领，情急之下才脱口而出命令的。因为马院长对父亲一贯信任并托付重任，例如1935年强制父亲押运文物赴"伦敦艺展"，抗战期间把故宫南迁暨后来西迁的精华文物交由父亲保管，几次展览的书画展品交由父亲提选以及撰写展品说明，连他不在南京故宫分院期间处理公文和领款的两方私章也多交由父亲代管，等等。否则绝不可能在"凶"过父亲之后的第三天，也就是1947

年12月5日离开南京赴北平时,父亲日记中还有这样的记载:"马院长石名章仍又交来。"我推测,当马院长冷静下来,必定谅解父亲定有不可能举家或单独回北平的苦衷。

1947年11月23日 与若侠商去平事,离平十载,理当回去一次并料理私事,但北平无家无亲亦并无留恋;本想在南方住三四年,稍览东南江山人物之胜,不徒物价高涨,困于衣食,一月所入将足温饱,其他跬步难行,在此株守不如举家归去,卒老故乡,不复再南来之计;然又顾虑北平开门七事一无所有,在此携往势不可能(不能带走等于遗弃),到平再买又不可能,此最大问题。其次申庆年假后为初三下,照章不能再转学,如去平又得失学一年,为彼设想,非留京不可;如此家人不能同往,此刻时局瞬息变化,不能不考虑。

父亲不愿意单独回北平,除了上述的原因外,还因为他是一位极为念旧恋家的人。读父亲《迂公自订年谱》1933年有记:"在沪寓法租界亚尔培路亚尔培坊。故宫文物因存沪一时无法他移,成立驻沪办事处,马叔平先生意欲吾主持沪事,以家在北平不能兼顾,且无意久居南方坚辞,并举同学欧阳道达以自代。"1934年又有记:"故宫文物赴英展览事定,叔平先生坚主吾随同古物前往,力辞,不获允许。"1936年押运文物寓居英伦期间,1月1日记载:"绝早醒来,念妻子分离,一家四散,跪而默祷,不胜怆然……当斯一岁之初,念往思来,不禁泫然。"1月2日又载:"昨夜思来想去,将来无处可以安生,悲伤感慨不能安寝,夜既失眠,晨醒绝早。"1962年随台北故宫文物巡展美国芝加哥期间,2月14日(2月5日是农历正月初一)因思乡而赋新诗："踯躅花前踯躅人，看花又见一年春。南冠一室难常聚，九口（家人数目）飘萍四处分。"这些都显露父亲恋家的个性，并付诸行动——1962年5月1日，文物顺利移至旧金山的狄扬博物馆展出之后，父亲便于5月15日先启程回国了。

自从严厉命令父亲回北平工作不得要领之后，马院长便从此不再重提此事。甚至在我的祖父将自沈阳来南京与家人团聚的过程中，马院长除了准许父亲因缺旅费而向院方借薪之外，自己还赠送祖父部分旅费。再从抗战期间马院长寄给父亲的信函看①，信中还叮嘱父亲："兄如有文发表，希寄至弟处，当为介绍，稿费从优。"

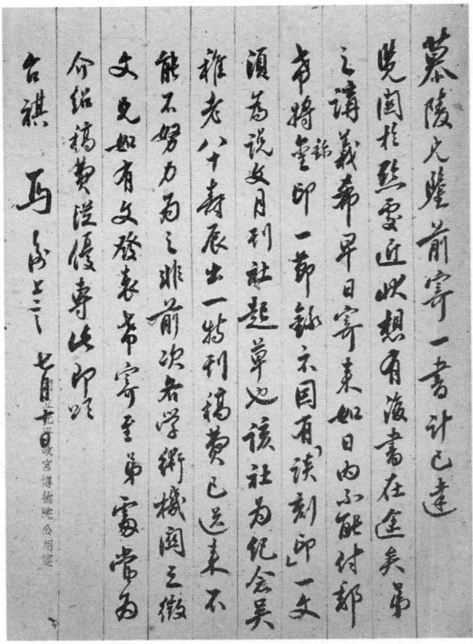

图7-15　马衡致庄严函（年代不明，疑似1944年）

---

① 就信函内文所述事情推测，应在1944年。

另据母亲遗留的散文中记述,"及移家至飞仙岩,经济只慕陵一份,除伙食而无余。后叔平院长知吾等甚苦,于是补余至故宫帮忙,月薪八十元,可做每月零用"。由马院长对父亲的关怀与照顾,从小观大,不能不使我与家人十分感动怀念。

再看另一封1945年8月9日马院长回复父亲的信:

> 慕陵兄鉴,日前得来书敬悉,讲词大纲已参酌,来稿别拟一目付印,但虑一小时内无从说完耳。前在大足北山见宋人题名有"追凉至此"语,偶读山谷诗有"我亦来追六月凉"句,注中并引杜诗"忆昔好追凉,故绕池边树",是古有此语也。修房及晾画设备已批"核减速办",望即与承包人接洽为要。

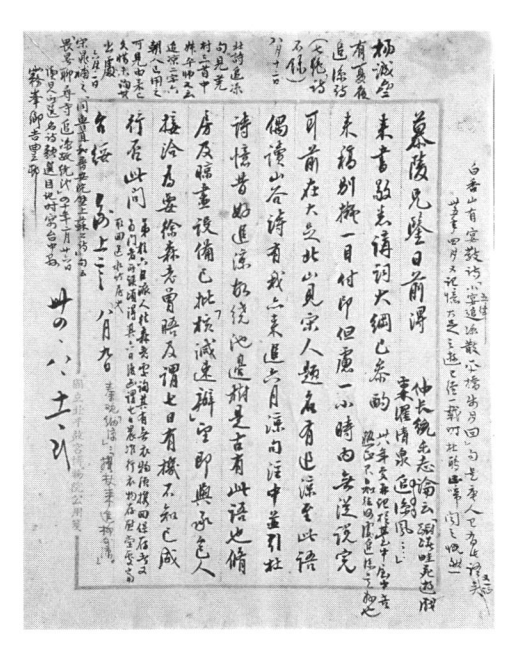

图7-16 马衡1945年致庄严函及庄严在原函上的注记

读者从信中可知，文中除回复父亲为他书演讲稿大纲及交待一则公务外，主要在谈"追凉"一词的出处。父亲后来不仅于信纸空白处填补上他自1945—1951年期间所收集得的五笔"追凉"资料，另在《适斋诗草》中也发现了一首他在20世纪50年代所作、描写台湾盛夏的"追凉"诗作："凤木花开一树红，相思叶瘦若眉弓。乐园仲夏熏人醉，何处追凉避祝融。"二人似同好友一般互相讨论在古诗词中所遇到的有趣问题。

又如马院长1945年将自己所作抗战胜利诗写赠父亲，并向父亲"索和"（见第二章）。另外，还见他赠送父亲临《周公彝》铭文拓片所书墨迹（条幅）的跋文中所写：

慕陵吾兄，昔游英伦，手拓《周公彝》数本，以其一见贻，置之怀中十余年矣，未尝一日去身。慕陵所藏，已不可踪迹，因嘱写一本，以志夙缘。器为周初成康时期物，有四耳宝簋也。

卅七年［1948］七月三日　叔平马衡并识

写得多么亲切感人！

除此之外，马院长还把他于1941年春天移居重庆海棠溪淦氏山庄时所书的《淦庄八景　并序》翰墨赠与父亲："淦庄三面环山，万籁俱寂，惟闻泉声，登北岗则可以远眺城市，近瞰江流，系南郊胜境。"先生并说尚未定稿，但仍书付父亲，颇有好文不忍自弃，乐与好友共赏的意思。更可贵的，马院长还将故宫博物院收藏"服方尊"上的铭文，镌刻在一把竹扇骨上赠与父亲。读父亲日记，知道他自己收藏的书籍、碑帖和文玩等物曾经遗失三次：第一次是1933年故宫文物开始部分南迁时，父亲随同南下，部分私人收藏留滞北平；第二次是1937年由于日本侵华，当他奉派护运故宫首批文物南迁时，就把大部分自藏寄放在故宫南京分院朝天宫库房，但经过战争及日本占领，胜利后已经不知去向；第三次是1948年国共内战后期，当父亲再度受命押运第一批迁台文物渡海赴台前，又有六大箱辛苦收藏的书籍和碑拓等物临时寄存在好友家，从此人书永隔，终生未能再见。1949年3月2日父亲日记称："去库房，今天将所有私人运来箱全开完，见物如见故友又逢。中经此一切大风波，又不知将来如何。然见已来者因而想起许多未运来者，不知何年再见，不禁慨然。想起廿六年（1937）遗失一次①；十年聚集，去年再丢一次，人生几何耶？然一人静坐斗室望此良友，更不知将来又是如何耶！"4月24日父亲日记有载："今早看报，吓一大跳，说南京已经退守。"4月25日又载："我六大箱书存在郦衡叔家这一下子也完了，或虽不失也不为吾有，此早注定之局势也，但恨来时太老实，至少尚能带出一部分而竟未带也。"然而父亲显然对这支扇骨爱不释手，以致多年之后扇面因破损被除弃而只留下扇骨，但却一直保存在身边。

---

① 父亲日记1947年8月2日："得齐树平自沪来函，云即飞平，在友人处见明版《庄子》一部，上有北平庄氏藏书印，必吾廿六年陷南京之物也，闻之不胜悲愤。"

图 7-17　马衡赠庄严"服方尊"铭文扇骨

关于马衡院长对父亲的培植更不在话下，除了上述日记中可见一二外，1929年易培基院长准派父亲赴日本东京帝国大学研究考古学一年，父亲于当年7月赴日本游学，在东京帝大研习考古。待1930年学成归来后，马院长便立刻邀父亲参加由他组织和率领的燕下都考古发掘团队。

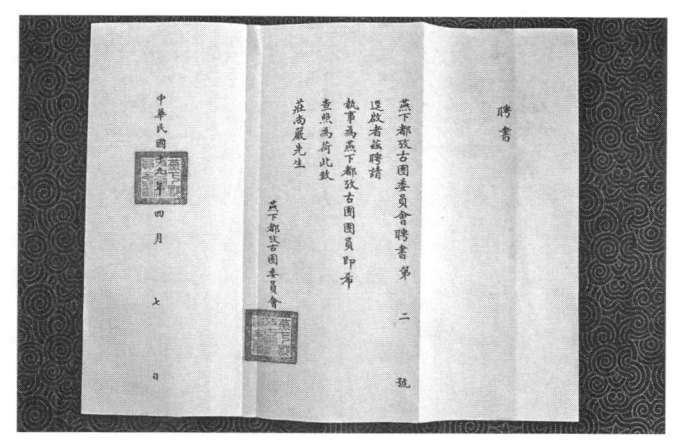

图 7-18　1930 年马衡聘请庄严加入燕下都考古团的聘书及考古团出发前的合影（北京故宫博物院提供）

1933 年 1 月山海关失陷后，故宫部分文物在 2 月初开始南迁，《迁公自订年谱》1933 年有载："夏调赴上海，眷属留平，住帘子库，旋移居后门外西皇城根。在沪寓法租界亚尔培路亚尔培坊，故宫文物因存沪一时无法他移，成立驻沪办事处，马叔平先生意欲吾主持沪事，以家在北平不能兼顾，且无意久居南方坚辞，并举同学欧阳道达以自代。"① 由此可知先生对父亲的重视和信任的程度。这一时期的报刊亦有报道相关情况，如《申报》1933年7月24日报道：

> 故宫博物院为曝晒在沪古物，特组临时监察委员会，由各机关分推代表为委员，前晚六时，该会在亚尔培路亚尔培坊故宫驻沪办事处正式成立，举行第一次会议，出席代表为行政院参事陈铢、军事委员会秘书黄任、中央研究院周仁、上海市参议会刘云舫、上海地方法院欧阳澍、故宫博物院俞同奎、庄尚严等，代院长马衡亦列席。主席俞同奎，报告开会宗旨后，即讨论议案，决定定本月二十六日开箱检验上海保存之古物。于是日上午九时，各监察委员到天主堂街二十六号堆栈集合监视，检验分组办理。每组至少二机关代表，至少三组共同工作，监委会函请各该机关加派助理员，编定组号，检验后之各箱，另由监委会加封，以示慎重云。

1933年8月10日、11日又有报道：

> 检视情形，由监察委员会常务委员庄尚严报告此次检验经过。
>
> 故宫博物院长马衡暨临时监察委员会委员庄尚严等，前日假一品香招待本埠各报社记者后，昨日国闻社记者以南迁来沪古物，博物院虽租赁两库存储，但确实箱数与其存储情形从未公布，故特趋往视察，当由科员黄鹏霄、职员赵思杰招待。

---

① 难怪父亲在1970年8月13日的日记中称："欧阳邦华先生名道达，北大同学，四十前年我介绍与马到故宫任职，其人如尚在，今应八十以上人矣。"

第七章　故宫·马衡·庄严

又读 1934 年《迁公自订年谱》,在北平"僦居地安门外白米斜街,与常维钧、徐旭生合租张文襄旧居",忽然奉马院长密令,要他去安定门内国子监将两庑的石鼓装箱,以便与第三批文物一起南下。当时父亲去请教一位知交好友北平达古斋主人霍保禄先生,他是北平当年最大古物收藏家之一。在霍先生指导协助之下,完成了艰巨的石鼓包装工程。此一任务对父亲是一种训练,也是一项考验。

又按《迁公自订年谱》1935 年记载:"春末离家赴沪,准备押运古物赴英,夏押运赴英伦敦参加中国艺术国际展。"[①] 1935 年,马院长除了坚决派令父亲押运故宫等单位的文物赴英国伦敦参加中华文物世界展外,并另付予调查欧洲各大博物馆管理、陈列等情形。马院长所以坚持要父亲押运文物赴英,除了信任他能维护文物的安全外,更了解父亲对文物具备的知识,能够答复有关文物的各种问题。此外,他还要父亲调查欧洲各大博物馆管理和陈列的相关问题。这除了显示马衡先生本身是一位深具眼光的管理国家文物的专业长才外,同时也应有借此让父亲开扩眼界,以培训一位具备博物馆管理能力之人的目的。

关于"伦敦艺展"及父亲的工作情况,这里姑且延伸介绍。"伦敦艺展"于 1935 年 11 月 28 日揭幕,1936 年 3 月 7 日闭幕,于伦敦皇家艺术学院共展出 14 周。

[①] 有关父亲押运文物赴伦敦参加中国艺术国际展,父亲在紫禁城出版社出版的《前生造定故宫缘》(2006)"伦敦中国艺术国际展"一章中有详尽记述。

图 7-19 伦敦皇家艺术学院旧影（上）及参会的故宫同人与英国主办方人员合影（下，前排左三为郑天锡特派员，后排左起为傅振伦、牛德明、那志良、庄严，后排右三为宋际隆、右一为大维德爵士）（故宫博物院提供）

参阅《故宫七十星霜》，展出的国家除中、英之外，还有德、法、俄、日、美、奥、希腊、丹麦、西班牙、瑞士、瑞典、荷兰等国；因限于场地，颇多展品未能陈列展出。展品以地主国最多，中国次之共875件，其中包括故宫709件、中央研究院之考古选例20件、北平图书馆之珍本古籍23件，余为私人收藏。父亲与唐惜芬先生分别以中、英文秘书的身份与郑天锡特派员赴英办理参展事务，押运文物搭乘英国"萨福克"号（HMS Suffolk）巡洋舰由沪去英，并于1936年搭英国"兰浦拉"号（Ranpura）邮轮归国。

图7－20　中国赴"伦敦艺展"代表人员在"萨福克"号上与英方人员的合影（左四马衡、左五郑天锡、右二庄严，前方黑色大箱内即参展故宫文物）（故宫博物院提供）

看父亲1936年的日记，故宫博物院另外派遣傅振伦、那志良、牛德明和宋际隆四位助理员到伦敦，协助办理开箱、归箱等展览事务。但不知何故，他们去与回都未随文物同行。而读 1936 年 3 月 21 日的父亲日记：

> 唐［惜芬］来，同到维多利亚车站送那心如、傅维本、宋际隆、牛守愚四人赴巴黎，彼等在法小住三四天，即赴意大利乘该月廿八日拿坡里开行之 Condevrde 号归国，下月廿号即转上海。四人来时吾与唐迎之于此，今又送之于此。接来送去，而我依然不能走，不免有点哀伤。

艺展的相关情况及父亲的工作，另可见 1935 年 11 月 1 日北平故宫博物院致该院理事会公函（函字第八十四号）记载：

> 查本院参加伦敦中国艺术国际展览会所出展览物品，前于本年六月七日在沪启运，至七月二十五日抵英，先存皇家艺术学院地内库房。兹据本院派赴该会职员庄尚严等报告：本院运英物品，已于九月十七日上午在英京皇家艺术学院开始启箱。当日到场人员，我方为特派员郑天锡、艺展理事王景春、秘书唐惜芬、大使馆参事陈维城，英方为艺展会执行委员大维德、秘书兰姆（Lamb）、编目主任斯盘洛夫（Spendlove）、教授叶资（Prof. Yetts）、艺术院宣传主任、事务主任及英海关职员一人，并有新闻记者多人到场摄影。本院职员五人全数到场工作，分任各种职务。每箱由库取出后，先行检查封锁情形，然后启箱，将古物逐件提出，校对账册照片讫，交由皇家艺术学院所派点收员斯盘洛夫点收。自九月十七日起至二十六日止，已将全数九十一箱开点

完竣，各箱件数均经校对无误。在本院出品中，惟第三十六箱所装雄精天中瑞景山子，于开匣时见有脱片数小块，系由顶端前部脱下，一处最长约四五公分，一处最长约一公分，当将碎片另行包好，仍置原箱。所有开点各箱，当时均作记录，由中英到场人员次第签名。附工作记录全份，呈请核阅。

1935年12月19日父亲又自伦敦致函马院长云：

敬陈者，此间艺展会自开幕以来，参观之人日形拥挤，每日售票恒在二千人以上，本院来英各员仍每日到会监察，以昭慎重。本月十六日第一陈列室内，发现河南博物馆出品之蟠虺纹鼎（预展会编号第九九号）一耳断落，中有铅焊痕迹，查教部原目并无注明原有伤损字样，无从断定铅痕之新旧，又按此器系陈列于木柜下层，前面并未装按玻璃，任人均可动手，是否旧伤抑系新毁？现已由郑特派员与英方交涉此事。本院出品之雄精天中瑞景山子，开箱时发现微伤数处，曾经专函陈报，此器每有移动，即碎落细末，除在此移动力图谨慎外，将来回国装箱当另谋妥善办法。艺展会所印目录前已寄呈一册，该目录内错误甚多，其关于国内运来之品所有错误，均由本院来英各员查明，交该会再版时更正，至该目录背后之地图误将新疆、西藏诸省划出国外，亦已由郑特派员向该会交涉改正矣。谨呈院长马。

科长庄尚严谨呈　廿四，十二，十九

相关情况同样可见于媒体报道，如《申报》曾采访郑天锡并刊专文介绍"伦敦艺展"情况：

我国参加英国伦敦国际艺术展览会之古物一千零二十二件，共装九十一箱，已于昨晨由大英轮船公司兰浦拉号轮运抵上海。国府特派专员郑天锡暨秘书唐惜芬、庄尚严三氏，随轮监护，兹分志各情如下：

今晨抵沪警捕保护兰浦拉号于六时半，即停泊公和祥码头，前往欢迎及照料者，计有教育部司长雷震、故宫博物院院长马衡，及郭莲峰、喻德辉、舒楚石、欧阳邦华，及郑天锡家属等二十余人。水上公安局及公共租界捕房均派大队警员到场保护。

郑天锡谈展览情形

据郑天锡博士语中央社记者云：此次伦敦中国艺展，以我国参加展品为重心，世界各国选送展品者十五国，共三千零八十项，自去年十一月廿八日起至本年三月七日止，展览十四周，参观者四十二万余人，平均每日五千余人。惟最后数周，观者日形拥挤，一日达二万人，斯为伦敦历届国际艺展所未有。倘非中经英前王乔治五世丧事，观者之众当不止此。英伦与欧洲各国舆论，无不盛加赞美，学者从而着论讲演，阐扬中国艺术文化。英公共工程部部长奥姆斯戈尔，为著名艺术评论家，曾于英政府欢宴艺展筹备会席上，称此次艺展，可见中华民族之灵魂。泰晤士报社论复和而申之。一般评论，对于古铜器之制作，允致钦佩。本人亦时应各方请求，讲述中国文化发扬仁爱道德正义和平之精神，深信欧人对于中国一般观念，必将由是益加改善。此次我方参加展品之往返，诸承英政府协助，展览会闭幕后，我方展品由故宫博物院所派助理员傅振伦等装箱，经我政府同意，展品回国由英邮船兰浦拉号带运，而以英舰分站护送，四月八日展品运船存放特定仓库，外加印封，九日开行，唐、庄两秘书随护。本人定十七日由法马赛附乘该船，旋遇大风浪，在直布罗陀埠停锚后，为风所吹，移搁浅沙，惟遇风浪及搁浅时，唐、庄两秘书，迭次下舱，启视各箱，均极安全。本人在伦敦闻讯，曾即商同驻英郭大使，分向英外海两部及该邮船公司接洽，并据情电报教育部王部长，后经船长等策划及直布罗陀英海军办事局之援助，卸去船货机油的三千吨，同时潮涨风轻，加派海军小轮一鼓船动，随即检验内外船身，毫无损伤，遂继续前航。本人由马赛附轮后，仍随偕唐、庄秘书检视舱库各箱，随时报告王部长。计该船搁浅六十小时，终获安全出险，并能如期抵沪，展品各件毫无损伤，诚幸事也。至于前后经过详细情形，另有报告书，不日呈送行政院。

1936年，父亲押运文物于4月9日离开伦敦，途中遇大风，在直布罗陀附近搁浅四天不能行，父亲曾赋诗纪之。5月17日赴英展文物安返上海。自从6月1日起，故宫将归国的文物在南京考试院明志楼又办了一次公开的展览，以昭信国人。父亲由于护运文物赴英参展此行，还赢得当时的大收藏家郭葆昌先生刻赠"老庄老运好"的双关语意印章一方。

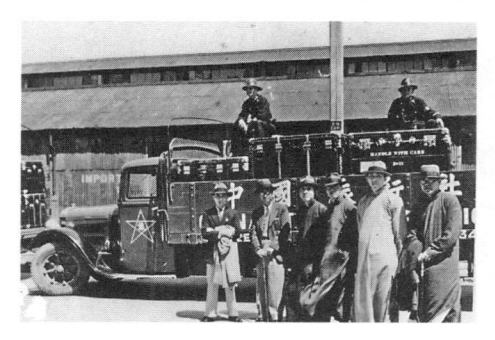

图7-21　庄严一行于"伦敦艺展"归来留影（左）及郭葆昌刻赠庄严"老庄老运好"印文（右，1.7厘米×1.7厘米）

从父亲日记中得知，虽然父亲有时会对马院长处理某些事务的方式有所抱怨；但是对于这位亦师亦友的院长，除了先生吩咐的事必然尽心尽力地去完成外，更是事事都卫护着这位师长，否则当文物即将迁移台湾时，杭立武先生曾命令父亲不可让人在北平的马院长知道，父亲还是间接地请当时故宫驻南京的总务处长，也是父亲的北大学长、好友张柱中发电报告知院长。我甚至认为，马院长当时必然体念父亲是位奉公守法行事负责的公务员，因此次日即复电指派父亲及他最亲近的故宫同事，也就是当年在安顺护运八十箱精华文物的原班同人，押运第一批故宫文物去台湾：

南京张处长：太密。青电悉。迁台事，如理事会负责决定，当遵办；并添选书画，人员派安顺原班。衡。蒸。

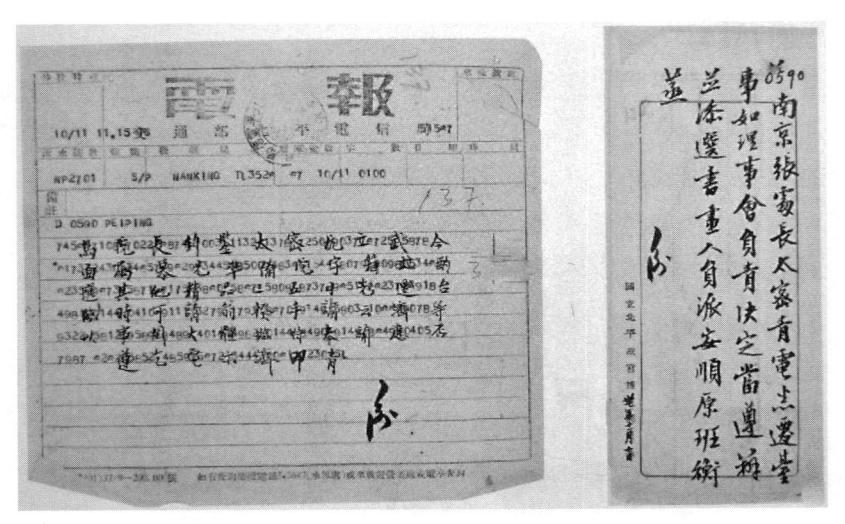

图7-22 张柱中致马衡电（左）及马衡回电手稿（右）

从以上处理故宫南迁文物向台湾疏散的过程中，也可以看出先生与父亲无论于公于私，皆会事事为对方设想考虑的深挚师友情谊。

父亲负责押运的故宫文物迁运到台湾之后，我推测，当时在父亲的心中，应该以为这又是一次将故宫文物远离战争的紧急迁移，事先绝没想到会是现今故宫两岸分隔的状况。1946年1月1日日记有载："函寄北平常克明，问北平市房价如廉，拟借款廿万市住房一所。"此时，父亲已经考虑为回归北平作准备。1947年5月18日将要离开重庆复员南京之前，父亲曾思及我和三位兄长，庄申、庄因和庄喆小学毕业所在地："四子之小学，申卒业安顺、因在重庆、喆必在南京，希望灵能在北平。"从中我们不难了解他的想法和期望。因此，读者当会认同我推测父亲在1948年底护运文物到台湾的心情，应该也与他在抗战期间护运文物从北平南迁上海、南京，之后又西迁贵阳、安顺和四川巴县，胜利后再迁重庆以及1947年复员东归南京，都是以同样的心情在奉公执行保护国家文物的工作。

父亲自1948年12月22日护运文物离开南京至最初抵达台湾北部一段时间，都没有写日记。一直到1949年1月1日才重新开始记写，但也只写了三天，便因文物还要继续自杨梅迁往台中又停写至20日。而在1月31日的日记中则记载："昨得马院长函，今得黄念勉函，均使心中不快，一使心中不安。"日记中的"心中不快"，应该是马院长在信中说了什么重话令父亲很是难过，致使父亲后来就再也没有在日记中（或与家人谈话中）提过任何与马院长相关的事。

不过，父亲对马院长的思念和情义仍是非常殷切深厚。读1952年9月21日的日记，里面尚有这样的记载："高晓梅（北沟故宫文物点查委员）携来《国学季刊》一本，内有马院长大作《居延海笔

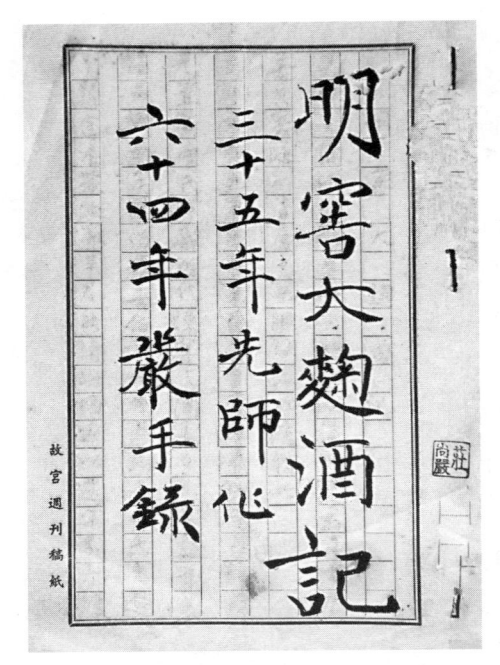

图 7-23 庄严于 1975 年重抄马衡于 1946 年 3 月所书《明窖大曲酒记》一文

考》，因杂志不外借，特别通融始携来，故只可赶忙移写以便高携走。马院长之文我手中甚少。此老今已七十以上，将来难能回大陆，想与此老无再见面之时矣，念之悲感不已。"又于 1970 年 3 月 20 日日记中载："在陆师友最念者为森老、叔平、尹默三老；友人则常三爷（维钧）、朱胖子（家济）、齐大个（树平），此生恐无缘再见，家人则以纫秋姊①最为怀念。"印象中，马院长的巨作《凡将斋》一直都放置在家中书架上最明显易取的位置；而 1975 年，父亲将马院长手书的"明窖大曲酒记"文字又重抄了一遍。其实，这些都无不透露着父亲对老师的无尽思念。尤其父亲在去世的前一年，也即他病情已相当严重的 1979 年 2 月 5 日日记中还这样记着："近读叔平先生《凡将斋》，知朱豫卿、傅维本、常维钧都健在，惟程氏昆仲无音信。"又于另一则日记载（因为是写在纸片上，已不知其确定日期）："最近

---

① 纫秋系我母亲申若侠的胞姊，因为父亲是独子，且幼年丧母，再无亲近的父系亲属。

我因肠疾住院①，老故人徐森玉先生公子伯郊先生带来香港由某书局印制的《伯远帖》复本，消遣玩赏之余，不禁感慨万千：不知何年何月，'三希帖'才能重新聚首?!"

　　至于1949年1月31日日记中所记载的那封马院长的来信，应该马院长是说了令父亲很在意甚至铭刻在心的话，才让父亲后来绝口不提有关马院长的话题。其实，我们深信父亲当时应是不了解马院长必是受到当时政治氛围的影响，因而才会在信中写了某些令父亲不快，以致从此终生都不曾向人透露的来信内容。当然，这也使得父亲后来完全没有和我们兄弟谈过任何与马院长有关的事。否则，今天我或许会知道更多当年北京故宫所发生的故事了。

① 父亲是1979年4月开始住院，5月8日手术。

下 编

第八章　华严洞题壁及其周边环境变迁

第一节　华严洞洞壁题字

　　1999年9月，为了纪念父亲百岁冥诞，同时也想重温记忆中的儿时经历，我和家人安排了一次重走故宫文物南迁路线的访旧之旅。旅行成员包括我和二哥庄因、三哥庄喆、三嫂马浩、内子陈夏生，以及宗门老弟庄伯和、弟妹张琼慧，还有一位在美国出生长大的侄儿庄诚（庄因之子），此外还有"台湾公共电视台"所派遣的导播、摄影、录音和灯光一组人员同行，他们都是为了纪念先父百岁诞辰而特别筹办"家族寻根之旅：重返历史现场"活动的参与者。

　　我们除了寻找抗战时期在贵州安顺东门坡曾经住过好几年的旧居之外（见第一章），就是为了探访安顺南郊的华严洞，以及由章履和于1947年题写后镌刻成"华严洞"三个大字的简朴石坊状山门，还有我们熟悉的"会诗寮"老建筑和在它下方基台前壁上阴刻着的提督徐印川于宣统元年（1909）春月所题书"飞岩"两个大字。此外，我们还在陪同者的协助照明下进入华严洞岩穴内部深处，重温了一次儿时的探险记忆。

图 8-1　1999 年"家族寻根之旅"成员合影，从右至左：庄诚、庄灵、马浩、庄喆、当地佛寺住持通仁法师、庄因、陈夏生、庄伯和与张琼慧

图 8-2　随行的电视台工作人员（1999 年庄灵摄）

第八章　华严洞题壁及其周边环境变迁　｜　417

图 8-3　"华严洞"山门（左）及"飞岩"石刻（右）（1999 年庄灵摄）

图 8-4　庄灵一行于 1999 年探访华严洞时于洞内留影（1999 年庄灵摄）

在结束那次家族寻根之旅回到台湾以后，我无意间在电视上看到由北京中央电视台制播的一部（分为上下两集）有关故宫文物南迁历史的纪录片，主持人是一位新华社的男记者，看到他在华严洞附近访问了抗战时故宫古物馆馆长徐森玉老伯的长公子徐伯郊先生。在那段访问中，还看到在华严洞将近出口的岩壁上，居然有父亲当年手书的墨迹（不过画面很短，而且字迹也不很清楚）。想到我为了筹划那次重走文物南迁路线的家族访旧之旅时，事先曾与几位大陆先父好友的后人联系、收集规划行程资料，并且还会同"台湾公共电视台"派出的一组工作人员，做了全程的动态影像纪录，却错过了这样一则珍贵的信息。对此我一直耿耿于怀，同时也暗自期许：日后一定要再到华严洞探访，并且还要亲手拍下父亲当年在洞壁上的题字。

2004年6月中旬，我因受邀参加由台湾《中国时报》和"香港中国旅游出版社"共同主办的"两岸摄影家合拍贵州24小时"活动，再一次来到贵州。当6月18日完成了在黔东南榕江地区排定的摄影采风行程和次日贵阳的参访行程之后，我便在三位台湾摄影老友黄永松、刘振祥、何经泰，以及两位贵州摄影好友杨延康、高冰的伴同之下，连夜前往黔西安顺，冀望能实现这一期盼已久的心愿。

6月20日刚好是父亲节，早上天还阴着。为了赶时间，一行人在安顺文化局顾问帅学剑兄的带领之下，于早餐前就来到安顺南郊，希望一探我小时曾经在那里生活过，而乾隆时代就被贵州学政洪亮吉（北江）命名为读书山的华严洞。华严洞的洞口距离平地至少有两层楼之高，原本面对着一大片稻田和远处的一座石灰岩山丘。1999年我和兄长们第一次探访时，山脚下路边已经盖起一排房舍。2004年，发现新盖的房屋更多，原来的环境已经发生很大改变。好在洞区入口仍然是1999年见到的儿时就有的石坊状山门。进门之后上了台阶，还需穿过一间庙舍平房和后面一块由读书山天然崖壁与平房间围成的穹形天井，才能来到真正的华严洞口。这时候抬头仰望，还可见到洞额岩壁上方由国民党军将领杨森于1944年所书题镌刻的"天地妙蕴"四个大字。山洞口1999年原本只有一道牌坊状的水泥构建空敞大门，

第八章　华严洞题壁及其周边环境变迁　｜　419

没想到 2004 年迎面见到的竟已是一间气派堂皇的新建佛殿。殿内正中供奉着释迦牟尼佛的金身，两厢紧贴着洞口山壁各是一排高有两米多的长长立柜，里面台座上安坐着姿态各异的多尊罗汉尊者像，而原来的两侧天然洞壁则已完全被厢柜遮挡住。

　　由于之前得知父亲的墨迹好像是题在面对主佛的右侧岩壁上方，这么一来心想近距离观摩的希望不大了。不过，我还是按照所获讯息的指引，依序从右侧长柜的前后两端分别架矮梯上到一人高处，然后以打火机的微光朝厢柜后面的岩壁仔细搜寻，结果并无任何发现，只好快快下梯，再穿过大殿左后侧的狭窄缺口进到大殿后面。这里已是山洞的第二进空间，除了后方地上早年就有的一座供奉着西方三圣的简陋佛台之外，周围都是原来的天然岩壁，这里几乎完全没有照明，而洞内却堆放着许多弃置不用的木质桌椅。这时我忽然觉得这里似乎才是题字的地方。当我把这灵光乍现的想法告诉同来的好友之后，他们立刻热心地掏出打火机和小手电筒，甚至用相机上的闪光灯，纷纷对着头顶上方及四周暗黑的岩壁闪照寻找，果然在靠近洞顶右缘的倾斜岩壁上，发现一小块用毛笔书写的字迹。这时，大伙都高兴得大叫起来，马上扶我爬上一人多高的凌乱桌椅凳堆，一面去向庙方商借蜡烛。于是，我便蹒跚地爬上一张靠近那块字迹的桌面，然后手握蜡烛尽量趋前，试着去辨认洞壁上这块时间已经超过六十年的毛笔字迹。可能因为岩表风化，加上水渍渗浸等因素影响，原有的墨渖都已漶漫，以致大部分文字已经变得模糊不清，严重的甚至消褪不见。（见书前彩图）

　　经由现场以及事后从照片上的努力辨认推敲，大概勉强可以认出这样的字句："……自陪都……理故宫书画……其事……庄尚严郑……文也。"尽管只是寥寥几十个模糊又残缺不全的字句，但是当时在烛光下第一次面对据说是父亲在抗战最艰困年代的遗墨，内心的惊喜和感动还真难以形容。遥想他当年受命为守护那批曾经于1935年到英国参加过"伦敦艺展"的八十大箱故宫精华文物，辗转数千里来到云贵高原上这么一个边陲小县城外的荒僻溶洞里栖藏，身上肩负的责任与当时配合条件又极端匮陋所形成的巨大身心压力，感受必定十分深刻。这似乎可以解释一向雅好书艺的父亲，何以会把当时处理文物的情境特别题记在华严洞的岩壁之上，以示永志不忘吧！不过，我对于那些题壁文句在非落款处居然会出现"庄尚严"这三个字却甚感不解——虽然壁上文字的笔画风格与父亲墨迹颇为近似，但习惯上父亲似乎不会在这样的题句中称呼自己，不用"吾"或"余"，而竟然直接用自己的全名。

　　第二天回到贵阳省城，在《安顺日报》记者石庆利小姐（2017年我应邀再访安顺时她已荣任安顺文物局长）的陪同下，我和老友黄永松一同造访了家在贵阳的市文联主席戴明贤先生夫妇。戴先生是贵州的著名作家和书法家，他就是安顺人。当我和他谈起先父、故宫文物南迁与华严洞的往事时，他不仅知道这段历史，并且还告诉我：1944年4月，故宫同人为了答谢贵州地方百姓在播迁时期的热心协助，还曾经从庋藏在华严洞的故宫国宝中挑选了一百多件书画，在贵阳的省立贵州艺术馆公开展览过（前文所提"筑展"），而筹备期间就是由当时的艺术馆馆长陈恒安先生与父亲共同联系办理的。特别令人惊喜的是，陈馆长的儿子现在是知名画家，也是戴主席的好友，手上还保留着好几封当年父亲为贵阳展览事写给陈馆长的毛笔书信。另外戴先生还说他父亲当时是安顺商会的会长，和陈馆长也是朋友，为这场展览也出过不少力，想必父亲也是认识的。

图 8-5 戴明贤夫妇（2004 年庄灵摄于贵阳戴府）

戴先生听到我已于前一天在华严洞找到父亲的题字时非常高兴，并立刻取出他的著作《一个人的安顺》（人民文学出版社，2004）和《戴明贤散文小说选》（贵州人民出版社，1996）送给我。其中在《散文小说选》的第 236 页，就收录了一篇戴先生写于 1993 年 1 月、题名《石窟曾藏宝》的文章，讲的就是他所知道的安顺华严洞和故宫国宝的故事。在这篇文章的后半，有一段是这样写的：

> 去年，表妹张晓英来访，手里拿着两本台湾出版的文史杂志，是奉父命送去给一位父执的。我拿过来翻了翻，不意发现其中有一首《题庄慕陵（严）安顺华严洞读书山图》的套曲，作者张敬。趁她们谈家常之际，将全文抄下。前有小序曰："抗战期间故宫宝物南迁，储藏洞中。"曲曰："（南吕一枝花）千岩万壑

图,翠柏苍松径;清溪拖玉带,苗寨布荒莹;好一派水秀山明。八年来避难随缘住,一朝里归途若梦行;您堪夸走北征南,俺则叹离乡背井。(梁州第七)漫收拾洞天福地,尽流连石室山城;桃源世外三生幸。云深藏宝器,风静送梵声;有登天眼界,看绕地围屏。泉活活鸟语嘤嘤,树深深石垒层层;任天时寒暑阴晴,任人间喜怒哀憎,任尘寰得失衰兴;漫惊,莫凭,闲拈毫且自点丹青,兵灾战燹一朝清,回首西南山水程,画意诗情。(尾声)逃荒海隅情难定,故里音书水上萍,怀远思亲空画饼,抚膺,泪零,和俺那梦里家园两厢证。"据此曲可知,庄严先生在数年之后,又一次离乡南迁(这回走得更远,是到台湾),仍未能忘怀华严洞和那段守护石窟国宝的生活,因而绘制了《安顺华严洞读书山图》,并遍征朋辈题咏。清朝乾嘉时期著名学者洪亮吉游华严洞诗有"我欲摩崖易旧名,读书山畔藏书穴"之句,庄图即用此名。套曲注明作于1956年,则南渡台湾已七八年,又相当于抗战岁月了,却不知归期何年;……如今华严洞读书山风景依旧,遥向南天,庄、张二公是否别来无恙?

当时读戴明贤先生这段文字,曾让我低回良久。其实戴写此文时,父亲已经过世13年。而套曲作者张敬(清徽)教授[①]原是父亲好友、台大中文系同事,她就是安顺人,曾经和台静农老伯到过台中北沟故宫和台北外双溪家中多次,我也与张教授熟识。至于《安顺华严洞读书山图》正确的名称应该是《安顺读书山华

[①] 关于张敬教授(1912—1997)及其与父亲的交谊,详见本书第十一章。

第八章 华严洞题壁及其周边环境变迁

严洞图》,是父亲在离开安顺到四川巴县以后委请同事刘峨士先生画的。为了细睹戴文里所提的画卷及张敬教授为该图所作套曲的跋文真迹,我和内子于是特别把很少看过的父亲珍藏遗物《安顺读书山华严洞图》手卷从箱子里找出,然后逐段仔细研读。在手卷刘峨士先生所绘图幅后边,是马衡院手书。除了为《华严洞图卷》引首篆题之外,他当时还以行楷写了一段长长的跋文:

  城南十里路回环,百折烟岚水一湾,却喜青衫迎马首,华严洞口读书山。华严洞外山甚秀折而无名,县人赵氏聚族居焉。余岁试安顺,赵氏子弟获隽者文武各二人,因以读书名其山,从土人所请也。

  百折山已深,遵岩复千转,山扁深万仞,欲往怯途远。洞门蜡炬掷两头,直下无底光难留。奋身一掷若飞鸟,回视偏惊洞门小。土花蒙蒙绿满衣,巨石碍路如双扉。牵衣屈曲入扉罅,飞瀑偏从两肩下。危崖覆釜下转空,大声如钟疑蛰龙。孤筇欲拄不得拄,地底陡复冲天风。崖穷路断天愁晚,半寸烛中人复还。高低三里路蜿蜒,出履平地同登天。当时谁把华严说,已觉丰干太饶舌。我欲摩崖易旧名,读书山畔藏书穴。初一日出南门至华严洞,持烛入三里许。

  安顺华严洞虽为黔中名胜,而无故实可言,有之自洪北江始。抗日军兴,故宫文物曾庋藏于此,以避寇氛。余曾提名洞中纪其事,是可与鲁壁同垂不朽矣!

    慕陵吾兄属题,因录北江诗二首于右 叔平马衡

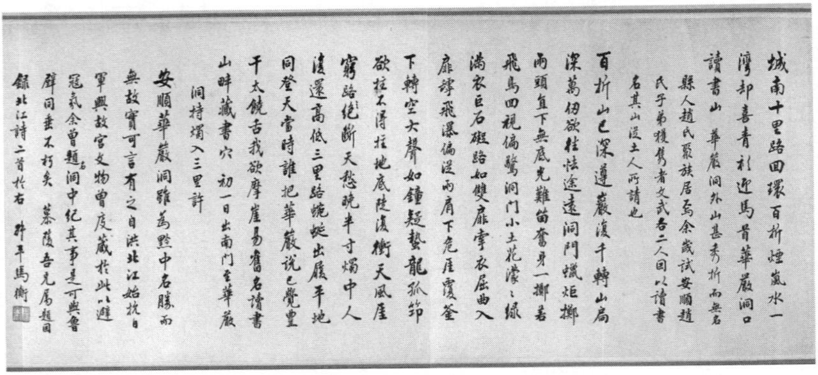

图 8-6 马衡题《华严洞图卷》跋文

马衡院长跋文前两段皆抄录洪北江诗,按《中国人名大辞典》所载:

> 洪北江,名亮吉,字稚存,北江为其号,阳湖人。少孤,资馆谷以养母。母卒时,以客游不及视含殓,故遇忌日辄不食。举乾隆进士,授编修,督学贵州,教士以通经学古为先。嘉庆时,以上书指斥戍伊犁,寻赦还,自号更生居士。于书无所不窥,尤精舆地学,诗文有奇气……著有《北江全集》。

洪诗前段"城南十里路回环,百折烟岚水一湾",不知是否系指当日出安顺南门往华严洞途中路上会经过一处清澈水洼,名曰"平地泉"。记得父亲也曾写过一首类似的绝句,"城南十里路回环,平地清泉水一湾。纵望青峰迎马首,华严洞口读书山",料亦出自原诗。但1999年及2004年我重履安顺,乘车前往华严洞时,路上已经多了许多房舍,而平地泉则没有见到。不知是不慎错过,还是中间经过六十多年物换星移沧海桑田,平地泉早已不复存在了?

洪诗第二段写洞内情景。我小时曾与哥哥们跟随大人深入华严洞一次，还依稀记得洞内非常阴黯，步行小径在头顶上方悬垂着重重巨大怪异钟乳石和脚旁峭耸的石笋丛间曲折迂回上下，每人必须手持火把才能碎步前进。途中曾多次听到深洞激流的淙淙水声，但好像并没经过像洪北江当年所写那样具有非凡气势的奔腾飞瀑，推想大概是我们还未深入到最深处的缘故。

在跋文的最后，我们看到这样两句："抗日军兴，故宫文物曾庋藏于此，以避寇氛。余曾题名洞中纪其事，是可与鲁壁同垂不朽矣。"在父亲题写的四段跋文中，我们又发现这样一段文字："幸卅二年叔平师，因事至安小住月余，一日酒后忽发逸想，老头子竟攀梯登三丈许，亟崖大书百余字，可做纪念。"当我细读了马院长和父亲上面那两段跋文，才知晓原来多年来大家一直以为华严洞岩壁上的题字是父亲手书的传闻，今天竟然在我自己家中得到真正的解答。这个结果起初的确令我震撼，并且怅然若有所失，但是想到历史的真相，竟能由我在这样的机缘下揭示于天下，岂不也是美事一桩吗？

有关华严洞内崖壁上的毛笔题字的内容，由于长年水浸、墨渖漫漶，许多字已经难以辨认。但当 2010 年我参加"重走故宫文物南迁路"考察团，第四度造访儿时旧地安顺，并且再次到华严洞踏勘时，由于当时陪同考察团的贵州省文物局的王江先生事前已经作过许多功课，因此这段文字在他的协助和辨识之下，很快就有了答案。这处洞壁上题字的正确全文只有 32 个字，那就是："卅二年（1943），鄞邑马衡偕伍蠡甫自陪都来，整理故宫书画，与其事者，庄尚严、郑世文也。"

这段新辨识出来的题字内容，我曾经写入《四走故宫文物南迁路》一文，并且发表在 2010 年 9 月《故宫文物月刊（重走故宫文物南迁路专辑）》（第330期）的第43页上。不过我读同年11月出版的《紫禁城》第190期，由徐婉玲女士所撰写的《重走故宫文物南迁路考察纪（二）》文中第106页，也特别以原题字照片及对照辨识文字详加说明，只是于该一辨识文字的"框图"中，却在"鄞邑马衡"之后留下一个□格，然后下接"偕伍蠡甫自陪都来"。此□格经我仔细对照个人所拍崖壁上字迹，在"衡"与"偕"二字之间，其实并无任何空位可以容纳其他的字。如此，上文所引辨识后的那段文字，应该可以说是确定无误了。

至于父亲在前段跋文中所记："幸卅二年叔平师，因事至安小住月余，一日酒后忽发逸想，老头子竟攀梯登三丈许，亟崖大书百余字，可做纪念。"这段文字除了可以确认壁上的题字是出于马衡院长之手外，其他用来形容的字词，好像都有点夸张：首先，该段题字的位置已经贴近壁顶，但是距离地面最多也不过一丈多高。另外，当时是否题有"百余字"之多，也一看便知有问题。毕竟父亲当年书写这段跋文的时间，已经是离开安顺数年之后的事了，许多当时的细节可能已经记不很清楚。再加上文人酒后提笔作跋，即便有所夸张，似乎也是自然而合理的事吧！其实，父亲庄严先生此段跋文并未落下年款，然而参阅在它之前的诸家跋文，像朱家济先生是1947年、邱倬先生则是1948年，则由此可以推知，父亲此段跋文的书写年代应该已是1947—1948年间的事，距离在安顺时期已经将近五年之久了。

第二节　近廿年来华严洞周边环境的变迁

除此之外，以华严洞附近的环境来谈，当1999年我和两位兄长

第八章　华严洞题壁及其周边环境变迁　｜　427

及家人第一次重访华严洞时，站在洞区前的大路边坡底下向外眺望，还可以看到脚前河渠上用石梁搭建的小桥和渠外一大片禾实累累的平坦稻田，以及散处在远方房舍后面的数座由石灰岩构成的小山。一切几乎还是五十多年前记忆中的儿时景象。然而，当2004年我再度重访时，原先幽静平远的田间景致，已经被一条隆起的新建（贵阳直通昆明）高速公路路基横切成了上下两片天地。而原先洞区入口处寺庙的左右两侧，也已多了好些新建的房舍，让华严洞入口处的外观起了很大的变化。但到2010年6月，当我随"重走故宫文物南迁路"考察团一行人再度来到安顺华严洞时，发现洞区在大马路上的出口，已经被原先的妙法禅寺改建成为一栋赭红色长长的二层楼舍，只在进入禅寺的矩形通道口（功能如禅寺山门）外，设置了一对石狮子。如果人站在外面大路旁的空地上，根本看不见屋后高台上的其他寺庙建筑，自然更看不见再后面原属天成的华严洞洞口了。

那天当我才从山脚下大路旁的通道入口走进寺区内院，竟然发现那里的环境也发生了极大改变。原本2004年尚伫立在中央平地院落左侧的石坊状山门已经不见，原先安置在院子右侧"会诗寮"基台前壁上宣统元年由提督徐印川所题刻的"飞岩"两个大字和其他小字，也都被髹上了大红油漆。而原本石坊状山门上方阴刻着"华严洞"三字及其前后小字"民国二十六年春"与"古刹章履和题"的那块石刻横匾，不只被搬到新建的上层高台沿坡回廊后方的中央坡壁之上，原刻的"华严洞"等字迹也被漆成极不自然的大红色。当我站在完全不似从前习见旧貌的这片突然出现的"新景"面前，心里的感觉真是既难以置信又难以言宣，怎么一下子就变成这个样子了？

然而哪里知道，当我于2017年乘参加"安顺·台北文化摄影艺术周"活动，并应邀在安顺公办专题讲座演讲《故宫文物与安顺情结》、出席"洞藏故宫、文物南迁与安顺情结主题研讨会",以及将父亲生前所珍藏1944年故宫在贵阳举办"国立北平故宫博物院在筑书画展览会"(筑展)的展览目录复印件捐赠给安顺市档案馆之后,又和两岸摄影好友再度前往华严洞探访时,才骇然发现整个华严洞周围房舍,除了一栋战前就有的中式古建"会诗寮"以外,已经被全部拆除一空!如果站在洞外前方远处往读书山的方向回看,除了原本就盖在坡台右侧的会诗寮,眼前只看到一道高高的蓝色薄铁围屏,正静静站在靠山一侧的马路旁边。我手中有一张父亲留下的泛黄老照片,照片背面有父亲用钢笔写的说明:"民国廿九年(1940)七月照于安顺华严洞帅园　右(起)孙永杰、庄、黄尧丞、杨、孙洵侯,照者戴子如。"(见书前彩图)这张照片是目前我手中,除了那张"正在搬运文物大铁箱的贵州公路局卡车"之外,要算第二张有关故宫摄于战时安顺的照片了。细看照片中诸人背后的楼房,似乎就是2017年我所见"会诗寮"背后山坡上的那栋白色楼房。然而,今天来看好友邱高顺兄2021年所摄的现况照片,才发现那栋楼房已经变成一块四周有铁丝围篱的白色空场了,只是不知父亲当年和友人合照的帅园,现在是否还在那里?

自古以来,从外面平地远处往读书山方向回望,原本是不可能看到华严洞的。如今,洞口竟然就直接出现在蓝色围屏的左上方,亦即就在坡台左后边长满深绿树丛的读书山崖壁下面!对于我来说,这还真是这么多年来的头一遭。当时我和同来的"台湾摄影博物馆文化学会"一行人,还有"安顺摄影家协会"的好友邱高顺主席,大家从围障两边的小径爬到坡台上面,只见华严洞口原来增建的佛寺前殿及周遭房舍,已经被拆得只剩下几堆断垣残石!当我们从原来前殿右后方缺口步行深入山洞之内,我仍然可以无须费太大功夫,便能在右侧洞

第八章　华严洞题壁及其周边环境变迁 ｜ 429

壁靠近天然洞顶的崖额上面，看到1943年故宫马衡院长在父亲的陪同下，亲手用毛笔题写的一共32个已显漫漶的模糊字迹。这次看到它们尚"依然健在"，才稍稍感到一丝安慰。只是细看那一小块字迹，似已又因拆除工程而遭到若干伤损。那天的同行友人在我的说明下都在现场凭吊多时，然后才默默步出已经空残的山洞。在接近洞口的壁顶上方，还垂挂着好几盏废弃的长罩吊灯和数股尚未拆尽的帷幕残条，洞口前方早已长满丛丛杂草的土石坡上，还堆放着许多看来尚堪再用的水泥构件和几尊佛头，一直向外延伸到右前方"会诗寮"的廊柱下边。整个华严洞区景象荒圮凄凉，看得令人难过！

其实，我当时并不知晓此地自古已是属于"妙法禅寺"的产业，而且这一次庙方的大事重建，也是经过安顺西秀区华西办及安顺民宗局的核准并协助公告的。根据2021年10月妙法禅寺宏盛法师接受安顺摄影家协会邱高顺主席的视频访问时表示，华严洞在1992年10月已经修葺过一次，2005年2月又经过一次整建，这回是第三次，规模也最大。从2016年开始（拆除）到2020年（完工），一共花了3800万元人民币。当我看过高顺兄的视频之后觉得，也许早先限于当时的社会状况和庙方财力，当1999年我和兄长及家人第一次回到华严洞探访时，感觉上那里和小时候并没有多大差异，而且当时寺庙的住持通仁法师（就是现在宏胜法师的师父），在我们家族一行即将离去之前，还亲向我两位旅居国外的兄长庄因和庄喆化缘，希望他们回返侨居地后能够帮忙庙方募点经费。但是当2004年我为寻找洞壁上相传父亲于抗战期间的题字而专程造访华严洞时，发现整个山洞口已经被新建的佛殿所充满，好在最后终于在佛殿后进黯黑无光的山洞右壁崖额上找到了题字。可是2010年当我再随"重走故宫南迁路"考察团来到华严洞时，竟赫然发现华严洞外的建筑和寺庙内院已经全部改变：原先的石坊状山门已经消失不见，而山门上面刻有华严洞三字的石匾却已被髹上红漆，并且被移放到后面坡台上一条新建回廊靠山一侧的坡壁之上！更没想到2017年当我再到华严洞时，竟意外地撞见华严洞周遭除了古建"会诗寮"外，其他所有的庙区房舍都已被拆除一空，让那里成了一块野草蔓生的荒凉山麓空地！

这回为了出版本书必须谈到华严洞的最新情况，但又碍于两岸新冠疫情的阻隔，我不得不拜托好友安顺摄影家协会主席邱高顺兄，请他得便亲往华严洞一行，将当时所见现况拍下，然后连同相关资料传给我，以便据实撰入本书。如今根据高顺兄于2021年底亲往华严洞所摄洞口附近环境及新建庙区楼舍画面多张，加上他对妙法禅寺住持宏盛法师的视频专访，我才能见到并且稍稍了解禅寺于2020年重建完成以后整个华严洞周遭的最新面貌和状况。从这些新拍的照片上看，整个华严洞区确实让人耳目一新。然而，可能因为庙方在规划这次重建禅寺的工程时，事先未能与安顺市政府文化单位或者北京故宫博物院取得联系，邀请他们协助并提供专业意见，俾将"国家重要文化遗址保护"与"寺庙扩建发展"这两大目标能够并同考虑。若能如此，相信今天除了在庙舍新馆里规划了一条"华严佛教/抗战文化长廊"，使其尚能对外展示佛教文化与抗战时期故宫南迁精华文物就藏放在华严洞的简单介绍而外，其他的像：（一）全新大雄宝殿就完全盖在山洞洞口内外；（二）把刻有华严洞三字的石匾再一次搬挪到一栋新建庙舍的出入口上方；（三）山洞内岩壁上马衡院长当年的珍贵题字，已因洞内原有建筑的全部拆除和重建施工受损而变得更为斑驳模糊；还有（四）对庙区唯一留下的古朴历史建物"会诗寮"，也被重新施作的浓艳色彩涂抹得让人几乎认不出来。相信这些状况不仅不会发生，并且一定会有较今日不同，而更"具有历史文化内涵和宗教建筑美感的恢宏肃穆、典雅焕然的妙法禅寺与战时故宫的全新建筑群落出现"，可以永远守护和发扬"抗战时期故宫南迁文物曾经在安顺华严洞庋藏将近六年，期间还曾多次到大后方多地和友我外邦展览，宣扬我灿烂中华艺术文明"，亦即"我民族文物因防御日本侵略而大规模迁徙，同时依然能够泽被万千国内国外民众"那样可歌可泣的国家历史与荣光！

可惜现在一切似乎都太晚了！

附：1999—2021 年间华严洞及周边环境变迁图示

图 8-7　刘峨士绘《华严洞图卷》中洞口附近建筑

图 8-8 1999年华严洞山门及会诗寮下方基台前壁之"飞岩"二字石刻(上),以及华严洞洞口状况(下)(庄灵摄)

第八章　华严洞题壁及其周边环境变迁　｜　433

图 8-9　2010 年华严洞前新修的大门（上）；宏盛法师及庙众背后的原山门及会诗寮环境已完全改变（中）；髹上红漆的"飞岩"石刻（下左）以及被移至后方高台坡壁之上的原石坊横匾（同髹红漆，下右）（庄灵等摄）

图 8-10　2017 年整修期间被蓝色薄铁围屏围住的华严洞
　　　　（右中之中式建筑即会诗寮）（庄灵摄）

图 8-11　2021 年华严洞口重建后面貌，包括新建洞口前厅、后方洞口处大雄宝殿及会诗寮古建筑（前页下）；新建的大雄宝殿已完全遮挡洞口（上）；会诗寮及原石坊横匾现状（下）（邱高顺摄）

图 8-12　马衡院长的洞壁题字在 2004 年（上，庄灵摄）及 2021 年（下，邱高顺摄）的保存情况

第九章 《华严洞图卷》题跋（上）：旅居重庆时期

如前所述，《华严洞图卷》绘成后，父亲亲自邀请与故宫文物南迁到华严洞有关的多位故宫师长、同人，以及父亲当时（与后来）的多位艺文知友和名家，各自分别书写了十多段不同的题跋。这项活动自1946年旅居重庆时开始，持续至父亲迁居台湾之后，比较完整地呈现了这一时期父亲的交谊情况。接下来三章，作者即以跋文为线索，分别介绍题写者及相关人等的生平，以及他们与父亲（乃至我们一家）的交往故事。

第一节 徐旭生跋文

《华严洞图卷》中的跋文，紧接在马衡院长跋文之后的是徐炳昶先生，他的跋文如下：

> 吾国西南，山川阻深多奇境；然因都人士鲜至其间，固少有知者；但如石船山阳明洞之类，则地以人重矣！黔南安顺南五里许有华严洞，风景佳绝，抗战期中，慕陵先生保管国宝，藏于是

洞中，以避敌人之残毁；事后又请友人作图，以存纪念；则斯洞也，将与石船山阳明洞，永远存留于邦人君子之记忆中，不待言也。

中华民国三十五年［1946］六月　徐炳昶题于

陪都南山　故宫博物院办事处

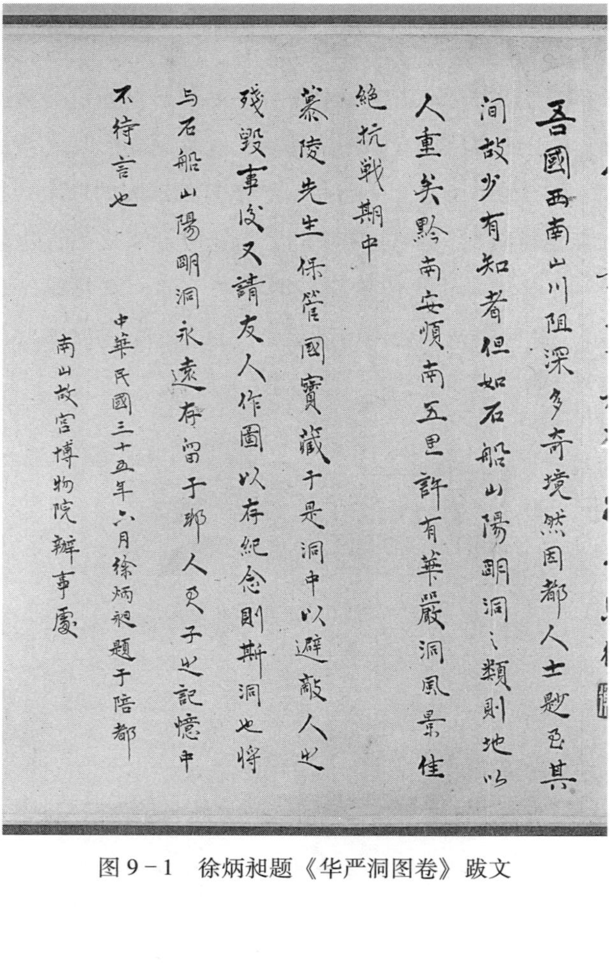
吾國西南山川阻深多奇境然因都人士題品其
間故少有知者但如石船山陽明洞之類則地以
人重矣黔南安順南五里許有華嚴洞風景佳
絕抗戰期中
慕陵先生保管國寶藏于是洞中以避敵人之
殘毀事後又請友人作圖以存紀念則斯洞也將
与石船山陽明洞永遠存留于邦人君子之記憶中
不待言也
中華民國三十五年六月徐炳昶題于陪都
南山故宮博物院辦事處

图 9－1　徐炳昶题《华严洞图卷》跋文

第九章 《华严洞图卷》题跋（上）：旅居重庆时期

徐炳昶先生（1888—1976），字旭生，河南唐河人，先后任北京大学哲学系教授、教务长，北平女子师范大学和北平师范大学校长等职。曾参加"西北科学考查团"并任中方团长，回来之后出版了《斯文赫定小传》和《徐旭生西游日记》；受此次考察影响，后来他一直致力于史前和考古研究。中华人民共和国成立后，徐炳昶先生在中国科学院考古所工作。《马衡日记》1953年3月12日记载："下午故宫为陈列商代馆事召集座谈会，由立庵说明经过，夏鼐、徐炳昶、陈梦家等均提意见。"由此可知，当时他仍在做古代文物之研究。

图 9-2　徐炳昶（1888—1976）

徐炳昶先生是父亲的老朋友，也是母亲北平女子师范大学的老师；据父亲的北大老同学，也是故宫老同事常维钧老伯的长公子常韫石（后改名葛彦）大哥告诉我，当年父亲初进故宫并且结婚成家后，住在什刹海旁边白米斜街的三槐堂（张之洞故居，那里原有三棵大槐树，但1988年我初到北京常大哥带我到那里造访时，其中一棵已经只剩树桩了)。当年和我双亲同住一个宅院的,除了常维钧世伯一家,就有徐炳昶先生。又读父亲《迂公自订年谱》,1934年也有记载:"在北平僦居地安门外白米斜街,与常维钧、徐旭生合租张文襄旧居。"

如前所述,曾与张伯驹、徐悲鸿、沈尹默、吴湖帆、启功、蒋廷黻、傅斯年、胡适、梁思成诸先生一道担任过故宫博物院专门委员的徐炳昶先生,在1932年曾任我国与瑞典合组"西北科学考查团"的中方团长,外方的团长则是斯文赫定博士(Dr. Sven Hedin)①。

图9-3 斯文赫定(1865—1952)

---

① 瑞典人斯文赫定(Sven Hedin,1865—1952)酷爱旅行,于1893—1909年间在新疆和西藏一共做过三次深入的探险考察旅行,出版过无数旅行纪录和科学报告。1926年10月斯文赫定再度来中国,与北京学术界磋商数月,于次年4月由中瑞两国合组"西北科学考查团",主要工作是在中国西北地区从事地理、地质、地磁、气象、考古、民族、古生物、古植物、动物、植物十大部门的科学考察。参加专家除中国、瑞典之外,还有德国、丹麦等国近30人。该考察团的工作时间原定六年(1927—1933),后因受命为我国政府勘测西北公路,延至1935年2月才结束。

第九章 《华严洞图卷》题跋（上）：旅居重庆时期

我小时候喜欢集邮，手上有一套父亲赠给我的"西北科学考查团纪念邮票"①。这套发行量有限的纪念邮票所用的图案，就是故宫所藏《名绘集珍》册页里的第十幅《平沙卓歇图》，为了考证原票封套上所印的说明文字把该图名注为"沙原散牧图"的错误②，我在大四时还为此写过一篇《从西北科学考查团纪念邮票谈起》的文章，文中除了介绍我国在20世纪30年代由政府所筹组最早的国际性科学考察团的组成、任务和重大考查成果之外，并且证明了纪念邮票专封上说明文字中引用故宫所藏名画册页内画名的错误。这篇文章曾发表在台湾发行的《中国邮刊》第4期上，后来也收进了我最早出版的一本关于故宫文物邮票的小书《中国古艺术品邮票》（宝岛邮学会，1966）之内。

尽管我自青年时代即对徐炳昶先生慕名已久，也知道他是父亲的老朋友，1946年故宫南迁的三路文物向重庆集中时，个人也应曾见过他；不过却已完全不记得他的长相了。尤其遗憾的是，当父亲还健在时，自己从来都不曾问过父亲有关徐炳昶老伯、斯文赫定博士，还有考察团和纪念邮票的任何事情。如今思之，真是后悔莫及了！

---

① "西北科学考查团纪念邮票"于1932年6月3日发行，时逢考察团第二阶段末期，由于经费来源不定，欲借由发行邮票筹谋。该邮票总共发行25000套，据称分配额：售给"考查团"20500套；由南京、上海、北平、汉口、广州五地邮局发售1500套；赠送万国邮政联盟各国邮政当局500套；2000套由交通部分配，余由北平财政部印刷局保管。其中考察团的20500套均全数运往国外。当时未经邮局公开发行的纪念邮票每套售价5元，为票面价值的25倍。

② 《平沙卓歇图》现藏台北故宫博物院，为在乾隆朝收集装裱成《名绘集珍》册页中的最后一幅（第十幅），签标为"平沙卓歇图"（编号：故画1243之10）。画面纵长20.4厘米，横长23.9厘米，绢画设色；图绘主题为沙原中游牧民族和骆驼扎营休息的情景。无款，画之题名应是成册时因画意而命名。画之右下角有收传印"懋和珍赏"等数方。而《名绘集珍》册页的第八幅为《莎原放牧图》（编号：故画1243之8），画面则为一牧童子正趴在水牛背上睇视旁边小牛的情景。很明显的，邮票原封套上所印的说明，将图名印成"沙原散牧图"是个双重的错误。

图 9-4　西北科学考查团纪念邮票（庄灵藏）

从徐炳昶先生跋文的最后一段文字"中华民国三十五年六月[①]徐炳昶题于陪都南山　故宫博物院办事处"可以知道，战时南迁的三批故宫文物，当时除了父亲押运的第一批文物已经移运到了重庆外，第二、三两批战时存放在乐山与峨眉的文物，还正要开始向重庆集中。那时候同人们的办公地点，就在重庆南岸海棠溪南山山麓的向家坡，原属贸易委员会的旧址；那里也是我开始念小学和生活了一年半（1946—1947）、令人记忆深刻、毕生难忘的好地方。近读父亲日记，

---

① 根据父亲日记是 6 月 14 日。

才知道在那段时间里,徐老伯和父亲便常有互访和聚晤的机会:

1946年6月13日 傍晚,忽王碧书一家与徐旭生〔炳昶〕先生及其女公子二人同来访,大小七客光临,室中一时大热闹,留诸人住宿。

6月14日 夜雨晓晴,旭生食后,邀同登南山,吾何尝不思一涤俗怀,事羁身不敢离,使若侠陪往(若侠为其女弟子也)。午返宴之,酒后为题跋《华严洞图》。

7月13日 晓起,维本过江,与之同行,为答访徐旭生,此老曾不远来此,吾尚未回礼,盖性懒畏热怕远行。

8月1日 午,徐旭生过江来访,留宿山中。绝早起,晒箱。八时许有车到,一天连续不断,至晚八时共到十八车。大忙至夜十时;又同徐先生谈话至十一时。

8月2日 旭生先生于晚饭后过江去,若侠偕诸儿送之山下。

8月3日 旭生先生连日在此纵谈甚畅,彼行时劝告诸儿天才可造,惟身体太弱,非大时代人物,主多运动。侠数与之谈哲学文学,此老均有其独到见解。惟此日吾工作正忙,无暇多领教耳。

中华人民共和国成立之后,根据《马衡日记》1949年11月25日:"徐旭生、袁希渊、黄仲良来开'西北科学考查团'常务理事会,决定请求科学院接管。"由于徐老伯在中国科学院考古所工作,因此与马院长时有来往。1951年12月20日,马院长称:"张伯英(钫)、傅佩青(铜)、徐旭生(炳昶)来访,陪往西路一游。"

第二节　傅振伦跋文

完成于重庆时期的另一篇跋文,则出自父亲的故宫老同事傅振伦先生之手:

> 民国十三年［1924］清废帝溥仪出宫,明年于其地设故宫博物院;吾国历代珍异,胥及内府,故宫宝藏遂为世界冠,实中国文化艺术资料之渊薮也。周礼春官天府一职,掌祖庙之守藏,凡国之玉镇大宝器藏焉。凡官府乡州及都鄙之治中受而藏之,以诏王察群吏之治,若迁宝则奉之。
>
> 盖古之王者迁都则宝亦迁,所藏图书文移亦奉以俱去。民国廿年［1931］日军阀侵占我东北,势迫平津,故宫精品辇载迁金陵,盖亦周官迁宝之意。又六年卢沟桥变作,南京朝天宫所存文物悉数西移,其精华流徙辗转凡历五地,曰长沙、曰桂林、曰贵阳、曰安顺、曰重庆,而留华严洞时日最久。华严洞峰峦秀邃,为邑形胜;清洪亮吉题曰读书山,有会诗寮在城南三里崇仁里,有马路可达。其洞有关庙佛堂,殿阁壮丽;洞长里许,有溪贯通,冬温夏凉。入口处营两库,可纳数百箱;故宫文物即储存于此。
>
> 崇仁里附近山水与桂林相类;以形势言,有朝阳、紫云、笔架等峰,青苗人寨子散处其间;田畴肥沃、民物富庶,盖一世外桃源也。友人北平庄慕陵兄,自故宫博物院成立以来服务于斯;古物之由平迁沪保存,由沪运往英国展览,与夫由沪而京,由京

第九章 《华严洞图卷》题跋（上）：旅居重庆时期

而湘桂黔，以迄运至陪都；举凡装箱、押运、保管、典藏，无役不从。尽廿余年来诚无日不忙于装箱移运，说者谓"老庄老运好"，虽云双关之戏言，亦纪实也。慕陵自偕文物入黔，初居省城灵光路；廿七年［1938］秋，敌机轰炸筑郊，马叔平师主移入洞中以避之，时慕陵与朱豫卿、曾济时诸同学及余，遍历城郊寻访岩窦；苦无善地可供庋藏，终得华严洞于安顺。近城寨治安无虞，通公路往来利便；洞室深广可藏文物，可避空袭，而迁居之议遂决。慕陵喜其地民俗朴实，风景清幽；六载山居，无异世外。卅三年［1944］寇氛入黔，间关来蜀，因请同僚刘君峨士绘图纪之；图既成，并世贤达多有题跋。慕陵以与余共事久，且尝同寓华严洞，属书其后。

余维吾国文物曾运英公展，而欧美人士于吾文化艺术始更加认识；此次抗战国宝播迁，冒绝险而终保全，历艰难而无恙之二者，慕陵均躬主其事，有功文化，为吾党光。夫人申若侠女士学优能文，家计初非所习，及与慕陵流亡西南，支持家务井然有条理，辛苦备尝，甘之如饴；洎偕隐安顺，藿食泉饮，耕前锄后，大有渊明与翟氏夫人风度；四子申、因、喆、灵。今年春故宫入川文物将集中重庆；余访慕陵于向家坡不系舟，观诸世兄所作画皆有佳趣，实环境与家教有以启之也。凡此者皆不可无记以为世范，因赘数语以报之。

中华民国三十五年（1946）端阳
同学弟新河傅振伦故记于北培修志馆

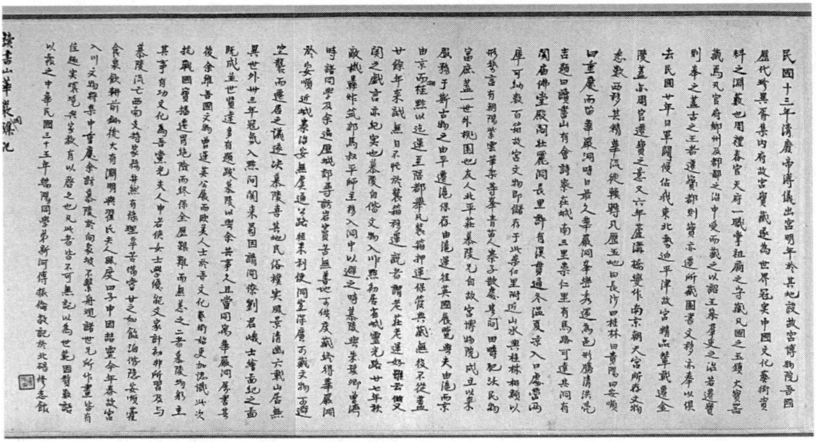

图 9-5 傅振伦题《华严洞图卷》跋文

傅振伦（1906—1999），号维本，是著名的文物和方志学者。他不仅是父亲北大预科和北大的学弟，并且都曾是北大研究所国学门助教，以及北平大学女子文理学院讲师。1930 年，两人同时参加了由马衡院长组织及率领的燕下都考古团，在河北易县老姆台从事民国早期的考古发掘。1934 年 7 月，两人又到故宫工作成了同事；1935—1936 年，又因"伦敦艺展"而一起赴英国伦敦工作。

在英伦展览期间，根据父亲《迂公自订年谱》中 1936 年的要事记载：

> 新春与同学傅维本偕赴大陆［指欧洲大陆］旅行，先抵巴黎驻两周，经比利时去柏林住一周，去意大利，最初到翡冷翠，南游邦［庞］贝，北上到罗马，然后经瑞士小住，再到巴黎停留一周，返回英伦。

第九章 《华严洞图卷》题跋（上）：旅居重庆时期 | 447

图9-6 1935年庄严（前左）、傅振伦（前右）等在"伦敦艺展"布展开箱时的合影（傅振伦夫人梁德英提供）

根据父亲1936年日记中的记载，他与傅老伯是1月8日一早自伦敦的维多利亚车站出发去巴黎，于2月14日回到伦敦。据我所知，父亲与傅老伯游历欧洲大陆，主要是为执行马院长的派令任务"兹派该员就近调查伦敦及欧陆各大博物馆一切建筑设备及陈列各事宜，并照另单所开各项悉心调查、详加纪录以备参考"。调查的项目则相当广泛，例如博物馆之管理法、陈列法，以旧建筑改为博物馆之改造法，防火防湿之设备与采光，摄影之许可和取缔等问题，以及法国档案整理法等等。

調查項目

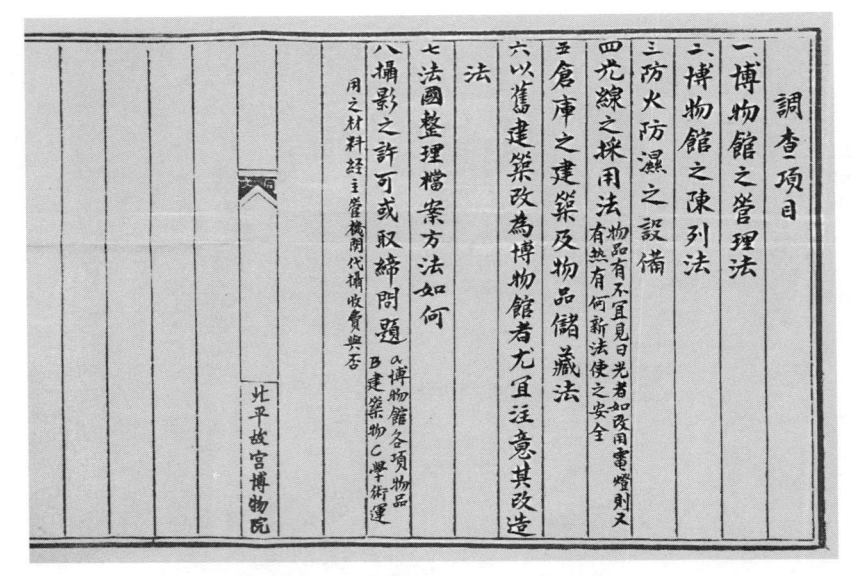

一、博物館之管理法
二、博物館之陳列法
三、防火防濕之設備
四、光線之採用法 物品有不宜見日光者如改用電燈則又有熱有何新法使之安全
五、倉庫之建築及物品儲藏法
六、以舊建築改為博物館者尤宜注意其改造法
七、法國整理檔案方法如何
八、攝影之許可或取締問題 a博物館各項物品 B建築物 C學術運用之材料經主管機關代攝收費與否

北平故宮博物院

图9-7　给庄严的派令中所列调查项目

傅老伯多才，通英、法文，擅长书写和编辑工作。读《傅振伦文录类选》中《傅振伦自传》一文，知他接触故宫文物的工作是较为零星片断的：1934年7月北京大学改组，本在北大工作的傅老伯应马院长之邀开始进入故宫，从事"管理库房藏品和册簿"。1935年派往伦敦参加中国艺术国际展览会工作。1937年全面抗战爆发、北平沦陷后，他自北平经香港辗转来到贵阳，至故宫驻黔办事处向父亲报到。后和另外两位同事朱家济、曾济时一同协助父亲到黔西各地寻找合适的贮藏文物处所，最后在安顺城南门外一处山崖边找到了华严洞——这就是第一批南迁的八十大铁箱故宫精华文物在抗战期间将近六年的安全隐居之处。在这期间，苏联政府为了促进其民众对中国文化及抗战民心士气之认识和了解，由莫斯科国立东方文化博物馆筹办"中国艺术展览会"，展品除了由他们自己国内的博物馆提供1500余件外，

又向我国借集古代文物、近代绘画、雕塑和民俗工艺品及抗战宣传文件照片等。其中，古代文物主要由故宫和中研院提供。从1939年开始征集，当时由安顺的傅振伦科员和在重庆故宫总办事处的励乃骥科长受命，护运100件选自庋藏在华严洞的故宫文物并伙同其他征集来的展品，经由陆路到兰州，再由苏联派飞机运到莫斯科。1940至1941年，是项文物先后在莫斯科和列宁格勒（圣彼得堡）展出。展览会于1940年元月2日开幕，2月底傅老伯和励科长奉行政院令先行回国，展品和相关事务则托交我驻苏联大使馆人员料理。傅老伯返抵重庆后，并未回故宫工作，而是到国史馆筹备委员会从事编辑《中华民国大事纪长编》的工作。1942年调往三民主义丛书编纂委员会任编纂工作，并兼任教学工作。抗战胜利前夕，曾于1945年4月与马院长和父亲都应邀参加了由杨家骆教授组织的大足石刻考察团，花了一周时间考察四川大足宝顶山及北山诸窟古代佛像，考察报告公布之后，大足石刻艺术之名立即名扬全国。

1946年开始，路分三处南迁的故宫文物陆续向重庆集中，当时由父亲押运的八十大箱文物最先于一月底迁移到重庆，并得与傅老伯时常见面。读父亲这一时期的日记，二人交往的事例比比皆是：

1946年3月6日 维本昨自北碚来宿百子桥，今早与我谈前教部已定派之赴平工作近又变卦，又令其往沪转东北，又不发复员补助费，又去后眷属无法出川，相当狼狈亦实情也。欲搭院轮东下，又拟返院借职，马似均不甚赞成。留傅在此午饭，并邀德人来陪。下午励去，同登山一游，又留在此信宿，夜观诸儿所作画各索取一幅。

3月7日 早餐后同维本到百子桥，惟少坐返北碚去。

3月13日 维本来云，北碚拟请故官往开展览会，卢子英派彼向马疏通。

3月14日 维本早餐后回北碚。

7月12日 维本下午自北碚来，云不日拟搭中央银行往陕运钞票车去宝鸡，转山西至北平，然两三月后仍返渝；为北碚志印刷事，或出川到沪。眷属暂住北碚，彼时再一同出川。……维下榻此间，灯下乞其跋华严洞图为长文，数百言写成已十时，蚊鸣如雷不顾也。

7月13日 晓起，维本过江，与之同行。赠维本以峨眉茶——峨眉雪芽，并请其带与常三嫂少许。维本为作长文题《华严洞图》，古人倩友为文倒有润笔，因以峨眉名产绿茶雪芽，并向家坡山中灵芝一株为润；所住山产灵芝极丰，欲名此山为灵山。

根据《傅振伦自传》，傅老伯1946年10月回到故都，应新成立的沈阳东北中正大学之聘，为图书馆馆长兼历史系主任，并兼东北大学历史系及长白师范学院史地系主任。东北解放前夕，三校一度均迁北平。读《马衡日记》1949年2月23日："下午傅维本来，言东北大学限月内迁回东北，教职员无论去就皆须登记，彼实不愿再往东北，将在平觅工作。余告以机关学校皆在维持现状中，一时恐无机会，不如暂往东北以待时机。"3月17日："午后维本来，谓已辞去东北大学事。"又据《傅振伦自传》，傅老伯于1949年4月1日由北京文化接管委员会文物处王冶秋派往历史博物馆主持保管工作。在1951年5月2日的马衡日记中载："傅维本来托写鸿文阁书店市招，命寿华代笔。"

第九章 《华严洞图卷》题跋（上）：旅居重庆时期

1948年12月，当时十岁的我随父亲护运第一批迁台文物渡海到达台湾以后，因为两岸的完全阻隔，就再也没法见到父亲当年留在大陆的师长和同事好友们，不过从父母亲的口中，倒是经常可以听到二老怀念这些老朋友的许多逸闻和旧事。可惜40年的形隔势禁，父亲再也没有回到故乡探望老同事、老朋友的机会——他在1980年春天以82岁高龄带着遗憾离开了这个世界。然而就在八年之后的1988年，随着海峡两岸的冰融回暖，我已经能到北京造访，并且亲身站在父亲曾经在此工作过多年，自己从小就已熟知但是却从未到过的故宫神武门前面的广场上。

1998年5月，当我和两岸的摄影朋友完成了对长江三峡大坝未来淹没区有关自然景观、古迹、传统产业和生活方式，以及大搬迁等人文性内容的第二次纪实摄影行程之后，再一次回到北京探访亲友和长辈。在常韫石大哥的陪同和指引下，我专程到安贞里二区十四楼的寄庐百衲斋，去探望已经高龄93岁的傅振伦老伯。当时他看起来身体还算硬朗，精神也还不错，而且在跟我们聊到许多故宫南迁的往事时，显得特别高兴。那天在我们临行辞出前，他特别回房取出厚厚两本他的著作《傅振伦文录类选》，并且分别仔细的签好名送给我们。当时我还对傅老伯亲笔题写的"庄灵同志指正"的称呼感到相当新奇，没想到那一次的造访，竟然成了我这个晚辈谒见他老人家的最后一次，也是唯一一次机会。

2010年6月初，就在我应邀参加"重走故宫文物南迁路"考察团，于出发之前准备相关资料时，无意间竟找到同样也是双亲遗下的一张散页印刷品——不知何时（推算时间应该是1985年）由大陆出版的《中国建设》杂志的第24页，那是由傅老伯具名写给母亲申若侠女士（那时父亲已经过世），和一同到了台湾的故宫老同事吴玉璋

图 9-8　傅振伦老伯（左）为我和常韫石大哥（右）题签
（1998年庄灵摄于北京傅寓）

（爽秋）、那志良（心如）三位的公开信——《致故宫博物院在台北的老友》。捧读之后，真是感慨良深！因此愿意借此机会在本书内披露，希望能让今天的两岸读者，透过30多年前傅振伦老伯这篇充满感情的回忆和期盼文字，重新唤起和体会那一段由于两岸数十年不能互通音讯，因而加诸海峡两岸老故宫人内心的深重离情和衷心的向往吧！

下面就是1985年傅振伦老伯写于故宫博物院建院六十周年的公开信：

庄夫人若侠妆次，爽秋、心如两兄座右：

相别日久，不得通信，一峡两岸，驰念为劳，谅有同感！慕陵兄追随马衡先生工作多年，在北大考古学会为助教，在古物保管委员会北平办事处为秘书,在故宫博物院古物馆为科长;游学日本,从原田淑人习考古学,参加易县燕下都发掘,在故宫古物的陈列、保管、流传、押运等工作中劳绩卓著,是马前院长的得力助手。大陆友好季野［李季野］、冶秋［王冶秋］、维钧［常维钧］等都盼在大陆得见,不意遽归道山,终于台北故宫院长［实为副院长］任所。四子都执教大学,各有专长,庄公此去,可无遗憾,若侠夫人亦可自慰矣。我箱箧藏其遗墨,瘦金体,字迹秀劲可爱,其所论著,文如其人,在文物考古上多有创见,南京博物院副院长宋伯胤收其文编入《中国博物馆史论丛》中。其文有发其端而未终篇者,夫人戏名之为《半截集》。哲嗣四人如能绍其业而完成之,实艺林佳事,亦不朽之业也。两兄与慕陵共事久,研究青铜器、玉器［实为"瓷器、玉器"］,时有论著发表,惜未□睹全貌,恨无由面聆教益。曾忆1934年在慈宁宫与爽秋兄朝夕相处,共案对坐,核对古物账籍;也记得在后门内火药局二条六号贵寓吃春饼,喝豆汁,其乐融融。又记得1935年在伦敦肯穆顿旅舍与心如等吃饺子,佐以大蒜,欢度春节。事已往矣,今皆为八十岁老人矣,何日能把杯痛饮耶?

三十七年来,大陆在各方面,发生了可喜巨变。国家经济体制改革,城乡剧变,贫穷落后的旧社会一去不复返了。今科研刊物如雨后春笋;体育健儿在国际上频传捷报;出土珍贵文物时有所闻。同胞振奋,无不手舞足蹈,拍手称快。两兄世居北平,生于斯,长于斯,工作于斯者且二十年,曾几何时,万恶之区已成为现代化崭新的首善之首都了。现在,北京经明令定为历史文化名城之一,古迹名胜,一一修复。万历定陵辟为公开的地下宫殿;长城、圆明园旧迹,重新修整,可乘飞机纵览胜景。中外游客如云，呈现出异常繁荣景象！爽秋兄长我一岁，我与心如兄同年，今已七十九周岁，犹未退休。近将从内城南垣的十三层高楼，迁居至安定门外小关安贞里二〇九楼[想有笔误，实为二区十四楼]，更为高朗舒适，优哉游哉，可以颐养天年矣。

故宫博物院在马先生惨淡经营的宏基上，日益发展，现在职工千人以上，跻于世界大博物馆之林。新辟珍宝、钟表等馆，门票一角，春秋佳日观众多达三四万人。三十多年来，本院接收了难以数计的新出土珍品，经常应国外邀请参加展览，介绍了我国悠久而灿烂的文化，为国增光，亦吾侪文物工作者之荣誉。昔日同人，除邦华[指欧阳道达]、廉夫、杏南、仙洲、茗生、豫青[似应指朱家济]、卫之、震之先后去世外，三馆旧雨如兆鹏、大光、仙瀛、君实、秉彝、洵如诸兄，自1949年以来，无不情绪愉快，老而益健。朱家三兄弟捐献了朱翼盦老先生珍藏多年的善本图书、名贵拓本和明清家具，化私为公，受到表扬，发给了奖金、奖状。国家成立了多种学术团体，如博物馆、考古、古陶瓷等学会，都留有理事名额，虚位以待台湾专家学者的归来。总有一天，台湾炎黄子孙同登大陆，共同完成振兴中华大业。怀念故土，人之常情，良友久别，缅念尤深。值此庆祝我院建院六十周年良辰，兄等如能结伴归来（来去自由一切方便），欢聚一堂，一倾积愫，实平生大快之事。翘首东望，不胜依依。纸短心长，不尽欲言。因海峡尚未通邮，此信借《中国建设》为鸿雁，如得一览，忻慰无限矣。

顺颂

大安！

愚弟　傅振伦

第三节　欧阳道达跋文

《华严洞图卷》在父亲的跋文之后，是父亲的北大校友，也是他故宫的老同事欧阳道达先生（1893—1976，名邦华，号道达）的墨宝：

读书山上白云深，宝器无虞劫火侵。
好约诗僧同酒伴，华严一卷足参寻。
南窗寄傲意洋洋，一枕华胥百虑忘。
濯足濯缨随所愿，洞前流水即沧浪。

北平故宫南迁文物于抗战初期分迁川、湘、陕以避寇氛；其迁湘者旋再移贵阳，三迁安顺华严洞，辗转播迁。吾友庄子慕陵始终主其事。时余次夷陵料理入川文物，诗篇往复、各摅离怀、相与慰籍，尝有几经跋涉几呼天之句，谬荷老友称许；芜句固不足道，惟当时处境艰难、虑深心危，于焉可见。居华严洞后，心身稍可将息，山水清幽足洗征尘；典守公暇，寄傲怡情亦颇自得。寇退烽靖文物行将还都，刘子峨士乃为作图写景，留证往事；师友相知各有题词，金声玉振弥足珍藏，犹复采及葑菲付纸索句，窃幸附骥不敢藏拙，爰录旧作藉达雅意。即祈　哂正

卅五年［1946］国庆日　欧阳道达

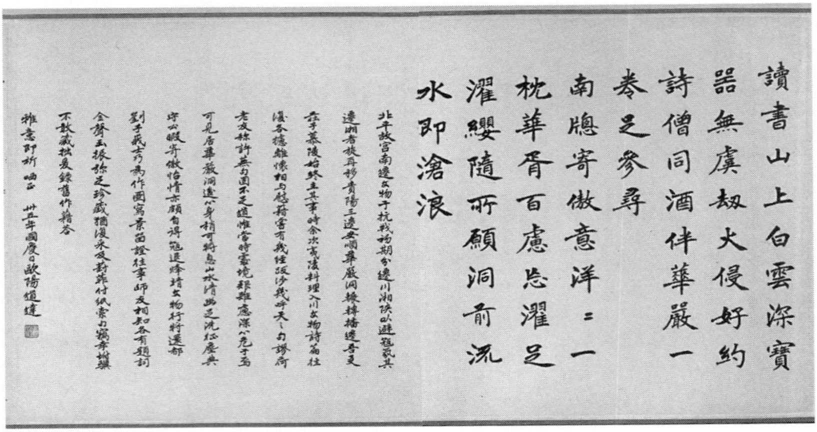

图 9-9　欧阳道达题《华严洞图卷》跋文

根据《马衡日记》第 24 页注释，及《故宫文物避寇记》(欧阳道达，紫禁城出版社，2016 年) 所附欧阳道达四女欧阳复武所写《回忆我们的父亲欧阳道达》等资料可知：欧阳道达先生 1919 年北京大学哲学系毕业，先后任北京大学预科讲师和研究所助教。1924—1927 以北京大学工作人员名义参加"清室善后委员会"工作。1933 年 12 月应马衡院长之邀，赴沪担任北平故宫博物院驻沪办事处主任。中华人民共和国成立以后，欧阳先生任故宫南京分院办事处主任，1954 年调回北京，任故宫博物院档案馆主任（在《回忆我们的父亲欧阳道达》文中称其父任职"国家档案局"），1959 年退休后担任故宫顾问，直至 1976 年病逝于北京。

欧阳道达是父亲的老同事，抗战南迁时是故宫文献馆的科长，当时他是负责播迁到四川乐山安谷镇九千多箱中路文物的驻乐山办事处主任。我是胜利后的 1946 年在重庆时才见到欧阳老伯和其子欧阳洪武。当时洪武为了不耽误入学，提前从乐山先来到重庆暂住在我们家；后来文物复员南京，也是为了不错过开学日期，又随我们先到南京，再次和我们同住。当1947年所有的文物和眷属都集中到重庆之后，我才跟欧阳先生的大儿子伯武认识——洪武是老三，由于他们兄弟姊妹共有八人之多（先婚有二子，后婚子女有六人），老三以下的就记不清楚了。1948年起文物开始迁台，因为欧阳先生不愿随文物到台湾，于是他们全家便留在南京了。

近年来因我与内子陆续读父亲生前的日记和他的《迁公自订年谱》等文字，知道在1919年父亲已由黄振玉先生介绍而认识欧阳道达和张柱中两位先生。1921年，父亲还是北大一年级下学期的学生，那时他与欧阳老伯已是好友。在1921年以及1946—1948年父亲的日记中，可以知道他们之间的交往情形。

如1921年4月14日父亲日记记载：

今日归校，一看尘灰满桌，乱七八糟；要清理，不知从何下手，厌之。至柱中处，与邦华约定限一月内，吾二人各须看完一书，并作提要；吾认再看《淮南子》。

《迁公自订年谱》1933年条记载：

故宫文物因存沪一时无法他移，成立驻沪办事处，马叔平先生意欲吾主持沪事，以家在北平不能兼顾，且无意久居南方坚辞，并举同学欧阳道达以自代。

1946年初，故宫南迁三路的文物都向重庆集中。父亲最先于1月26日已将存放在巴县飞仙岩的第一批文物全部移运到重庆南岸海棠溪向家坡的故宫临时库房，接着便协助点收和安置陆续从峨眉和乐山迁运到重庆来的第三、第二两批南迁文物。当时欧阳老伯是故宫驻乐山办事处的主任，1946年8月7日的父亲日记中记载，欧阳老伯已随文物迁运卡车来到重庆向家坡，并且在次日的日记中记载："上午邦华、德人来。与邦八年不见，风度依然。据邦云我因牙齿脱落显老，如补起即好，我不以为然也。少刻心如亦来，昨（运古物车）小抛锚，故今天赶来，留诸人在此午饭，分两桌食之。邦之儿子洪武亦来。"又结合父亲7月17日日记："下午函那心如有子亦拟先来入学，拟与邦华子同样办理。"可知，由于欧阳洪武已到适学年龄，为了能赶上重庆学校的开学日期，因此是父亲建议欧阳先生应让洪武提前来到重庆。

邦华老伯是先带着欧阳洪武于1946年8月7日押运迁渝文物来到重庆的，之后就把洪武托交父亲留在我们家，他自己则在几天以后搭接运文物的车子回到乐山。至于其他家人，则是在1947年的2月26日抵达重庆："乐山开出十五辆车今日到，邦华一家全来。两夫妇孩子六人（四男二女，均现在太太胡淑华女士所生），前妻尚有二子在外。"

有关欧阳洪武，我记得他曾借住我家多日。参阅父亲1947年7月18日日记，因为父亲将先复员南京，欧阳老伯再度把洪武托交父亲和我们一起先去南京；在到了南京之后，父亲在1947年8月4日的日记中叹云："归途又买大饼一斤，南京著名咸水鸭（半斤之半），粥少僧多，只五个小孩（我们兄弟四人，另一人就是欧阳洪武）每人只尝一脔，已分去十之七八矣。"近年读父亲日记，知道除了是为配合学校开学的时间，可能还有父母亲心中都很喜欢洪武的关系。父亲1946年9月16日记：

第九章 《华严洞图卷》题跋（上）：旅居重庆时期

心如一女一子［那宗懿、那宗炎］今去东方［中学］均高中一年，吾劝改好校，而非至东方不可。由侠带之同往，据侠返云，认为上下山奔走是大苦事，［洪武］似毫无吃苦之意；由峨［眉］来之人无论大小无不以爬山为苦，如此看来欧阳洪武比之高矣。

读父亲1947年日记感受到的气氛，是自从故宫全部南迁文物陆续集中至重庆一直到复员南京之前，其在整个文物因抗战搬迁过程中精神上最轻松的一段时间。而在父亲当时的日记中也常会提到邦华先生清闲得常在家抱婴孩享天伦之乐。

我认为，父亲三岁时母亲过世，幼年随姑母和叔母生活，或许祖父当时常常会以金钱来补偿父亲亲情生活的缺失，此于父亲1921年日记中，已透露他对使用金钱毫无节度的脉络，进而影响他对于金钱的看待和使用，致使他一生都没有储蓄的概念和习惯。此于1947年6月4日的日记中表露无遗：

九时在吾家开复员会，心如已去［押运石鼓去南京］，只邦华、德人二人，会后照例备饭。所议不外与各方订合同、打算盘；丁是最会计者，开口闭口不离数字，难怪邦、德二人也一肚皮算术，不但脑子里是，且形之言谈举动，以斯为能为本领，我只得甘拜下风。大约德人家本是以洋行买办起家，且宁波以经商著名，其老兄吉人至今尚在沪为洋商经理，德之商贾气重，吾不怪之，且此习气虽重，自知其可鄙故买碑帖、讲版本尽力洗刷……而邦华是读书之家，大约深以读书穷酸为耻为恨，故事事求其商业化经济化，唯恐其化之不深，是以书卷文墨弃之高阁，目光惟以利字为前提，数月来与二人相处觉此观察，或不大讹误。

由于父亲毫无节度的花钱买书籍碑帖，致使手头经常拮据，曾多次自省并与欧阳先生比较。1947年10月29日："夜间不眠，自讼自悔近日挥霍太多，常哂笑邦华案无一书一帖，入其室，所见珠算、日用帐、米箱菜罐耳……然辛辛苦苦月可不亏。吾之生活与之相反，有一文用十文，不但毫无储蓄，且月月亏欠；纵不为将来打算，万一急需或一旦失业，则毫无办法。"又读父亲1946年11月1日的日记："得常太太函，云廿万已由刘达之交到，存放生息，此平生第一次。"可见父亲毫无储蓄的观念；今由常太太代为"存放生息"，故云"此平生第一次"。

我近读欧阳先生著《故宫文物避寇记》，书中有关文物播迁的账目编列历历可稽，充分体现先生的专长——纪录零散账目，正好可以和先生的生活重点与方式相互印证。关于欧阳先生的此一特长，最典型的案例当属1937年陷留在南京的文物未运出者达数千箱，这部分文物原锁在朝天宫库中，沦陷后日人将保险库门打开，文物被移至北极阁、地质调查所和东方中学等处，但并未运离南京；及日本投降后，故宫将分散在各地的文物陆续运回。当时马院长调派李鸿庆、黄鹏霄自北平来南京整理编制清册；待南迁文物复原南京之后，接收及核对工作非常繁杂，最后仍然借重欧阳先生的细心清理并编辑成册。后来审计部派员来院抽查陷京文物内容，也都是由邦华先生"应付处理"的。

从父亲日记中多方面观察欧阳先生，他是位中规中矩的公务员，为人正直，对于当时掌理财务的总务处同人颇不信任。例如父亲1947年6月15日日记记载："邦华为本票事，与洁平、德人大吵一阵。"1947年12月6日记载："马先生昨天走，励、欧二人与吴（荣华）为通风机款事大抬杠，因之又牵涉及吾，真觉无聊；盖付与不付、谁是为公，各有心思，不外互争权利；吾本无干，而以管马先生名章关系牵涉其中，所为何来？"邦华先生与黄念劬向来不太融洽，从另一则日记中也可看出一些端倪——1948年4月12日记载："邦出示陷京箱损失清单，据单损失物并不多，不到百件，与想象大不同；念劬见之以为不可靠，二人不免又发生抵触。"

1948年3月，台湾省政府拟邀请一批故宫文物在台湾展出，教育部借调父亲去台协助审查私人展品之真伪。马院长命令同人代理父亲当时的工作，将秘书职务（代管院长印章）交与欧阳先生，而科长之职务（维护文物工作，即八十箱之钥匙）交与那志良。虽然欧阳先生力辞，表示绝不过问支票盖章之事，以避免与黄念劬、吴荣华冲突；但马院长回电，仍称印章由欧阳先生保管，足见马先生对他的信任，也由此可知欧阳先生行事的细密和谨慎了。

至于对故宫文物的展览以及同人研究文物之事，欧阳先生似乎均持不赞同的态度。我推测，大概以往的展览很少有涉及图书文献等文物，可能会令他觉得少有展现才华机会的缘故吧？

1947年10月31日 关于展览事，再向邦华详谈，拟向马公做最后进言，邦主先做一计划漫应之。

1948年5月1日 到中博院晤觉明、天木、昭燏诸人，谈该院拟在总统就职日举行展览，希望本院参加共同举行。少刻，杭立武亦来电话面邀，吾答马先生不在，个人不便主张，须返院开会讨论后决定。邀振玉访邦华，告以顷得杭电话（电话中并谓，上次本院理事会已有议决案，他是以理事会秘书资格说话）。拟请念劬召集会议，以便签覆杭和中博两方；谁知邦公大不以吾之主张为然，并坚持不宜开会，遂与之力争，两人面红耳赤，一时形势甚僵。结果电马先生请示，即觅念劬又不见，至晚电报始发出。

5月2日 晚饭时，得马先生覆电云，"酌选精品书画参加"。

但是，当故博与中博联展之议成定局之后，从父亲日记中得知，欧阳先生便积极意欲参加与他无甚关系的展览会议及事务。其实父亲对于这位学长很尊重，并不愿意得罪，这从另一件事也可看出——1948年6月8日父亲日记记载：

在莘畊书店看到满汉文《清实录》六册，书店主人云这是廿六年（1937）南京陷时所得，必为本院所失无疑，遂记下卷数。去到展览会场晤见马先生谓可购买，马闻之欣然嘱告邦华一查。而邦闻之，面露不快之色，又云无法可查。遂知我又多此一举，以后不必再谈矣。

1948年11月间，南京故宫因经费短缺，甚至公家水电费用都无款支付而有被断水电之虞，部分工人因无粮而求去，杭立武先生设法拟向行政院请款支持。11月10日父亲日记中载：

再研究杭允设法二万元事，邦华大打官腔。吾意院中五千元尚不能拨，人心散大势去，有此二万可以酌发员工，安定人心。而邦不以为然，柱中亦有此表示，我只好不说；否则必有人告马，我在此刻有何用意。惟推测邦无他，完全一嫉醋之意耳。

工作之外，欧阳先生是位固执、持家勤俭、细心的好父亲。1948年8月4日父亲日记记载："邦家小孩天天抱去中央医院看病，大概相当严重。邦公一家平时刻苦，一家全靠服药保养，各人生活方式不同，有如此者。"9月10日又载："邦华近来也不办公了，每天在家抱孩子，他的病女儿亏他一手看护，起死回生之功人。"

值得一提的是，欧阳夫人的庖厨手艺，一度令父亲赞不绝口。早在1947年11月13日记录："邦华晚间请太龙吃饭，邀往作陪，有渝酒鲖鱼等，主客不知口味如何，我倒大解其馋。"1948年4月12日记载："邦华今午邀柱中午饭，邀往作陪，虽云便饭也有七八菜，样样可口，不免大吃。欧太太专长此道，非他家太太可比。"又于1948年6月19日写："晚邦华请席慈，邀吾作陪，他家太太庖厨有名，今夕更佳，大饱饕餮。"或许欧阳夫人太过喜爱烹调菜肴，以至于我曾在父亲1947年4月27日日记中读到一则趣事：

早起后去德人处观涪陵石鱼题名拓片七十余幅；由北宋迄康熙（石鱼题名起自唐，拓片今不见或已不存在），字体有篆、隶、楷、行，可谓洋洋大观。邦华太太亦来，盖误以为石首鱼也。

我新近才找到一些母亲的回忆文字，其中居然有一段述及当时故宫同人。1948年底父亲押运第一批故宫文物去台湾时，母亲在文章中记载："当古物由汽车自院中运至下关码头时，文献馆之欧阳科长则欲拦阻不放行，但吾等不顾彼而硬运上船，因预先已得马院长自平来电报，派慕陵及余为押运员，故不畏其不放行。"

当我看到这段母亲的亲笔记述时感到非常讶异。因为自己除了对当时停靠在码头旁边的巨大船舰、地上堆满的行李箱笼，以及人群忙乱嘈杂的下关码头，还有若干记忆之外，其他的都已完全没有印象，因此根本不知道当时还发生过这样的事。事实上，后来我也从未听父母亲再谈过这件事。今天仔细回想，这件事可能和欧阳先生不想到台湾有关，因为当年全南京分院的人（连像我们兄弟这样十几岁大的孩子们）都知道，马衡院长和欧阳先生是不会去台湾的。

两岸分隔以后，据父亲1966年1月30日记载："中午欧阳伯武一家来访。"伯武作为欧阳先生的长子，1947年自复旦大学茶叶系毕业后，随大学老师一同去了台湾。翻查父亲1970年8月13日日记，其上记载："欧阳伯武寄来大包红茶。邦华先生名道达，北大同学，四十前年我介绍与马到故宫任职。其人如尚在，今应八十以上人矣。"又在1973年3月4日日记中记载："收欧阳伯武寄来喜帖，其子将有结婚之喜；伯武者，欧阳邦华之子（前妻所生），光复后来台，吾到外双溪才识之。"这是父亲日记中最后提到这位北大校友兼老同事，以及他第二代家人在台湾的故事。

2010年6月，我有幸奉邀参加了由两岸故宫博物院和南京博物院共同组成的"重走故宫文物南迁路"考察团，从3日到18日，一共走访了抗战时期故宫文物由南京分院库房，分南、中、北三条路线继续向西南大后方迁运，途中停驻过的所有重要据点。此行除了显示今天两岸故宫对于发生在抗战期间故宫前辈同人护持一万六千多箱国宝，为了躲避日军战火不断辗转迁徙的艰难过程的重视与追怀之外，更要为那一段可歌可泣的文物播迁历史，寻找出当年的实际状况和现有资料的缺漏与不确之处，以便重新加以校正、整理和计划出版。

令人惊喜的是，6月15日下午，考察团一行来到乐山安谷镇，造访全由当地居民王连春等多位乡亲自力兴建的"故宫南迁文物资料陈列馆"，在一进大门的院子里，我居然见到了欧阳老伯的第四个儿子欧阳定武先生，而且一见面便能认出，因为他实在跟他父亲长得很像。更令我喜出望外的是，定武先生还特别带了一张我父亲在1968

年写赠给他大哥欧阳伯武的瘦金书条幅的彩色复印件送给我,实在令我感动莫名。算一算时间,1968年,迁台的故宫文物早已从台中县雾峰乡的吉峰村(北沟)迁运到了台北士林外双溪的台北故宫新馆。那时父亲正担任台北故宫博物院副院长,全家已经迁到台北将近三年,所以才能跟欧阳伯武高兴地聚晤品茗。定武先生携赠给我当年先父为他大哥所写的瘦金书条幅复印件,内容是文徵明的品茶诗:

东风临紫苔,一夜一寸长。
烟华绽肥玉,云蕤凝嫩香。
朝采不盈掬,暮归难倾筐。
重之黄金如,输贡充头纲。

伯武世讲项以山中新采佳茗见惠,汲泉烹啜,颇适消夏幽闲之趣,因书文衡山品茶诗以为报。

戊申[1968]八月　六一翁　严

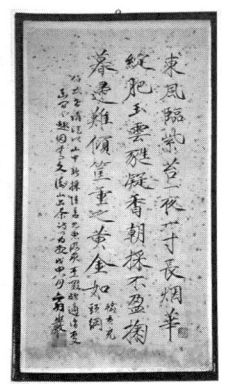

图9-10　2010年欧阳定武与作者在乐山安谷镇的合影及其所赠庄严书赠欧阳伯武的瘦金体条幅(复印件)

那次参加"重走故宫文物南迁路"考察团，不但亲身来到之前从未经历过的南迁中路（第二批）和北路（第三批）上的多处停驻地点，尤其在考察途中能够见到父亲当年在重庆和南京时多位老同事的后人，并且还因此得到一张父亲于1968年书写的瘦金书墨宝复印件。对于我真可说是一生难遇的幸事，因此心中充满感激之情！这些都是个人在提笔撰写"故宫文物南迁时代忆往"系列文字之初，完全意想不到的际遇和收获。

近来细读《马衡日记》，知道自从父亲押运第一批文物赴台之后，欧阳老伯与马院长密集联系的情形：

1949年1月9日 席慈电告南京来两电，一为邦华请示三批五日内起运，应派何人押运。一为适之、雪艇、立武电告应变费发六十万元。

1月28日 邦华来电，念劬在沪，榆生、荣华在杭；彼当坚守岗位，维护文物。覆一电云："岁寒之心，与君共之。"

欧阳老伯向马院长示忠，马院长也积极向当时尚在南京的中央博物院筹备处负责人，也是教育部次长的杭立武先生推荐："欧阳邦华兄对保管文物有十余年之经验，赴汤蹈火在所不辞，先生如委以库务，当可为忠实之助手也。"[①] 马院长并于1949年4月25日"函文管会请电南京军事当局，保护朝天宫仓库，并电邦华接洽"；次日，"得邦华覆电，库藏文物无恙"。

又据《马衡日记》1949年8月1日："王冶秋接南京来文，知本

---

① 详见《马衡日记》第29页《马衡院长致杭立武函（1949元月14日）》。

分院将于今日开展览会,励乃骥且为负责人之一,大有脱离本院独立之概。问余接得信息否。此诚怪事。因嘱景洛约张我良来询之。"次日:"张我良来,谓其父现在南京分院,乃文管会函其家令其来者。库门已于七月间开启,邦华、德人终日在库开箱工作;八月一日开展会,即以工作室为陈列室。闻以后每隔一月开一次,并不售票云。"8月15日:"邦华来一私函,述其前后经过甚详,一切皆委之于文教会。"

有关故宫于1933年起南迁的文物,从1948年底到次年初,部分东迁渡海运到台湾,尚有大部分仍藏放在南京朝天宫分院库房。一直到1950年春天,才计划回归北京故宫,而在此期间南京分院的管理工作及文物北归事宜,几乎皆由欧阳先生负责。《马衡日记》中对此有所记载:

1950 年 1 月 22 日 南京分院来电,文物廿四晚起运,廿六抵京。邦华、荣华、洁平押运。

1 月 26 日 至院,景华见告。项兆鹏由津电告,八时半车自津开,十一时半可到;全院同人莫不兴奋……车于一时抵和平门,越半小时始入站。共装十一车,卸至半数,余与邦华、冶秋等先返。五时首批到达九龙壁,共装四十六排车,约三百余箱,卸入院中,以备明晨入库。

2 月 1 日 与邦华商分院事,即电西谛,谓须慎重考虑。邦华等可先回宁,遂定后日启行。

12 月 26 日 邦华来书述南京博物院今秋天发掘南京牛首山献花岩古墓,惜早被盗,已无蕴藏。所遗留者仅断胫折肢之陶俑及残缺之玉版哀册,幸尚存有重要部分。

至于欧阳邦华先生的遗作《故宫文物避寇记》，据《马衡日记》1950年9月22日："邦华所编《文物避寇记》稿寄到，终日为之校阅。"9月26日："校阅《文物避寇记》毕。"马衡院长并在首页批示"此稿为文物播迁资料，似无印行必要，可存卷备查"。故使此书尘封，直至2010年6月才由紫禁城出版社出版。

第四节　励乃骥跋文

《华严洞图卷》的跋文相当长，在欧阳道达跋文之后，则是励乃骥的跋文：

> 嵯峨读书山，秀气此钟毓；世变逼人来，来处洞前屋，卖作文物奴。晨夙多栗六，皙蓿上阑干；生活时窘麈，何事可解忧，唯有把书读。低声似呻吟，高吭振空谷。刘生善写真，挥毫成斯幅；徐贲庐山图，风流不复独。
>
> 民国二十六年[1937]七月抗战军兴，北平故宫南迁文物为安全计，先选精品八十箱，由庄慕陵学长率属西移湘省，后又经桂入黔，储于安顺华严洞。洞前有楼，即由故宫博物借作办公之用；有"读书山"三字匾额一方，为阳湖洪稚存督学贵州时所题。二十八年[1939]夏，余奉命至安顺办理建筑仓库事务，得与慕陵昕夕相共；每当公毕，非偕游于畎亩，即流连于琴尊。而慕陵好学不倦，苦志耽吟，遂使读书山上不复寂寞。惜相处仅月余，余又奉命赴苏联办理书画展览事宜；人事纷纭，风尘仆仆，不能再闻读书声矣。三十五年冬，余自渝南岸百子桥移居向家

坡，复得与慕陵比屋而居，时相过从，虽风骚之遇合，亦香火之缘深；回忆前尘，恍如一梦。顷慕陵因东归在即，出刘峨士君所绘之华严洞图属题，勉作俚句以志鸿爪，即希哂政。

弟励乃骥识　三十六年 [1947] 三月十三日

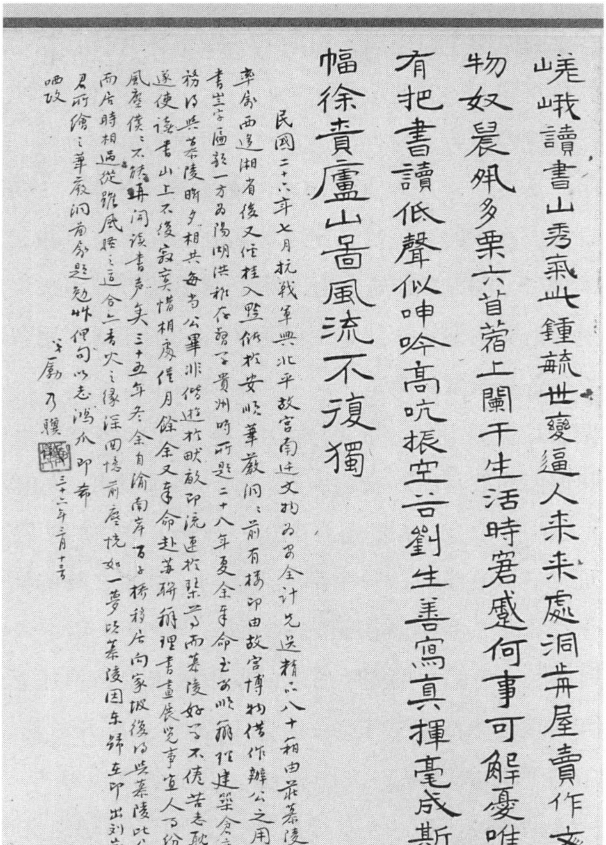

图 9-11　励乃骥书《华严洞图卷》跋文

励乃骥（1897—1969），号德人，字善湛，是父亲在抗战期间的故宫同事。虽然我对他印象不深，但从励先生的跋文中，可以得知数事：

其一，安顺华严洞内的文物仓库，是在1939年夏天由励先生专程到安顺负责督建的（励当时在故宫重庆总办事处任总务科长职）。

其二，安顺库房建成之后，励先生又奉命赴苏联办理书画展览事宜，同行的故宫同人还有傅振伦先生。

其三，抗战胜利后，原存贵州安顺华严洞的第一批南迁文物，已奉命从四川巴县飞仙岩迁到重庆南岸的海棠溪向家坡。1946年冬天，励先生也自重庆南岸的百子桥迁到山坡高处的向家坡，和父亲成为邻居。当1947年3月13日励先生为《华严洞图卷》题写跋文时，战时三批故宫南迁的文物即将全部集中到重庆，且正计划利用各种可用的交通工具，准备东归复员南京。

按《紫禁城》月刊第195期（2011年4月）何燚先生所撰《励氏三兄弟和他们的故宫缘》文内所载，励乃骥字善湛，号德人，浙江宁波象山人，有弟弟励芝先（1908—1996）和励钧先（1914—1987）[①]；兄弟三人在抗日战争中都先后参与了故宫文物的播迁和典守工作。据称励乃骥是受到欧阳道达的引介，于1935年进入故宫工作的。抗战时期北平沦陷，励先生曾返回象山故里受聘担任立三中学校长；1939年再度进入故宫工作，一直到1949年才离开故宫。据《励氏三兄弟和他们的故宫缘》文中所述，励乃骥擅长考古，喜藏书，著有《世界代数学》和《新嘉量》等书；而二弟励芝先长于运输事务，1946年进入故宫，曾参加文物运输，负责押运和管理工

---

① 父亲日记中记为堂兄弟。

作；三弟励钧先（后改名励刚）则于 1940 年进入故宫，参与清查和管理等工作。

我手边有两项资料，一为 1947 年 7 月在南京编印的《国立故宫博物院职员录》，其中在"重庆办事处"栏内，有科长四人：励乃骥（总务处）、庄尚严（古物馆）、欧阳道达（文献馆）、那志良（古物馆）；科员有吴玉璋、梁廷炜、丁洁平、孙家畔和刘奉璋五人；办事员有欧阳南华、张德恒、励钧先三人；而书记则有黄居祥、梁匡忠、申若侠和励芝先等十一人。由此可确证 1947 年 7 月，励氏三兄弟同时都在故宫重庆办事处工作。第二项资料是 1946—1948 年的父亲日记：当年三批南迁文物集中在重庆以后，父亲在向家坡和励、那、欧阳四位科长共同处理文物库房分配、储放安全、防潮防蚁以及复员的舟车安排等各项事务；闲暇时则和同样喜好碑帖收藏的励乃骥科长到两路口的书店，去寻访旧书或碑帖拓本。不过，二人在经济能力和处事的态度与方式上却是差别很大的。现从父亲日记便可知道二人在重庆和南京期间的交往情形：

1946 年 1 月 4 日　在德人房发现吾之书一册，不知何时飞到他处。询之，云上次同王雪艇到乡［指四川巴县］，私取来者。

励先生闲暇好方城之战，1946 年 3 月 1 日父亲日记：

下午赴百子桥与马叔平先生商事，仍不得见；励德人与马家二少奶奶、唐小澜、张我良正打麻将（马老头过江，处中必有牌局）……

父亲喜爱书画及碑帖等文物的收藏和研究，在古物馆科长职位上难免因院长指派要处理一些院中庶务。读他1947年4月11日日记，当他与励先生点交日用家具过程中，自怨自艾地记说："无可奈何，只怨自己无事务才，而与我共事之刘、黄亦无此能力耳。"

父亲于公务之暇，则非常期望寻觅与自己爱好相同的知音。1947年5月13日日记：

> 自藏鸥波法书目，共得十五种。膳厅甚大，以办公桌并排为长条桌陈之桌上，拓片整幅者悬之墙上。邀德人来共赏，彼已上麻将桌无暇及此，故谢而不来。德人虽俗然颇慕风雅，又勤学多才。

所以在这方面的兴趣，二人颇为相近。又有1946年12月26日：

> 德人近日对碑拓大感兴趣，天天来问各种问题。

读日记可知，因励先生财力雄厚，大量收购碑帖拓片，父亲尚帮他释读并书写碑文。譬如于1947年1月3日："为德人写《三公山碑》释文，作小楷，目光甚觉吃力。"又如1月12日："星期不办公，本可治私人事，欠字债吴、那等四幅，又允为德人作《三公山碑》跋。"1月16日："德人亦来，悬昨所得三汉碑于齐物论斋大厅……与诸友共上下讨论之，亦一乐也。"4月15日，父亲"下午再到一库……再看《事林广记》中之《草诀歌》，并邀德人来同观"。

1947年5月20日，还发生一件趣事：

> 同德人到一库看《松雪斋集》，集中有中华书局印本手

写《阡表》，取吾影钞本与之校勘，吾写本甚精，德人颇欲得之意。吾谓邦华之《十三跋》吾亦欲得之，尚未启齿，君若能为我谋愿，以手抄《阡表》相赠。德人闻之，欣然由一库径往邦华处说项，顷刻成功；《阡表》遂归德人，幸系手抄尚可再抄。昔汲古"毛钞"传为书林善本，将来或亦有人称"庄钞"本之日也。

此外类似的轶事尚有：

1947年6月3日　励君近买得《胆巴碑》，系江西印本。最初我偶买碑帖，彼乃大买；后我专买隶，彼亦买隶；近来我专收赵字，彼亦如此，何也？彼之财力雄厚过我数倍，又天天进城，半年来耗资已过百万，所得为不少矣。

6月12日　前见之《星凤楼帖》，索价奇昂而并不好，劝励勿买，而励大有欲得之势，彼何来此多金耶？今彼又进城，为之设计暂付款，押取来家中仔细研究之；晚邀往观（以五十万元押得一本），详审或系翻刻，惟彼是否以我言为然耶，亦不再问矣。

1948年6月15日　得德人函，附赵书《大瀛海道记碑》，在励之家乡象山。去年德人返里，请其代为物色；归来云原石已毁，今碑覆刻本也，此拓乃在北平所收，尚是原本；初云以廿万元价相让，今又相赠并作长跋。

励先生是总务处的科长，虽然有些兴趣与父亲相同，但在处理公务的方式上就与父亲格格不入了，例如：

1947年1月24日　德人又出示新绥（货运公司）某人函，

送励、那、庄三人年礼,是每人一大绸衣料,我极力主璧回。

1月25日 为处置新绥赠三件衣料事,二人观望,似吾之马首是瞻;吾仍主退,德人怅怅,心如快快。吾知此举又错,良觉歉歉。三人默然无言,少坐各回家,心中大有所感,颇不为快,既而又觉泰然。心中郁悒,晚间独饮,酒入口也无味,围炉与家人茶话也觉烦闷,盖有感人生贪痴二字最难解脱也。心中不快,恐遇事寻衅,家人七时许早睡。

又如:

4月4日 下午励、那、欧、丁君来我斋,交换关于此事各项意见。诸人去后励独留,劝我应稍积蓄,备到南京之用。公开说自移运以来,凡经手巨款者,均可盈余千万以上,此一出自衷心之谈也。

此乃励先生与父亲交心之话,毫无顾忌,可见当时一些公职人员的操守与风气。

又有1947年4月10日,父亲于"励、那二人两进城去,对此事颇有感想,表面上看来可为勤于公事,实则此中大有好处;人不邀我,我亦不参加,此我之清福,亦贫困之因也"。因此,1947年7月18日,父亲押运文物东下南京,临行当天日记中曾记写:"申儿昨在山下采得之白莲花二支陈之桌上者,连瓶分赠德人、洁平二人;吾有用意,不知受者能领悟否。"

我与家人随父亲押运文物于1947年7月26日到南京;励先生随后也押运文物于9月24日来到南京。12月6日日记写道:"马先生昨天回北平。励、欧二人与吴（荣华）为通风机款事大抬杠，因之又牵涉及吾，真觉无聊。盖付与不付、谁是为公，各有心思，不外互争权利；吾本无干，而以管马先生名章关系牵涉其中，所为何来？按理此事应归四科励主管，今不由励管命黄念劬代庖，不外经手利益，励之不快亦不外未得好处。看来吴仍是黄派，励、欧则是一派，从壁上观之，极觉可笑；天下不静，马先生使之乱。"12月29日日记写道："德人告，马先生来电邀其去平主持科务，又云彼到柱中即可暂息（张柱中因肺疾须请假休养），大似欲他代处长。"然而根据日记1948年8月23日载："得平院通知，张柱中请假三月，总务处职务由赵席慈代（赵当时为秘书职）；此职按理应由励德人代，竟不是，此中必有原故。"

也许由于当时自己年纪太小，对于励乃骥先生的印象已经相当模糊。但是我倒是记得1947年全家随父亲回到南京以后，住在故宫南京分院永久库房附近，就是冶山旁边的"活动房屋"宿舍时，励先生和我们是两家共用一栋。大概因为他们是浙江人的关系，我常常会在他家屋边地上看到一些两头尖尖像梭子一样的螃蟹壳。之所以印象特别深刻，大概是我们家几乎从来都没吃过这种海蟹的缘故。近两年再读父亲日记，其实在1946年9月26日父亲的日记中，当时文物还在重庆的时候，文中就有类同的记载：

午饭为常维钧、那心如一家及吴爽秋一家接风，并为刘［峨士］、达［欧阳道达］送行。正式酒席太费且无厨师，客多，北方乃决包饺子，全院人均邀请，加数家小孩也有两桌多。晚饭，德人请在百子桥，酒是黄酒，肴有海参、螃蟹、鱼，阔哉！阔哉！吾与之比，相形见绌。

又如1947年2月26日，欧阳道达和张德恒两位先生的眷属自乐山到了重庆。次日，励乃骥先生为其接风："晚间，德人在总务处为邦接风，并全体同人及眷属皆请到。黑鸦鸦一屋子，五十人上下，好不阔气。席散，那（心如）、刘（峨士）、吴（爽秋）来谈，大发牢骚。"不过父亲那天却作了"持平之论"，因为父亲认为："本院或尚可称一清洁机关，无论如何，古物尚无恙也。"

1948年1月，励乃骥赴北平，1948年1月7日父亲日记记载："励德人调平，今下午去沪（支旅费千万），送行者，唐榆生两太太、唐剑云一家，一算全院卅人，三分之一以上全是励拉进来的，全是浙人，好大势力。"

又读《马衡日记》1949年8月1日："王冶秋接南京来文，知本分院将于今日开展览会，励乃骥且为负责人之一，大有脱离本院独立之概。问余接得信息否？此诚怪事。因嘱景洛约张我良来询之。"次日"张我良来，谓其父现在南京分院，乃文管会函其家令其来者。库房已于七月间开启，邦华、德人终日在库开箱工作，八月一日开展会，即以工作室为陈列室；闻以后每隔一月开一次，并不售票云"。

上述一方面固然体现了励先生之工作作风，但结合前列父亲日记，可知道励先生擅长处理庶务工作，对于相关书画文物也颇爱好而勤于学习，因此有能力在南京故宫分院自行举办展览，可算是"学有所成"了。

第十章 《华严洞图卷》题跋（中）：东归南京时期

第一节 朱家济跋文（兼忆台静农先生）

《华严洞图卷》中的跋文，紧接在徐炳昶先生之后的是朱家济先生的诗作：

> 双隐华严洞，八年尘外人。
> 丹青课令子，林壑供闲身。
> 瓮有新醅酒，堂罗自抱薪。
> 郫筒邀我醉，尽味故情真。
> 民国三十四年［1945］在蜀奉和墨林伉俪唱和之作，越两年书于南京冶山山侧之不系舟　同学弟朱家济

朱家济老伯（1902—1969），字豫卿、余清，写得一笔好字，是父亲经常来往的好友。记得在四川和南京时都常见到他，尤其在1947—1948年文物回到南京以后，朱老伯还有郦衡叔老伯等好友，常常会到父亲宿舍、位于冶山之侧的"冶城山房"造访。根据1947年10月31日父亲日记记载："将马先生昨夜为书之'冶城山房'额悬

之墙壁。今后吾屋即称山房矣。大约先有冶城后有金陵,其谈南京掌故莫古于此。历代文人凡与是山发生因缘,此莫不引以为典,取以为名,吾亦何幸来此权做寄庐耶。"但是朱老伯在图卷的跋文末尾,却称呼父亲在南京的寄庐为"不系舟"——"不系舟"为1939年我们一家尚住在安顺华严洞附近时父亲的斋名,当时朱老伯还没有离开故宫,是和父亲一起工作的同事。提起"不系舟",好像他又回到最早在安顺华严洞时候似的。

图 10-1　朱家济书《华严洞图卷》跋文

1947—1948年,国内局势动荡,物价飞涨,公务员的薪水经常入不敷出,生活十分拮据,但父亲等人却常以清唱昆曲自娱,用以排遣心中的悒闷。当时唱的多半是《林冲夜奔》或《牡丹亭》中的"游园"一折。母亲会吹笛,每次都以清丽嘹亮的笛声为父亲和老友们伴奏,那情景仿佛就在眼前一般。由于耳濡目染,我自那时起就喜欢上了昆曲,并且还会跟着哼唱几段。

值得一提的是,朱老伯在图卷中所书的跋文,是抄录他自己于1945年唱和我双亲在四川巴县飞仙岩时所作的五言律诗。

至于双亲的原诗,可见于1945年母亲申若侠于四川巴县飞仙岩写赠父亲的条幅:

第十章 《华严洞图卷》题跋（中）：东归南京时期

慕老吾夫子，行藏似古人。
捻髭因炼句，抚髀嗟闲身。
门径多修竹，堆书若积薪。
平生清绝处，投老益深真。

母亲诗右侧，父亲的小字行草和诗紧贴在纸边空处：

步若侠夫人原韵

三十四年九月于巴县飞仙岩
不作封侯想，钟情薄幸人。
眼中犀角子，相泣牛衣身。
惭我谋生拙，劳卿日荷薪。
耕前锄后趣，偕老乐天真。

慕陵和作

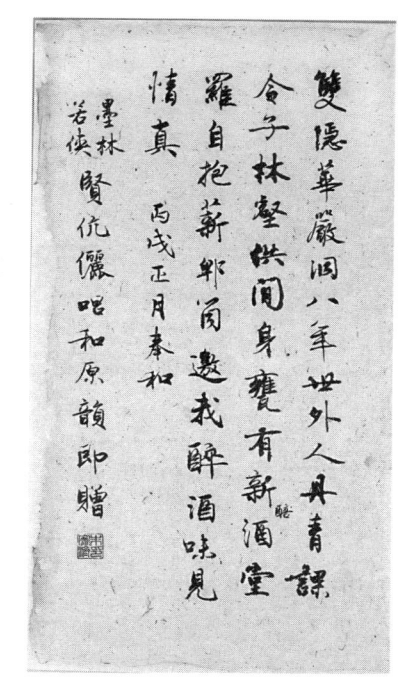

图 10-2　1946 年朱家济题《和庄严伉俪唱和原韵即赠》诗作条幅（51.5 厘米×28 厘米）

从以上母亲、父亲和前面朱老伯的三首诗作中，不仅可以体会到他们在抗战后期的生活实况，而且从中更能感受到双亲和至友间令我们小辈羡慕的至性与真情。近年因读父亲日记，更知道一些朱老伯与父亲交往的趣事。根据《故宫博物院早期院史（1925—1949）》，文物于 1939 年 1 月 23 日运到安顺时，成立故宫驻安顺办事处，父亲是办事处主任，那时候朱老伯就和父亲一起工作。那时朱老伯或许个性乐观、心宽体胖，有个外号叫"胖子"。后来他和其他的同人相继离开驻安顺办事处，父亲因急需工作人手，在得到重庆总办事处马院长

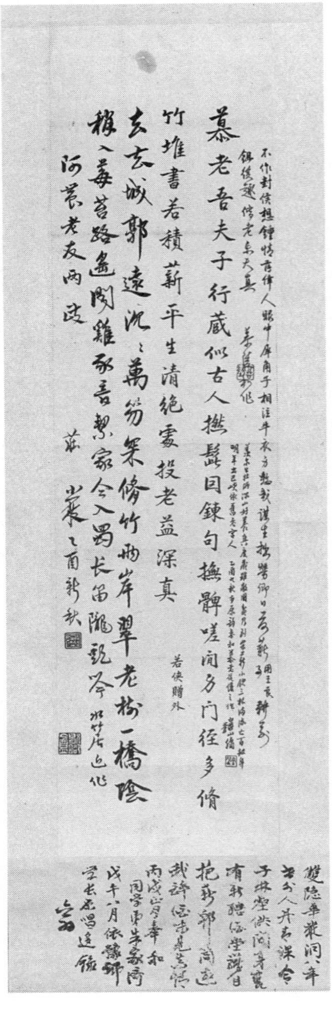

图 10-3 庄严、申若侠夫妇唱和诗立轴（137厘米×26.8厘米），下方有庄严抄录朱家济和诗及题赠台静农的律诗

的同意之后，才延揽当时还在安顺民众教育馆工作的刘峨士和黄异两位年轻画家，进入故宫博物院工作。

读父亲 1946 年日记，知道父亲和文物还在四川巴县时，有时因公务去重庆，就会与朱老伯见面；等到父亲负责押运的文物在 1946 年 1 月 28 日全部从巴县飞仙岩迁运到重庆南岸的海棠溪向家坡新址之后，由于彼此的工作和居所仅有一江之隔，相互间的来往就更频繁了。例如 1946 年 1 月 7 日的日记（当时文物还庋藏在巴县飞仙岩）就记载了父亲出差到重庆时情形："同德仁赴粮食部访朱豫卿。"而到 1946 年 2 月 17 日，日记记载了朱老伯过江来访的情形："豫卿来访相聚甚畅，留之午饭，以自制腊肉享之；朱以美国黄油见惠，知我嗜此物也。午大唱昆曲，并开箱看画。留胖子在此住宿，夜月色甚佳，宴寝。"次日，"豫卿过江返粮食部"。此外还有：

1946 年 3 月 17 日 叔平先生与豫卿及齐君士铭〔齐树平〕来，朱要求看《远宦帖》及徐人集册中的《徐铉书札》；开箱毕，天已黑，马［叔平］回百子桥，齐亦过江去。留朱晚饭，唱了一阵［昆曲］，九时始过江。

3月24日 下午，谢稚柳忽同张髯大千来要求看画，与此髯八年不见矣……候少刻，豫卿亦至，遂同入库。此事马公以为大不可者，吾认为小事一宗，且为博物院天职之一。个人作风不同也。张、谢先行，朱在此吃韭菜馅饼，前所约者，并大唱昆曲、看拓片。又出沈尹默书卷，朱在卷末大跋，今日之事不啻自画口供。夜十一时睡，客二人寓办公室。

关于沈尹默先生墨迹，是父亲将沈先生历年赠送的诗文裱褙成卷，请马先生篆题为《秋明词稿》。或许是朱老伯认为：抗战期间，父亲与沈先生身处两地，父亲先后在贵州安顺和四川巴县，而他与沈先生却都在重庆，何以父亲得到的沈先生诗稿却较他为多？因此朱老伯的卷后跋文是这样写的：

尹默先生居蜀数年，诗词并有新境。余获大小数卷以示墨林，墨林乃出贵州构皮笺索书；先生为书十幅皆满，所得反多于余。他日东归，当更以佳纸乞先生书。非欲斗胜矣，更有新作耳。余清。

二跋又言：

丙戌二月二十日，诣大千观所得北苑［董源］《江堤晚景》、刘道士山水、张樗寮大书唐人诗，纵谈至夜。忆故内所藏北苑《龙宿郊民》、巨然《秋山问道》、易元吉《槲树双猿》、宋人《杏花春鸟》。次日渡江，诣墨林索观。谢稚[柳]同来，大偿所欲。大千、小谢先去，余复与程曼叔弄笛唱昆曲。刘峨士赠余蛇皮覆笛膜，吃馅饼而后行；皆识于此。墨林买《霍扬碑》，欲以相贻，未敢受也。申若侠、黄异手制馅饼相饷，皆复可感。余清。

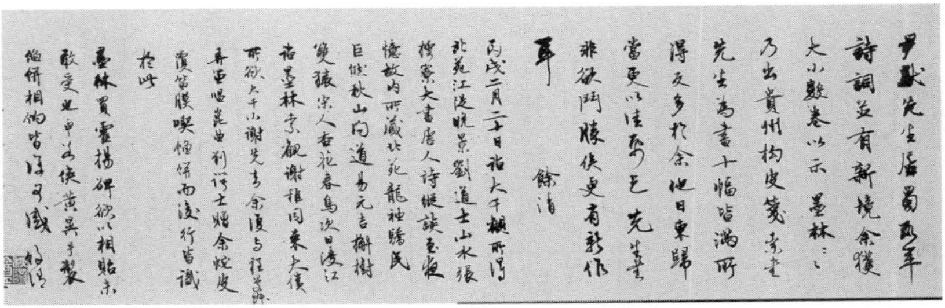

图10-4 朱家济题于《秋明词稿》中的两篇跋文

读1947年4月26日父亲日记，知尹默先生因弹劾孔祥熙不成而辞去监察委员。又读1947年10月1日父亲日记："得豫卿电话，曰昨去沪返，此行应沈尹默字展之邀；展品二百余件，已售出过半，收入一万万三千余万；初闻之真觉惊骇，每件底价均卅万，最巨者三千万一堂。"朱老伯于二跋中所书之情景，读父亲日记，是发生在1946年的3月24日，也就是农历的二月廿一日。而朱老伯跋文中所书的日期则是"丙戌二月二十日"（相当于公历3月23日），二者初看似乎差了一天；不过细看朱老伯的二跋中却有"次日渡江"之语，表示是第二天才到南岸向家坡去看望父亲，并且还遇到张大千和谢稚柳，然后受父亲邀请一同在故宫库房看画。这也就是父亲在3月24日日记中记载的事。

第十章 《华严洞图卷》题跋（中）：东归南京时期

故宫的南迁（包括后来西迁）文物，自 1937 年 7 月 7 日全面抗战开始后，再从南京分为南路（第一批）、中路（第二批）和北路（第三批），各自经过数千里的艰苦播迁，直到最后（1944 年）才全部存放到天府之国四川省的巴县、乐山和峨眉三地。抗战胜利之后，三路文物才按"第一批""第三批"和"第二批"的时序，开始陆续向陪都重庆的战时故宫总办事处集中。由于抗战刚刚胜利，全国上下都忙于复员，筹划安排运输工具十分不易；尤其运送文物首重安全，再加上数量庞大（三批故宫南迁文物总共有一万六千多箱）；从 1947 年 5 月 31 日开始，才以水路（江轮）为主，陆路为辅，逐批向南京复员；一直到 1947 年 12 月 8 日，抗战故宫南迁文物才全部回到南京分院库房。这时候，朱老伯已随粮食部复员先到南京。在南京这段时间，父亲和知友朱老伯不仅往来频繁经常聚会、十分关怀彼此生活、忧心国事，而且还会与三五知己忙里偷闲，共享翰墨、昆曲和收藏之乐。我现在特别摘录几则父亲当年日记，以便读者对他们那时一方面必须面对艰困生活和沉重心情的巨大压力，另一方面文人知友间往往却能用身旁琐物及诙谐翰墨，来寻求抒解和转换的这种幽默雅趣，能够有较为深刻的认识和了解：

1947 年 8 月 7 日 朱豫卿来，别将一载，彼见面时大声疾呼；南京生活之不易，谁不知之，似亦不必如此疾呼。吾则抱既来之则安之态度。谈到孩子求学问题，彼云非托人不可，不然天大本领也不能录取。

10 月 2 日 匆匆返候豫卿，所约来看今提出招待美国人参观之字画。留之晚饭，邦华携酒来陪，酒后请朱跋《华严洞图》。又携来由谢稚柳赠所作画印本一册。

10月14日 留邦华在家晚饭，后同访朱豫卿；在彼又遇〔王〕世襄，畅谈至十一时返。

10月23日 同邦华赴豫卿之约，在其家饮酒。邦欲拉豫卿回院工作，因粮食部事极不稳定又不如意；而朱坚持不可。吾尚欲去，早知其不可。

由于1948年三四月间，台湾省政府邀请运送一批古物在台湾展览。原拟邀请故宫文物参与展出，故宫博物院理事会未予通过。父亲遂被教育部借调，以个人身份协助鉴定民间文物之真伪，随其他机构人员及文物同乘中兴轮赴台湾一行。归来时，父亲带回一块湘妃竹臂搁，朱老伯似乎十分欣赏。1948年4月14日父亲日记记载："诸人先到吾家观看在台所得文物，胖子亦喜赏禅杖和湘妃竹臂搁，抚摩久之。"7月8日父亲日记又载："朱豫卿来，携来所作诗，即湘妃竹臂搁事。"现抄诗如下：

短才一把余，宽不容三指。
不可打手心，不可当镇纸。
强呼作臂搁，看来了不似。
风涛万里外，胡为竟买此。
吁嗟有人不开眼，欲攘欲夺事端起。前有朱余清，后有郦衡叔，恳之哀、商之熟，重币甘言几往复，赤筋生脸光生目。主人怀以走，客人起相逐，三绕朝天宫下屋，所争半片香妃竹。

前晚归后，枕上成此。先以相示，即书扇上何如。此上

半片湘妃竹主人　前者顿首

父亲遂在朱老伯所书趣诗的同一张十行纸后方,又随兴补跋了一段话:

> 此诗极尽诙谐之能事。今春余作台湾之游,得此片竹。上月衡叔自杭州返,余请绘,便面透露舞剑之意,胖公遂有是作。
>
> 卅七年[1948]七月六日,晨三时晓起,记于冶城山下　严

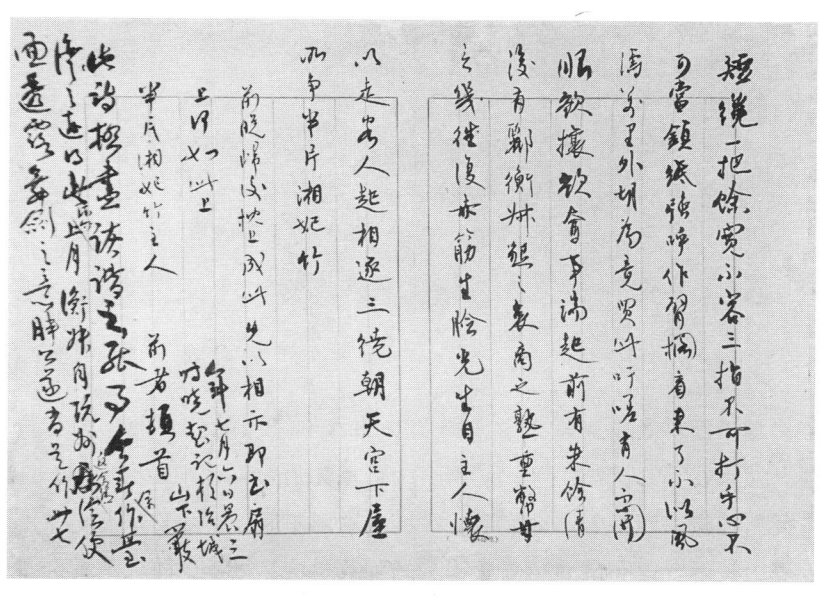

图10-5　写于十行纸上的朱家济题湘妃竹臂搁诗及庄严补跋

父亲在日记中记述朱老伯送湘妃竹臂搁诗稿来的日期是1948年7月8日,而他于读诗之后随即在诗稿余笺上跋写感言的日期却是7月6日;显然父亲在收到朱老伯的诗稿后,迫不及待地在诗稿后面适时跋了一段,并记下日期。而日记则似是后来补写的,因此所记时间要

比原诗笺上的日期晚了两日。

朱老伯对湘妃竹臂搁必然甚是喜欢，既然吟诗志趣后，尚念念不忘极欲得之。我读下列三天的日记，可知二人对湘妃臂搁所投入的心思还真不少：

1948年8月5日 返家，朱胖子来竟去，遗赠紫毫一枝，甚旧，似乾隆物，亦不知何意。

9月25日 老父［指我祖父］带来犀牛尾拂子一，正吾求之不得者，有此可以不必向朱胖子交换矣［原本父亲欲以湘妃竹臂搁交换朱老伯的拂子］。

10月9日 谭旦冏来邀同往工商部［前文均书为粮食部］访朱豫卿，朱留我到其家吃炸酱面；谈到十一时返，乱谈天地，一畅心胸，比在家闷坐好些。临行［朱］取木制之犀牛尾拂子一柄，即发问以吾之湘妃竹臂搁互换者。父来携来一柄，大可不换，爱之又不忍释，拟以他物易之。

至于豫卿老伯在诗文中所提及并加入争夺湘妃竹片的郦衡叔先生，父亲在1947年8月16日日记中称："朱胖电话邀同访郦衡叔，盖与此人神交三四年矣。卅三年（1944）故宫在筑（贵阳）展览时，郦在浙大任教，组有'萍舸画社'运画到筑展览，见社中较着为郦和魏西云耳。"父亲在8月19日日记中又云："持在向家坡采的（灵）芝四枚赴郦衡叔之约，朱胖子已先在，以灵芝分赠二人，大喜过望。"

朱老伯欣喜之下，谢父亲赠灵芝诗，文云：

玄武湖诗札奉到，兹集玉溪句，谢足下赠芝：

一条雪浪吼巫峡，共上云山独下迟；万里重阴非旧圊，十年长梦采华芝。

诗则不佳，费事不少。博墨林学长一笑。

济顿首再拜　九月四日

此事，父亲在日记中亦又记录：

1947 年 9 月 21 日　四时着衣到郦先生家，胖子已先来久候，衡叔赠我画一幅，作"拳石灵芝"，衡叔与我赠芝游戏之事。

1948 年 6 月 26 日　郦衡叔自杭州来，赠所画扇一柄，写画均不见佳。同往见马，再去悲庵。衡叔在浙大，今年休假去台湾半年。

8 月 13 日　下午访郦衡叔，触热前往……1. 蒋念椿托为其子申华准入一中自费班。2. 马交笔二支代赠与郦。3. 送前代买之书。入门豫卿亦来，不期而遇甚为高兴，谈至六时回家。

9 月 21 日　因本约定朱、郦今来院看画，四时许徐等均去，留郦、朱在家晚饭；有蒸鸭子待客。

9 月 27 日　郦衡叔应静农之约，双十节后将赴台大讲学，因询吾二人台湾一切一切［另一人是魏建功；父亲与魏二人均到过台湾］。

10 月 11 日　郦衡叔来辞行，云十三日赴沪候船去台湾。

12 月 8 日　上午会议开不成，与树平同出到郦宅，以为敲门不应，不意出者乃衡叔大公子家驹，大喜……与之谈存书籍等物事，一口允诺。又徐正厂印泥事，今已无法再购，我有徐最好者四两，说明赠衡［叔］，此一盒此刻至少值千余金元也。

自 1948 年底，父亲奉命护运第一批故宫文物到了台湾之后，由于庋藏文物的库房一时间尚无定所，因此没有与南京的好友联系。一直到1949年4月16日，父亲才说："连日得郦衡叔、朱豫卿函，均未覆。"4月21日记载："今致郦衡叔、朱豫卿信，不免发发牢骚。"这大概是父亲与朱、郦两位老伯最后互通的讯息了。

读《马衡日记》1952年9月21日："下午朱豫卿来，彼与徐森玉来自上海，乃社会文化事务管理局约来审定书画者，长谈而去。"知道朱老伯仍未离弃鉴审古书画领域的工作。又读《马衡日记》1951年3月10日，知道郦老伯与马先生也尚有书信往来。

前文谈到唱和母亲在四川巴县飞仙岩时写赠父亲的诗文，除了有父亲的答诗及朱老伯应和的五言律诗外，当时唱和父母亲诗作的，还有父亲的一生挚友台静农世伯。

台静农世伯（1902—1990），本复姓澹台，安徽霍邱人，世居霍邱叶家集。静农老伯幼承庭训，读经史、习书法，是著名书法家和教育家。读他写的父亲书法经历，即知二人相知相惜和书法造诣。静农世伯1922年在北京大学国文系旁听，继入北大研究所国学门肄业，与父亲多年同学；1924年回乡收集当地民谣百余首，编为《淮南民歌集》；1925年初识鲁迅，同年与李霁野、韦素园等人组"未名社"从事文学创作，著有小说集《地之子》《建塔者》等。1927年任北京中法大学中文讲师，1929年转任辅仁大学讲授现代文学，旋升副教授并兼陈垣校长秘书。1935年任厦门大学教授，抗战期间1942年任四川白沙镇国立女子师范大学教授；1946年应台湾大学之聘任中文系教授，1948年接掌系务，建立台大中文系学术自由之传统，至1973年夏退休，校方赠荣誉教授荣衔。晚年以读书写作自娱，著有《龙坡杂文》《静农论文集》《静农书艺集》等，为两岸皆受尊敬的学人艺术家。

图 10-6　庄严（左）与台静农（右）在台湾时的合影（1969 年庄灵摄于台北温州街台宅"歇脚盦"，该摄影作品后被命名为《一生至友》）

父亲在唱和母亲的律诗之外，还在同幅上另书诗句《水竹居闲吟》①，也请台老伯指正（参见图 10-3）。

> 去去城郭远，沉沉万筱深。
> 修竹两岸翠，老树一桥阴。
> 稍入莓苔路，遥闻鸡豕音。
> 挈家今入蜀，长笛陇头吟。
> 水竹居近作，阿农老友两政
> 　　　　庄严　乙酉 [1945] 新秋

---

① "水竹居"是父亲在四川巴县飞仙岩时的斋名；另这首诗的文字在他亲笔书写的《适斋诗草》上，曾对下半首稍稍作过修改，诗文如下："稍近莓苔路，遥闻鸡豕音。挈家今客蜀，长笛泷头吟。"

台静农世伯唱和双亲的诗文则是：

羡尔公妣俩，深山好养真。
庋藏虽敌国，贫乃到柴薪。
少饮三杯满，流亡百劫身
明年出巴峡，依旧老宫人。

乙酉入秋，奉到慕老寄示伉俪倡随之作，为之礼赞不已。仅步原韵，想老道长必大笑也，呵呵

白苍山庸 [静农老伯当时的斋名]

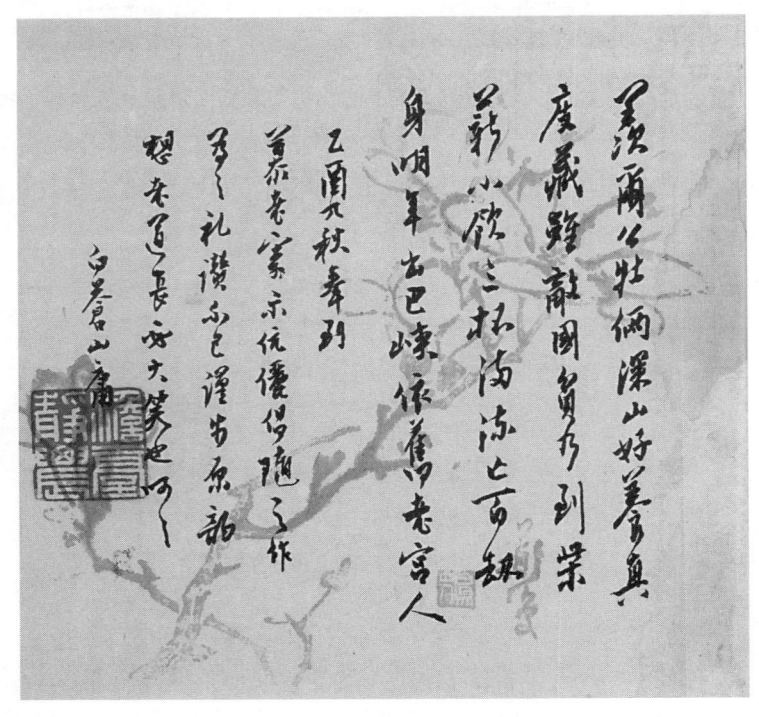

图 10-7　台静农 1945 年书《和申若侠、庄严原韵诗》

今读父亲日记，又多知道一些两人早年在北平交往的故事：

1948 年 7 月 4 日 "急水浮萍风里絮，恰似人情恩爱无凭据。去便不来来便住，到头毕竟成相负。"此不知何人之词也［查系宋吴礼之《蝶恋花》词句］，十七、八年［1928—1929］余住西老胡同未名社，与阿农极喜颂之，尔时各有性灵之事，一时风气使然。厥后奔走衣食、家累日重，性灵泯灭。近有感家人之事，反复斯词，庄子于焉悟道。

1970 年 8 月 14 日 前谈静公［台静农］有石印《金薤留珍》印谱一部，今出示。唔呀，书上我手写题识及印章，宛然书写年月为廿年八月在棉花胡同书之，印行则为民国十五年［1926］；近五十年矣！

1971 年 2 月 4 日 下午将台公之《金薤留珍》印谱复印件送交汪继武［台北故宫博物院总务主任］。这部书原是我的，在北平时即用之与静农交换他书，幸他带来存之至今，由吾介绍交故宫再行复印以广流行。又此谱原拓廿六部［应为廿四部］，恐台湾一部也无（我的一部也早不存在），石印本在台或也不过一两部而已。

1933 年，因日本侵略的脚步向华北蔓延，庄、台二人随工作单位的搬迁而各奔东西，胜利后重聚于重庆①：

1946 年 5 月 15 日 下午忽台静农和王冶秋来访，十年以外不见，老友也惊喜，忽显不知从何说起；沽酒呼菜（特派人过江

---

① 因手边仅有父亲自 1946 年开始的日记，所以二人于 1946 年之前的交往情况，因缺乏书信等第一手资料而无从详知。

到允丰正沽黄酒）招待之，长谈至深夜。太太移到孩子们屋中，三人又谈到十二时始眠。

5月16日　昨与静农、冶秋长谈，静农风采如故，亦未见老；王昔为少年，今亦中年人矣。静在江津（白沙）国立女师，反对朱家骅失败，今拟去台湾就台大教职。

5月17日　昨得云南古藤，今日遂作济胜之具［拐杖，意为协助攀登胜处］；此杖抗战初年建功入滇得之，去岁借与静农；吾物色手杖数十年无满意者，此杖差强，静又转以割爱。二人均三十年老友。

8月24日　台静农夫妇携其子女忽来，云自江津到，将携眷去台湾就台大之聘，到此候船，畅叙一天留之住宿。

8月25日　静农幼子［台益公］因天炎热行走赤日下，昨夜到此病倒。吾又正因接收古物，终日奔忙。静今下午即过江去（出川期约下月），惟赠我陈仲甫［陈独秀，字仲甫］先生《小学识字改正本》，上有先生手迹，堪称好贶；因以东坡《天际乌云帖》精印本报之。

9月12日　静农下午来，云候船无期，飞机有期可不用分文；如船行须买票，必要时则借款。又抱来自存茅台一瓶见饷，惜近日病酒，又是名醅，未致多饮。夜益热至九十三［华氏］度，纳凉院中至十一时。

9月13日　静农在此，沽黄酒少饮，下午过江去。

9月24日　偕妻过江购物并访静农，适明晨飞南京，正欲出办手续；约下午见。

1948年初，父亲曾一度考虑离开故宫赴台湾大学教书，台伯当时已在台大执教，非常期盼老友能成为同事，父亲亦为此纠结良久方才作罢。关于此一事件上文已辟专节（第五章第二节）介绍，在此不赘。

1948 年年底，父亲押运文物抵台之后，1965 年以前故宫还在台中雾峰北沟期间，庄、台二人除了经常以书信往返，父亲每有公务去台北，必定夜宿台大教授宿舍的台府。1957 年 5 月 8 日父亲日记载："在台北师范大学兼课，每月 200 元（新台币）。"其实授课费仅够付车资，只是为能与老友欢聚。1966 年春，父亲随故宫北迁台北外双溪；初到定居时因刚升任副院长，公务繁忙，反倒为不能与至友时常相聚而苦；这从台静农于 1965 年为父亲所绘图册《文人慧业》里面一幅水仙图上父亲在 1966 年的补题诗句中即可确知：

> 君居城郭我山林，常记当年对榻吟；今日无端见图画，暮云春树思尤深。丙午［1966］二月，偶阅此册戏题。移家双溪忽焉数月，与静农仍不能常聚，思之怅怅。
>
> 六一翁严

两位老友为了相聚，身为台湾大学中文系主任的台伯，邀聘父亲至台大兼课，讲授书法课程。父亲在 1966 年 11 月 4 日日记中载：

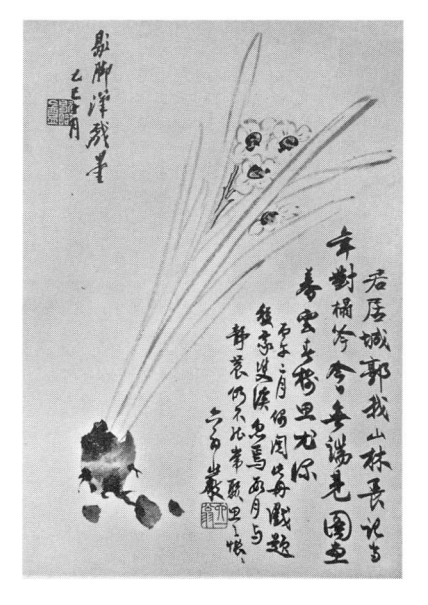

图 10－8　台静农绘《水仙图》及庄严题诗

今天是第一次去台大讲课，未免有点紧张，所教仍是书法。自离东海已经一年多未讲书法［故宫在雾峰期间，父亲曾在台中东海大学兼授书法］；又因台大是台湾第一流大学，程度定高，先生都是熟人，万一讲得不好，岂不丢人？

从此父亲与台老伯几乎每周必聚一次，尤其自1978年秋，张大千伯来台定居于台北故宫附近的内双溪摩耶精舍以后，台老伯每次造访故宫，必定顺便与张、庄两位好友相聚；他们之间的往来，在我所著《翰墨知交情》一书中便有相当撰写，于此不再赘述。①

台世伯与父亲为一生至交，父亲在台世伯心中的定位颇高，在《记文物维护会与圆台印社——兼怀庄慕陵先生二三事》一文中，他称父亲"凡具有历史性的物事，他都爱好，他在我们朋友中最为好事的"。又于他书致父亲的挽联中可见："历劫与建业文房共存，平生自诩守藏史；持身在魏晋人物之间，垂死犹怀故国心"。我与内子后来将其妥善精裱，并同大千世伯所书的挽联"颊上许添毫，我愧是翁成谬赏。天涯方有事，自勘净土与埋忧"，均宝而藏之。2019年3月至5月，为了纪念父亲诞辰一百二十周年，特别在台北的中山纪念馆之中山画廊为父亲策办"一生翰墨故宫情"展览，将父亲生前用《庄子》篇名所作、用斗笔所书的对联"人间世有至理养生是主，大宗师立玄言齐物为论"，并同台静农和张大千两位世伯致送他的两副挽联，同时在现场展出。

---

① 我曾著《翰墨知交情》一书（台北義之堂文化，2019年），内中详细记述父亲与台静农、张大千、董作宾、孔德成、黄君璧、罗家伦、叶公超、胡适、郎静山诸位好友之间的翰墨交情；其中专写父亲与台静农老伯的深厚交情之文有《函邀吃烤肉》与《贼不空过》两篇，即该书第6—31页。此外，还请见2020年7月28日台北《联合报》副刊所登的我所写《静农世伯的文人慧业》一文。

第十章 《华严洞图卷》题跋（中）：东归南京时期 | 495

图 10-9 庄严（中）与台静农（左）、张大千（右）合影（1978 年庄灵摄于台北）

图 10-10 "一生翰墨故宫情"展厅中陈列的三副对联：左二为张大千悼亡友庄严挽联，中为庄严书自作"庄子南华经篇名"对联，右为台静农悼亡友庄严挽联（2019 年庄灵摄于台北中山纪念馆）

第二节　邱倬跋文

回到南京后，除请朱老伯补书过去唱和诗文之外，父亲亦不时约请同好题写跋文。最早的一篇是邱倬先生所作的七言长诗，紧接在朱老伯诗作之后：

闾苑缥湘千万轴，远涉重洋光寰宇。
神灵呵护返神州，敌骑纵横遍中土。
千年文物费珍藏，老庄老运惜护将。
流离转徙一而再，万水千山黔桂湘。
安顺城外华严洞，重峦叠嶂碧翠耸。
自昔山以读书名，山中隐有读书种。
庄公自号慕陵者，抱璞守真谦然下。
伉俪相敬拟梁鸿，咏絮高才不让谢。
小楼一角几清明，垂杨几树晚风轻。
自有赵家唱随乐，不屑封侯万里心。
更有博陵刘氏子，丹青妙笔光画史。
钩玄稽古饱浸淫，胜水名山纪素纸。
忆昔江干垂钓时，徜徉山水意迟迟。
纵情谈笑空今古，捻髭豪吟进酒卮。
忽传倭寇扰黔边，国宝转转巴蜀迁。
水竹居边清濯缨，向家坡上足流连。
一从倭奴纳降后，朝天宫外重邂逅。

第十章 《华严洞图卷》题跋（中）：东归南京时期

把臂欣然揽胜图，我作长歌君击缶。
长歌击节呼乌乌，曾有鸡鸣狗盗徒。
世乱缤纷宁有极，回首当年梦有无。

民国卅七年［1948］一月末，莪士茂才以书来谓：为庄慕老所绘《安顺读书山华严洞图》当有题咏，否则将登门坐索如岁债。然题咏者多矣，曾何足列前贤之末。顾两方情谊又不可却，爰为作歌如右，以志历年心情，并求慕老暨若侠师指正为幸。文债已偿，将有海上之行也。

弟允起邱倬记于秣陵雪后

诗文回顾记述了父亲护运文物的十余年经历：自1935年护送文物远涉英国，参加"伦敦艺展"；归国后又于次年的8月14日起，从故宫南京分院继续押护八十大箱精品文物，为躲避日寇战火，长途辗转流徙于湖南、广西、贵州、四川多地，直到胜利后重返南京。

对邱倬先生，我完全没有印象，似乎也不是和父亲经常往来的老朋友；根据跋文中有"民国三十七年一月末，莪士茂才以书来谓，为庄慕老所绘《安顺读书山华严洞图》当有题咏，否则将登门坐索如岁债"一段推想，很可能是刘峨士先生的知交，和我父亲也熟识；大家在回到南京以后相逢，因而特别由刘转请他题写的。

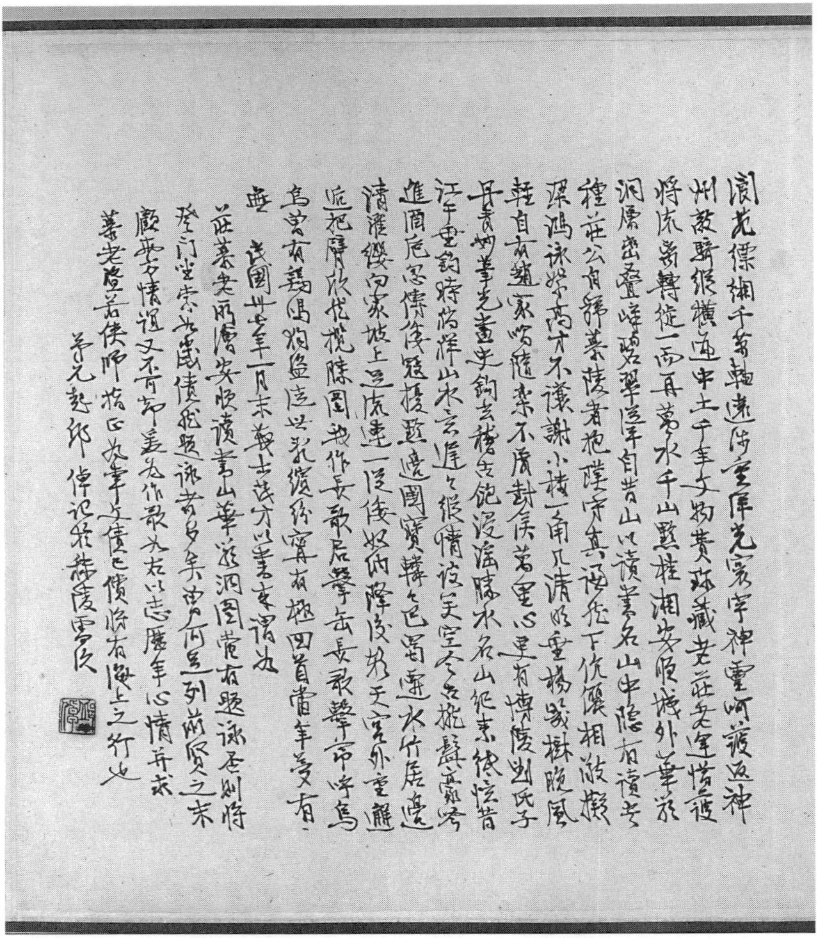

图 10-11 邱倬题《华严洞图卷》跋文

第三节　向达跋文

《华严洞图卷》在励乃骥先生之后的是向达先生的跋文：

> 廿四年［1935］冬余遇慕陵于英伦，廿五年［1936］慕陵随故宫古物返国。廿六年［1937］夏抗日军兴，故宫古物转徙于西南乱山深处，慕陵举室以从。廿七年［1938］秋余自欧东归至香港，取道安南经滇黔返湘，在贵阳相遇；廿八年［1939］夏余自湘至桂，复取道贵阳去昆明，时慕陵居安顺之华严洞，守护古物寂处深山。安顺为旅途所必经，遂驱车前访，并得见森玉前辈；四壁萧然，案头唯梵典数卷，为之慨叹，留连者久之。入滇以后，饥来驱人，转徙靡定，遂疏音问。卅六年［1947］冬南来，则慕陵亦已至京，古物且复归冶山矣；慕陵及余两鬓俱斑，追怀寒梧夜话，如同隔世。而十年离乱，承平无日，余即返旧京，更不知何时可以重晤；因题数语于华严洞图后，借志因缘。
>
> 卅七年［1948］七月一日　向达谨记于南京之半山园

向达先生（1900—1966），字觉明，号觉明居士，别署方回、佛陀耶舍，湖南溆浦人，是中国现代历史学家，精研敦煌学、版本目录学。其于1924年毕业于国立东南大学。1925—1930年，任上海商务印书馆编译所编辑，期间翻译出版《世界史纲》《斯坦因西域考古记》《斯坦因敦煌获书记》等；1935年秋到牛津大学图书馆工作；1937年赴德国考察劫夺自中国的壁画写卷；1938年回国任浙江大学、西南联合大学教授。抗战胜利后，1945年冬回到昆明任西南联大历史系教授，1946年9月任北京大学历史系教授兼掌北大图书馆，1948年协助中博筹备处与故宫在南京举办联展事务。中华人民共和国成立后仍任北大教授和图书馆馆长，后任中国科学院哲学社会科学学部委员。

父亲在向先生的跋文后面，又续跋短文一则，记述当年他押护故宫文物至伦敦参与"伦敦艺展"时，二人相聚的情景：

> 觉明文中所谓寒梧者，余旅英伦客舍之译名也。忆在寒梧馆时，距大英博物院甚近，每与觉明晤谈必在是处，纵览世界古物，上下其议论；入夜必饮于顺东楼，探花价高，我忒不去也。如是者几八阅月，于今思之真乃恍如隔世。
>
> 尚严

在伦敦展览期间，父亲与向觉明先生时有往来。读父亲1936年1月3日日记：

> 回来收到巴黎卢芹斋信，并前索他所藏古器照片十七页；又得向觉明信，当即答复二人。答向信云，吃饺子之乐，不如看《离骚经》之别有风趣；盖指前间吃意大利馆之一女侍，有东方美，向等呼之为"兮体"者事。①

又于1月6日日记，知道父亲在伦敦住的旅社"秋梧馆"就是向觉明为之代译的名字。

---

① 就《离骚经》的基本特征，这类作品富抒情和浪漫气息，句尾多带"兮"字，故此以"兮体"代表东方美女。

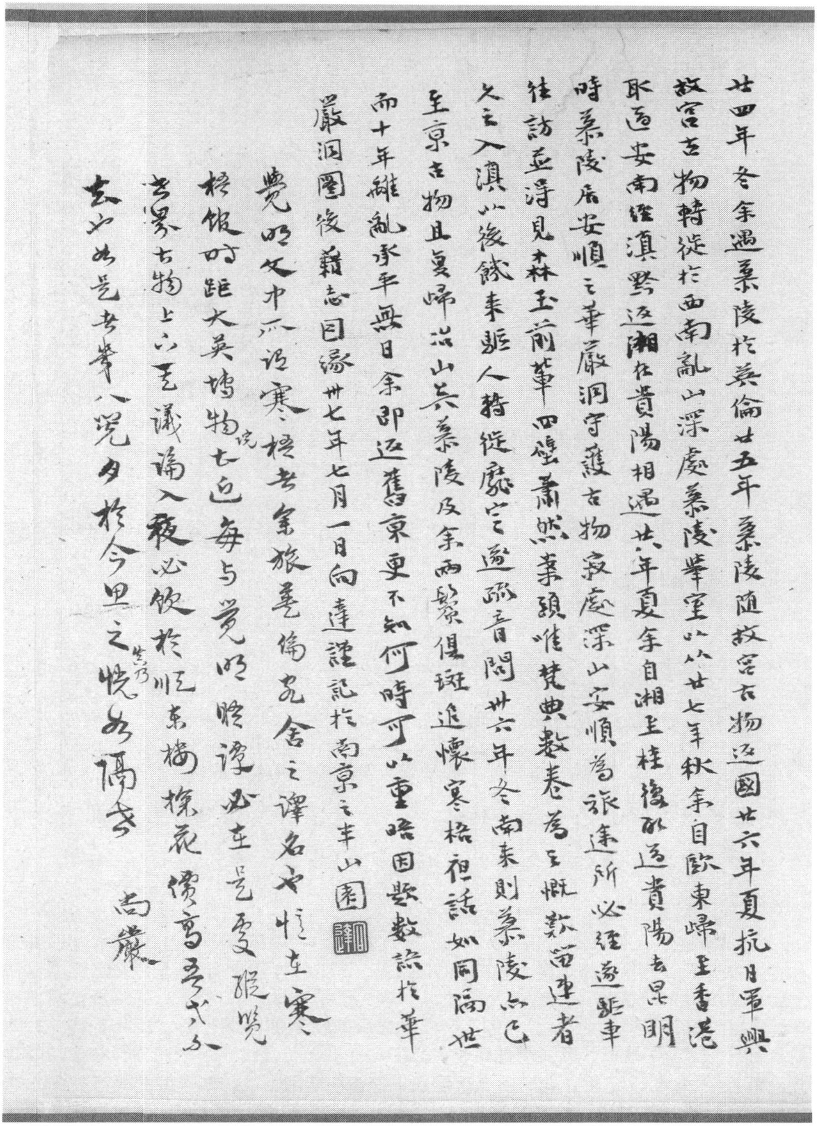

图 10-12 向达题《华严洞图卷》跋文及庄严续跋

读父亲伦敦日记，知道在伦敦展览期间，还有一则父亲与向觉明交往的事可以一叙：

1936年3月14日 早，又得袁守和［同礼］①信，嘱代购艺展所有古器物照片，而铜器要全份，信谓款可请此间大使馆垫付。

3月15日 起后，赶忙写给向觉明信［当时向先生在牛津大学图书馆工作］，商谈代北平图书馆购艺展会照片及刊物事。

3月25日 早，在旅馆为北平图书馆选购照片，因得向君信，谓他可垫款四十镑，则此事便成功矣。

关于购买展品照片，这里又牵出另外一事，也值得一提。父亲1936年3月19日日记记载：

教部所要此次伦敦中国艺展照片全份，郑［天锡］能想出办法由我国应分花红项下扣除［是门票等收入所分得的款项］。考此次我方以故宫为基本［指中国出展品875件，其中709件系故宫文物］，可惜在此甚至故宫之名全无人提起。余代故宫所选购照片，全部不过十镑，昨也要求郑援例由花红项拨付，他竟拒绝，真令人可气。

---

① 袁同礼（1895—1965），字守和，河北徐水人。1916年毕业于北京大学，并进入清华大学图书馆参考部工作，1917年升任图书馆主任，1918年被选为北京图书馆协会会长。1920年赴美国哥伦比亚大学进修，获文学学士学位，之后入纽约州立图书馆专科学校学习，获得学士学位。1923年毕业之后前往欧洲各国考察，次年回国。1929年北平图书馆新馆落成，蔡元培任馆长，袁守和任副馆长及代理馆长职务。在他的领导下，从1929年到1937年，北平图书馆建立了各种规章制度。又据傅振伦著《傅振伦文录类选》所载《旅黔日记摘要》中有一则1938年8月28日日记记载："故宫古物馆长徐鸿宝、图书馆长袁同礼（守和）两先生从昆明来，在庄（严）家午餐后，又晚餐于大十字天津馆。"故知父亲与袁先生也同为北大和故宫故旧。

第十章　《华严洞图卷》题跋（中）：东归南京时期

　　此段显示父亲相当不喜欢郑天锡先生，在他 1936 年 3 月 12 日日记中还有这么一则记载，除了谈到郑天锡，还谈到唐惜芬和李霁野：

　　　　与唐谈相面之事，熟人他一一相了；他说老郑有福相，惟太俗；一点也不错。他说我清癯，北人南相［其实父亲祖籍是江苏武进］，不愧"风流儒雅"四字，惟无大权。① 他［指唐惜芬］今晚曾见李霁野，说他是穷相，但能作文，我则相当佩服。

　　但是，我根据《马衡日记》第 102 页所载李霁野先生生平看，他曾任辅仁、台湾等大学教授，1949 年从台湾回到北京，中华人民共和国成立后任南开大学外语系主任、天津市文化局长、天津市文联主席等，翻译有《简·爱》《被侮辱与被损害的》等名作，似乎不至于穷困吧？

　　此外，父亲于伦敦艺展期间，还有一则关于生活与作诗的故事：父亲与同事唐惜芬先生在伦敦期间，由于经常一起工作、用餐（习惯在一家中国餐馆"顺东楼"）；雾重不宜外出时，则一起吟诗消遣。我手边尚有一本父亲的剪报簿，里面就有一则他们因大雾被阻外出，二人在大使馆内吟诗作乐的记述——当时，母亲在 1953 年 5 月 24 日台湾的《中央日报》副刊上读到一篇文章，标题为《伦敦大雾记》，文章后记称是译自《读者文摘》5 月号，其前言云：

　　　　去年［1952］12 月 4 日星期四黎明的时候，伦敦才不过才掀起了一层薄薄的细雾。一直到下午为止，还看不出来这是本世纪

---

① 父亲日记 1952 年 9 月 15 日："高笏之（鸿缙）仿佛会看相，我请他为我看相，据云我之相得一'清'字，一生享受清福，虽无大福大贵。"

以来最大的一次雾。原想不到它会杀死了近四千的市民,损失公私财产达几百万元。还将偌大一个都市几乎完全陷于停顿之中。

父亲对此颇有感触,遂嘱母亲将其剪下保存,并在上面题写缘由如下:

> 昨报载此文,太座喜其轻松,嘱为剪存回忆。
> 二十四年[1935,原写二十三年为误书]圣诞节前一日余在伦敦,亦逢大雾,下午被阻于大使馆中不能出外,乃与唐惜芬先生联吟为乐。箧中尚存原稿,并录于此,一时游戏之作,聊记鸿爪。今余一家又久客台湾之雾峰,平生与雾可谓结不解缘矣。
> 日不见兮黑云多(庄,汉人木简句),晓出迷路竟如何;城郭楼台疑海市(唐),山川景物顿时讹。乌烟漠漠如纱障,行人憧憧似鬼魔;汽车怪叫不敢走(庄),肩摩毂击任蹉跎。定是毒龙狂肆虐,黄尘十里一刹那(唐);回溯洪荒太古时,愁云黯淡雨滂沱。今之视昔应无异,人生到此天道苛(庄);放浪异乡逢佳节(唐),苦茗一杯冻笔呵。出门仍然不见日(庄),行不得也唤哥哥(唐)。
> 惟惜昔居重庆,无只字耳[因重庆也以雾多闻名]。

又读父亲日记1962年5月5日载,当时故宫文物赴美国巡回展,到最后一站旧金山展出期间,故友唐惜芬先生于下午三时来旅馆,邀他和那心如晚餐,饭后并陪同购买西洋参作为回国的伴手礼,且拜访唐府,欢谈至九时始返。

向达先生是父亲北大的校友,曾任中央博物院筹备处专门委员。

根据向先生在《华严洞图卷》中的跋文，1935 年冬他与父亲相遇于英伦，1937 年曾于安顺见过面，1947 年冬至 1948 年夏又在南京相聚；期间并因应教育部之邀协助设计展览会，一起到台湾有短暂的共事。由于我近年读手边父亲的日记，发现一些二人在这段时间的交往情形：

1947 年 11 月 26 日　徐森老晚忽与向觉明同到我家，向系廿七年［1938］在寿阳一面，今又七八年矣。

11 月 29 日　晚向觉明与曾昭燏女士合请森老于碑亭巷曲园，嘱往作陪，……座中有贺昌群、蒋慰堂诸人，始知中央博物馆许多情况，不只蒋、曾意见不合，欲开馆展览，苦于无物可陈；最近代运之古物陈列所到，大约不久可以公展。

1948 年 3 月中旬，教育部曾借调父亲协助在台湾举办的一次展览，主要为审查私人提供展品之真伪；而故宫收藏的文物并没有参与该次展出。在那次与父亲一同前往台湾的团队中，向达先生是代表中央博物院筹备处的人员：

1948 年 3 月 13 日　觉明来电云，晚九时派车来接同去下关，搭夜车赴沪。

3 月 14 日　晨八时到上海北站，胜利后初次来沪，……将文物放下后，徐森老邀吾及向觉明同出早点。森老来北站迎迓，又同来馆，此老客气真使人不安。

那次教育部策划在台北举办的文物展结束后，父亲在 1948 年 4 月

11日的日记中记载："清理自台带来对象，尚有两部分，一存在向先生箱中，一存沪请王天木带来。"1948年4月17日日记载："午饭后自出买请客用酒菜，傍晚客人来，向觉明、谭旦冏、王天木均到，中央博物院惟周凤森未到；中央图书馆屈万里到，昌彼得未到。……"

为准备故宫南京分院和中央博物院筹备处在1948年5月底的联展，根据父亲1948年5月23日日记所载："向无高卧习惯，今天天阴凉，体又不适，七时未起；马公派人来请，嘱将展品总说明即日下午交向觉明请人翻译……"联展自1948年5月29日开始预展，30日正式售票展览，至6月9日上午蒋介石前来参观后结束。此后，1948年7月2日云：

>　　中博运箱人带来前乞向觉明为作《华严洞读书图卷》题跋，附觉明手书云，即日夜半去沪，乘七日轮船去津转平。跋文中历叙吾二人最近十余载行踪始末，不外因时局之不安定，致个人之生活亦不安定；今又分袂，不知何年再晤云云，言下不胜唏嘘，读之亦觉慨然。即通电话与中博院，则向已去，夜车亦不知所乘者为何次、何时？送也无从送之。据谭旦冏云，该院同人亦只知其将行，究竟何日，无人知之；或故意不使人知，以免麻烦。

自此之后，父亲的日记中就没有再提及有关向达先生的消息了。

第十一章 《华严洞图卷》题跋（下）：迁移台湾时期

在《华严洞图卷》跋文中，最后的几位是劳榦（贞一）、董作宾（彦堂）、张敬（清徽）、罗家伦（志希）等先生，都是父亲到台湾以后陆续请他们写的。另有孙尧姑[①]的跋文，是我们还在大陆时孙女士写在红格信纸上寄给父亲，当时并未裱入卷轴，而是散夹在图卷最后边的。现在分别介绍于下。

第一节 劳榦跋文

灵境曾依七载心，忽惊霜鬓渐相侵。
怜君一枕蓬壶梦，曾赏华严梵外音。
楼阁高森接莽苍，分明砚几尚成行。
画中无限平生意，独立中原向夕阳。

自中原板荡夷祸交侵，十五年来播迁者三四。却忆当年小住

[①] 孙尧姑，生卒年不详，贵州贵阳人。曾就读于国立北平女子高等师范国文系，系母亲申若侠的同学。于1925年毕业后留京任教，抗战爆发后回贵州继续从事教育工作，据父亲在孙女士跋文后的补跋中称其"任教于黔江中学"，因而同母亲又成为同事，其为《华严洞图卷》写跋也应是有此因缘。

蓟门，深巷苦茗，殆若羲皇上世矣！倭寇初起，慕陵兄避地安顺者七年，虽君子环堵萧然，而春秋佳日犹不废琴书之乐。清斋故洪北江所居，每摊书吟会未尝不与古人神游也。刘君峨士辄为图以志其盛，一丘一壑，皆得其真。自慕陵出黔山下三峡，又复七年。今皆邂地鲲邦，虽意兴不减当年，而霜鬓侵寻人皆老大，追思畴昔，虽欲感而无从也。今夏于役台中，幸与慕陵相见，获睹斯图，为赋小诗二章志之，未知七年后能复睹太平否？谨跋数语，并祈慕陵学长老兄教之

弟贞一劳榦

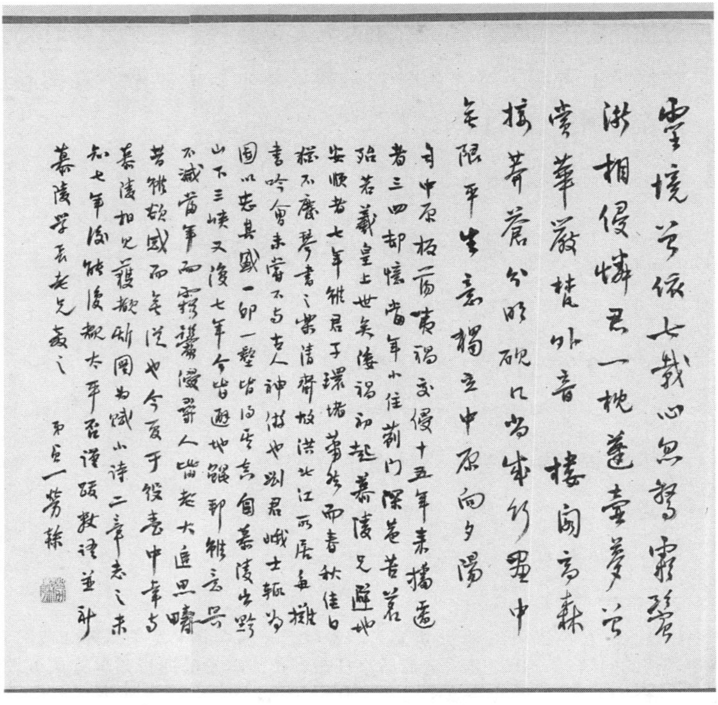

图 11-1　劳榦题《华严洞图卷》跋文

第十一章 《华严洞图卷》题跋（下）：迁移台湾时期

劳榦先生（1907—2003），湖南善化县（今长沙）人，北京大学文学学士，后入中央研究院历史语言研究所工作，升至研究员，1958年当选为台湾"中央研究院"院士，是著名的文史学者，著有《秦汉史》《魏晋南北朝史》《劳榦学术论文集甲编》《居延汉简考释·释文》等。1951—1952年，劳榦先生曾与董作宾、高去寻先生被聘为故宫文物点查委员。故宫点查文物的工作，1951年仅是抽查部分，1952—1953年则进行全数的点查，劳榦先生因故没有参加1953年的工作。那时多位委员工作的单位及居家都在台北，当轮流前来台中县雾峰乡北沟村的故宫库房清点文物时，晚上都住在距库房不远的招待所里。由于他们都是父亲数十年的老朋友，加上我们住家就在招待所附近，因此晚间父亲通常都会和他们在招待所或自己家欢聚；陪同他们闲话古今艺坛，或小饮，或吟诗作画一抒胸中感怀。这两段劳榦先生的跋文及诗画，就是在这种机缘下请他题写的。

在劳先生的跋文中，提到父亲于抗战时守护文物避地安顺七年，实际上应该是将近六年（1939—1944），若连同1938年在贵阳的时间则为七年。另外，劳先生的跋文虽未记年款，但是从文句中"自慕陵兄出黔山下三峡，又复七年"来计算，提笔当时应该是1951年前后，是迁台故宫文物从台中糖厂仓库刚搬到北沟库房以后的事。其实，我后来翻看父亲日记，才确定跋写时间是1951年的7月24日："天气闷热，请同学劳贞一题《华严洞图》。"

1951—1952年点查故宫迁台文物期间诸位委员的公私交际情况，父亲的日记中也有所记载：

1951年8月24日 今天开一箱多宝格箱，其中居然有西洋景，雷峰塔经；请董［作宾］、孔［德成］、劳［榦］三人各赋一诗。

1952年7月28日 今开始本年度之点查工作，上午九时开始。点查委员在理事方面有陈启天、李济；专家有董作宾、孔德成、劳榦、高去寻、黄君璧、高鸿缙均到；并公推董作宾、孔德成为召集人。

7月29日 理事会所定今年点查办法，每组有点查委员二人即可开箱，但其中一人必须是理事。昨天到场者陈［启天］、董［作宾］、李［济］三人一天内都走了。在台中者仅杭立武一人，所以孔［德成］今天特将其拉来，否则开箱便不合法。孔、劳、高、黄先后来家聊天。

8月25日 退组后，孔邀去招待所打诗牌，今天共六人同戏，所打为七言一句，吾所成句云"壮怀书剑两堪哀"，孔句云"岸柳残霜晓角寒"，众人均击节称赏。

8月26日 ［晚］十时与黄［君璧］、劳［榦］、高［鸿缙］四人打诗［牌］至十一点。

劳榦先生曾将大伙儿打诗牌的诗句，汇合成七言绝句赠与父亲，诗文如下：

岸柳残霜晓角寒，客书乡泪雨阑干。
西风昨夜滹沱水，犹送离愁入汉关。
壬辰［1952］秋，与尚严、达生诸先生联句，写成上诗一绝，其第二句则尚严先生所作也。

贞一劳榦

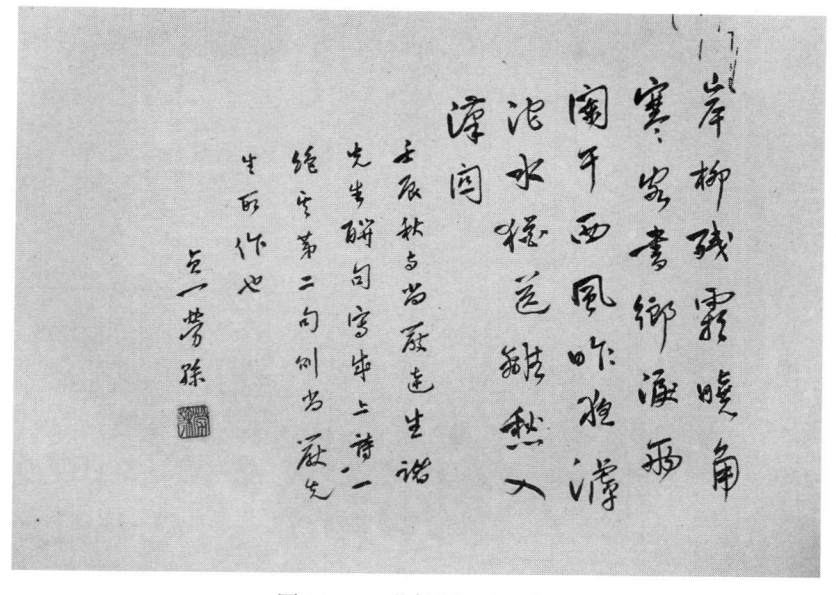

第十一章　《华严洞图卷》题跋（下）：迁移台湾时期　|　511

图 11-2　劳榦题七言绝句

文中第一句"岸柳残霜晓角寒"，根据父亲 8 月 25 日的日记，系孔德成（达生）先生所吟，第二句"客书乡泪雨阑干"是父亲所作。至于"西风昨夜滹沱水，犹送离愁入汉关"两句中，至少有一句（或者两句都是）由劳先生所联。由此，也让我们可以约略感受到那个时期这些文人好友在难得欢聚时的学养、真性与高情。

1952 年 9 月 26 日，文物点查接近尾声。父亲日记记载："下午三时点查委员开结束会，三理事孔（德成）、陈（启天）、杭（立武）理事；委员董（作宾）、黄（君璧）、劳（榦）、高（鸿缙）、高（去寻）均到。"当天又恰逢中秋节，委员好友更珍惜晚间聚会。劳榦先生居然乘兴当场挥起双色画笔涂画仙翁，并赋谐诗二首题在画上，成为父亲最罕见的一张好友戏墨：

仙翁骑鹏又骑猫，十丈红髯五寸袍。
向晓高楼窥夕照，房檐不及枕头高。
　　　　　壬辰中秋，劳山道士

平生不作画，偶写老仙翁。
岁岁终南住，年年可北逢。
　　壬辰［1952］九月廿二日，北沟画并题

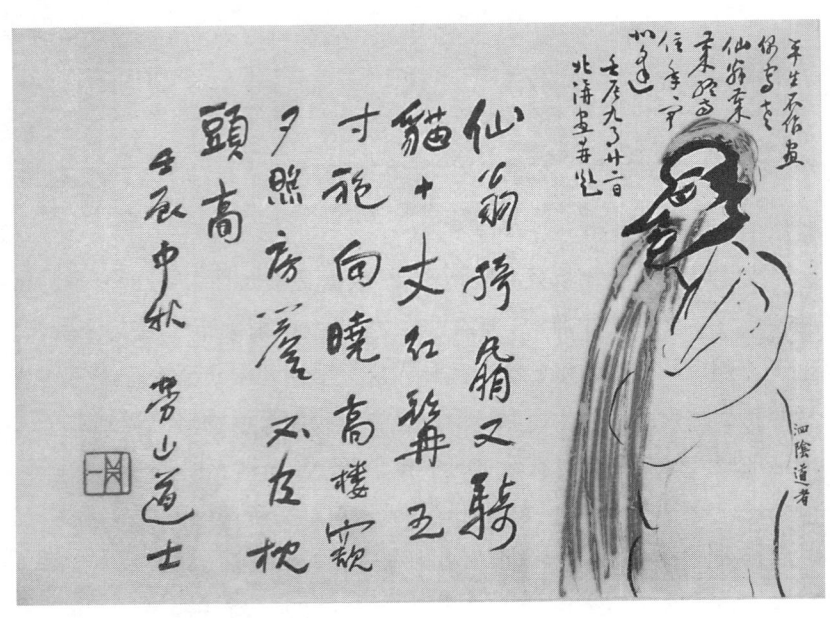

图 11-3　劳榦绘《劳山道士图》（24.6厘米×33.6厘米）及题诗两首

　　劳先生因故没有参与1953年故宫文物的清点工作，又因其研究的领域与父亲不同，故二人相聚的机会不及同在"中央研究院"工作的董作宾老伯来得频繁。

第二节　董作宾跋文

《华严洞图卷》的跋文，紧接在劳榦先生后面的是父亲的终生挚友董作宾先生用甲骨文所题翰墨：

山高水长

辛卯夏与贞一同客吉峰，获观此图，为集契文，用志鸿雪，仿文武丁世瘦金体也。

慕陵学长一笑　弟作宾

董作宾（1895—1963），原名作仁，字彦堂，又作雁堂，别署平庐或平庐老人，河南南阳人。他是甲骨文专家，和李济同为"中央研究院"院士，都是我国近代著名的考古学者，前者犹以甲骨文写书法蜚声海内外。

董老伯跋文的最后一句"仿文武丁世瘦金体也"，是完全冲着父亲写的——大家都知道父亲书法中最著名的书体就是瘦金书。董老伯的哲嗣董玉京和董敏都与我为好友，尤其董敏是我大

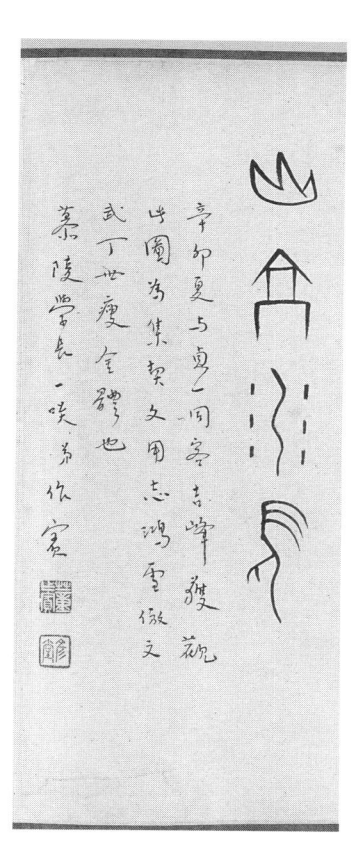

图 11-4　董作宾书《华严洞图卷》跋文

学时代的学长,也是我的摄影前辈;我年轻时代之所以有志于摄影的追求与创作,董敏的影响应该是个很大的原因。

在先父庄严先生的知交好友中,董作宾世伯和台静农世伯一样,都是父亲1923年北京大学研究所国学门的老同学,而且都是一生挚友。董世伯与父亲于1924年逊清宣统皇帝溥仪被冯玉祥逐出紫禁城之后,就在多位教授的推荐下,进入"清室善后委员会"(故宫博物院前身)开始清点清宫文物,二人在同组负责"写票"项工作。父亲自此开始终身服务故宫,典守国家文物超过45年。

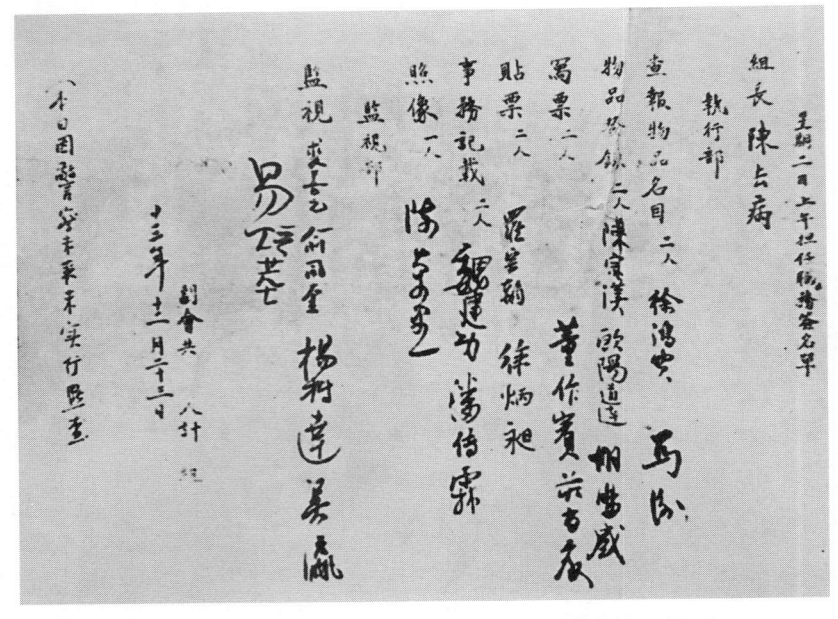

图 11-5 "清室善后委员会"同人工作分配及签到记录

而董作宾世伯则从1928年进入初成立的中央研究院历史语言研

究所后，便开始到河南安阳小屯进行殷墟的第一次考古发掘，致力甲骨文字研究；到1932年时已参加过七次殷墟发掘，出土了大量的甲骨碎片，并完成《甲骨文断代研究例》和《殷虚文字研究》等多项学术著作。抗战爆发后，董伯全家随中研院史语所迁到四川李庄，并在那里完成《殷历谱》这一学术巨著，终成甲骨文研究巨擘。他在1948年即当选中研院第一届人文组院士；1949年携家随院渡海到台湾，并受聘在台大文学院教授古文字学和殷代史，终身致力甲骨文研究和教学，是我国知名的甲骨文大家之一。

我手中有一幅1952年董老伯写赠父亲的甲骨文七言诗条幅，是迁台的故宫文物还存放在台中雾峰北沟库房时，董伯受当时"联管处"理事会聘请为专家点查委员，在北沟所书的杰作。作品的主文皆用朱笔甲骨字写成，后面的题注和落款则用墨笔楷书，看来十分典雅秀丽：

时向家乡望燕鸿，其如天下各西东，无言人立夕阳中；不见小窗来观雨，唯听高树拂长风，百般尘世一般同。

浣溪沙　集甲骨字　壬辰［1952］六月既望写《汪一厂集契集》一则于雾峰乡吉丰村之迂园　应慕陵学长雅嘱　弟董作宾

壬辰是1952年,《汪一厂集契集》则是语言和文字学者汪怡（1875—1960）在1950年根据董作宾提供的甲骨文字所写成的诗词集；而董老伯在20世纪50年代所写的甲骨诗词，有许多都出自汪怡所撰此书。该幅作品墨笔注记中的"吉丰村"即是吉峰村，也就是北沟，而"迂园"则是父亲当时常用的斋名。

我从未学过甲骨文，但是对于这种中国最早的文字不但有兴趣而

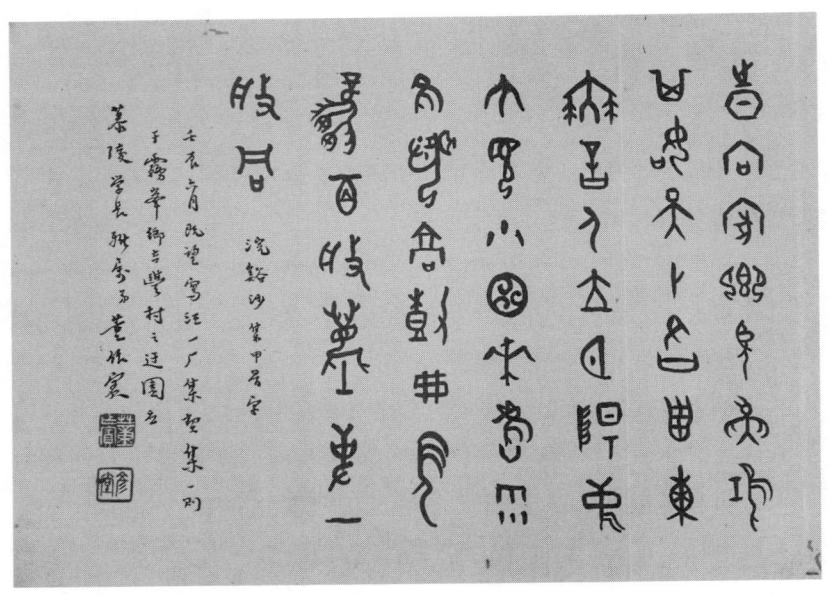

图 11-6　董作宾 1952 年题赠庄严甲骨文七言诗条幅（24.5 厘米×33.7 厘米）

且还有亲切感，也许是从小就对家中壁上经常悬挂着一幅董伯所写的甲骨文条幅看惯了的关系。其实我心中倒常有个模糊的疑问，那就是以前从课本上看到的甲骨文字，好像全都是三千年前刻在龟甲或兽骨上、形状接近象形文的零散古文字，实在很难跟很久很久以后才有的诗词或楹联佳句书法联想到一块。那么何以董伯经常用甲骨文字写赠给朋友的作品，竟多是诗词或对联呢？这个憋在心里的疑义，直到读了"中研院"史语所李宗焜主任在 2013 年编写的专作《凿破鸿蒙——纪念董作宾逝世五十周年》里面提到的一段话，才得到解答。李教授的原文是：

> 董作宾不只是个甲骨学者，同时也是一个甲骨书法的艺

家。在他的书法作品中,绝大多数是用甲骨文写的,他认为文字愈古,距离图画也愈近,所以人们都喜欢篆书。五十年前,安阳殷墟出土了殷商甲骨文字,这是篆的最古者,有许多象形字,简直是图画,真可谓"雅俗共赏",所以尤为人们所爱好。甲骨卜辞的文法古奥,原文不易了解,于是为了供应一般社会的欣赏,把旧酒装入新瓶,把甲骨字集成联语诗文,写成屏幅楹联,以便观览。

上面这段叙述,不但解开了我多年来心底的疑惑,相信或许也解答了许多读者可能都会有的同样问题。董老伯几乎对所有常用的中文字,都能以相应的甲骨文字流畅书写,这种深厚的功力,实在令后辈学者叹为观止。

提到抗战前的殷墟考古和董作宾老伯的成就,我想起父亲在1966年曾经写过一篇有关他和董伯交情的有趣文章,题目叫作《不唱山歌,去考古——彦老从事甲骨文研究之始》,不但记述了两人在北大毕业当时以及后来的状况,更生动地描绘出董伯所以会走上去安阳殷墟从事甲骨发掘并且终获大成的原因:

> 人人都知道南阳董彦堂(作宾)先生是当代研究甲骨文的权威,却很少有人知道他当初是如何发心想去开辟这方天地的。要想了解或说明这事的原委,我或是一个比较合适的人之一,因为他把这项动机和计划第一次说出的对象,就是我!
> 假如我的记忆不错,那当是民国十三年[1924]北平的夏天。在那时候,彦堂和我都在母校北京大学三院内(北河沿译学馆)研究所国学门做事,名义都是助教,实际上是研究人员;因为既

不为教授准备教材,又不改学生的课本作业,实在是一项很惬意的工作。国学门之内,研究的机构很多,彦堂那时是致力于歌谣方言,我则在学考古挖田地;后来我从事于博物馆事业,他却钻研古文字学和历法,得到了不起的成就;这都是当初再也没有料到的事。

我们二人虽所学不同,终因性质相近而且性情相投,所以过从稍密。那年放了暑假,偌大的工字楼中(研究所在三院所占用的地址名曰"工字楼")寥寥莫有几人。为了怕热,我们二人整天工作以外,夜晚索性也都搬到所中一间大办公室的楼上去住宿,因为那儿既宽敞,又有穿堂风,十分凉爽。记得初搬上楼,他还对我说道:"老庄,你身体不太好,就睡在那张大办公桌上罢,我就在地板上打地铺,倘如睡不着,咱们也可以聊天消夜,好聊个痛快。"有天晚上果然没有睡好,本来是个上下铺连榻夜话的格局,忽然他从地铺上坐了起来,郑重其事地说道:"老庄,你看咱们长此下去,如何是了?"乍一听来,我还没有摸着他所提出的问题核心,口中漫然答道:"你我不如此下去,又有什么高明策略?"他很沉默了一阵,像是在心中把算盘打点出来了一个结论,这才仔仔细细地把周围环境形势剖析一过,最后提出他的主张:"我有一个主意,你如同意,咱们一同到我家乡安阳去发掘甲骨如何?你学的是考古,田野工作是优与为之;我是河南人,对地方关系可以搞得好。这是一条有广大发展的道路,比局促在这里是有前途得多了!"

他的这番卓有创见的主张,果然引起了我的注意;因为那时甲骨刚刚发现,从事于此者寥寥无几,真的是块未开辟的田园。因而亦坐将起来对他这项意见提出了进一步的诘问:"你的想法很好，只是你我二人，一个搞歌谣，一个学考古，对于研究甲骨文最基本的学识：小学、训诂、文字学等都一无根基，如何办理得了？"大约我的这番反诘，他很不以为然，他性急地抢着说："若等你在课堂或书本中学好了文字学，人家的甲骨文字典早就在书店里发卖了呢，还有咱们的机会么？"喘了一口气，他又接着阐述他的观点："为今之计，只有占先，一面发掘，一面读书，一面研究……有了新材料，就有新问题，这个问题逼着你非读金文、小学和细心细考，自然就会有新局面，新结论；……旧路已为人家占满，不另辟新天地，哪有咱们年轻人出头之日？"

大约从这时起他就打定了这项主意，不久我就听人说他背起小包袱上安阳挖龙骨去了。我后来则为学校派往日本东京帝大从原田淑人先生研究考古，两个人就此各自西东。

在日本功课很忙，不久，也就把这件事撂过脑后。一天，忽然接到一份厚厚的邮件，打开一看，竟是彦堂自己在安阳发掘甲骨文研究的第一本著作《新获卜辞写本》发表了。我还记得，书是中装自写自印，拿到手中真使我又惊又喜又爱。能思、能言、能行，这是他日后有大成就的起点，也是他有志于甲骨文研究开始的一段史话。从此，他不但在安阳多次发掘甲骨，而且连续发表他的传世之作，如《甲骨文断代研究例》，如《殷历谱》等，使他的声名超越了安阳、中国而扬溢于全世界；证实了他在北大楼上那一夕谈话有新观点、有新问题、有新收获论断的正确无讹！

如今，前尘历历，恍如昨日，而彦堂兄逝世忽已三载，抚今思昔，怆感万千，所以不计繁琐工拙，写出这篇纪念文字，一以存一代学人文献之真，一以抒我个人对芸窗旧友的怀念之情！①

我最近机缘巧合，结识了一位对前辈艺文人物书画和信件等资料的收藏和研究者董良硕先生，他不但保有六十多年前父亲写给董老伯的好多封信，而且还特别将它们用彩色影印了一全份送给我，让我既惊喜又感动。其中有一件是匆忙间父亲以行草书写致董作宾老伯的亲笔信：

彦老：

前上一函谅已收见，拙作纪念峨士兄短文原稿觅得，兹上聊供参考。此间点查之工作照常，大驾本周日能来否？念念。

即请暑安

弟严顿首　九月十八日

我查了一下，父亲写这封信的时间是1952年的9月18日，因为信中提到的峨士兄（即刘峨士）就是在当年四月因病去世的。而董作宾世伯从1951年开始，就受聘为专家委员参与首次迁台全部文物的公开清点（包括故宫、"中博筹备处"和"中央图书馆"三个单位），因此不但已与峨士叔熟识，而且还十分欣赏他的才华。

谈及当年聚集在北沟清点故宫文物的专家学者，我再次检视父亲留下来的老照片；居然在里面发现了一张多人合照，是受聘到北沟参与文物点查的专家委员以及联管处三个单位的负责人，于1952年9月26日结束当年度的点查工作时，在北沟招待所（那是一幢日据时期就有的老建筑，盖得相当考究，是雾峰林家的产业）外面院子里的合影

---

① 本文原载1982年2月11日《中国时报·人间副刊》。

第十一章　《华严洞图卷》题跋（下）：迁移台湾时期　| 521

（见图7－8）。

另外，我手中至今还珍藏着父亲在六十多年前赠给我的一本小册页（那时我还是省立农学院的大二学生），里面题的都是敦品励学的词句，而写者几乎全是当时文化界的名人，像胡适、罗家伦、王云五、钱穆和董作宾等人；显然那是父亲特别为我请他们于便中题写的。小册页的最后一位题者就是董作宾世伯，他是以朱笔用甲骨文字写了两句箴言：

　　知之为知之，不知为不知。

庄灵四贤侄

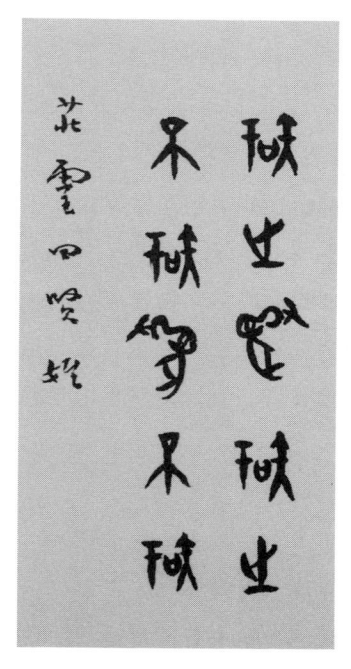

图11－7　董作宾题字训勉学生时代的庄灵（庄灵藏）

这两句训勉还在青少年时期我的甲骨文墨宝，说明了两件事：一是董伯常喜用朱笔写甲骨文名句赠人；二是在完成最早的中央文物点查工作之后，董伯后来仍有多次去到北沟，而且都和老同学父亲像他们在大学毕业时那样，有许多次秉烛夜话的欢喜聚晤。小册页紧接在董伯的朱笔甲骨文箴言之后，是父亲于1966年元月用行书补记的一段跋文：

连日因将移家外双溪，清理长物，于灵儿箧中见有此册，七八年前所赐与者。检视册中，适之先生、彦堂兄竟已故去数载，人生朝露，逝者如斯，不禁感慨系之！遂题数字，以志怀念师友之忱。

1966年1月5日　六一翁将去雾峰前数日也

1966年，父亲68岁，当时他用六一翁的别号也已八年，题此跋文时，所有文物几乎都已在前一年迁运到台北士林，并且于孙中山先生诞辰（1965年11月12日）当天在外双溪新馆举行了隆重的开幕典礼。父亲因为还要处理北沟故宫文物迁离后的未尽善后事宜，所以当时还住在雾峰北沟旧宅（洞天山堂）里。数日后，他在洞天山堂的堂屋白墙上留下一首临去长诗《别北沟洞天山堂题壁》：

小隐雾峰十六载，人生能有几十年；
山川人物都可爱，安居乐业信前缘。
背负群峰列屏嶂，面对蕉林万甲田；
我来蒿茅山之腰，佳木蓊葱荫屋椽。
野鸟自啼花自落，秋云常聚月常圆；

年年重九登绝顶,岁岁修禊曲水边。
兴晨曳杖同散步,行健共习太极拳;
客来小酌三两杯,人去临池四五篇。
一朝缘尽将远别,临别依依苦留连;
人生到处应何似,行云流水听自然。
随寄而安寻常事,天钧安泰任周旋。

别北沟洞天山堂　乙巳［1965］冬月　六一翁

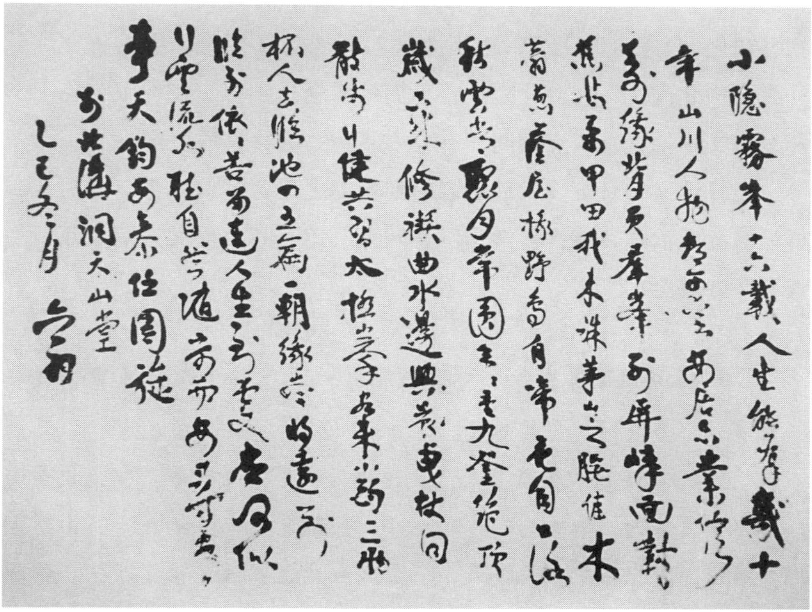

图 11-8　庄严在 1966 年初迁离北沟时作《别北沟洞天山堂》题于旧居壁上（庄灵摄）

之后,父亲才依依不舍地和母亲离开居住了十五年多的北沟,来到他此生伴随故宫文物的最后一站——台北士林外双溪的新建台北故宫博物院。虽然那时他才刚刚升任副院长（院长是蒋复璁），而且又可以和台北的老朋友们有较多见面的机会了，但是老同学董作宾和老校长胡适之先生的过世，让这次的离中北迁，在他的内心又增添了更多的惆怅与怀念。

抗战期间及迁台之前，可能庄、董二人各有职司且身处两地，我手中没有他们交往的文字纪录，仅有1946年10月17日父亲还在重庆时的日记："尹子明来告，董彦堂自李庄来，将飞南京，定明早与维钧共访之。"来台湾之后，也因故宫和董老伯服务的"中央研究院"，一在台中北沟，一在台北南港，见面的机会也不多。仅在1951—1953年故宫文物抽查及清点期间，有较多共聚一堂的会晤和欢叙。

近日读父亲日记，发现董老伯到台湾之后，不但还像年轻时代一样积极勤勉治学，有许多学术巨著问世，还不断敦促父亲写文章发表或写字办展览：

1949年4月5日 为董彦堂写字一小幅，在台北见面互换者，归来忘记，今始想起。

7月31日 董彦堂忽来，这也是出乎意外之事。据他说是与李济之诸人（台大与"中研院"两部门人）去台中能高山访问高山人，在台中住了数天，下山返台北之便过此谈了半天，请他写了一篇甲骨文始去。

1950年4月4日 董彦堂、何日章下午自台北来台中，谈点查明清河南古物事，决明晨开始，三组各派一人参加，本组派黄居祥出马；因与彦堂老友间约帮忙，我难辞谢，决也参加工作。

1951年8月11日 彦老忽写一纸，称即日晚车回台北，而吾之文稿尚未交卷，不得已回屋疾书，午后幸能交卷；约二千字大约可得稿酬百余元。

9月25日 一人在家摊纸写字十余幅，选稍满意者七幅，寄老董交其友执赴日本展览。吾本不注意此道，老董好事前在台中坚邀参加；说月底交付，迟延到今天才写。

9月26日 得彦堂函，仍催作下期《大陆》［杂志］文及日本展览字。

1952年7月28日 今开始本年度之点查工作（去年系抽查）。上午九时开始，今天由古物馆开始，点查委员，在理事方面有陈启天、李济，专家有董作宾、孔德成、劳榦、高去寻、黄君璧、高鸿缙均到，并公推董作宾、孔德成为召集人。

8月5日 董彦老苦劝作文投《大陆》杂志，其心可感；一时苦无以应命。

8月7日 彦堂于停电时［当时有一段时间，晚间会轮流停电］，必来景迁堂①写字至十一时。

8月18日 董、孔来家久谈，董并将我参加书法展览，由他代表签收的字轴送来；又代买日本绢布一尺四十元，令老三作画，云有出路，可售予美国人。董说有美国新闻处两人，他介绍明午乘车来参观。

8月23日 彦堂本周自台北带来日制绘绢一尺，嘱喆儿裁成小幅图绘山水人物，云可售之洋人；姑令其试办。昨今两天［喆］赶画五幅：为仿宋人"赏月空山"北派山水、一仿大千美人、一摹宋太宗立像、一敦煌壁画菩萨、一舞妓；最感困难者为颜料之缺

---

① 景迁堂或迁园是父亲当时的斋名，那时还不叫"洞天山堂"；与故宫招待所相距不到100米，故点查委员晚间常来小饮或聊天。

乏，所用者为上海制水彩之洋色，既粗又不艳丽。下午退组，孔、董来迂堂小坐，侠请他们吃烙饼并开沙丁鱼罐头，孔又浅饮酒。

9月8日 黄［君璧］、董［彦堂］今午来；晚饭后董来我家见访，坐院中久谈至十时。董面有倦容，据云昨夜赶文章至凌晨四时，早七时起；劝其早去睡，尚剌剌不休说至十时去。

9月9日 今董忽在本库大放厥词，一时不知从何而起；看他拍桌大喊、面色紫红的发脾气，令人可气又可笑。后来始知他先在中博发起脾气拍桌大闹之后才来本库，已是尾声。此公世故极深，今天真出人意表，有人说他进史语所碰钉子不小不少，无可发泄，来此向各处同人发气，盖血压高到此地步，自己不能控制。

9月11日 代彦堂查古书画上印章，他亦系受王季迁之请求，此人在美国卖中国书画知识而吃洋饭者。

1953年12月5日 订今上午邀安和、刘河北两小姐来处观记指定古画四件，以便回去临摹；所抚画：一、唐人《春郊游骑》，二、丁观鹏《明皇击鞠》，三、四册页两开，皆踢足球者。临此缘故，董彦堂介绍以便明春参加亚洲运动会美展会。董原指定老三［三哥庄喆］画一幅，此子极嫩，我无法督促之。

我很好奇，1953年故宫文物点查期间（7月1日至9月20日），董老伯来故宫参加点查工作，为什么父亲竟没有写日记纪录他们间的互动情形？查证后得知原因如下：

一、常态性的公务忙碌。白天要出组开箱，提出供抽查的文物；委员检查后，工作人员必须作完记录然后归箱。晚间经常还要与夜宿招待所的委员们交流，往往聚谈至深夜。

二、特殊事件。这一年父亲已经参与1961年故宫文物赴美国五大城市展览的行前计划。

三、可能由于以上的因素，父亲的体力和心力经常处于疲惫的状态，致使1953年的日记有多日空白；因此当年董伯与父亲交往的情况，除了往来书信之外，便难有资料可供查考了。①

第三节　张敬跋文（兼忆黄异先生）

在董作宾先生所书甲骨文"山高水长"段之后的，是张敬（清徽）教授的跋文：

南吕一枝花　千岩万壑图，翠柏苍松径；清溪拖玉带，苗寨布荒茎；好一派水秀山明。八年来避难随缘住，一朝里归途若梦行；您堪夸走北征南，俺则叹离乡背井。

梁州第七　漫收拾洞天福地，尽流连石室山城；桃源世外三生幸。云深藏宝器，风静送梵声；有登天眼界，看绕地围屏。泉活活鸟语嘤嘤，树森森石垒层层；任天时寒暑阴晴，任人间喜怒哀憎，任尘寰得失衰兴；漫惊，莫凭，闲拈毫且自点丹青，万劫火一朝胜，回首西南山水程，画意诗情。

尾声　逃荒海隅情难定，故里音书水上萍；怀远思亲空画饼，对图，泪零，和俺那梦儿里家园两厮证。

　　　　甲午端阳题安顺读书山华严洞图　写奉　慕陵先生　正拍
　　　　　　　　　　　　　　　　　　　　　习安张敬未是草

---

① 父亲与董老伯的交谊往事，还可见我所著《翰墨知交情》中《不唱山歌，去考古》一文（第54—63页）。

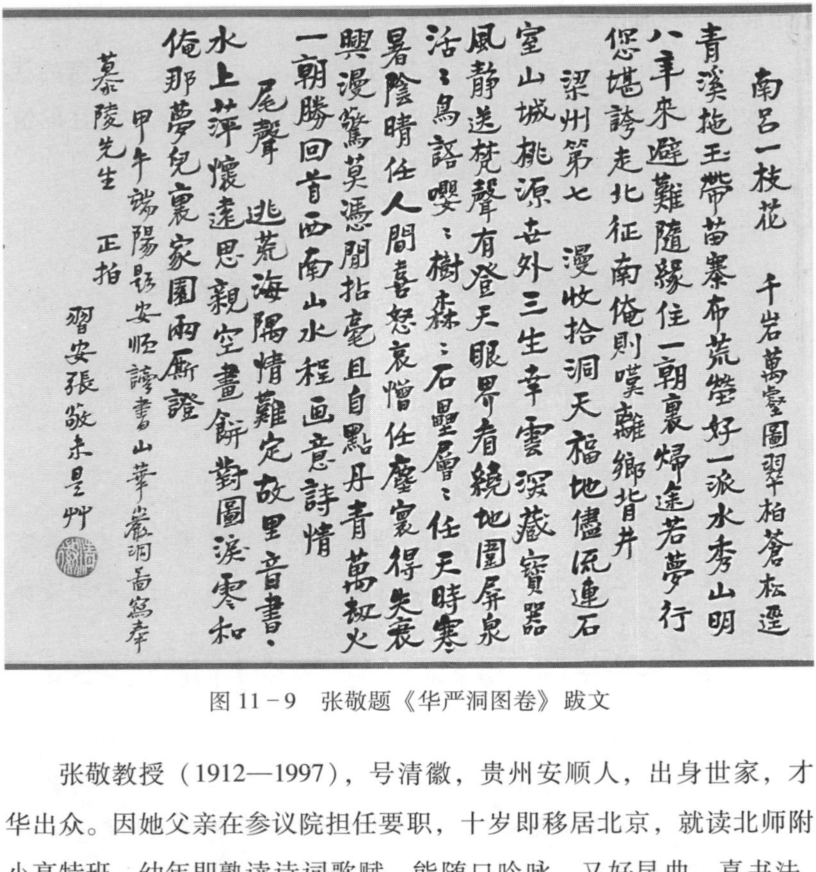
南呂一枝花　千岩萬壑圖翠柏蒼松遷
青溪拖玉帶苗寨布荒塋好一派水秀山明
八年來避難隨緣住一朝裏帰途若夢行
偲堪誇走北征南俺則嘆離鄉背井
梁州第七　漫收拾洞天福地儘流連石
室山城桃源世外三生幸雲深藏寶器
風靜送梵聲有登天眼界看繞地圍屏泉
活活鳥語嚶嚶樹森森石壘層層任天時寒
暑陰晴任人間喜怒哀憎任塵寰得失衰
興漫驚莫憑閒指毫且自點丹青萬劫火
一朝勝回首西南山水程画意詩情
尾聲　逃荒海隅情難定故里音書
水上萍懷遠思親空畫餅對圖淚零和
俺那夢兒裏家園兩廝證
甲午端陽題安順讀書山華嚴洞圖寫奉
慕陵先生　正拍
習安張敬未是艸

图 11－9　张敬题《华严洞图卷》跋文

张敬教授（1912—1997），号清徽，贵州安顺人，出身世家，才华出众。因她父亲在参议院担任要职，十岁即移居北京，就读北师附小高特班。幼年即熟读诗词歌赋，能随口吟咏。又好昆曲、喜书法，后来进北平女子文理学院国文系，主任为周作人先生，研究李白为其毕业论文，后以此论文考进北京大学文科研究所。时逢抗战，北大迁往昆明，与清华、南开三大学合并成立西南联大。在昆明期间，张女士认识其夫君林文奎先生，两人于 1941 年在联大校长梅贻琦公证下成婚。张女士的才女文思，似未能为身为爱国飞将军的林先生所完全体会，以致婚姻生活不尽协调。婚后不久辍学，从事教学工作；抗战

第十一章 《华严洞图卷》题跋（下）：迁移台湾时期 | 529

胜利后，携二幼子辗转南京、北平，于 1949 年来到台湾。1951 年应台湾大学台静农教授荐引，至台大中文系任教；复于台北东吴大学讲授戏曲课程，桃李遍及各地。1988 年 77 岁，自台湾大学中文系退休。1989 年首度赴北京探亲，返台后著有《还乡曲三十韵》，词云"盼到还乡不见乡，还乡事事断人肠"，其个性孤傲而心境抑郁，由此略见。我读父亲日记，在 1972 年 10 月 29 日见有："为张敬写扇，另一面静农画梅；因用小楷，写寄禅白梅诗，写了三首律诗，甚为吃力。"

1963 年的农历上巳，父亲在北沟村外的田间小溪之畔举办来台之后的第一次修禊雅集；除了邀请多位正在北沟作研究的美国博物馆和大学的汉学家，也请了许多台北艺术文化界的好朋友，真可谓"群贤毕至"。当时张敬和台静农两位台大中文系教授，还有闻名的古物鉴赏专家蒋毂孙先生等好友，都是应父亲之邀专程从台北到北沟来参加修禊雅集的；结果那天因为下雨，临时改在北沟招待所举行文聚及会餐；直到翌年（1964）上巳，流觞曲水的修禊雅集才在北沟田间小溪旁顺利举办。

图 11 - 10　1963 年修禊雅集参与者合影（左，左起：张敬、马浩智、台静农、蒋毂孙、庄严）及 1964 年雅集现场（右）（庄灵摄）

值得一提的是，父亲雅好文人会，更在1973年岁逢王羲之永和九年（353）之后的第27度癸丑，乃再度于台北外双溪台北故宫博物院新馆旁的小溪畔举办盛大的曲水流觞修禊雅集，成为当年台湾艺坛盛事。

图11-11　1973年修禊雅集在台北故宫旁举行时的现场照片（庄灵摄）

在父亲收藏的书画中，有一张由黄异（居祥）先生所绘、张敬教授所题的画作，张教授的题文为：

　　　鸟禽中，逞英雄，霞冠彩佩腰围重，羽翼翘张意态工，威仪赫赫乔装弄，一对儿老鸦学凤。

　　　甲午端阳录旧作《拨不断》小令，奉呈慕陵先生郢正　清徽张敬

第十一章 《华严洞图卷》题跋（下）：迁移台湾时期 | 531

图 11-12 黄异绘，张敬题《火鸡图》（24.5 厘米×33.3 厘米）

张女士是我的长辈，20 世纪六七十年代常会和静农世伯一起到"洞天山堂"造访父亲这位同事老友。通常，父亲都会留他们在家便饭、谈书论艺，顺便小饮两杯。张教授的哲嗣林中斌先生是我的朋友，也是摄影高手，曾任"陆委会"副主委、淡江大学教授，现为自由政论学者。2016 年，我因受邀参加"贵州原生态国际摄影大展"回到安顺时，当地朋友还特别陪我到访过张教授的红砖老宅。那里可能也跟我位在东门坡的抗战时代赁居之所一样，已经都变成今天宽阔的多线汽车大道了！

至于黄异先生（1913—1953），名居祥，号瑞生，黄异是他的笔名，山东德平人；是父亲押运故宫南迁文物庋藏在安顺华严洞时认识的朋友和同事。

图 11-13　黄异（1913—1953）

黄异和绘《安顺读书山华严洞图》的刘峨士先生，两人抗战初起时都在安顺民众教育馆工作，并且都有相当深厚的艺术背景和才华。当时故宫驻安顺办事处有两位同人离职，父亲因急需护持文物的人手，便将他们二位延揽进入故宫服务。从此两位先生便一直追随父亲留在故宫，从贵州安顺而四川巴县、而重庆、而南京，一直到台湾台中和雾峰北沟。黄先生擅画写实的苗族人物和民俗节庆；刘先生的画则偏向传统的山水、人物和花鸟。在父亲日记中也常谈及黄异先生来到台湾以后的情形，现摘录数则于下：

1950 年 2 月 16 日　壬午 [1942] 岁除，晚间我家照例请刘峨士、黄居祥共度除夕。此例自四川飞仙岩年年举行，今年仍照例举行。

12 月 11 日　黄居祥持来他此次参加全省美展之作 [参展作品即《安顺牛场》]，请谭 [旦冏] 先生代之照相；当初黄云无勇气，吾极力劝之，并为之题跋，果然以第二名风头也（第一名照章归台湾人）。

图 11-14 黄异绘《安顺牛场》

1951年1月21日 黄君也是无钱,拟将所作苗女画卖与美国人,请吾题字,携一大卷返。

3月3日 为居祥作苗女图送陈达夫,嘱作跋;亦多日未书,今天却跋出,也算还一小债。

4月14日 为黄居祥题《三多图》横幅;黄之所谓三多,为台湾之水果、女人、自行车。

10月21日 黄居祥来求祝蒋□□寿之画一幅要我题字,然我绝不做此种事而婉辞之,只代黄书画名及年月,而绝不具自家姓名。

10月28日 黄居祥参加本届省美展作品绘出,将来请字,欣然命名为书《捣杵图》三字,稍作跋语。

12月14日 黄居祥到孔［德成］家,他参加省美展作品我已题字,求孔也作题,孔竟拒绝,不知何故［其实在黄先生的画作中,就有孔先生题字者]。

8月7日 近日,黄居祥午餐在家搭伙。

图11-15 黄异绘苗族人物图两幅,分别由庄严(左)与孔德成(右)题名

刘峨士和黄异两位先生都是极富造诣的画家,我三哥庄喆绘画生涯的启蒙老师就是他们二位。1949年来到台中以后不久,刘、黄两位先生均因罹患重病而不幸在1952年与1953年先后去世;他们都是从小看着我们兄弟长大,最亲近的画家叔叔。由于他们在台湾都没有亲眷,两位的后事当年都由父亲主办,而灵骨都安放在台中的宝觉禅寺。几年前一位居祥先生的嫡孙黄煜(现在天津的执业律师),因从北京故宫《紫禁城》月刊上看到他祖父一幅《安顺牛场》的得奖画作,从而辗转与我联系上;经我将此事告知台北故宫当时的院长周功

鑫女士和下一任院长冯明珠女士，并通过她们和故宫有关同人的热心协助，才终于促成黄煜先生最后偕家属于2014年一起来到台湾，圆满完成将祖父灵骨迎回山东故乡安葬的多年心愿。

第四节　罗家伦跋文（兼忆王雪艇先生）

在张敬教授所作套曲之后的，是我国"五四"时代的学生爱国运动与新文学运动健将罗家伦（志希）先生的"白话旧体诗"跋文。由于我们兄弟已于2015年将《华严洞图卷》捐与台北故宫博物院；而台北故宫在典藏后重新装裱时，也已将罗家伦先生原先和跋文写在一起的四个大字"妙庄严境"挪到手卷最前面马衡院长的引首题字之后、刘峨士图绘之前的"第二引首"位置，以致如今罗先生的全部跋文，只有他所作的两首"白话五言绝句"了。

第一首是：

万壑千崖里，连城希世珍。
不劳神鬼护，靠这一群人。
慕陵道兄偕故宫、中博同人维护国宝、避迹华严，以后复展转而至北沟，文物英华安然无恙，此人力非天定也。

罗家伦敬书

第二首是：

峨士擅丹青，生前愧未识。

离乱丧才人，展卷三叹息。

家伦再题

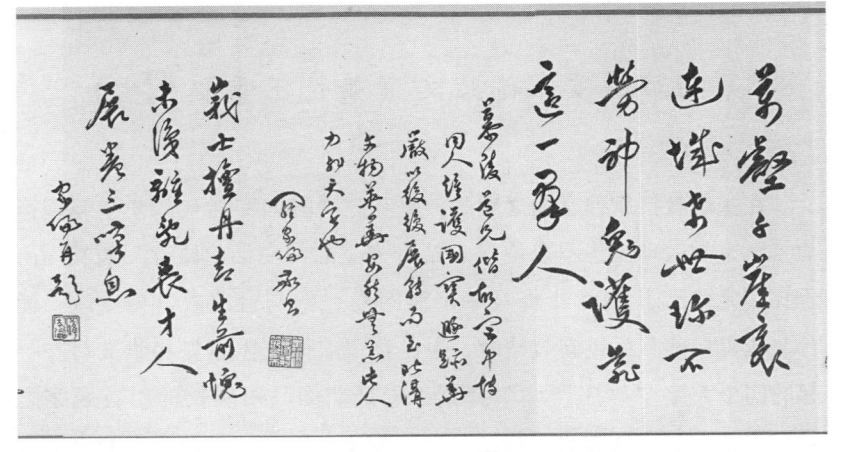

图 11-16　罗家伦题《华严洞图卷》跋文

在第一首诗后所钤"筹边西域持节西天"这方阴文印，系罗家伦先生的私印。盖抗战期间，他历任滇黔党政考察团团长、西北建设考察团团长；1943年又任监察院首任新疆省监察使兼西北建设考察团团长。这方"筹边西域持节西天"的印章，应该就是在那段时间刻的。

罗先生第二首诗系叹惜《华严洞图卷》的图绘作者刘峨士先生。刘先生于1952年4月间过世，罗先生跋文中说"生前愧未识"。但读父亲日记，知道罗先生自1946年开始就常来故宫观研文物；又从1950年起，更是故宫和"中博"的理事，常来故宫。因此可以推断，只是二人没有接触，以致未能相识。

罗家伦（1897—1969），号志希，祖籍浙江绍兴，生于江西进贤。少承庭训，习读文史，后曾就读上海复旦公学，1917年入北京大学文科，1919年五四运动中，撰写《北京学界全体宣言》，是五四运动的命名者。1920年留学美国，先后于普林斯顿大学、哥伦比亚研究院深造；接着游历伦敦大学、柏林大学、巴黎大学，用七年时间研究历史哲学与国际关系。1926年回国后任教国立东南大学，稍后投笔从戎参加北伐军，任北伐军总司令部参议、编辑委员会委员长、战地政务委员兼教务处长。1928年8月任国立清华大学首任校长，建立该校规模；1932年8月任国立中央大学校长，校务臻至稳定。1941年调离中央大学，出任"滇黔党政考察团"团长和"西北建设考察团"团长；1943年任监察院首任新疆省监察使。抗战胜利后担任联合国教科文组织筹备会议代表，1946年任"制宪国大"代表，次年国民政府特命罗家伦为驻印度全权大使，并兼世界各国驻印使节团团长。1950年回台后，罗先生任国民党中央评议委员、党史史料编纂委员会主任委员兼中国笔会会长；后来还担任"国史馆"馆长，编纂《孙中山百年纪念丛书》及《革命文献》等巨著。1969年12月罗先生病逝，享年73岁。

图 11-17　罗家伦（1897—1969）

除上述钤于《华严洞图卷》上的"筹边西域持节西天"印之外，罗先生另有一首回忆当年经略大西北边疆的古体七言绝句，也与父亲和北沟故宫有关："忆昔筹边气不凡，忍从图画认江山。也曾细雨榴花里，横渡西秦第一关。"这是罗先生于1959年1月5日晚上，在台中县雾峰乡北沟的故宫招待所客居时，应父亲之邀当场挥毫忆写的十多首边塞诗之一。罗家伦先生是父亲北大的学长。当故宫、"中博"和"中图"三单位的迁台文物，从1951年开始在北沟库房进行首次抽查时起，罗先生便经常因公到北沟，每次小停都会和父亲有十分愉快的闲谈或文墨聚晤。

而在1月5日的这次聚会中，罗先生全凭记忆将其多年来所作的十二首边塞诗，还有两首初到台湾的旅游诗，全部以流畅又富个人风格的行草，一口气默写在父亲所提供的一本空白册页上，而且还在书毕诗作之后，客气地写下这样一段后记：

以不善书之人，深夜忽受慕陵贤兄鼓励，而忘其疏略，并书旧句以献拙，尚祈教之。

罗家伦　1959年1月5日　雾峰

翻查父亲写在案头散页日历上的日记，果然找到1959年1月5日当天情况的记载：

晚饭后，志希一人在招待所，邀往谈，即为商定跋其所藏吴渔山《山水册》①并谈及多位书画家掌故，劝我写下发表。最后，

---

① 吴历（1632—1718），字渔山、号桃溪居士，江苏常熟人。吴氏擅长水墨山水画，艺术造诣极高；他更善于写诗，有诗、书、画"三绝"之誉。

谈得高兴，不顾夜寒挥写诗文，不知时间之晚，返家已过十二时。

这本薄薄的直开册页，是多年后我和夏生整理父亲留下的墨宝等什物时才见到的。册页封面中央贴有一张父亲手书的题签："罗志希先生遗墨　1969年岁莫志公故后题记　六一翁严。"

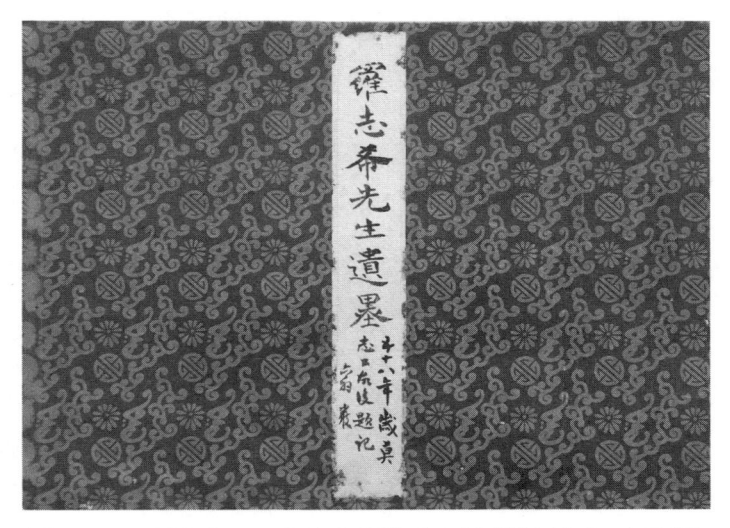

图 11-18　罗家伦1969年自书诗册页（庄严题签封面，庄灵藏）

如前提及，自1946年开始，罗先生就常与王雪艇先生到故宫研看书画。现例举于下：

1946年4月21日［当时第一批故宫南迁文物已从巴县飞仙岩迁到了重庆］　王雪艇、罗志希来处看画，八时来至午去。四维相当客气，知何以得雅名；王则学者风度，吾不以要人轻视之。

1948年5月9日　[此时全部故宫南迁文物皆已运回南京分院库房] 十时，王雪艇、罗志希、杭立武来看本院及今属中博古物陈列所字画及历代帝王名臣像，谈展览 [故宫与中央博物院筹备处在南京的联合展览会] 又要延后。

1950年5月13日　下午，王雪艇、罗志希、杭立武来北沟，先巡视库房一周，然后在本组库看字画。此次王没有"点戏"，只云甚么方便看甚么，就是八十箱文物。先将李唐《江山小景》提出，又提宋元画二十余幅，两人看得非常仔细，自二时许到七时。

5月14日　与罗家伦谈顾闳中《韩熙载夜宴图》，故宫有一卷，甚短。罗说大千处有一卷，他曾见过。马院长曾对我言之，但我未见过。故提出请他过目，是否与张者两合 [据《东图玄览编》云，明时已分为二]，罗云可能即是。

1959年1月3日　罗志希自台北来，邀往谈，出示携来马麟《初日芙蓉》大挂轴。初日只见倒影，构图甚奇，可能是宋画，亦佳；请为之题签。

1月5日　晚饭后，志希一人在招待室，邀往谈，即为商定跋其所藏吴渔山《山水册》。遂谈许多书画家典故，罗劝我发表，最后谈得高兴，不顾夜寒挥写诗文，不知时间之晚，返家已过十二时。

12月28日　罗志希邀请，并出示一小幅画，一看就认出是宋人作，细审之颇似禹玉 [夏珪]，志希嘱作跋语，题在池堂。此画彼新在日本裱成寄来，工甚精，台湾所办不到。

12月29日　即将画跋写出样本，又名《宋·夏禹玉·溪山高逸图》；罗起床甚晚，九时后开始写，写完已十一时，罗匆匆径去。

第十一章 《华严洞图卷》题跋（下）：迁移台湾时期 | 541

图 11-19 罗家伦等人造访北沟时留影（前排左起：罗家伦、王雪艇、蒋毂孙；后排右起：庄严、熊国藻）（庄灵藏）

12月30日 昨天为罗题画事已函去,心中尚念念,不甚满意;写字不少,平生题真宋人画,尚系第一次;又加精裱怕万一写坏无法修正,更以多人立左右环视,未免矜持太过,不能自然。

1960年10月9日 罗志希派人送来旧纸嘱书,文为《马麟·初日倒影芙蓉晓妆图》及跋文二三十字。此画一年前已为之题过,今又嘱题。且指定要瘦金,真是捣乱。这几天公私都乱七八糟,如何能写(我非悠闲环境不能写字,这即功夫不到家)。他又来催,今天潦草写,真不像样子。

我推测,罗先生此次再求另书,除名称有变动外,又加书跋文;似乎欲借父亲用旧纸以瘦金书重新题跋,企图营造宋画气氛。

我中学时就读过罗家伦先生写的《新人生观》,它对当时的青年学子,是一本颇具启发性和影响力的励志名著。其实罗家伦先生一生在从事重要的政府公职之外,还出版过多种教育、历史及文学著作和译作,像《新民族观》《文化教育与青年》《科学与玄学》《中山先生伦敦蒙难史料考订》《黑云暴雨到明霞》《疾风》《耕罢集》《心影游踪集》和《逝者如斯集》,以及译著《思想自由史》和《近代英文独幕名剧选》等书;其中以《新人生观》最为读者所熟知。当我第一次展读父亲一直珍藏着的这本"罗志希先生遗墨"册页,除了对罗先生极富个人风格的行草十分欣赏外,对于诗作内容更是感动;因为在此之前并不知道,原来罗先生在抗战期间还先后担任过"滇黔党政考察团"团长和"西北建设考察团"团长,曾经跑遍西南、西北各省,尤其注意边疆问题。但是他在沉重的公务之外,还能以为国筹边的胸怀糅合文人的感性观察，随时随地谱写出一首首美丽动人的诗作。读他的诗，较诵读唐代边塞诗，除了对景生情的感觉，更增添了一份受命经略我中华西北大地壮丽山河，身历其境的感受和感动！我现在就选录册页上几首罗先生的边塞诗作，供读者体会欣赏。

（一）《宁夏度贺兰山》：

无边山色入鸿蒙，万里黄河泻碧空；愿驾轻车寻故垒，贺兰山缺夕阳红。

（二）《夜宿定远营》[1]：

绀紫山横玉，玄青野覆晶。月钩悬夜幕，车辙落边营。

（三）《嘉峪关楼放歌》：

百尺雄关万里墙，祁连山势压沙场；男儿未觉西征远，更嘱天山侍道旁。

（四）《边塞游牧》：

紫衣白帽显昂藏，黑犬如熊绕身旁；马上指挥真若定，一鞭驱走五千羊。

---

[1] 古代的定远营在今内蒙古自治区阿拉善盟左旗，今名为巴彦浩特镇，已建设得十分现代化；惜古城已被拆除，如今则是在原址上再建起新的城墙。我曾于2013年专程到访过这座向往已久的定远边城。

（五）《登天山主峰博格达寄二女》：

  碧树青溪委宛通，若逢佳丽若英雄；骄儿若问爷何在，跃马天山第一峰。

我还是中学生时，即读过对日抗战前瑞典地理学家斯文赫定博士所写的一本关于中国西北地区探险考察的皇皇巨构《亚洲腹地旅行记》。那本书是斯文赫定博士在新疆考察大戈壁沙漠、塔里木河流域，发现楼兰废墟和会移动的罗布泊，以及登上帕米尔高原的冰山之父慕士塔格峰时的探险考察记录，写得极为生动；尤其书中并有许多他自己画的速写配图。读过之后，年轻的我对祖国大西北的雪山和大漠十分向往。后来我热爱摄影，以及大学时选读森林系，还有毕业后数度亲身造访大西北地区——内蒙古西部、新疆和青藏高原，都得归因于少年时代受到这本书的影响。因此在读到罗家伦先生上述多首描写边塞风情的诗篇时，由于自己几乎都曾身临其地，而益增无限感动。

犹记在我中学时代就唱过的歌——《玉门出塞曲》，歌词写得既浅易动人又发人深省；我不但至今记得它的歌词，并且还能朗朗上口：

  左公柳拂玉门晓，塞上春光好；天山溶雪灌田畴，大漠飞沙旋落照。

  沙中水草堆，好似仙人岛；过瓜田碧玉丛丛，望马群白浪滔滔。

  想乘槎张骞、定远班超；汉唐先烈经营早，当年是匈奴右

第十一章 《华严洞图卷》题跋（下）：迁移台湾时期

臂，将来更是欧亚孔道。

经营趁早，经营趁早，莫让碧眼儿射西域盘雕！

这首歌的歌词正是罗家伦先生撰写的。

1999年，我全家为了纪念父亲百岁诞辰而编辑出版了一本专集《故宫·书法·庄严》；其中在由我大哥庄申和二哥庄因所共同辑选的父亲《适斋诗草》篇第195页的《吉峰集（1950—1966）》中，就有一首与罗家伦先生和父亲多位文友有关的诗作，这首诗的题目很长——《1951年夏，文物曝晒于吉峰山下。狄君武、罗志希、劳贞一诸同学，李济之、黄君璧、孔达生诸先生先后莅止，敬赋七言八句呈教》：

老我荒村幽僻处，荆扉喜见故人来；艰时共客怀三楚，论交幸得到八哀。

无益诗画诚堪悦，有涯岁月苦相催；浊醪微醉何时再，一笑相逢怀抱开。

写到这里我忽然想起，在北沟时家里（洞天山堂）父亲书桌旁边的墙壁上，多年来一直悬挂着一幅斯文赫定博士送给父亲的半身像；不知道1959年1月5日那天晚上，当父亲敦请北大学长罗志希先生提笔在册页上挥写他的多首边塞诗作之前，两人是否谈到抗战前的"西北科学考查团"，或者抗战时由罗先生所领军的"西北建设考察团"当年的筹边旧事？

图 11-20　1950 年代北沟"洞天山堂"旧影，可见客厅墙上的斯文赫定照片（庄灵摄）

罗先生和父亲的交谊，除了是北大的学长学弟和故宫的非直属师长关系之外，二人对于文化教育的关心与艺文翰墨的共同爱好，才是让他们成为知交的根本原因。此外，像罗先生对于我专攻中国美术史的大哥庄申，在研究和著作上的关怀与协助，也使他与父亲的关系因此更近一层。我手上有一封 1959 年罗先生写给父亲的信，内容是这么写的：

慕陵吾兄道鉴：

　　兹寄上为哲嗣所写序文一篇，请教正。最近承其来访，相谈甚欢，弟允其本月二十日交卷，今如期奉寄，以践最后诺言。前接手书，为故宫裱画工具及铁箱添置事，极为赞成；当为云、雪二公商之。

　　此颂近佳

弟　罗家伦　敬启

第十一章　《华严洞图卷》题跋（下）：迁移台湾时期　｜　547

信中提到"为哲嗣所写序文"，是父亲请他为我大哥庄申所撰写的著作《中国绘画史研究》于正中书局出版前写一篇序。至于信中的"云、雪二公"，则是指王云五和王雪艇两位先生，那时候他们两位都是"中国古艺术品赴美展览委员会"的常务委员，与罗先生和父亲，都正为筹备故宫文物第一次赴美展览而忙碌。①

其中，王雪艇先生（1891—1981），名世杰，字雪艇，湖北崇阳人。1911年肄业于天津北洋大学采矿冶金科，后留学英、法，获伦敦大学政治经济学学士（1917）、巴黎大学法学研究所法学博士（1920）。回国后曾任教于北京大学、武汉大学，并担任湖北省教育厅长、国民政府教育部长、国民政府军事委员会参事室主任、国民党中央宣传部部长等职。1945年任国民政府委员兼外交部部长；1948年当选为中央研究院第一届院

图 11-21　王雪艇（1891—1981）

---

① 父亲与罗先生的交谊往事，还可见我所著《翰墨知交情》中《忍从图画认江山》一文（第86—93页）。

士，1962 年任"中研院"院长。

王先生从政之前曾长期在校任教，早年更与胡适等先生创办《现代评论》周刊，他本人对中国传统书画造诣甚深，收藏丰而精；苏东坡的《寒食帖》即曾为其重要收藏之一，后为台北故宫博物院典藏。

我读父亲日记，印象中王雪艇先生经常来故宫要求提阅书画，尤其喜爱宋元名家之作，并与父亲交换研究心得。1946 年 1 月 1 日父亲日记："昨王雪艇来，临时将今日所用的肉全借去招待。"由此可见，早在抗战胜利后不久，雪艇先生就曾专程到四川巴县飞仙岩，提阅由父亲负责的八十箱故宫书画。当时他是外交部部长，同时也是故宫的理事。文物迁移台湾后，雪艇先生与父亲也时有往来，提看宋元书画：

1954 年 7 月 15 日 ［当时的八十箱文物已皆在北沟故宫库房］ 王公看画口味极高，非宋元不看。故宫宋元画虽多，哪有这许多？连日已将我所提之 200 余件全看完，照此情形大有供不应求之势。下午遂又翻江倒海，将未提箱中凡宋元一齐拿出请看。幸罗志希今下午也到场，秩序乱些，反而少看些。

7 月 16 日 来台以来所见张大千、王雪艇、罗志希、蒋毅孙四家所藏宋元古画不下五六十件；因手懒均未记录，真所谓云烟过眼。今拟得便即记，积而共之可以出书；晚从兹开始与申儿同记 ［当时我大哥庄申已走上专研中国美术史的道路］。

11 月 23 日 寄王雪艇函，并向之索要《东坡寒食帖》及未出尺牍两物照片；《寒食》堪称至宝，吾极喜之。入库仍摹赵书，大约明天可以完工。

王先生知道父亲的喜好，经常赠送好酒。父亲日记 1952 年 10 月

2 日载：

> 与谭旦冏、熊国藻同访王雪艇，……王再三询问今年点查古画有无精品新发现；对于此事似乎颇注意。濒行王取出三包东西分赠三人：赠我者为一瓶法制白兰地酒；赠谭者为月饼两盒［因10月4日为中秋节］；赠胖者［熊国藻］是一大包药，因他的大公子已病一年以上。

其实父亲曾为赠酒事，于1953年1月2日（时逢年节）有感而吟："年年海上风云起，岁岁王公送酒来；如此风云如此酒，青山虽好怎开怀。"读父亲元旦的日记，他因感而云"来台不知不觉今过第五次新年矣！"故有"青山虽好怎开怀"之叹。

1961年王先生七十大寿，父亲曾受推代表故宫和"中博"同人，以最擅长的褚书精楷书写《王雪艇先生七十寿序》（见图7-13）。该寿序由父亲的好友兼师长、孔子第七十七代嫡长孙孔德成先生具名（当时孔德成先生正担任"联管处"主任委员），佛教居士李炳南先生撰文。对于这幅寿序，父亲曾在当年9月30日的日记中略感满意地这样自评：

> 今再自欣所写字，仍不免有败笔或不匀称，这大概不常写关系；整个观之，一种清朗秀润之气，如写文人雅士，外表平平，内在深邃莫测，一点无剑拔弩张之气，亦无造作之姿态。

对于《华严洞图卷》的主人、我的父亲庄严，绘图者刘峨士，以及所有题字书跋者（父亲的师长、同僚、知友或著名学者、艺术家）的介绍与说明，原本到此告一段落；但是我在这里还必须对《图卷》在重新装裱时于跋文及有关华严洞资料的更动和呈现，作以下的补充说明：

如前所述，该长卷于 2014 年已由我与两位兄长庄因、庄喆三人联名捐赠给台北故宫博物院，现今已由台北故宫将长卷连同原先附内的零散墨笺重新裱褙于卷内。整个《华严洞图卷》的最后增入部分，先是父亲将在贵州的旧识孙尧姑女士所作的词稿，用行草代为抄录于后的：

　　春秋往复，感避地南迁，岁月奔速。七载登临，此境翠峰如簇；天生奇绝华严洞，远秦人，暂时栖宿。作书观画，熏香摘艳，秘文珍读。爱是处山深静肃，听门外清溪，四季流绿；更乐齐眉梁孟，满庭兰玉。广文余暇，醇茅酒，月明时，几杯惊俗。檀郎才女，吟诗唱和，此图难足。

　　题华严洞图，寄谱桂花香。

　　右孙尧姑女士作，孙女士贵阳人，与老妻申若侠北京女师大同学也，抗战时又同任教于黔江中学。此词即曩于彼时草稿，未及写于卷中，顷无意中捡得，急补录之。

　　　　　　　　岁在癸丑［1973］端午后一日　六一翁　漫识

附孙尧姑《题〈华严读书图〉，寄谱桂枝香》原文：

春秋往复，感避地南迁，岁月奔速。七载登临，此境翠峰如簇，天生奇绝华严洞，远秦人，暂时栖宿。作书观画，熏香摘艳，秘文珍读。爱是处山深静肃，听门外清溪，四季流绿；更乐齐眉梁孟，满庭兰玉。广文余暇，醉茅酒，月明时，几杯惊俗。檀郎才女，吟诗倡和，此图难足。

外近作四首录呈

郢政

攧破浣溪纱（中秋前夕游河滨公园）

隔岸灯光点点红，晚凉消息树声中；幽静徘徊人细语，步清风。俯听扁舟摇碧水，仰观明月映苍穹；良夜奈何容易过，太匆匆。

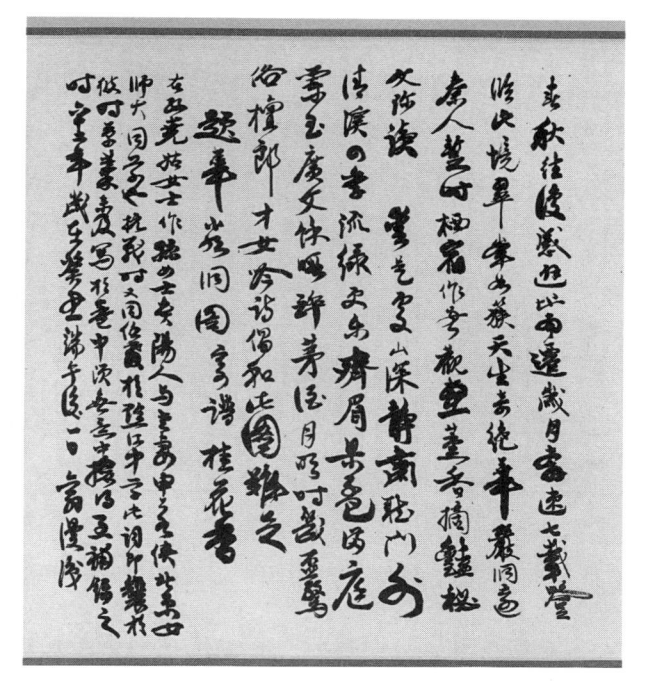

图 11-22　庄严在《华严洞图卷》上所抄录孙尧姑跋文词稿

裱褙在《华严洞图卷》的最后一段文字,是以小字行楷分别写在两张已泛黄的红格十行纸上的跋文原稿,内容则与之前父亲所抄录孙尧姑的文字完全相同。其实它就是孙尧姑女士的原稿。当年由于收到这份邮寄来的原稿时,整个图卷已经初裱完成,所以父亲才不得已将它抄录在已裱好卷尾的空白处,而把原稿也夹放在图卷的最后面。直到这次台北故宫博物院重新裱褙时,才把原卷中附夹的所有零星文字通通续裱在全卷的末尾,这才导致今天这种令人"展卷费解"、不得不感到遗憾的情况发生。

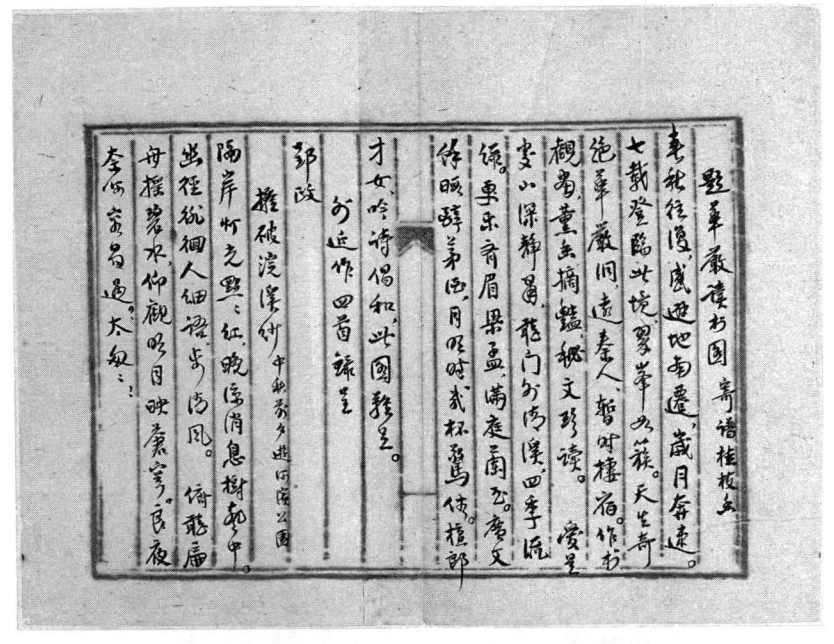

图 11-23　孙尧姑《题〈华严读书图〉,寄谱桂枝香》原稿

此外,《华岩洞图卷》的最后,是一小张尚未定稿的七言诗旧纸:

国宝西迁日寇狂,十年护惜费平章。
黔南旧有华严洞,鲁壁藏经亦可伤。
伦敦艺展放光明,登舰庄生天海行。
屐履芒鞋都踏遍,读书山畔了人生。
故宫观摩逾十年,护古无因愧众贤。
问路灵光憩柏子,华严今结画中缘。
百劫朝天话(或倚)夕阳,流传探讨(或著述)两茫茫。
史发艺苑颓唐甚,鼙鼓旌旗日夜忙(或最黯伤)。

父亲在其后的跋文中称,它可能是齐树平先生所写的诗稿:

检索旧物,无意中得此,何时何人所写都不记忆,看笔迹似齐树平,念衡[齐树平之号]案信笺也;但此公未到南方,恐又不是,怪哉!

1975年正月　六一翁　漫记

读父亲日记,文物复员南京期间,齐树平先生经常与父亲一起购碑帖古籍、饮酒欢聚,何以写说"但此公未到南方"?时隔近三十年,可能父亲落笔当时记忆有误,它应该就是齐树平先生的手迹,更何况原稿纸上还印着红色的"农林部用笺"五个字?

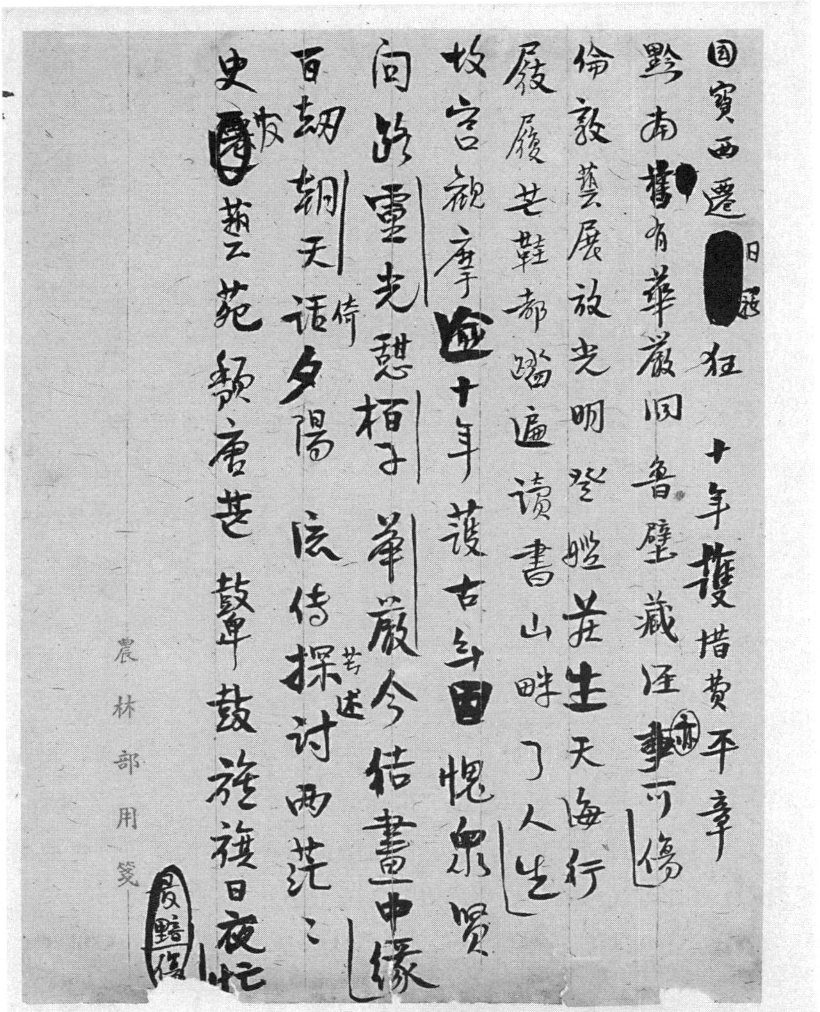

图 11-24 《华严洞图卷》卷末未定稿七言诗，也即齐树平先生原稿

附录一　充满印记的历史照片
——一张新出土的故宫文物南迁历史纪录[①]

近年来一直不断引发国内外各界关注和讨论的"故宫文物南迁",刚开始的前五年(1933—1938年秋天),我还无缘参与;可打从1938年11月我来到这个世界起,便和三位兄长随着父亲庄严先生、母亲申若侠女士护运第一批南迁(此刻又称西迁)的故宫文物,由贵州而川南,由重庆而南京,最后来到了台湾。之后一直到今年(按:时为2007年)春天,我和内子陈夏生才因母亲仙逝而搬离已经居住超过四十年的士林外双溪台北故宫宿舍;六十多年来自己始终傍邻着历尽战火劫波的故宫南迁文物,由孩提而少年,由青壮到白头,似乎都不曾真正离开过。今年开春后不久,就在我们即将真正挥别已经超过了四十年的"宫旁岁月"的时候,一张意外现身和另一张自己有意拍摄的照片,却一下子又把个人和故宫文物南迁的历史,紧紧勾扣在一起,再也没法分开。

一、黑色的大铁箱

今年三月下旬,我和夏生为搬家清理什物,无意间在堂屋地上捡

[①] 原载台北《中国时报·人间副刊》2007年9月27日。

到一张 35mm 的小照片；仔细用放大镜检视，才发现竟然是一张六十多年前故宫文物南迁到贵州时，于输运途中挪搬箱件的珍贵纪录（见图 1-2）。这张照片之前我从未见过，想来必是父亲生前留下的许多旧照中的一张；当时他似乎并未留心整理存放，以致它一直不知藏身在哪个装照片的纸匣或某本相簿的夹缝中，最近才因所有零星物品都要分类装入纸箱的大搬动，而不知从哪个旮旯里被抖出而掉落到家中地上的。

这张已经泛黄的 Leica size 35mm 迷你小照片，透过放大镜细细观察，影像并不清晰；主角是一辆六轮运货卡车，左半边大概有十二个人，正合力把一口长方形的黑色大铁箱搬上卡车。从车斗右侧的拦板外面看，隐约可以认出"贵州公路局"这五个字。若从推抬铁箱的众人衣着来看，大家都穿着厚重的冬衣，其中至少有二人头上戴着军帽。卡车背后则是两栋仓库样的瓦房，似乎就是临时停放文物箱件的处所……这张无意间"自然出土"的老照片，令我十分兴奋和感动，因为它正标记着抗战时期第一批故宫文物南迁到贵州的历史。

首先，那只黑色的大铁箱，它们就是装运故宫南迁精华文物在国内外播迁的大功臣。即便是 1965 年来到台北以后，故宫起初还陆续把原本装在木箱中的文物也改换成此种大铁箱，虽然这几年已经逐步地将部分文物改箱装柜，但是还有部分文物目前依旧放在这种黑色的大铁箱中。

提起当时那批装在铁箱里的文物，也就是在文物南迁文献中经常会提到的"八十箱故宫文物"或"第一批故宫精华文物"。它们是从 1933 年由北平紫禁城故宫博物院南迁到上海法、英租界暂放的一万七千多箱故宫文物中，精选出到英国参加 1935—1936 年"伦敦中国艺术国际展览会"（简称"伦敦艺展"）的精华文物；其中包括展出的书画、铜瓷玉器、景泰蓝、织绣、雕漆、折扇及文具等七百余件；连同初选保留未送展的精品，再加上后来临时挑选的多件重要文物，都悉数装入这些当时运英参展的八十口特别订做的黑色大铁箱——它们是全部抗战南迁故宫文物中唯一一批用铁箱装运的文物（其他两批全用木箱）。作为再次向西南播迁的第一批文物，这批文物自 1937 年 8 月 14 日（就在日军攻击上海的"八一三"事变第二天），由南京开始南迁，期间经过长沙、桂林、贵阳、安顺和巴县的多次多年辗转迁徙，一直到 1945 年抗战胜利之后，才由四川巴县运到重庆，1947 年再复员东归回到南京；之后又因国共内战，1948 年底再从南京渡海迁移到台湾。这一路前后历时超过十五年，而这批八十箱精华文物，始终都是由父亲负责护运和保管的。

二、六岁孩童的记忆

根据故宫院史，1937 年 8 月 13 日日军在上海发动军事挑衅后的第二天，父亲便奉当时马衡院长的命令，将这批文物先由招商局的"建国"轮溯长江运到武汉，然后换乘粤汉铁路火车南下到湖南长沙，暂时寄放在湖南大学的图书馆。后因战火逼近湖湘，于是在 1938 年初长沙大轰炸前，再以卡车运离湖南，然后绕道广西桂林，最后运到贵州省会贵阳，借用当时军事委员长的西南行营临时存放，之后再移到六广门的毛家花园寄存。而后又在 1939 年 1 月 18 至 23 日，就在日军狂炸贵阳的十天之前，再度奉命以卡车将这批文物迁运到黔西安顺城南门外的一座天然石灰岩洞穴"华严洞"，暂时安顿下来。

从照片中卡车上标记"贵州公路局"这五个字，就证明了当时应该是 1938 年元月第一批文物离开桂林途经黔桂两省交界的六寨时，由贵州省派车接运到贵阳时所摄；不然就是1939年元月文物由贵阳迁运到安顺华严洞时的纪录。因为等到1944年冬天，日军攻陷独山，这批文物再度奉命从安顺华严洞紧急北迁四川巴县时，都是由有篷布的军用十轮卡车负责装运的；而这时候的我，已经是个有记忆的六岁孩童了。记忆中在一个大雪纷飞的晚上，我们全家和所有的工作人员及古物，分别搭乘十五辆属于国军辎汽一团独汽四营的有篷卡车（我还记得我和母亲搭乘那辆卡车的车牌号码是"军-24069"；而二哥庄因和三哥庄喆搭乘的那辆牌号是"军-24071"）离开华严洞和安顺城。当时道路两边满是挑着箱笼、铺盖甚至小娃儿的逃难人群，他们全都在漫天大雪下默默往前步行；在车头灯光的照射下，两行长长的队伍望不见尽头；一直到车子走了好久好久，才渐渐看不到人……而这趟北上四川的多日陆路旅程，我清楚记得满载着文物的车队，如何一辆接着一辆，极端谨慎小心地慢慢驶过完全用木材搭建的乌江大桥；如何吃力地攀爬七十二弯，再翻越陡峭的娄山关；并且在不知何时就会出现的日本侦察机的低空侦伺之下，好不容易才到达川南巴县的。

三、谁是摄影者？

一再凝视这张照片，似乎小时候在安顺经常以辣椒粉拌"八宝饭"（饭里除了粗糙的米粒，还有谷壳、稗子、黑白两种硬、软米虫和细碎砂粒等等）；晚上母亲带着我们兄弟四人围着一张木桌和一盏昏暗的菜油灯，一面缝补全家人的衣袜，一面看着我们做功课……那段抗战后期大后方民众人人身历、刻骨铭心的艰难岁月，一下子又清晰地回到眼前来。

附录一　充满印记的历史照片——一张新出土的故宫文物南迁历史纪录　　559

从我看过海峡两岸有关故宫文物南迁的出版物中，好像没有一张照片是纪录第一批文物在贵州迁运途中的情景；如今这张袖珍小照片的出现，无疑地已可补足这一遗憾。可惜从照片中看不到父亲的身影，或许照片就是父亲拍的？因为我曾经听他生前说过，战前他有一台徕卡相机，后来被朋友借去没有还，至于究竟是何时被借走的就不知道了。事实上从我有记忆以来，一直到在台中一中读初三时为了要参加学校到狮头山的毕业旅行，因而特别央求父亲向当时名义上还隶属"中央博物院筹备处"，后来也成为故宫同事的谭旦冏先生，商借他自用的YASHICA-D型120双眼相机，第一次用它来尝试影像拍摄；而在此之前，从来都没有见过父亲有这样一台徕卡相机（当然后来父亲也没钱再买这样高档的相机），否则我的开始接触摄影，也许要比1953年还要来得更早一些也说不定。

今天读过父亲日记，才知道父亲和我对于过去的记忆，往往都难免会有一些出入。现引1947年我们还在重庆时的父亲日记：

1947年5月15日　买小照相机一架，价三万，因其贱而买之；胶卷每卷万五千元。

5月16日　午间试新照相机。吾以前之莱卡（Leica）若存之至今，足值二百万元，此念之不忘之事也。售时亦值五六千元，时孙洵侯要，我窘迫以八百元售之，然吾亦易得其家藏端砚一方。

由此可知，从上述这张标示着"贵州公路局"卡车照片的拍摄时间——1938年1月底至2月初，或者1939年1月中旬来推算，父亲当时可能还拥有那台徕卡相机，后来才便宜让与朋友孙洵侯先生的；又根据一张在安顺华严洞附近拍的老照片（见书前彩图），证明孙先生那时人在安顺，当时是我们生活最艰苦的时期；而我那时最多也只是个刚出生的婴儿，自然不可能记得此事。另外，家中如今也还有这种同样尺寸的贵州苗人小照片多张；由此推断这张贵州卡车照片的拍摄者，应该就是父亲庄严先生了。

附录二　历史不会忘记
——故宫文物南迁历史在长沙[①]

就在今年（2007年）的7月初，我和夏生应邀参加由大陆中华文化联谊会主办的"情系湖湘——两岸文化联谊行"的年度两岸文化交流活动，于7月12日在长沙湖南大学出席湖湘文化研讨会时，抽空和同行的台北艺术大学画家、教授曲德义，还有广东省对外文化交流中心的林晓民两位一块外出，希望能探访到1938年曾经遭受日军轰炸的湖南大学图书馆遗址；因为根据资料记载，当年被炸的湖大图书馆，就是1937—1938年曾经存放第一批故宫南迁文物的地方。

那天我们一面在校园中冒暑前行，一面不断向往来的学校师生打听，不但获知的确有这样一处纪念遗址，而且现场还保留着当年大轰炸后的建筑残柱。这个消息让我大为振奋，于是立刻背起满装着摄影器材的沉重背包，顾不得早已湿透上衣的38摄氏度高温，便循着识者告知的方向迈步前行。这样走了不到十分钟，果然在两幢长长的校园楼舍之间、一条人行步道旁的绿荫底下，发现了几根高低不同且有缺损的圆形石柱；走近细看，原来石柱一共有五根，三根屹立，最高的一根底下还有方形的础石；另外两根则一近一远倒卧在旁边的草地

---

① 原载台北《中国时报·人间副刊》2007年9月28日。

上。而在五根残柱间的空地上，则用石砖和大小两层环形石板，拼成一块与平地等高的靶状圆形徽记；在当中一环石板上还刻着这样几个字："历史不会忘记1938—2007"，想是今年才刚刚铺建完成的。（见图2-1）可惜现场除了还散置着几块灰黑色的长方形石块，似用来作为到此凭吊者的小憩坐处之外，便再无任何其他的标记或说明了。

也许现场的五根石柱，已经不是当年大轰炸后的原初状态，甚至也不是当年真正的图书馆遗址；但是当我面对着这几支弹痕累累的断石残柱，站在幽谧的树丛绿荫底下，即便耳中充满喧哗的蝉鸣，心里依然止不住升起一股浓浓的历史悲情，以及在今昔对比之下恍如隔世的苍凉感喟。

回想当第一批南迁的故宫文物于1937年8月14日离开南京，走长江上水到武汉，再转粤汉铁路火车运到长沙，暂时寄存在湖南大学图书馆。秋间原本打算在大学后面岳麓山脚的爱晚亭附近开凿山洞藏放的，但因战局逆转，长沙亦遭日机空袭；当局认为湖大也非安全之地，于是下令文物再向大后方转移；这样才使这批1935—1936年曾经专程远赴英伦展览的八十大箱故宫精华文物，幸运地逃过一劫。因为就在这批文物运离湖南大学后不久的1938年4月10日，长沙便遭受日机猛烈轰炸；除了湖南大学及西南联大清华校区均遭炸毁，死伤超过百人、损失非常惨重外，曾经庋藏故宫文物箱件的湖大新建图书馆，更被猛烈的弹火整个夷为平地！如果当年文物在那里再多放两个月……后果实在不敢想象！

由于那天我们在湖大停留的时间不多，我赶紧从背包里取出胶卷和数位两种相机，从不同角度为残柱现场留下纪录，同时也为同来的曲、林两兄和自己，留下"没想到我们居然会来到这里"的纪念合影，然后再绕道经过现今的湖南大学图书馆，才匆匆赶回会场归队。

就在我们步行回返会场的路上，我心中除了为"终于了却一桩心愿"而感到难以言宣的安慰和满足之外，对于遗址现场的整理与设计，难免也感到些许遗憾：要是那个现场能设置再多一点文字，能够明确说明当年大学图书馆如何被炸，以及之前还曾存放过故宫南迁精华文物的这段史实，相信对于今后所有去到现场凭吊的湖南大学师生或者外界访客，不就会因能得到更多信息及更深重的历史体验和感怀，而更富纪念意义吗？

后　记

　　对于这本书被列为《故宫学研究丛书》中"故宫文物南迁史料整理与遗迹保护研究"专题之一出版，我尚有下列几点补充说明：

　　其一，本书并不是故宫文物南迁的历史论著，而只是从我个人儿时难忘的成长记忆出发，对父亲生前最珍视的一件收藏——《华严洞图卷》内容的详细介绍、说明和延伸，再加上文物南迁时期父亲的日记，以及其他相关的文字和影像资料所汇撰完成。目的就在于忠实呈现20世纪三四十年代多位故宫负责同人在极端艰苦环境中的工作与生活状况；俾使今天的读者，对于发生在八十多年前动荡时代，为了保全民族文化命脉、抵抗日本侵略战火所采取的空前举措——故宫文物南迁——有更多的认识和更深的体会。

　　其二，在实际撰述上，本书以我父亲——北京大学毕业、雅好传统文化艺术、任职故宫中阶主管的庄严先生为主角。他于抗战期间护运首批故宫南迁文物辗转苏、皖、鄂、湘、桂、黔、川七省多地，时间超过八年；若加上东归南京及迁台的历程，则辗转漂泊超过十年。父亲当时在工作与生活上的种种遭遇，像他与师长、同僚和艺友之间如何能够长期融洽相处；如何利用晒晾或开箱检视书画时间去做有关文物（尤其是书法、书家、碑帖和名家绘画）的深入研究和探讨，并且鼓励同人参与，都始终坚持不辍；此外，他对南迁文物的看法，除了最重要的安全典守和维护，还认为应尽量多办展览，俾使广大后方同胞能有欣赏学习的机会；至于对处在现实生活沉重压力与无尽忧国心思下，他如何借读书、写字、与艺友相聚，甚至借身旁日常用物（譬如手杖、拂尘或臂搁等的观赏把玩）或者对周遭自然景物的探赏来抒解胸中郁闷、转换心境，让自己仍然能够正常面对每天的工作，亦予呈现。这些虽然都是父亲的平日生活小事，但他往往会借此对我们兄弟身教言传，让我们一生受益。我所以不惮引录这些日常小事，无非就是希望它们能对今天有志艺文的年轻朋友们，提供一些如何面对艰困生活的参考实例而已。

其三，在章节的编写上，本书中谈到的所有父亲的故宫同事与艺文好友中，除了对《华严洞图卷》的作者刘峨士先生有较为详尽的介绍之外，对于另一位影响父亲一生最大最多，也是父亲最亲敬的老师、长官和书艺同道的故宫院长马衡先生，应该是着墨最多的——读者如果看第七章便可分晓。之所以如此，一个最大原因便是当抗战胜利，所有南迁故宫文物都回到南京分院库房以后，由于国共纷争日烈，马衡院长于故宫与中博筹备处1948年在南京举办联展之后返回北平总院，之后就没有再到南京。甚至当国民党政府决定应再选文物迁台并直接命令父亲办理，父亲在透过张柱中处长电告马院长并且获得院长回电同意和指派后，一直到他带着第一批迁台故宫文物随"中鼎"号登陆舰驶离下关码头，马院长依然留在北平没有南下。这一导致后来"两岸故宫"格局形成的关键大事，无论对父亲、对所有故宫同人和两岸关注此事的学者专家与社会大众，相信都是一件深植内心并且悬念不已的故宫过往。而对二人关系的呈现，或可作为对这一历史现实予以管窥的独特视角。如今事隔七十多年，两位当事人皆已先后去世，但是从日记中得知，父亲对于马院长这位指导、提携他最多的老师和忘年之交，内心始终尊敬、关心、感念无已，直到离世之前。

其四，本书内容主要应谈故宫文物南迁时代故事，但因《华严洞图卷》题跋撰写一直延续到 20 世纪 50 年代之后，于是便自然带出迁台文物的后来发展及相关人物状况，因而使本书也间接谈到两岸故宫的早期情形。

其五，对于本书所以将华严洞及其周围环境改变列为单独一章，主要即因八年全面抗战期间，故宫南迁精华文物曾经在那里庋藏将近六年之久，以致父亲于 1944 年护运文物北迁巴县飞仙岩后，因为怀念那里的一切，才特别请同事刘峨士先生绘制了《华严洞图卷》。其实那里对于我来说，也是个人从此便有记忆的开始。因此我一直都把安顺和华严洞视为心灵上的故乡，始终关心不断。尤其自 1999 年阖家归返探视及后来多次重回访谒，却发现那里的旧景正在迅速消失改变，自然对它的关心也就更为殷切了。这次本书对有关华严洞图片的集中处理，就是要把它二十多年来的巨大改变透过纪实影像来告知读者和有关部门，希望未来不会再有这样令人遗憾、痛心的事情发生。

最后，我要在此衷心感谢北京故宫博物院郑欣淼原院长与王旭东院长，对本书撰写的肯定、提点和赐序；故宫南迁所徐婉玲所长和所有相关同人对出版本书的支持与帮助。另外还要感谢我的同乡好友、安顺摄影家协会主席邱高顺先生，他在 2021 年底应我请求，专程前往华严洞拍摄和纪录那里原有房舍拆除重建后的最新影像。至于内子陈夏生女士对本书内容的建议、章节的编排，尤其对父亲多年日记的详细辨读、摘记和整理、遴选的长期投入与协助，更是我衷心铭感的。当然，我在此也更希望能够得到海内外学者专家和广大读者，对本书内容如有误漏或欠周之处的不吝赐教和指正。

2022 年 3 月 28 日于台湾新北市淡水区树梅坑

图书在版编目(CIP)数据

故宫文物南迁时代忆往：从《华严洞图卷》和《庄严日记》谈起/庄灵编著.—北京：商务印书馆，2023
（故宫学研究丛书）
ISBN 978-7-100-22640-0

Ⅰ.①故… Ⅱ.①庄… Ⅲ.①故宫博物院—历史文物—文物保护—史料　Ⅳ.①K87

中国国家版本馆CIP数据核字（2023）第116913号

权利保留，侵权必究。

故宫学研究丛书
故宫文物南迁时代忆往
从《华严洞图卷》和《庄严日记》谈起
庄灵　编著

商　务　印　书　馆　出　版
（北京王府井大街36号　邮政编码100710）
商　务　印　书　馆　发　行
南京新洲印刷有限公司印刷
ISBN　978-7-100-22640-0

2023年9月第1版　　开本 880×1240　1/32
2023年9月第1次印刷　印张 18¼　插页 11

定价：95.00元